| 신·구약 합본 |
이것이 구속사 설교이다

이것이 구속사 설교이다

Copyright ⓒ 머릿돌 2015

개정 2쇄 발행 2015년 2월 1일

   지은이 유도순
   펴낸이 유효성
   펴낸곳 도서출판 머릿돌

등록번호 제17-240호
등록일자 1997년 5월 20일
    주소 서울 동작구 노량진1동 205-7
          TEL. (031) 607-7678 / Mobile. 010-9472-8327
          http://edendongsan.onmam.com
  E-mail yoohs516@hanmail.net

    총판 기독교출판유통
          경기도 고양시 일산동구 장항동 585-12
          (031) 906-9191

ISBN : 978-89-87600-66-6   03230

＊저작권법에 의하여 보호를 받는 저작물이므로 무단전재와 복제를 금합니다.
＊정가는 뒷표지에 있습니다.
＊잘못되거나 파손된 책은 구입하신 서점에서 교환하여 드립니다.

| 신·구약 합본 |

이것이
구속사
설교이다

유도순 지음

머릿돌

차례

구약

서론	9
1. 아담과 사랑의 언약을 맺으신 하나님(창 2:8-25)	13
2. 벌거벗은 수치를 가리워 주시는 하나님(창 9:18-27)	21
3. 칭의와 대속 교리를 계시하신 하나님(창 15:1-21)	29
4. 하나님의 나라 건설(출 6:2-8)	39
5. 십계명을 주신 하나님의 의도(출 20:1-17)	51
6. 성막에 계시된 구속사적 의미(출 25:1-22)	63
7. 여호와의 3대 절기(레 23:1-17)	75
8. 길에 있을 때에 급히 화친하라(수 9:1-15)	89
9. 유다 지파에 분배된 땅(수 14:6-15)	101
10. 레위 지파의 책임(수 21:41-45)	109
11. 여호와의 선한 손(삼상 6:7-16)	117
12. 베들레헴 사람 이새의 아들(삼상 17:45-54)	127
13. 여호와가 너를 위하여 집을 세워 주시리라(삼하 7:1-17)	139
14. 구약의 두 줄기(왕상 11:1-13)	151
15. 백성의 마음을 돌이키게 하시는 하나님(왕상 18:30-40)	161
16. 하나님의 전에 숨어있는 왕(대하 22:10-12)	171
17. 한 몸을 예비하신 하나님(시 40:1-10)	181
18. 하나님의 하시나니(시 49:1-20)	191
19. 하나님의 큰 일(시 71:14:24)	201
20. 하나님 앞에서 떨지어다(시 144:1-8)	217
21. 이제도 남은 자가 있도다(사 10:20-23)	227
22. 돌아오게 하리라(렘 29:10-14)	235
23. 애가서에 나타난 그리스도의 수난(애 3:1-18)	243
24. 하나님의 애절한 마음(겔 11:14-25)	253
25. 거룩한 이름 큰 이름을 위하여(겔 36:16-23)	263
26. 성전문을 닫을 자가 있었으면 좋겠도다(말 1:6-14)	271

| 신약 | 서론 | 283 |

1. 구속 사역을 이루시는 성삼위 하나님(마 3:13-17) … 285
2. 구하라 찾으라 문을 두드리라(마 7:7-12) … 291
3. 너희는 나를 누구라 하느냐(마 16:13-28) … 307
4. 예수 그리스도의 은닉(막 9:2-8) … 315
5. 물 한 그릇 준 자도(막 9:38-50) … 325
6. 하나님의 나라 건설의 역군들(눅 8:1-21) … 331
7. 강한 자와 더 강한 자(눅 11:14-26) … 339
8. 잃어버린 백성을 찾으시는 하나님(눅 15:1-7) … 347
9. 내 아버지께서 이제까지 일하시니 나도 일한다(요 5:1-18) … 353
10. 하늘로서 내려온 떡(요 6:28-59) … 363
11. 나도 너를 정죄하지 아니하노니(요 8:1-11) … 375
12. 이를 위하여 이때에 왔나이다(요 12:20-34) … 383
13. 복음서와 사도행전에 나타난 표적의 차이점(행 3:1-10) … 391
14. 사도행전에 나타난 설교의 모범(행 3:11-26) … 403
15. 복음의 진수(롬 3:25-26) … 413
16. 내 맘에 부어진 하나님의 사랑(롬 5:5-11) … 425
17. 죄의 왕국과 은혜의 왕국(롬 5:12-21) … 435
18. 사망의 법과 생명의 법(롬 7:1-25) … 447
19. 시작과 중간과 끝이 다릅니다(롬 11:33-36) … 455
20. 스승과 아비(고전 4:14-16) … 469
21. 복음에 장애가 없게 하려함(고전 9:1-27) … 477
22. 하나님과 화목하라(고후 5:18-21) … 487
23. 참 복음과 변질된 복음(갈 2:11-21) … 497
24. 대신 저주를 받으신 그리스도(갈 3;10-14) … 509
25. 비밀의 경륜(엡 1장) … 515
26. 주는 일향 미쁘시니(딤후 2:8-13) … 525
27. 나를 형제라 부르시기를 부끄러워 아니하신 주님(히 2:5-18) … 535

28. 더 좋은 언약의 중보(히 8:6-13)   543
29. 히브리서에 나타난 들어감(히 10:19-22)   551
30. 의의 후사가 된 노아(히 11:6-7)   561
31. 이루었도다 나는 처음과 나중이라(계 21:1-8)   569
32. 성경의 축(계 21:6-7)   579

이것이 구속사 설교이다

| 구약 |

서론

많은 망설임 끝에 "이것이 설교이다"라는 제목을 붙였다. 이렇게 한 것은 교만에서가 아니라 자극을 주자는 뜻에서였다. 본서를 읽노라면 한국 강단을 주도하고 있는 기존의 설교와는 편이하게 다른 점을 발견하게 될 것이다.

그렇다면 이렇게 자문하게 될 것이다. 지금까지의 설교와 다르다면 어느 유(類)의 설교가 보다 성경적인 설교인가? 하나님을 기쁘시게 하는 설교인가? 예수 그리스도를 증거하는 설교인가? 회중에게 생명을 주는 설교인가? 성령께서 말씀하고자 하는 설교인가? 그리고 "이것이 설교다" 하는 깨달음을 얻게 될 것이다.

하나님께서는 "옛적에 선지자들로 여러 부분과 여러 모양으로" 말씀하신 후에 "마지막에 아들로 우리에게 말씀하셨다"(히 1:1-2). 다시 말하면 아들을 보내시기에 앞서서 "언약과 예언", "모형과 그림자"(히 8:5) 등을 통하여 믿을 만한 증거를 충분히 보여주신 후에 실체되시는 예수 그리스도를 보내 주셨다는 말이다.

그러므로 구약성경이란 "내게 대하여 증거한 것이라"고 주님께서 친히 말씀하신 대로 예수가 하나님의 아들이요, 그리스도이심을 입증하는 "증거"로 주신 것이다. 이 증거는 베드로가 변화산상에서 경험한 것보다도 "더 확실한"(벧후 1:19) 증거라고 성경을 말씀한다. 만일 구약성경을 주심이 없이 예수가 오셨다면 그가 그리스도이심을 입증할 수가 없었을 것이다.

그렇다면 신약성경을 설교할 때에는 구약성경에 제시된 "증거"를 들어서 입증해야만 의심의 여지없이 확신함에 이를 수가 있다. 반대로 구약성경을 설교할 때에는 신약에 나타난 성취와 실체의 빛 아래서 해석하여야만 밝히 깨닫게 된다는 것은 자명한 일이다.

말씀의 사역자들은 "내 증인"이 되리라 하신 대로 그리스도의 증인들이다. 그들의 임무는 "증거"로 주신 구약성경을 들어서 예수가 그리스도이심을 선포하고 증명하라고 세움 받은 "증인"들인 것이다. 사도 바울을 보라. 성경(구약성경)을 가지고 강론하며 뜻을 풀어 그리스도가 해를 받고 죽은 자 가운데서 다시 살아야 할 것을 "증명"(證明)하고 "내가 너희에게 전하는 이 예수가 곧 그리스도라"(행 17:23)고 증인 노릇을 하고 있음을 본다.

"우리도 예수 그리스도의 증인 노릇 바로 하자" 이것이 본서가 지향하고 있는 바다.

여기에 수록된 설교들은 "써 먹으라"(?)고 제공된 것은 아니다. 그렇게 할 수도 없거니와 해서도 안 된다. 항간에는 목회자가 강단에 그대로 가지고 올라갈 수 있도록 만들어진 것이 있기 때문에 하는 말이다. 그것은 바람직하지 못하다. 극단적으로 말하면 목회자를 죽이는 일이다. 설교 작성을 통해서 설교자 자신이 은혜를 받고, 어서 설교 시간이 다가 오기를 설레임 속에 기다리는 감격과 감동이 있어야만 목회자도 살고 성도들도 살 수 있다.

　미약하나마 본서가 오늘날의 설교를 점검해 보는 자극제가 된다면 더 바랄 것이 없겠다.

　주님이시여! 기쁘게 받으실진대 의의 도구로 쓰시옵소서.

1
아담과 사랑의 언약을 맺으신 하나님

창세기 2:8-25

⁸여호와 하나님이 동방의 에덴에 동산을 창설하시고 그 지으신 사람을 거기 두시고 ⁹여호와 하나님이 그 땅에서 보기에 아름답고 먹기에 좋은 나무가 나게 하시니 동산 가운데에는 생명나무와 선악을 알게하는 나무도 있더라 ¹⁰강이 에덴에서 발원하여 동산을 적시고 거기서부터 갈라져 네 근원이 되었으니 ¹¹첫째의 이름은 비손이라 금이 있는 하윌라 온 땅에 둘렸으며 ¹²그 땅의 금은 정금이요 그곳에는 베델리엄과 호마노도 있으며 진주 ¹³둘째 강의 이름은 기혼이라 구스 온 땅에 둘렸고 ¹⁴세째 강의 이름은 힛데겔이라 앗수르 동편으로 흐르며 네째 강은 유브라데더라 ¹⁵여호와 하나님이 그 사람을 이끌어 에덴 동산에 두사 그것을 다스리며 지키게 하시고 ¹⁶여호와 하나님이 그 사람에게 명하여 가라사대 동산 각종 나무의 실과는 네가 임의로 먹되 ¹⁷선악을 알게하는 나무의 실과는 먹지 말라 네가 먹는 날에는 정녕 죽으리라 하시니라 ¹⁸여호와 하나님이 가라사대 사람의 독처하는 것이 좋지 못하니 내가 그를 위하여 돕는 배필을 지으리라 하시니라 ¹⁹여호와 하나님이 흙으로 각종 들짐승과 공중의 각종 새를 지으시고 아담이 어떻게 이름을 짓나 보시려고 그것들을 그에게로 이끌어 이르시니 아담이 각 생물을 일컫는 바가 곧 그 이름이라 ²⁰아담이 모든 육축과 공중의 새와 들의 모든 짐승에게 이름을 주니라 아담이 돕는 배필이 없으므로 ²¹여호와 하나님이 아담을 깊이 잠들게 하시니 잠들매 그가 그 갈빗대 하나를 취하고 살로 대신 채우시고 ²²여호와 하나님이 아담에게서 취하신 그 갈빗대로 여자를 만드시고 그를 아담에게로 이끌어 오시니 ²³아담이

가로되 이는 내 뼈 중의 뼈요 살 중의 살이라 이것을 남자에게서 취하
였은즉 여자라 칭하리라 하니라 [24] 이러므로 남자가 부모를 떠나 그 아
내와 연합하여 둘이 한 몸을 이룰찌로다 [25] 아담과 그 아내 두 사람이
벌거벗었으나 부끄러워 아니하니라(창 2:8-25)

| 설교작성 노트 |

창세기를 가리켜 성경의 못자리라고들 말한다. 창세기를 바르게 접근하지 못하면 성경 전체의 해석이 뒤틀리게 된다. 창세기 중에서도 "선악을 알게 하는 나무의 실과를 먹지 말라. 네가 먹는 날에는 정녕 죽으리라"는 명령에 대한 해석은 매우 중요하다.

사람들은 의아하게 여긴다. 그 좋은 낙원에 선악과는 왜 만드셨담. 마치 한 가운데 함정을 파 놓고 빠지면 죽는다는 격이 아닌가. 이에 대한 해석이 여러모로 시도되었다. 그럼에도 불구하고 대부분의 성도들은 이에 대하여 명확하지 못하다. 생명과 속에 영생을 주는 양분이 있었던 것도 아니고 선악과 속에 죽이는 독소가 있었던 것도 아니다.

성경은 구속사(救贖史)이다. 그러므로 이 말씀도 구속사라는 맥락에서 해석되어야만 하는 것이다. 다시 말씀 드리면 이는 동떨어진 말씀이 아니라 성경 전체와 연관을 맺고 있는 말씀이라는 것이다. 구속의 역사가 여기서부터 시작이 되고 여기로 돌아오게 된다고 말하여도 과언이 아니다. 그렇다면 그 의미가 무엇인가?

여러분은 에덴동산 가운데는 생명나무와 선악을 알게 하는 나무도 있었다는 것과 선악을 알게 하는 나무의 실과를 먹는 날에는 정녕 죽으리라 하신 말씀에 대하여 아리송하게 여기고 있지는 않습니까?

하나님께서는 자기 자녀들을 그런 상태에 머물러 두시기를 원치 아니하십니다. 명쾌한 의미를 깨닫게 되기를 바라십니다. 옷을 입을 때에 첫 단추를 잘못 끼우면 옷이 뒤틀리게 됩니다. 오늘 말씀은 첫 단추와도 같은 말씀입니다. 명확하게 깨달으심으로 하나님의 마음을 아시고 성경 전체에 대한 눈이 밝아지게 되시기를 기원합니다.

언약을 맺으심

성경을 바르게 해석하는 첩경은 성경으로 성경을 해석하게 하는 것입니다.

호세아 6:7에 보면 저희는 아담처럼 언약을 어겼다고 말씀하고 있는데 성령께서는 선악과는 먹지 말라 먹는 날에는 정녕 죽으리라고 명하심을 언약이었다고 해석해 주고 있습니다. "언약"이라는 말은 대단히 중요한 의미를 갖습니다.

언약이라는 의미가 얼마나 중요하느냐 하면 언약이 없으면 하나님과의 관계가 성립되지 않습니다. 하나님과의 관계가 성립되지 않는다는 점을 예를 들어 설명해 보겠습니다. 어떤 청년이 신부를 맞이하기 위하여 선을 본다고 합시다. 많은 사람을 만나 볼 수가 있습니다. 그러나 그 중의 어느 한 사람과 결혼을 약속하는 언약을 맺기 전에는 남남일 뿐입니다.

언약의 관계란 믿음의 관계이기도 합니다. 그 약속을 믿고 5년이고 10년이고 기다리기도 합니다. 더욱이나 하나님은 볼 수 있는 분이 아니십니다. 그러므로 더욱 언약을 통해서만 하나님을 믿을 수가 있을 뿐입니다. 언약이 없으면 하나님과의 관계가 성립되지 않을 뿐만 아니라 믿음도 근거를 잃게 되고 맙니다.

그래서 하나님께서는 인류의 시조에게 언약을 맺어 주셨습니다. 그렇다면 그 언약은 무슨 언약이었을까요. 그 언약을 흔히들 "행위 언약"이라고 부르는데 그렇게 말하는 것은 "먹지 말라"하신 문자만 보았기 때문일 것입니다. 왜냐하면 창세기 1·2장을 통하여 계시된 그토록 선하신 하나님께서 무엇이 아까우셔서 네가 이렇게 이렇게 하면 나도 이렇게 이렇게 해 주시겠다고 거래하듯 하셨겠습니까?

그 언약은 "사랑의 언약"이라고 부름이 합당합니다. 앞에서 인용한 호세아서를 생각해 보십시오. 성령께서는 많고 많은 선지자들 중에서 왜 호세아 선지자를 통해서 선악과 문제가 언약이었다고 말씀해 주고 있느냐 하는 점입니다.

그것은 호세아서의 주제가 무엇인가와 결부해서 생각해 보면 깨달을 수가 있습니다. 호세아에게 임한 첫 말씀은 놀랍게도 "너는 가서 음란한 아내를 취하라"(1:2)는 말씀이었습니다. 하나님께서 자신의 선지자에게 왜 이렇게 하라고 하셨겠습니까?

"이 나라가 여호와를 떠나 크게 행음함이니라"고 이유를 말씀해 줍니다. 음란한 아내를 맞이해 보아야만 선지자가 하나님의 마음을 이해할 수 있겠기 때문입니다. 그 호세아 선지자를 통해서 "저희는 아담처럼 언약을 어기고" 하셨던 것입니다. 그러니까 이런 뜻이 됩니다. 아담도 언약을 어기고 여호와를 떠나 행음했다는 것입니다.

호세아 3:13을 보시면 그 의미를 더욱 분명히 깨달을 수가 있습니다.

"너는 가서 타인에게 연애를 받아 음부가 된 그 여인을 사랑하라" 하십니다. 아담 하와는 사탄의 유혹에 빠져(연애를 받아) 하나님을 배반한 음부가 되었다는 것입니다. 호세아는 값을 지불하고 그 여인을 속량하여 데리고 와서 이렇게 말합니다. "너는 많은 날 동안 나와 함께 지내고 행음하지 말며 다른 남자를 좇지 말라. 나도 네게 그리하리라."

바로 이것입니다. 하나님께서는 하나님의 나라를 건설하시고 인류의 시조에게 "너는 나만을 사랑하라. 나도 네게 그리하리라"는 사랑의 언약을 세워 주셨던 것입니다. 그 증표가 선악과를 따먹지 말라는 것으로 주어졌던 것입니다.

구속의 역사란 다름 아닌 타인에게 연애를 받아 음부가 되고 죄 값에 팔린 아내의 죄 값을 대신 지불하고 속량하여 데리고 와서 "너는 많은 날 동안 나와 함께 지내고 행음하지 말며 다른 남자를 좇지 말라 나도 네게 그리하리라"는 사랑의 관계의 회복인 것입니다.

그러므로 율법과 선지자의 대강령이란 "네 마음을 다하고 목숨을 다하고 뜻을 다하여 주 너의 하나님을 사랑하라"는 사랑의 회복에 있다고 말씀하신 것입니다.

하나님께서는 신혼 살림을 꾸미듯 인간이 살아갈 환경과 보금자리인 에덴 낙원을 창설하시고 자기 형상대로 인간을 지으신 후에 그들에게 사랑의 언약을 맺어 주셨습니다.

예표로 제시된 최초의 결혼

선악과 문제가 사랑의 언약이었음을 계속되는 문맥이 이를 더욱 드러내주고 있습니다.

하나님께서는 아담에게 먹는 날에는 정녕 죽으리라는 말씀에 뒤이어서 아담에게 하와를 짝지어 주시는 일을 하셨습니다. 그렇다면 아담과 하와의 관계는 어떠한 관계가 형성된 것일까요? 사랑의 관계입니다. 두 사이의 사랑의 관계가 어떻게 하면 지속될 수 있을까요?

말할 것도 없이 하와는 아담만을 사랑하고 아담도 하와에게 그렇게 할 때만이 사랑의 관계는 지속될 수가 있는 것입니다. 만일 어느 쪽이 일방적으로 이를 깨고 행음한다면 그때는 파탄이 나고 마는 것입니다. 바로 이것입니다. 하나님과 아담과의 관계가 이러했던 것입니다. 만일 아담이 이 언약을 어긴다면 "정녕 죽으리라" 그때는 너와는 헤어지게 된다. 이혼이다. 끝장이다. 이런 의미입니다.

아담에게 배필을 짝지어 주실 때에는 먼저 짐승들 중에서 찾아보게 하십니다. 그러나 그것들 중에는 아담과 사랑을 나누며 교제할 대상이 없었습니다. 그래서 아담의 일부분으로 하와를 지으셨던 것입니다.

하나님께서 인간을 지으시되, 짐승과는 달리 "우리의 형상을 따라 우리의 모양대로 우리가 사람을 만들고"(1:26) 하신 의도하심이 어디에 있으셨겠습니까? 그들과 사랑하며 교제하기를 얼마나 원하셨음을 알게 됩니다.

참으로 인간이 범죄하기 이전의 하나님과의 관계란 아담과 그 아내 두 사람이 "벌거벗었으나 부끄러워 아니하니라"(2:25)한 그런 순수한 관계였습니다. 그들이 범죄하자 두려워하게 되고 피하고 가리우고 숨었던 것입니다. 생각해 보십시오. 만일 하와가 행음하였다면 아담 앞에서 그들이 선악과를 따먹은 후에 하나님께 나타낸 그런 반응을 보였을 것이 뻔합니다. 하나님은 태초에 인류의 조상에게 사랑의 언약을 세워 주셨습니다.

그리스도와의 만남

이제 우리는 본문을 통해서도 인류의 소망이시고 구원이신 그리스도를 만나야만 합니다. 아담이 언약을 파(破)하였다면 하나님과의 관계가 끊어지고 말았다는 것이 됩니다. 이 마당에 인간 편에서 할 수 있는 방법이란 아무것도 없습니다. 하나님께서 해 주셨습니다.

"여자의 후손을 보내셔서 아담과 하와를 미혹한 사탄을 정복케 하시고 인류를 구원해 주시겠다"는 원복음을 주신 것입니다. 이것을 무슨 언약이라고 불러야만 마땅하겠습니까? 이것은 "은혜의 언약"이었습니다.

이제는 사랑 받을 자격도 염치도 없는 죄인들에게 무조건적으로 베푸신 은혜의 언약이었던 것입니다. 이제 이후로 인류는 이 은혜 언약으로 말미암아 하나님과의 관계가 이어졌으며 이 은혜의 언약을 믿음으로 말미암아 구원에 이르게 된 것입니다.

하나님께서는 예레미아 선지자를 통해서 "내가 그들의 남편이 되었어도 그들이 내 언약을 파하였음이니라"(렘 31:32)고 말씀하면서 그들에게 이번에는 "새 언약"을 세워 주시겠다고 말씀합니다. 하나님의 사랑에는 변함이 없고 끝이 없습니다.

이 새 언약이야말로 행음하여 팔려 버린 음부를 값을 지불하고 자유케하여 다시 사랑의 관계를 회복시켜 주시겠다는 약속인 것입니다. 그리고 하나님은 그 약속을 지켜 주셨습니다. 하나님께서 인류의 시조에게 세워주셨던 "사랑의 언약"은 결코 철회하시지 않으셨습니다. 그것이 "은혜의 언약"으로 나타나고 "새 언약"으로 발전하여서 사랑의 언약 관계가 회복되게 된 것입니다.

"하나님의 사랑이 우리에게 이렇게 나타난바 되었으니 하나님이 자기의 독생자를 세상에 보내심은 저로 말미암아 우리를 살리려 하심이니라"(요일 4:9).

인간은 하나님을 배신하고 타락하였으나 하나님의 사랑은 변함없이 계속 되었으며 급기야는 자기 아들을 화목 제물로 내어 주시는데까지 이르렀습니다.

형제여, 변함없으신 하나님이 사랑을 알았다면 우리는 어떠한 사람이 되어야 마땅합니까? "사랑하는 자들아 하나님이 이같이 우리를 사랑하셨은즉, 우리도 서로 사랑하는 것이 마땅하니라." 사랑에 대한 보답은 오직 사랑뿐입니다.

2
벌거벗은 수치를 가리워 주시는 하나님

창세기 9:18-27

¹⁸ 방주에서 나온 노아의 아들들은 셈과 함과 야벳이며 함은 가나안의 아비라 ¹⁹ 노아의 이 세 아들로 좇아 백성이 온 땅에 퍼지니라 ²⁰ 노아가 농업을 시작하여 포도나무를 심었더니 ²¹ 포도주를 마시고 취하여 그 장막 안에서 벌거벗은지라 ²² 가나안의 아비 함이 그 아비의 하체를 보고 밖으로 나가서 두 형제에게 고하매 ²³ 셈과 야벳이 옷을 취하여 자기들의 어깨에 메고 뒷걸음쳐 들어가서 아비의 하체에 덮었으며 그들이 얼굴을 돌이키고 그 아비의 하체를 보지 아니하였더라 ²⁴ 노아가 술이 깨어 그 작은 아들이 자기에게 행한 일을 알고 ²⁵ 이에 가로되 가나안은 저주를 받아 그 형제의 종들의 종이 되기를 원하노라 ²⁶ 또 가로되 셈의 하나님 여호와를 찬송하리로다 가나안은 셈의 종이 되고 ²⁷ 하나님이 야벳을 창대케 하사 셈의 장막에 거하게 하시고 가나안은 그의 종이 되게 하시기를 원하노라 하였더라(창 9:18-27)

| 설교작성 노트 |

방주에서 나온 노아가 포도주에 취하여 하체를 드러내고 추태를 부린 사건이 본문의 내용이다. 이로 말미암아 어떤 자식은 저주를 받고 어떤 자식은 축복을 받았다는 이 본문을 어떻게 접근할 것인가. 어떤 목회자는 윤리적인 관점에서 설명하려 할 것이다. 다루기가 거북하고 특별한 의미를 부여할 만한 가치가 없어 보이기 때

문에 외면하고 말 것이다.
그러나 전에 "눈을 감았던 자"가 말하며 이제 "엎드려서 눈을 뜬 자가 말하게"(민 24:15) 될 때에는 감사와 감격에 젖어 노아가 "셈의 하나님 여호와를 찬송하리로다" 하고 찬송한 것처럼 하나님을 찬양하지 않을 수 없게 된다.

본문에 나오는 축복과 저주는 노아 개인의 육신의 소욕대로 행한 과격한 혈기 어린 말이 아니다. 성령의 소욕대로 행한 예언적인 말씀인 것이다.

18절은 "방주에서 나온 노아의 아들들은 셈과 함과 야벳이며 함은 가나안의 아비라."고 말씀합니다. 이 말씀 속에 앞으로 전개될 내용이 암시되어 있습니다. 셈과 야벳에 대하여는 침묵한 체. 함에게만 가나안의 아비라는 설명이 있기 때문입니다.

"노아의 세 아들로 좇아 백성이 온 땅에 퍼지니라"(19)과 말씀함은 노아 홍수 이후로 또 다른 새로운 인류가 시작되었음을 의미합니다. 그리고 본문은 노아의 세 아들로 말미암아 시작되는 새로운 인류가 어떻게 여자의 후손과 뱀의 후손으로 갈리게 되는가를 계시해 주고 있습니다.

인간의 본성을 드러냄

노아가 "포도주를 마시고 취하여 그 장막 안에서 벌거벗은 지라."(21)는 말씀은 타락한 인간의 본성을 그대로 보여주는 말씀입니다. 하나님의 말씀은 좌우에 날선 어떤 검보다도 얼마나 예리한지요. 인간의 혼과 영과 및 골수와 관절을 찔러 쪼개어 드러내 보여주십니다.

인류의 새로운 시조라 말할 수도 있는 노아의 벌거벗은 모습에서 인류의 첫 시조였던 아담 하와의 벌거벗은 모습을 본다는 것은 슬픈 일입니다. 그러나 이것이 인간의 정체입니다. 하나님께서 "네가 어디 있느냐" 찾으셨을 때에 동산에서 하나님의 소리를 듣고 "내가 벗었으므로 두려워하여 숨었나이다"(10)고 말하였던 것입니다.

본문은 홍수가 휩쓸고 지나간 후에도 타락의 본성에는 변함이 없음을 날카롭게 보여주고 있습니다. 이는 본질상 진노의 자식일 수밖에 없는 인간의 죄성은 홍수로도 그리고 그 무엇으로도 치유될 수 없음을 계시하시는 말씀이기도 합니다.

하나님의 말씀은 거기서 멈추시질 않습니다. 성경 마지막 책인 요한계시록에서 "네가 말하기를 나는 부자라 부요하여 부족한 것이 없다 하나 네 곤고한 것과 가련한 것과 가난한 것과 눈먼 것과 벌거벗은 것을 알지 못하도다"(계 3:17)고 하나님 앞에서 벌거벗은 수치를 드러낸 인간으로 하여금 꼼짝 못하도록 말씀하시는 것입니다.

성령께서는 노아의 벌거벗은 모습에서 인류의 시조와 모습을 보게 하시고 이것이 네 모습이다 말씀하고 있는 것입니다.

폭로하는 자와 덮어 주는 자

"가나안인의 아비 함이 그 아비의 하체를 보고 밖으로 나가서 두 형제에게 고하였다."(22)고 성경은 말씀합니다. 그렇다면 함의 잘못이 어디에 있다는 말씀인가요? 그 해답을 대조절이라 할 수 있는 다음절을 통하여 구하여야 마땅합니다.

23절은 "셈과 야벳이 옷을 취하여 자기들의 어깨에 메고 뒷걸음쳐 들어가서 아비의 하체에 덮었으며 그들이 얼굴을 돌이키고 그 아비의 하체를 보지 아니하였더라"(23)고 말씀합니다.

22절과 23절을 대조해서 볼 때에 함의 잘못이 아비의 하체를 보았다는 데 있는 것처럼 오해하기가 쉽습니다. 왜냐하면 함은 보았는데 셈과 야벳은 그 아비의 하체를 보지 아니하였더라고 말씀하고 있기 때문입니다. 그렇지가 않습니다. 보았다는 자체가 저주받아 마땅할 만큼 큰 잘못이 아니었습니다. 우연이었던 것으로 묘사되어 있습니다.

또한 셈과 야벳이 아비의 하체를 보지 않을 맘이면 아비의 장막에 들어가지 아니하는 것으로 충분합니다. 함이 아비의 하체를 보았다는 것만으로 저주를 받은 것이 아니듯이 셈과 야벳도 아비의 하체를 보지 않았다는 것만으로 축복을 받은 것은 아니라는 말씀입니다.

성경이 계시고자 하는 강조점은 셈과 야벳은 벌거벗은 수치를 "덮었다"는 데 함은 보고도 덮지 않고 나가서 두 형제에게 "고하였다"는 데 있는 것입니다. 만일 함이 보고 잠자코 덮어 드렸다면 성경에 기록될 사안도 되지 않는 한 해프닝으로 끝나고 말았을 지도 모릅니다.

성경의 엄격함을 보십시오. "가라사대 누가 너의 벗었음을 네게 고하였느냐." 이는 "내가 벗었으므로 두려워하여 숨었나이다." 한 아담의 말을 받아서 하신 말씀입니다. 그 자가 누구냐 이는 그렇게 할 만한 존재가 있음을 인정하는 말씀이요. 그 존재에 대한 진노 어린 말씀입니다.

사탄이 아담 하와의 벗은 것을 고했다는 직접적인 묘사는 없지만 먹지 말라 명하신 그 실과를 먹게 하므로 벗었음을 알게 한 자가 사탄인 것은 분명합니다. 노아의 경우에 있어서는 그 역할을 뱀이 아니라 함이 했다는 사실을 주목해야만 합니다.

셈이 하나님을 찬송할 지어다

노아가 술이 깨어 그 작은 아들이 자기에게 행한 일을 알고 이에 가로되 "가나안은 저주를 받아 그 형제의 종들의 종이 되기를 원하노라."(24-25)고 저주를 합니다. 이는 윤리적으로는 이해할 수 없는 대목입니다. 그 의미는 첫 사람 아담의 벗었음을 알게 한 사건과 결부해서 생각할 때만이 인식할 수가 있습니다.

"여호와 하나님이 뱀에게 이르시되 네게 이렇게 하였으니 네가 모든 육축과 들의 모든 짐승보다 더욱 저주를 받아 배로 다니고 종신토록 흙을 먹을지니라"(창 3:14)고 저주하셨기 때문입니다. 더욱 노아는 장본인인 함을 저주하지 않고 그의 아들이 가나안과 그의 후손을 저주하고 있다는 데서 그 의미는 더욱 선명해집니다.

앞서 인용한 3장에서도 "네 후손도 여자의 후손과 원수가 되리니" 하고 후손에 대하여 말씀하고 있음을 봅니다. 얼마나 놀라운 대조점이며 전망입니까? 인류의 역사는 뱀의 후손과 여자의 후손의 적대 관계에서 형성되어 내려왔으며 셈의 후손과 함의 후손 즉, 가나안 족속 간에도 적대 관계는 있었으며 결국 가나안 족속은 정복당하고 말았던 것입니다. 또 가로되 "셈의 하나님 여호와를 찬송하리로다" 합니다. 유의해야 할 점은 셈을 찬양하고 있는 것이 아니라 셈의 하나님 여호와를 찬양하고 있다는 점입니다.

"찬송하리로다"는 말씀 속에는 참으로 선하시고 극히 아름다운 일을 행해 주셨기 때문에 찬송을 받으실 만하다는 뜻이 함축되어 있는 것입니다. 셈과 야벳이 옷을 취하여 자신의 벌거벗은 수치를 덮어 준 사건을 통하여 인류의 벌거벗은 수치를 덮어주실 은혜로우신 하나님을 바라보고 있는 것입니다.

여호와는 셈의 하나님이십니다. 왜냐하면 하나님 자신이 하실 일을 셈을 예표로 사용하셔서 계시하고 있기 때문입니다. 그래서 "셈"의 하나님이라고 부르고만 있지 않고 "셈의 하나님 여호와"라고 구원과 결부된 여호와라는 이름을 덧붙이고 있습니다.

이 점에서 "여호와 하나님이 아담과 그 아내를 위하여 가죽 옷을 지어 입히시니라"(창 3:21) 하신 말씀을 상기할 필요가 있습니다. 왜냐하면 인류의 벌거벗은 수치를 가리워 주실 분은 하나님 밖에는 없기 때문입니다. 성경은 하나님을 아담과 그 아내에게 손수 옷을 지어

입혀 벌거벗은 수치를 덮어 주시는 하나님으로 계시해주고 있습니다.

야벳에게도 축복을 합니다마는 그러나 "셈과 야벳의 하나님 여호와를 찬송하리로다"고는 말씀하고 있지 아니합니다. 왜냐하면 인류의 벌거벗은 수치를 가리워 주시기 위하여 임마누엘이신 하나님은 어느 한 지파를 통해서만 오셔야 하기 때문입니다. 그러하기 때문에 야벳의 축복에는 하나님 여호와가 아닌 그냥 "하나님"입니다.

인류를 구원하여 주실 그리스도는 셈의 계통을 통하여 오시게 될 것을 성경은 말씀해 주고 있는 것입니다. 참으로 셈의 하나님 여호와를 찬송하리로다 말씀하지 않을 수가 없습니다.

그리스도와의 만남

메시아 예언의 선지자로 불리워지고 있는 이사야서는 "내가 여호와로 인하여 크게 기뻐하며 내 영혼이 나의 하나님으로 인하여 즐거워하리니 이는 그가 구원의 옷으로 내게 입히시며 의의 겉옷으로 내게 더하심이 신랑이 사모를 쓰며 신부가 자기 보물로 단장함 같게 하셨음이라"(사 61:10)고 말씀합니다. 이것이 누구로 인하여 어떻게 가능하여지는 것입니까?

아담과 하와의 벌거벗은 수치를 덮어 주기 위하여 하나님께서 "가죽옷"을 지어 입혀 주셨다는 말씀을 유념해야만 합니다. 가죽을 마련하기 위해서는 짐승이 죽어야만 했습니다. 이는 성경 역사상 기록된 최초의 죽음입니다. 죄는 아담과 하와가 범하였는데 죽기는 양이 죽어야만 했던 것입니다.

다윗은 이 비밀을 알았기에 "허물의 사함을 알고 그 죄의 가리움을 받은 자는 복이 있도다"(시 32:1)고 노래했으며 이 말씀을 받아 사도 바울은 "일한 것이 없이 하나님께 의로 여기심을 받은 사람의 행복에 대하여 다윗이 말한 바 그 불법을 사하심을 받고 그 죄를 가리우심을 받은 자는 복이 있고"(롬 4:6-7)라고 증거했던 것입니다.

우리의 부끄러움을 가리워 주시기 위해서 하나님의 어린 양은 죽으셔야만 했습니다. 하나님께서는 우리의 죄를 그에게 담당시키시고 그의 의를 우리에게 덧입혀 주셨습니다. 이 일을 위해서가 아니라면 예수 그리스도께서 죽으셔야 할 이유가 도무지 없으셨습니다. 그러므로 "만일 의롭게 되는 것이 율법으로 말미암으면 그리스도께서 헛되이 죽으셨느니라"(갈 2:21)가 성립되는 것입니다.

사도 베드로는 이 점을 들어서 교훈합니다. "무엇보다도 열심히 서로 사랑할지니 사랑은 허다한 죄를 덮느니라"(벧전 4:8).

아시겠습니까? 그 많은 죄를 예수그리스도로 말미암아 가리워 주심을 입었음을 알았다면 그 사랑 본받아 형제의 허물도 덮어 주어야 마땅하지 않겠습니까?

노아가 어찌하여 함에게 그토록 저주하게 되었는지 아셨습니까? 셈의 하나님은 찬송을 받으셔야 할 하나님이십니다. 더 나아가 "우리 주 예수 그리스도의 하나님"(엡 1:17)은 더욱 더 찬양을 받으시기에 합당하신 하나님이십니다.

3
칭의와 대속교리를 계시하신 하나님

창세기 15:1-21

¹ 이 후에 여호와의 말씀이 이상 중에 아브람에게 임하여 가라사대 아브람아 두려워 말라 나는 너의 방패요 너의 지극히 큰 상급이니라 ² 아브람이 가로되 주 여호와여 무엇을 내게 주시려나이까 나는 무자하오니 나의 상속자는 이 다메섹 엘리에셀이니이다 ³ 아브람이 또 가로되 주께서 내게 씨를 아니주셨으니 내 집에서 길리운 자가 나의 후사가 될것이니이다 ⁴ 여호와의 말씀이 그에게 임하여 가라사대 그 사람은 너의 후사가 아니라 네 몸에서 날 자가 네 후사가 되리라 하시고 ⁵ 그를 이끌고 밖으로 나가 가라사대 하늘을 우러러 뭇별을 셀 수 있나 보라 또 그에게 이르시되 네 자손이 이와 같으리라 ⁶ 아브람이 여호와를 믿으니 여호와께서 이를 그의 의로 여기시고 ⁷ 또 그에게 이르시되 나는 이 땅을 네게 주어 업을 삼게 하려고 너를 갈대아 우르에서 이끌어낸 여호와로라 ⁸ 그가 가로되 주 여호와여 내가 이 땅으로 업을 삼을 줄을 무엇으로 알리이까 ⁹ 여호와께서 그에게 이르시되 나를 위하여 삼년 된 암소와 삼년 된 암염소와 삼년 된 수양과 산비둘기와 집비둘기 새끼를 취할찌니라 ¹⁰ 아브람이 그 모든 것을 취하여 그 중간을 쪼개고 그 쪼갠 것을 마주 대하여 놓고 그 새는 쪼개지 아니하였으며 ¹¹ 솔개가 그 사체 위에 내릴 때에는 아브람이 쫓았더라 ¹² 해질 때에 아브람이 깊이 잠든 중에 캄캄함이 임하므로 심히 두려워하더니 ¹³ 여호와께서 아브람에게 이르시되 너는 정녕히 알라 네 자손이 이방에서 객이 되어 그들을 섬기겠고 그들은 사백년 동안 네 자손을 괴롭게 하리니 ¹⁴ 그 섬기는 나라를 내가 징치할찌며 그 후에 네 자손이 큰 재물을 이끌고 나오리라 ¹⁵ 너

는 장수하다가 평안히 조상에게로 돌아가 장사될 것이요 [16] 네 자손은 사대만에 이 땅으로 돌아 오리니 이는 아모리 족속의 죄악이 아직 관영치 아니함이니라 하시더니 [17] 해가 져서 어둘 때에 연기 나는 풀무가 보이며 타는 횃불이 쪼갠 고기 사이로 지나더라 [18] 그날에 여호와께서 아브람으로 더불어 언약을 세워 가라사대 내가 이 땅을 애굽강에서부터 그 큰 강 유브라데까지 네 자손에게 주노니 [19] 곧 겐 족속과 그니스 족속과 갓몬 족속과 [20] 헷 족속과 브리스 족속과 르바 족속과 [21] 아모리 족속과 가나안 족속과 기르가스 족속과 여부스 족속의 땅이니라 하셨더라(창 15:1-21)

| 설교작성 노트 |

아브라함 하면 무엇이 생각나는가. 100세에 낳은 이삭을 바친 모리아 산 사건일 것이다. 아브라함의 신앙은 모리아 산에서 절정을 이루고 있다. 그래서 우리도 아브라함의 순종을 본받자고 말한다.

하나님께서 아브라함을 그의 본토 친척 아비 집에서 불러내신 목적이 순종의 본으로 삼으시기 위해서였는가? 순종이라고 하는 인간의 책임은 귀중한 것이다. 그러나 그에 우선하여 하나님께서 아브라함을 택하여서 이루어 나가시는 하나님의 주권적인 행사에 초점을 맞추도록 하자. 이렇게 하는 것이 하나님 중심이다. 이것이 성경을 구속사적으로 보는 관점이다. 어떻게 달라지는가?

아브라함을 가리켜 "믿음의 조상"이라고 말합니다. 이 말은 그는 유대인의 조상만이 아니라 우리 믿는 모든 사람들의 영적 조상이라는 뜻입니다. 아브라함을 왜 믿음의 조상이라고 말하는가? 그는 무슨 말씀을 들었으며 또한 무엇을 믿었기에 믿음의 조상이 되었는가? 그는 믿음으로 무엇을 얻었는가? 이것은 믿는 우리에게도 중요한 의미가 있습니다.

아브라함에게 복음을 전하심

아브라함은 하나님께서 그에게 자손을 주시겠다고 약속하시고도

10년이 되도록 아무런 소식이 없자 심기가 불편했던 모양입니다. "무엇을 내게 주시려나이까 나는 무자(無子)하오니 나의 상속자는 이 다메섹 엘리에셀이니이다"(2) 하고 불평어린 말을 합니다. 그는 계속해서 "주께서 내게 씨를 아니 주셨으니 내 집에서 길리운 자가 나의 후사가 될 것이니이다"(3)고 몸종을 양자로 삼을 수밖에 없음을 말합니다.

여호와께서는 아니라고 합니다. "네 몸에서 날 자가 네 후사가 되리라"(4)고 말씀하시면서 그를 이끌고 밖으로 나가 "하늘을 우러러 뭇별을 셀 수 있나 보라 네 자손이 이와 같으리라"(5)고 확신을 주십니다. 이 말씀에 뒤이어서

"아브라함이 여호와를 믿으니 여호와께서 이를 그의 의로 여기셨다"(6)고 말씀합니다. 이 말씀은 구약성경을 통 털어서도 핵심이 될 만한 대난히 중요한 말씀입니다.

"아브라함이 하나님을 믿었다"는 말은 자기에게 말씀하고 계시는 하나님을 믿었다는 뜻도 포함됩니다마는 그보다는 하나님께서 말씀하신 그 말씀 즉, "언약"을 믿었다는 말입니다. 이 점을 로마서에서는 해설해주고 있는데 "아브라함이 바랄 수 없는 중에 바라고 믿었더니 이는 네 후손이 이 같으리라 하신 말씀대로 많은 민족의 조상이 되게 하려 하심을 인함이라"(롬 4:18)고 말씀합니다.

아브라함은 바랄 수 없는 상황에서 자손을 주리라 그리고 그 자손이 하늘의 뭇별과 같이 번성케 하리라는 하나님의 약속의 말씀을 믿었던 것입니다. 이 언약은 한번 하신 것이 아니라 다섯 번이나 반복해서 언약하심으로 강조되어(12:2, 3; 13:16; 15:5; 17:2-8; 22:17-18) 있으며 반드시 지켜 주실 것임을 나타내고 있습니다.

그런데 약속하신 자손에 대하여 갈라디아서에서 해설해 주기를 "여럿을 가리켜 그 자손들이라 하지 아니하시고 오직 하나를 가리켜

네 자손이라 하셨으니 곧 그리스도라"(갈 3:16)고 말씀하고 있습니다.

그렇다면 아브라함이 믿었다는 것은 "예수 그리스도"를 믿었다는 놀라운 뜻이 됩니다. 그래서 성경은 "먼저 아브라함에게 복음을 전하되"(갈 3:8) 하고 아브라함이 듣고 믿은 것이 복음이었음을 말씀해 주고 있습니다. 성경은 "그러므로 이것을 저에게 의로 여기셨느니라"(롬 4:22)고 말씀하고 있는 것입니다.

아브라함이 의롭다 하심을 얻음

아브라함이 여호와를 믿으니 여호와께서 이를 그의 "의로 여기시고"(창 15:16)하신 말씀은 신구약을 통 털어서라도 핵심이 될 만한 그렇게 중요한 말씀입니다. 칭의 교리는 아브라함과 하박국 선지자와 바울 사도와 종교개혁을 통하여 우리에게 전하여진 사활을 좌우하는 교리입니다.

의로 여기셨다는 말은 의로우신 하나님과의 관계가 정상적으로 회복될 수 있게 되었다는 뜻입니다. 인류의 시조가 범죄함으로 에덴에서 추방당한 이후로 어떻게 하면 의롭다 함을 얻을 수가 있는가하는 문제는 진노 하에 있는 인류가 풀어야 할 최대의 숙제였던 것입니다.

이 문제는 구속사역에 있어서도 최대의 난제인 것입니다. 의롭다 함을 얻는 길과 방법만 있다면 그 다음은 술술 풀려 나갑니다. 의로우신 하나님 앞으로 나아갈 수 있게 되고 의로우신 하나님과 화목할 수 있기 때문입니다.

그런데 아브라함이 의롭다 함을 얻었다는 것입니다. 아브라함이 의롭다 하심을 얻을 수 있었던 것은 앞에서 말씀드린 대로 아브라함이 하나님의 언약을 통하여 예수 그리스도를 만나고 그분을 믿음으로 말미암아 가능하여졌음을 분명히 붙잡게 되시기를 바랍니다.

　신구약을 막론하고 의롭다 함을 얻는 길, 즉 하나님께로 돌아갈 수 있는 길은 오직 예수 그리스도로 말미암아서 뿐이라는 점을 성경은 역설하고 있습니다. 다른 길, 다른 방도가 있다면 "그리스도께서 헛되이 죽으셨느니라"(갈 2:21)고 성경은 단언합니다.

구약시대의 의롭다 하심을 얻는 방도

　그렇다면 이러한 질문이 제기될 수가 있습니다. 구약시대에 있어서 의롭다 함을 얻은 것은 아브라함이 최초이었는가? 나아가 다른 사람들 즉, 구약시대 성도들은 어떤 방도로 구원을 얻을 수가 있었는가 하는 점입니다.

　칭의를 안 것은 아브라함이 처음이 아니었음을 성경은 말씀합니다. 칭의를 안 최초의 사람은 아벨입니다. 이 점을 히브리서는 "믿음으로 아벨은 가인보다 더 나은 제사를 하나님께 드림으로 의로운 자라 하시는 증거를 얻었으니"(히 11:4) 하고 말씀해 줍니다.

　그렇다면 아벨은 어떻게 해서 의로운 자라는 증거를 얻을 수가 있었는가? 창세기 3:15 말씀을 우리는 '원복음'(原福音)이라고 말합니다. 아담과 하와는 그 원복음을 가인과 아벨에게 말하여 주었으나 가인은 믿지 않고 아벨은 믿었다는 논리가 성립될 수가 있습니다.

　이는 아벨만을 위한 것이 아니라 아담으로부터 아브라함까지는 여자의 후손으로 뱀의 머리를 상하게 하여 인류를 구원해주시겠다는 원복음을 듣고 믿음으로 의롭다함 즉, 구원을 얻을 수가 있었던 것입니다. 아벨은 그 대표적인 인물로 제시되었을 뿐입니다. 이 구원의 방도가 계승되어 내려오다가 하나님께서는 아브라함에게 자손을 주리라

즉, 네 자손으로 그리스도를 보내주실 것을 약속하셨던 것입니다.

그러므로 아브라함 이후의 사람들은 아브라함의 자손으로 오실 그리스도를 멀리서 바라보고 믿음으로 의롭다함 즉, 하나님과의 관계가 정상으로 회복될 수가 있었던 것입니다. 이는 아브라함만을 위한 것이 아니요. 아브라함은 그 복음을 믿고 의롭다 함을 얻은 대표자격일 뿐입니다. 이 복음이 계승되어 내려오다가 하나님께서는 다윗에게 "내가 네 몸에서 날 자식을 네 뒤에 세워 그 나라를 견고케 하리라"(삼하 7:12)고 또 언약을 세워 주십니다(참고. 행 2:31,31). 이 언약 즉, 복음을 믿고 다윗은 의롭다 함을 얻을 수가 있었습니다(롬 4:6).

이 언약이 그리스도가 오실 때까지 이어져 내려오다가 마태복음 1:1은 "아브라함과 다윗의 자손 예수 그리스도의 세계라" 하고 구약의 성도들이 멀리서 바라보고 믿었던 그리스도가 예수로 오셨음을 선언하고 있는 것입니다. 이것이 구약시대 성도들이 의롭다 함을 얻고 구원 얻을 수 있었던 유일한 길이었습니다.

이 점에서 확실히 해두어야 할 점은 "원복음", "아브라함 언약", "다윗의 언약"이 각각 다른 별개의 것이 아니라 동일한 것이라는 점입니다. 다만 원복음이 아브라함의 언약으로 그리고 다윗의 언약으로 점진하여 내려왔을 뿐입니다.

다시 말씀드리면 하나의 점이 찍혀지듯한 원복음을 점점 구체적으로 추진하여 완성을 향해 내려오셨다는 뜻입니다. 이것만이 구약시대의 구원의 방도요. 칭의의 방도였던 것입니다.

구약시대 성도들도 예수 그리스도를 믿고 의롭다 함을 얻었으며 구원을 얻을 수가 있었습니다. 차이가 있다면 신약시대 성도들은 이미 오신 그리스도를 믿고 있고 구약시대 성도들은 앞으로 오실 그리스도를 믿었다는 것뿐입니다. 그리고 구약시대 성도들이나 신약시대 성도들이나 다시 오실 그리스도를 대망하고 있다는 점에서는 꼭 같은 것입니다.

아브라함에게 세워 주신 언약식

창세기 15장의 앞부분에 함축된 영광스러움을 상고하였습니다. 이제 뒷부분에서 무엇을 행해주시는 가를 살펴보겠습니다. 아브라함은 믿으면서도 의문이 남아 있었던 것일까요? "주 여호와여 내가 이 땅으로 업을 삼을 줄을 무엇으로 알리이까"(15:8)라고 질문합니다. 자손을 주시고 가나안을 주시겠다는 약속에 대한 보장을 요구하고 있는 것입니다.

하나님께서 3년 된 암소와 암염소와 수양과 산비둘기와 집비둘기 새끼를 취할 지니라고 말씀하십니다. 아브라함은 당시 근동지방에서 행해졌던 언약 의식을 세워 주시려는 것임을 알아차렸습니다. 그는 언약 이식을 행할 준비로 잡은 짐승의 중간을 쪼개고 그 쪼갠 것을 마주 대하여 놓았습니다. 당시 행해지던 언약 의식은 그 쪼갠 사이로 언약의 당사자들이 지나감으로 만일 어느 일방이 언약을 파기할 때에는 이 짐승처럼 쪼개도 좋다는 일종의 맹세였던 것입니다(렘 34:18).

그런데 본문을 보면 "해가 져서 어두울 때에 연기 나는 풀무가 보이며 타는 횃불이 쪼갠 고기 사이로 지나더라"(15:17)고 말씀하고 있습니다. 하나님의 현현을 상징하는 횃불만이 쪼갠 고기 사이로 지나갔던 것입니다. 하나님이 세워 주신 언약은 상대적인 언약이 아니라 일방적인 언약이었던 것입니다. 너는 어떻게 하던 나는 그 약속을 이루고야 말 것이라는 주권적인 언약이었습니다. 만일 하나님께서는 그 언약을 지켜주시지 않는다면 나를 쪼개도 좋다는 뜻이 암시되어 있습니다.

하나님께서는 망극하게도 아브라함의 자손으로 그리스도를 보내셔서 천하 만민을 구원하여 주시겠다는 언약에 자신을 담보하셨던 것입니다. 창세기 22장에서는 "내가 나를 가리켜 맹세하노니"(16) 하고 맹세로 보증하여 주심을 볼 수가 있습니다. 히브리서 기자는 "약속과 맹세" 이 둘을 가리켜 "이는 하나님이 거짓을 하실 수 없는 이 두 가지 변치 못할 사실"(히 6:8)이라고 증거하고 있습니다.

예수 그리스도와의 만남

이러한 맥락에서 그 유명한 창세기 22장은 해석되어져야만 합니다. 한마디로 22장을 통하여 계시하시고자 하는 주제는 믿음의 순종이 아닙니다. 그렇게 보게 되는 것은 성경을 단편적이고 교훈적인 관점에서 접근하기 때문입니다. 성경에는 많은 교훈이 있는 것은 사실이지만 성경의 주제는 교훈집이 아니라 통일성과 점진성이 있는 구원 계시인 것입니다.

지금 하나님께서는 아브라함의 행동 즉, 순종 여부를 보시려는 것이 아니라 자신을 담보로 하여 언약하시고 맹세하신 구원 계획을 어떻게 성취해 나갈 것인가 하는 하나님의 행하심을 보여주시기(계시)를 원하고 계시는 것입니다.

그것은 "네 아들 네 사랑하는 독자 이삭"을 번제로 드리라(2)는 말씀에 나타납니다. 번제 나무를 등에 짊어지고 모리아 산을 오르고 있는 이삭을 22장에서는 "네 아들 네 사랑하는 독자 이삭"이라고 부르고 있는 것입니다. 이러한 표현은 2절에 이어서 12절과 16절에도 나타나 있는데 주목하게 되는 것은 세 곳 모두가 하나님께서 이삭을 그런 식으로 말씀하고 있다는 점입니다. 엄밀한 의미에서 이삭은 독자가 아니었습니다.

이삭은 묻습니다. "불과나무는 이거니와 번제할 어린 양은 어디 있나이까?" "아들아 번제할 어린 양은 하나님이 자기를 위하여 친히 준비하시리라"고 대답합니다. 이는 아브라함의 궁색한 변명이 아닙니다. 그를 선지자로(20:7) 사용하셔서서 말씀하게 한 예언이었던 것입니다.

그리고 "아브라함이 눈을 들어 살펴본즉, 한 수양이 뒤에 있는데 뿔이 수풀에 걸렸는지라" 하고 여호와 이레로 준비되어 있었음을 말씀합니다. 그런데 이것은 표면적인 준비였을 뿐 "자기를 위하여 친히 준비하시리라"는 준비는 "하나님이 제사와 예물을 원치 아니하시고 오직 나를 위하여 한 몸을 예비하셨도다"(히 10:5)는 말씀 즉, 수 천 수만의 짐승이 아니라 "한 몸"이신 예수 그리스도였던 것입니다.

아브라함은 수풀에 뿔이 길러 마치 제단 뿔에 매어 준비된 양 같은 수양을 가져다가 아들을 대신하여 번제로 드렸더라고 말씀합니다. 여기서 인류의 사활을 좌우하는 "대속교리"(代贖敎理)가 등장하고 있는 것입니다.

"대신하여 드렸더라" 어찌하여 하나님께서 친히 준비하신 "한 몸" 그리스도께서 "의인으로서 불의한 자를 대신"하셨는가? 아브라함을 의롭다고 여겨 주시기 위해서 그리고 그의 믿음의 자손들을 의롭다고 여겨 주시기 위해서였습니다. 그리하여 "이는 우리를 하나님 앞으로 인도하려 하심이라"(벧전 3:18)고 말씀합니다.

"하나님이 죄를 알지도 못하신 자로 우리를 대신하여 죄를 삼으신 것은 우리로 하여금 저의 안에서 하나님의 의가 되게 하려 하심이라"(고후 5:21).

아시겠습니까? 우리로 하여금 "하나님의 의"가 되게 하기 위해서 대신 죽으셨다는 대속교리와 칭의교리의 영광스러움을 보여 준 것입니다. 아벨이 의롭다 함을 얻고 아브라함과 다윗이 심지어 기생 라합이 의롭다 함을(약 2:25) 얻을 수 있었던 것은 우리의 죄값을 대신 담당하시기 위하여 대신 죽으신 대속의 은총 뿐이었습니다.

창세기 22장은 아브라함의 순종을 증거하기 위하여 주어진 장이 아니라 15장에서 말씀한 아브라함을 의로 여겨주심이 어떻게 해서 가능하여 지는가를 보여주기 위하여 마련된 장인 것입니다. 또한 하나님께서 아브라함에게 언약하신 네 자손으로 말미암아 천하 만민이 복을 얻으리라(창 22:18)하신 그 언약이 어떤 방법을 통하여 성취되게 됨을 보여주시기 위하여 주신 장입니다.

주님께서 친히 말씀하심을 들어보십시오. "너희 조상 아브라함은 나의 때 볼 것을 즐거워하다가 보고 기뻐하였느니라"(요 8:56). 아브라함은 모리아 산에 올라가서 그로부터 이 천년 후에 하나님의 사랑하는 독생자 예수 그리스도께서 대속 제물로 십자가에 달리시는 갈보리 언덕을 멀리서 바라본 것은 아닐까요?

창세기 15장 본문중에는 인간이 해야 될 바 우리에게 적용되는 말씀이 없습니다. 다만 "두려워 말라"①는 말씀과 "믿으니"⑥한 믿음 뿐입니다.

형제여, 선하시고 신실하신 하나님을 믿으십니까? 믿고 아무 일에도 두려워 하지 마십시오. 하나님은 우리의 방패시요, 지극히 큰 상급이십니다.

4
하나님의 나라 건설: 구속하여 내 백성을 삼고
출애굽기 6:2-8

² 하나님이 모세에게 말씀하여 가라사대 나는 여호와로라 ³ 내가 아브라함과 이삭과 야곱에게 전능의 하나님으로 나타났으나 나의 이름을 여호와로는 그들에게 알리지 아니하였고 ⁴ 가나안 땅 곧 그들의 우거하는 땅을 주기로 그들과 언약하였더니 ⁵ 이제 애굽 사람이 종을 삼은 이스라엘 자손의 신음을 듣고 나의 언약을 기억하노라 ⁶ 그러므로 이스라엘 자손에게 말하기를 나는 여호와라 내가 애굽 사람의 무거운 짐 밑에서 너희를 빼어 내며 그 고역에서 너희를 건지며 편 팔과 큰 재앙으로 너희를 구속하여 ⁷ 너희로 내 백성을 삼고 나는 너희 하나님이 되리니 나는 애굽 사람의 무거운 짐 밑에서 너희를 빼어낸 너희 하나님 여호와인줄 너희가 알찌라 ⁸ 내가 아브라함과 이삭과 야곱에게 주기로 맹세한 땅으로 너희를 인도하고 그 땅을 너희에게 주어 기업을 삼게 하리라 나는 여호와로라 하셨다 하라(출 6:2-8)

| 설교작성 노트 |

출애굽기의 대장정은 영적 출애굽에 대한 완벽하다할 만한 예표이다.
 그러므로 출애굽기에 계시된 하나님의 의도를 잘 이해한다면 신앙생활에 있어서 큰 유익을 얻게 된다. 만일 출애굽기를 모른다거나 잘못 접근한다면 영적 출애굽도

> 모르게 된다. 출애굽기에 나타난 구속사적 의미를 잘 파악하므로 나에게 향하신 하나님의 선하심과 인자하심을 알게 된다.
>
> 출애굽기는 이스라엘 백성이 바로의 종이 되어서 "고역으로 인하여 탄식하며 부르짖는"(2:22) 것으로 시작됩니다. 이들이 어떻게 바로의 노예 상태에서 해방될 수가 있는가? 어떻게 애굽을 탈출하여 약속의 땅 가나안에 들어갈 수 있을까? 이에 대한 해답이 출애굽기입니다.
>
> 이 문제는 한 민족에 국한된 문제가 아니라 인간 모두의 본질적인 문제입니다. 한 영혼이 어떻게 사탄의 속박에서 해방되어 영적 가나안 복지인 하나님 나라에 들어갈 수가 있는가의 해답을 제시해 주고 있기 때문입니다.

우리가 아직 연약할 때에

애굽 왕 바로는 아홉 가지 재앙이 애굽 천지를 강타하여도 이스라엘 백성을 놓아주려 하지 않았습니다. 그것은 하나님의 능력이 약했다거나 모자라서가 아닙니다. 사실 바로를 굴복시키기 위해서 열 번의 재앙이 다 필요했던 것은 아닙니다. 그렇게 말한다면 바로는 강하고 하나님의 편치는 약하다는 뜻이 될 수가 있습니다.

사도 바울은 이에 대하여 설명하기를 그토록 강퍅하게 한 분은 하나님이셨다고 말씀합니다(롬 9:17-18). 왜 그렇게 하셨는가? 이를 통하여 보여 주시고자 하는 바는 이스라엘 백성이 자력(自力)으로는 구원의 가망이 전무하다는 사실입니다. 이 점을 인식한다는 것은 매우 중요합니다.

하나님께서는 일을 시작하시는 시점이 바로 여기이기 때문입니다. 이를 인정하지 아니하거나 고백하지 아니한다면 하나님은 기다리고 계실 뿐 일을 시작할 수가 없는 것입니다. 왜냐하면 자신의 힘으로 구원 얻은 양 자고하고 자랑하게 될 것이기 때문입니다.

이 점을 신약성경에서는 "우리가 아직 연약할 때에 기약대로 그리스도께서 경건치 않은 자를 위하여 죽으셨도다"(롬 5:6)고 말씀하고 있습니다. "우리가 아직 연약할 때"라는 표현을 우리가 아직 어리다거나 허약하다는 그런 뜻쯤으로 생각해서는 아니 됩니다. 자기 힘으로는 구원 얻을 수 없는 연약함을 의미합니다.

하나님께서는 에스겔 선지자에게 골짜기에 마른 뼈들이 가득함을 보여 주시고는 "인자야 이 뼈가 능히 살겠느냐"고 물으셨습니다. 이 상태가 "우리가 아직 연약할 때"의 상태입니다. 그 뼈들이 살아나는 데 큰 군대더라고 말씀합니다. 이것이 자력으로 가능한 일입니까? 이것이 하나님께서 모세를 그들에게 보내셨을 때의 이스라엘이 처한 상태요. 우리들이 그리스도를 만나기 이전의 상태였습니다.

언약을 기억하노라

이스라엘 백성이 애굽에서 구출 받을 수 있었던 것이 그들이 부르짖었기 때문이라고 말해서는 아니 됩니다. 그 보다 먼저 하나님의 언약하심이 있었음을 증거 하여야만 합니다. 이 점은 오순절 성령 강림을 증거 하는 마당에서도 잘못을 범하기가 쉽습니다.

그들이 합심하여 간구하였기 때문에 성령께서 강림하신 양 말해서는 아니됩니다. 합심 기도보다 먼저 "내게 들은바 아버지의 약속하신 것을 기다리라"하신 약속의 성취임을 증거해야만 합니다. 부르짖었기 때문이라면 그 중심점이 인간에게 있지만 약속의 성취라고 말할 때에 신본주의 신앙이 되는 것입니다.

하나님께서는 일찍이 아브라함에게 가나안 땅을 주시겠다고 여러

번 언약하셨습니다(창 13:15; 15:7; 17:8). 또한 그 땅을 주시기 이전에 그들이 통과하여야 할 여정에 대해서도 "너희는 정녕히 알라 네 자손이 이방에서 객이 되어 그들을 섬기겠고 그들은 사 백년 동안 네 자손을 괴롭게 하리니 그 섬기는 나라를 내가 징치할지며 그 후에 네 자손이 큰 재물을 이끌고 나오리라"고 예언적으로 말씀하셨습니다(창 15:13-14).

그러므로 이스라엘 백성의 부르짖음은 이 언약을 붙들고 간구함이며 "하나님이 그 고통 소리를 들으시고 아브라함과 이삭과 야곱에게 세운 언약을 기억하사 이스라엘 자손을 권념하셨더라"고 성경은 말씀합니다(2:24-25).

출애굽기 6:5에서도 "나의 언약을 기억하노라"고 언약하신 바를 반드시 지켜 주시는 하나님이심을 계시하고 있습니다. 이를 신약성경에서는 우리가 아직 연약할 때에 "기약대로"(롬 5:6)라고 말씀하고 있습니다. "기약대로"란 "약속하신 기한이 되매"의 뜻입니다. 하나님께서는 먼저 언약하시고 다음은 기약에 이르러 그리고 반드시 성취하여 주시는 신실하신 하나님이심을 믿으시기 바랍니다.

하나님께서는 이스라엘 백성을 애굽에서 구출하여 내심은 언약하신 바를 지켜 주심에서였으며 이는 출애굽을 통하여 보여 주시기를 원하시는 계획과 목적이 있으셨음을 뜻합니다.

구속하여 내 백성을 삼고

출애굽과 관련된 핵심 단어는 "구속"입니다. 구속이란 노예로 팔려 간 자를 값을 지불하고 해방시켜 줌을 뜻합니다. 이스라엘 백성이 바로의 노예에서 해방될 수 있었던 것은 전적으로 구속하여 주심으로

말미암아서인 것입니다. 본문에서 말씀하고 있는 이스라엘에 대한 호칭을 보면 의미심장합니다. 그들은,

첫째, "이스라엘 자손"(6). 즉 야곱의 자손이었습니다. 야곱은 자손 70명을 이끌고 애굽으로 내려갔습니다. 그들이 하나님께서 약속하신 대로 큰 민족을 이루었던 것입니다.

둘째, 그들은 애굽 사람이 "종"으로 삼았다(5)고 말씀하고 있는 대로 바로의 노예가 된 것입니다.

셋째, 나는 여호와라. 내가 애굽 사람의 무거운 짐 밑에서 너희를 빼어 내며 그 고역에서 너희를 건지며 편 팔과 큰 재앙으로 너희를 "구속하여 너희로 내 백성을 삼고"(6-7) 하심으로 하나님의 백성이 된 것입니다.

이스라엘 자손들이 바로의 종이 되었다가 하나님의 백성이 될 수 있었던 것은 전적으로 구속하여 너희로 내 백성을 삼고 하신 "구속"으로 말미암아서 가능하여졌음을 명심하기를 간곡히 부탁드립니다.

이 점이 왜 중요하냐 하면 우리들이 하나님의 백성 하나님의 자녀가 될 수 있었던 것도 오직 이 "구속"으로 말미암아서였기 때문입니다. 여기서 우리는 때와 근거와 방법에 대하여 명백해질 필요가 있습니다. 이스라엘 백성이 출애굽한 때는 "아직 연약한 때"였으며 근거는 아브라함과 이삭과 야곱에게 약속하신 언약에 있으며 방법은 구속하신 유월절 어린 양의 피에 있었던 것입니다.

출애굽의 핵심 단어는 구속이지만 핵심 장은 12장이라고 말씀드릴 수가 있습니다. 왜냐하면 12장에는 구속의 방법이 계시되어 이기 때문입니다. 명심해야 할 점은 이스라엘의 집에서도 죽음은 있었다는 점입니다. 죽음이 없었다면 집 문 좌우 설주와 인방에 뿌려진 피는 무슨 피란 말입니까?

다만 어린 양이 대신 죽었을 뿐입니다. 하나님께서는 "내가 피를 볼 때에 너희를 넘어가리니" 하셨습니다(12:13). 이런 뜻입니다. 죽음의 천사가 어느 집 문에 이르렀을 때에 문에 뿌려진 피를 보고는 이 집에서는 이미 죽임을 당했군 또 들어갈 필요가 있는가 하고 넘어갔다는 말입니다.

이것은 영적 출애굽의 명백한 예표가 되는 것입니다. 신약성경은 "우리가 아직 연약할 때에 기약대로 그리스도께서 경건치 아니한 자를 위하여 죽으셨도다"라고 말씀합니다(롬 5:6). 우리를 구원하여 주심은 그의 "죽으심"에 있었습니다. 교훈이 아닙니다. 기사 이적이 아니었습니다. 오직 그의 죽으심이었습니다.

"우리가 아직 죄인 되었을 때에 그리스도께서 우리를 위하여 죽으심으로", "우리가 원수 되었을 때에 그리스도께서 그 아들의 죽으심으로 말미암아"(롬 5:8, 10) 그리스도께서는 우리들을 구원하시기 위하여 대신 죽임을 당하신 유월절 어린 양이셨습니다.

그러므로 성경은 "피흘림이 없은즉 사함이 없느니라"(히 10:22)고 단언합니다. "피"는 생명을 의미합니다. 그러난 "흘린 피"는 죽음을 의미하고 "뿌린 피"(히 12:24; 벧전 1:2)는 그 피가 나를 구속하여 주셨다는 적용됨을 뜻합니다. "그러면 이제 우리가 그 피를 이니하여 의롭다 하심을 얻었은즉"(롬 5:9) 하고 우리가 의롭다 함을 얻을 수 있음이 그의 피에 있었음을 말씀합니다.

"이 예수를 하나님이 그의 피로 인하여 믿음으로 말미암은 화목 제물로 세우셨으니"(롬 3:25) 하고 우리가 하나님과 화목할 수 있었던 것도 그의 피에 있음을 증거합니다.

출애굽의 드라마는 죽기를 무서워함으로 일생동안 사탄에게 매여 종노릇을 하는 인간이 어떻게 자유함을 얻을 수 있는가? 그때와 근거와 방법을 회화적으로 보여주시기 위하여 마련된 예시적인 사건이었던 것입니다. 신구약의 성도들을 막론하고 죄 값에 팔린 인간이 해방되어 자유함을 얻을 수 있는 방법은 오직 "구속하여 주심"에 있을 뿐임을 명심하십시다.

내 백성, 너의 하나님

우리는 더 나아가야만 합니다. 하나님께서는 이스라엘 백성을 애굽에서 구출하여 내신 다음에 "이제 내 할 일은 다 했다. 너희는 너희 갈 곳으로 가거라" 하고 방치하신 것이 아니기 때문입니다. 하나님께서는 바로의 종이었던 그들을 구속하여 "너희로 내 백성을 삼고 나는 너희 하나님이 되리니" 하십니다.

바꾸어 말하면 "내 백성을 삼기 위해서 너희를 구속하여 내었다"는 말씀입니다. "내 백성"이란 "나의 백성"이란 말입니다. 문자적으로 해석한다면 "너희는 나의 소유가 되었다"는 뜻입니다. "구속"이라는 단어 속에 이미 그 뜻이 내포되어 있습니다.

이를 신약성경에서는 "너희는 너희 것이 아니라 값으로 산 것이 되었으니" 또는 "그의 소유된 백성이니"라고 말씀하고 있습니다. "너희로 내 백성을 삼고 나는 너희 하나님이 되리라"는 말씀은 신·구약성경에 일관된 중추적인 말씀입니다.

구약시대에 이스라엘을 택하시고 구속하심도 이를 위해서였으며 신약시대 성도들을 그리스도 안에서 택하시고 그를 통하여 구속하심도 이를 위해서였습니다. 이것이 왜 중요한 진리가 되느냐 하면 우리는 하나님의 백성이 되고 여호와께서 우리 하나님이 되신다면 바로 그곳에 "하나님의 나라"가 세워지는 것이기 때문입니다.

하나님께서는 태초에 "하나님의 나라"를 건설하셨습니다. 그 기사가 창세기 1·2장의 내용입니다. 그리고 건설된 하나님의 나라는 한마디로 "하나님이 그 지으신 모든 것을 보시니 보시기에 심히 좋았더라" 하였습니다.

그러나 창세기 3장에서 하나님의 나라는 대적자에 의하여 파괴당했습니다. 하나님의 나라가 파괴당했다는 말은 무엇이 잘못되었다는 뜻입니까? 태양입니까? 지구 땅덩어리입니까?

감히 말씀드립니다. 하나님입니까? 아닙니다. 하나님의 백성으로 지음 받은 사람이 잘못된 것입니다. 인류의 시조가 범죄함으로 죄값에 팔리게 된 것입니다. 사탄의 종이요, 노예가 된 것입니다. "죽기를 무서워하므로 일생에 매여 종노릇하는 자가 되었다"고 성경은 말씀합니다(히 2:15).

하나님의 나라 백성이었던 인간이 사탄의 노예가 된 것입니다. 하나님께서는 이 상황을 야곱의 자손들을 애굽으로 내려 보내셔서 바로의 종이요 노예가 되게 하심으로 인류가 처한 형편을 연출해 보여주고 계시는 것입니다. 백성이 있어야만 나라는 성립이 됩니다. 하나님은 백성을 잃어버리신 것입니다.

그러므로 죄 값에 팔렸던 그들을 값을 주고 구속하여 "내 백성"을 삼으시므로 하나님의 나라를 회복하시려는 것이 하나님의 계획이십니다.

죄 값에 팔렸기 때문에 "구속"이 필요한 것입니다. 그리고 죄 값은 사망이기 때문에 어린 양은 죽어야만 했습니다.

그러나 짐승의 피로는 그림자일 뿐 구속할 수가 없고 우리의 가까운 친족이 되셔서 우리의 구속자(고엘)가 되어 주신 예수 그리스도의 죽으심으로만 온전한 구속은 가능하였던 것입니다. 이것이 "너희를 구속하여 내 백성으로 삼고"하신 말씀 속에 함축된 영광스러움입니다.

그러므로 구속의 역사가 완성되는 계시록에 가서는 "또 내가 새 하늘과 새 땅을 보니" 이렇게 말씀하면서 "보라 하나님의 장막이 사람들과 함께 있으매 하나님이 저희와 함께 거하시리니 저희는 하나님의 백성이 되고 하나님은 친히 저희와 함께 계셔서 모든 눈물을 그 눈에서 씻기시매 다시 사망이 없고 애통하는 것이나 곡하는 것이나 아픈 것이 다시 있지 아니하리니 처음 것들이 다 지나갔음이더라"(계 21:1-4) 하고 하나님의 나라가 온전히 회복되었음을 말씀하고 있는 것입니다.

땅을 주리라

나라가 성립이 되려면 주권자와 백성과 땅이 있어야만 합니다. 하나님이 주권자시오. 우리가 그의 백성이 되었다면 이제 그들이 거할 땅이 필요하게 된 것입니다. "내가 아브라함과 이삭과 야곱에게 주기로 맹세한 땅으로 너희를 인도하고 그 땅을 너희에게 주어 기업으로 삼게 하리라"(6:8)고 말씀하십니다. 명실상부한 하나님의 나라가 건설된 것입니다.

그러나 하나님의 백성으로 삼으신 이스라엘 민족에게 가나안 땅을 주심은 하나의 예표였다고 신약성경은 말씀합니다. "저희가 이제는 더 나은 본향을 사모하니 곧 하늘에 있는 것이라. 그러므로 하나님이 저희 하나님이라 일컬음 받으심을 부끄러워 아니 하시고 저희를 위하여 한 성을 예비하셨도다"(히 11:16)라고 말씀합니다.

우리의 시민권은 하늘에 있는지라 하신 대로 우리의 영원한 기업도 하늘에 있는 것입니다. 여기서 한 말씀 유념해야 할 것은 이스라엘 백성을 구속하시고 그들에게 가나안을 기업으로 주심이 장차 이루실 예표만이 아니라 이스라엘을 선민 삼으심은 그 민족을 통하여 구속주 그리스도를 나게 하시기 위함이며 가나안 땅을 그들에게 주심은 구속주가 탄생하실 땅을 예비하심이었음을 간과해서는 안 됩니다.

자기 백성을 보양하신 하나님

하나님께서는 구속하여 자기 백성 삼으신 이스라엘 민족을 출애굽으로부터 시작하여 목적지 가나안까지 이르도록 선두에서 인도해 주셨습니다. 이런 맥락에서 볼 때에 홍해를 만나자 저들이 하나님을 원망하며 두려워한 것은 오직 한 가지 "구속하여 내 백성 삼고" 하신 말씀 곳에 함축된 영광스러움을 놓쳤거나 믿지 못한 이유뿐입니다.

하나님의 백성을 백성으로 삼으셨다면 하나님이 책임지실 일입니다. 홍해라는 난관을 어떻게 처리하실 것인가는 하나님의 일이었던 것입니다. 그러므로 모세는 이를 믿었기에 "너희는 두려워말고 가만히 서서 여호와께서 오늘날 너희를 위하여 행하시는 구원을 보라"(출 14:13)고 말할 수가 있었습니다.

미련한 인간이 나중에야 깨달은 일이지만 홍해가 없었더라면 큰일 날 뻔한 것입니다. 여러분은 적의 탱크를 저지하기 위한 방어 시설을 보신 적이 있으시겠지요. 홍해가 바로 그것이었던 것입니다. 홍해가 없었다면 바로의 군사는 계속 추격해 왔을 것이요, 하나님의 백성은 다시 사로잡혀 갔을 것입니다. 그러나 방어벽이 있었기에 하나님의 백성은 육지같이 건넜고 추격자는 몰살했습니다. 왜 이렇게 해 주셨습니까? 이유는 오직 하나 "구속하여 내 백성"을 삼으셨기 때문입니다.

그들은 광야 40년 동안 하늘 양식을 먹었으며 반석에서 솟아나는 물을 마셨습니다. 누가 왜 그렇게 해주셨습니까? 하나님께서 자기 백성이기 때문에 보양해 주신 것입니다. 만나를 내려 주시면서 두 가지 시험문제를 내셨습니다.

① 내일까지 남겨 두지 말라. ② 안식일은 나가지 말라. 그런데 그들은 어떻게 했습니까? 남겨 둔 자가 있었습니다. 왜요? 내일은 안 내릴지도 모른다는 불신 때문이었습니다. 안식일에도 나간 자들이 있었습니다. 왜요? 매일 내린 만나가 오늘이라고 안 내리겠느냐는 하나님의 말씀에 대한 불신앙 때문이었습니다.

그들은 자기들이 하나님의 백성이고 하나님께서 자신들의 아버지가 되심을 잊었던 것입니다. 이것은 남의 이야기가 아닙니다. 우리들의 이야기입니다.

"그러므로 염려하여 이르기를 무엇을 먹을까 무엇을 마실까 무엇을 입을까 하지 말라 하물며 너희일까 보냐 믿음이 적은 자들아."

너희 천부(天父)께서 이 모든 것이 너희에게 있어야 할 줄을 아시느니라고 책망하십니다.

하나님은 시내 산에서 십계명을 주셨습니다. 왜 주셨나요? 그것 지키므로 구원 얻으라고 주셨나요? 아닙니다. 이미 자기 백성 삼으신 그들로 하여금 법 없는 자와 같이 되지 않고 하나님의 백성답게 살아가라고 주신 것입니다.

하나님께서는 내가 그들 중에 거할 성소를 지으라고 명하셨습니다. "그들"이 누구들입니까? "구속하여 내 백성 삼으신" 하나님의 백성들입니다. 하나님은 자기 백성 주에 거하셔서 고락을 같이 하시기를 기뻐하셨습니다. 낮에는 구름으로 밤에는 불담으로 자기 백성을 덮어 주셨으며 낮에는 구름 기둥, 밤에는 불기둥으로 길을 잃어버리지 않도록 인도해 주셨습니다. 이렇게 하심은 오직 한 가지 이유 "구속하여 자기 백성"을 삼으셨기 때문이었습니다.

그리스도와의 만남

양의 피를 문 인방과 설주에 뿌림으로 내가 그 피를 볼 때에 너희를 넘어 가리라 하신 유월절은 하나님께서 복음 진리를 예표적으로 보여 주시기 위하여 고안해내신 각본이었습니다. 그 외에 만나와 반석의 생수와 성막은 더 이상 보여줄 수 없을 만큼 완벽한 그리스도의 모형이요 예표였습니다. 오늘날 우리는 이 모든 것이 성취된 이후 시대에 살아가고 있는 것입니다.

우리는 출애굽기를 통하여 "저희에게 당한 이런 일이 거울이 되고 또한 말세를 만난 우리의 경계로 기록하였느니라"(고전 10:11)는 말씀대로 경계와 지표로 삼아야만 합니다.

5
십계명을 주신 하나님의 의도

출애굽기 20:1-17

¹ 하나님이 이 모든 말씀으로 일러 가라사대 ² 나는 너를 애굽 땅, 종 되었던 집에서 인도하여 낸 너의 하나님 여호와로라 ³ 너는 나 외에는 다른 신들을 네게 있게 말찌니라 ⁴ 너를 위하여 새긴 우상을 만들지 말고 또 위로 하늘에 있는 것이나 아래로 땅에 있는 것이나 땅아래 물속에 있는 것의 아무 형상이든지 만들지 말며 ⁵ 그것들에게 절하지 말며 그것들을 섬기지 말라 나 여호와 너의 하나님은 질투하는 하나님인즉 나를 미워하는 자의 죄를 갚되 아비로부터 아들에게로 삼 사대까지 이르게 하거니와 ⁶ 나를 사랑하고 내 계명을 지키는 자에게는 천대까지 은혜를 베푸느니라 ⁷ 너는 너의 하나님 여호와의 이름을 망령되이 일컫지 말라 나 여호와는 나의 이름을 망령되이 일컫는 자를 죄 없다 하지 아니하리라 ⁸ 안식일을 기억하여 거룩히 지키라 ⁹ 엿새 동안은 힘써 네 모든 일을 행할 것이나 ¹⁰ 제 칠일은 너의 하나님 여호와의 안식일인즉 너나 네 아들이나 네 딸이나 네 남종이나 네 여종이나 네 육축이나 네 문안에 유하는 객이라도 아무 일도 하지 말라 ¹¹ 이는 엿새 동안에 나 여호와가 하늘과 땅과 바다와 그 가운데 모든 것을 만들고 제 칠일에 쉬었음이라 그러므로 나 여호와가 안식일을 복되게 하여 그날을 거룩하게 하였느니라 ¹² 네 부모를 공경하라 그리하면 너의 하나님 나 여호와가 네게 준 땅에서 네 생명이 길리라 ¹³ 살인하지 말찌니라 ¹⁴ 간음하지 말찌니라 ¹⁵ 도적질하지 말찌니라 ¹⁶ 네 이웃에 대하여 거짓 증거하지 말찌니라 ¹⁷ 네 이웃의 집을 탐내지 말찌니라 네 이웃의 아내나 그의 남종이나 그의 여종이나 그의 소나 그의 나귀나 무릇 네 이웃의 소유를 탐내지 말찌니라(출 20:1-17)

| 설교작성 노트 |

찬송가 앞에는 주기도문이 뒤에는 십계명이 수록되어 있다. 왜 그렇게 하였을까? 성도라면 적어도 이것만은 외우고 간직해야 한다는 뜻에서가 아닐까? 그래서 학습, 세례문답시에 주기도문, 십계명을 암송해 보세요 하고 묻는다.

그것으로 만족해한다면 의문(儀文)을 취하고 신령한 것은 버리는 우를 범할 수도 있다. 십계명 조항을 암송하기에 앞서서 십계명을 주신 의도와 하나님의 마음을 전하여 주어야만 하고 알아야만 한다. 그러므로 주기도문이나 십계명이 입술에 붙어 있지 아니하고 심비에 기록되게 하여 그 의미와 정신이 삶 속에 우러나오게 하여야 마땅하다.

그렇다면 십계명을 주신 의도가 무엇인가?

하나님께서는 애굽 왕 바로의 종 되었던 이스라엘 백성을 구속하여 자기 백성으로 삼으시고 약속의 땅 가나안으로 인도하시는 중 시내 산에 이르자 근 1년간을 머물게 하시면서 율법을 주시고 성막을 세우게 하셨습니다.

본 설교에서는 율법의 집약이라고도 말할 수 있는 십계명을 주신 하나님의 의도가 무엇인가 이를 관찰해서 하나님의 뜻과 마음을 바로 받들게 되기를 바랍니다.

십계명의 서문

우리는 서문에 해당되는 부분을 지나쳐 버리거나 가볍게 여기는 경향이 있습니다. 그렇게 한다면 대단히 중요한 것을 놓치게 될 것입니다. 서문에 전체의 요약이나 의도가 나타나 있기 때문입니다.

십계명의 서문은 "나는 너를 애굽 땅 종 되었던 집에서 인도하여 낸 너의 하나님 여호와로다"(2)라고 말씀합니다. 여기에 십계명을 주신 의도가 명백히 나타나 있습니다.

그들 이스라엘 백성은 애굽에서 "종"살이 하고 있었던 노예들이었습니다. 그들 당대 뿐만 아니라 4백 년 동안 종살이했다면 아버지도 종이었고 할아버지 증조부도 고조부도 종노릇하던 그들이었습니다. 하나님께서는 이처럼 "약하고 천하고 멸시받던"(고전 1:8) 그들을 택하시고 구속하셔서 자기 백성으로 삼으셨던 것입니다.

하나님은 자기 백성을 어떻게 하셔야만 합니까? 인도하시고 보호하시고 공급하시고 치료하시고 보양하셔야만 했습니다. 그들 몸에는 대대로 내려온 종의 근성이 배어 있었을 것입니다. 교양도 교육도 제대로 받을 수가 없었던 그들이었습니다.

하나님께서는 그들에게 십계명을 두 돌판에 친히 새기셔서 주셨습니다.

"나는 너를 애굽 땅 종 되었던 집에서 인도하여 낸 너의 하나님 여호와로다."

하나님이 "너의 하나님"이시라면 그들은 "하나님의 백성"인 것입니다. 이제 그들은 바로의 종이 아니라 하나님의 특별한 소유인 백성이 된 것입니다. 여기에는 특권만이 있는 것이 아니라 책임과 의무도 있는 것입니다.

이제부터 그들은 하나님의 백성답게 살아가야만 했습니다. 그들이 잘못을 범한다면 자신들에게 욕이 돌아가기에 앞서 "하나님의 이름이 너희로 인하여 이방인 중에서 모독을 받는 도다."(롬 2:24) 즉 하나님의 이름이 더럽힘을 받게 되는 것입니다. 그래서 하나님께서는 최소한의 율례와 법도인 십계명을 주셨던 것입니다.

어떤 분들이 생각하듯이 십계명을 지키면 구원을 얻는다고 주신 것이 아닙니다. 구원을 얻었기에 주신 것입니다. 구속하여 자기 백성을 삼으셨기 때문에 주신 것입니다. 이 점이 레위기 11:45에 더욱 명백히 나타나 있습니다. "나는 너희의 하나님이 되려고 너희를 애굽 땅에서 인도하여 낸 여호와라. 내가 거룩하니 너희도 거룩할지어다" 하십니다.

이 점은 신약의 성도들에게도 성화의 삶을 살아야 할 같은 동기가 됩니다.

"너희가 순종하는 자식처럼 이전 알지 못할 때에 좇던 너희 사욕을 본 삼지 말고 오직 너희를 부르신 거룩한 자처럼 너희도 모든 행실에 거룩한 자가 되라. 기록하였으되 내가 거룩하니 너희도 거룩할지어다 하셨느니라"(벧전 1:14-16). 하나님의 백성들이 이러한 삶을 살아간다면 어떠한 말을 듣게 될까요?

"너희는 지켜 행하라 그리함은 열국 앞에 너희의 지혜요 너희의 자식이라. 그들이 이 모든 규례를 듣고 이르기를 이 큰 나라 사람은 과연 지혜와 지식이 있는 백성이로다 하리라"(신 4:6)고 말씀합니다.

그들은 결코 "큰 나라 사람"이 아니었습니다. 그럼에도 큰 나라 사람이라고 말씀하시고 있는 것은 영토가 커서 큰 나라가 아니요 거룩하시고 천지의 대주재자가 되시는 하나님의 백성이기에 "큰 나라 사람"이라 일컬음을 받는 것입니다.

하나님의 백성다운 율례와 법도가 있기 때문에 "큰 나라 사람"이요 "과연 지혜와 지식이 있는 백성"이라는 말을 듣게 되는 것입니다.

"나는 너를 애굽 땅 종 되었던 집에서 인도하여 낸 너의 하나님 여호와로라."

십계명은 몽학선생

먼저 질문을 드려 보겠습니다. 형제는 십계명을 다 지키십니까? 못 지키십니까? 지키기가 가장 힘든 계명은 몇 번째 계명입니까?

사도 바울은 "율법의 의로는 흠이 없는 자로다"(빌 3:6)고 자부하던 사람이었습니다. 십계명을 일견해 볼 때 웬만한 사람이면 다 지킬 수 있는 계명으로 여겨집니다. 우리 중에 누가 우상 숭배, 살인, 간음, 도적질 같은 죄를 범할 자가 있겠습니까?

또한 십계명을 보면 처음에는 "너는 나 외에는 다른 신을 네게 있게 말지니라" 하고 엄숙하게 시작되어 "네 이웃에 대하여 거짓 증거하지 말지니라. 네 이웃의 집을 탐내지 말지니라"(9-10계명) 하고 점점 약하고 가벼운 계명으로 나아가고 있는 듯한 느낌을 받게 됩니다.

그러므로 부자 청년도 "이것은 내가 어려서부터 다 지키었나이다"(막 10:20)고 말했던 것입니다. 그렇게 되면 어떻게 되는 것입니까? 율법으로는 죄를 깨달음이니라(롬 3:20) 하셨는데 율법을 행함으로 의롭다 함을 얻는다는 결론에 이르게 됩니다.

그리고 "만일 의롭게 되는 것이 율법으로 말미암으면 그리스도께서 헛되이 죽으셨느니라"(갈 2:21)가 되고 말 것입니다. 바리새인들이 그러했습니다. 바울도 그런 신앙관을 가지고 있었습니다. 그러했던 바울이 어디서 깨어졌는지 그의 고백을 들어보십시오.

"전에 법을 깨닫지 못할 때에는 내가 살았더니 계명이 이르매 죄는 살아나고 나는 죽었도다"(롬 7:9).

"계명이 이르매" 계명이 자신에게 조명되었다는 뜻입니다. 다메섹 도상에서 해보다 더 밝은 빛이 그에게 비취었습니다. 그렇듯 계명이 그에게 비취었다는 것입니다. 그러하기 이전에는 계명이라는 문자만을 보았으나 이제 신령한 면을 보게 되었다는 것입니다.

그렇다면 그에게 조명된 계명은 어느 계명이었을까요? "율법으로 말미암지 않고는 내가 죄를 알지 못하였으니 곧 율법이 탐내지 말라 하지 아니하였더면 내가 탐심을 알지 못하였으리라"(롬 7:7)고 말해 줍니다.

"탐내지 말라"는 계명이 몇 번째 계명입니까? 열 번째입니다. 그는 그 계명을 무심히 가볍게 보아 왔을 것입니다. 그러던 어느 날 그 계명이 그의 심령에 새롭게 조명이 되었던 것입니다. 바울은 열 번째 계명을 통하여 비로소 "탐심"이 죄의 근원임을 알았던 것입니다.

"탐심 탐심"(貪心), 결국 "마음의 문제였구나" 하고 하나님께서 의도하신바 진정한 깨달음에 이른 것입니다. 그러자 그 동안 율법의 의로는 흠이 없는 줄로 알았던 자신이 죄인 중의 괴수임을 깨닫게 된 것입니다. 살인하지 않았노라 자랑하던 자신이 얼마나 마음으로 미워하였으며 간음하지 않았노라 자랑하던 자신이 얼마나 음욕을 품었던가? "오호라 나는 곤고한 사람이로다 이 사망의 몸에서 누가 나를 건져 내랴"고 자신을 건져 줄 "누군가"를 찾게 된 것입니다.

그때에야 비로소 그리스도를 만날 수가 있었습니다. 주님을 만난 후에 그의 고백은 완전히 뒤집어졌습니다.

"내가 가진 의는 율법에서 난 것이 아니요 오직 그리스도를 믿음으로 말미암은 것이니 곧 믿음으로 하나님께로서 난 의라"(빌 3:9).

그는 전에 유익하다고 여겼던 모든 것을 해로 여기고 배설물로 여기게 되었던 것입니다.

"탐내지 말라 하지 아니하였더면" 아시겠습니까? 하나님께서 십계명을 주셨을 때에 맨 마지막으로 주신 그리고 가장 쉬운 것으로 여겼던 "탐내지 말라" 하시지 않았다면 탐심을 깨닫지 못했을 것이요 탐심을 알지 못했다면 죄인임을 알지 못했을 것이요. 자신이 죽을 병에 걸린 것을 모르고 있었으니 의원의 필요성을 몰랐을 것입니다.

탐심을 안 후에야 "내가 원하는 바 선은 하지 아니하고 도리어 원치 아니하는 바 악은 행하도다"고 율법의 행위로는 그의 앞에 의롭다 함을 얻는 것이 불가능함을 인정하기에 이르게 되는 것입니다. 그리고 "율법 아래 매인"바 되고 "갇혀" 있는(갈 3:23) 자신임을 발견하게 되는 것입니다.

그때에야 비로소 "율법이 우리를 그리스도에게로 인도하는 몽학선생이 되어 우리로 하여금 믿음으로 말미암아 의롭다 함을 얻게 하려 함이니라"는 말씀을 깨닫게 되는 것입니다(갈 3:24).

십계명이 지금 유효한가?

그렇다면 십계명이 신약시대의 성도들에게도 유효한 것인가 하는 점입니다. 어떤 분들은 율법 중에서 의식법과 재판법은 폐하여졌지만 도덕법인 십계명은 폐하여지지 아니하였다고 말합니다. 그러나 성경 어느 곳에서도 그렇게 말씀하고 있지 않습니다.

물론 신약성경에서도 우상숭배, 살인, 간음, 도적질, 거짓증거 등을 금하고 부모는 공경하라고 말씀합니다. 그렇다고 해서 그것이 곧 십계명이 도덕법으로 유효하다는 근거는 되지 않습니다. 왜냐하면 "간음하지 말라. 살인하지 말라. 도적질하지 말라. 탐내지 말라 한 것과 그 외에 다른 계명이 있을지라도 네 이웃을 네 자신과 같이 사랑하라 하신 그 말씀 가운데 다 들었느니라"(롬 13:19)이기 때문입니다.

어떤 율법사가 율법 중에 어느 계명이 크니이까 라고 물었을 때 주님께서는 마음을 다하여 하나님을 사랑하라. 네 이웃을 네 몸과 같이 사랑하라. 이것이 율법과 선지자의 강령이니라고 말씀하셨습니다. 주님은 열 가지 계명을 두 가지 계명으로 요약해 주신 셈입니다. 그리고 결국에 가서는 "새 계명을 너희에게 주노니 서로 사랑하라"(요 13:34) 하신 사랑이라는 한 계명을 주셨습니다. 모든 계명은 그 안에 다 들어 있는 것입니다.

어떤 의미에서 "사랑하라"는 말씀은 새로운 계명은 아닙니다. 그러나 "내가 너희를 사랑한 것 같이(위하여 목숨을 버리심) 너희도 서로 사랑하라" 하실 때 이것은 순전한 새 계명이 되는 것입니다.

이 점이 왜 중요하냐 하면 신약의 성도들은 십계명 아래 또는 법 아래 있는 것이 아니라 사랑 아래 은혜 아래 있다는 사실 때문입니다. 십계명을 통하여 하나님과 관계를 맺고 있는 것이 아니라 사랑의 관계라는 말씀입니다. 십계명을 다 지켰다 해도(지킬 수 없지만) 하나님과 이웃을 사랑하지 않을 수도 있는 것입니다. 또한 하나님과의 관계가 회복되는 것도 아닙니다. 중요한 것은 율법의 완성인 "사랑"이요 (롬 13:10), "내 아들아 네 마음을 내게 주며"(잠 23:26) 하신 "마음"의 문제이기 때문입니다.

"그리스도는 모든 믿는 자에게 의를 이루기 위하여 율법의 마침이" (롬 10:14) 되셨습니다.

십계명이 도덕법으로 유효하지 않다는 점을 왜 강조하여야 하느냐 하면 다음과 같습니다.

첫째는 하나님의 자녀 된 성도들의 윤리 기준을 십계명의 수준으로 격하시켜서는 안되기 때문입니다.

신약의 윤리는 훨씬 높은 차원입니다. "음행과 온갖 더러운 것과 탐욕은 너희 중에서 그 이름이라도 부르지 말라 이는 성도의 마땅한 바니라"(엡 5:3)고 말씀합니다. "선을 행할 줄 알고도 행치 아니하면 죄니라"(약 4:17)고 말씀합니다. 폐일언하고 "그러므로 사랑을 입은 자녀같이 너희는 하나님을 본받는 자가 되라"(엡 5:1)고 말씀합니다.

그렇습니다. 아버지와 자녀와의 관계는 닮음의 관계입니다. 아버지 하나님을 닮지 못하고 주님을 닮지 못한 것이 죄송해서 탄식하는 것이 신약의 성도들입니다.

둘째는 새 언약 하에 있는 신약의 성도들은 율법에서 해방되었기 때문입니다(롬 8:2).

"이제는 우리가 얽매었던 것에 대하여 죽었으므로 율법에서 벗어났으니 이러므로 우리가 영의 새로운 것으로 섬길 것이요. 의문(儀文)의 묵은 것으로 아니할지니라"(롬 7:6) 하십니다.

구약의 성도들은 의문으로 섬겼습니다. 그리고 의문은 결국 죽이는 것이요. 살리지를 못했습니다(고후 3:6). 그러나 신약의 성도들은 다릅니다.

"너희 몸은 너희가 하나님께로부터 받은 바 너희 가운데 계신 성령의 전인줄을 알지 못하느냐"(고전 6:19).

성령을 모신 자들입니다. 의문의 묵은 것이 아니요 영의 새로운 것으로 섬기는 자들입니다. 그리고 "영은 살리는 것입니다"(고후 3:7).

만일 십계명이 유효한 도덕법이라고 말한다면 제4계명(안식일)으로 인하여 폄론을 면키 어려울 것입니다. 또한 앞에서 살펴본 바와 같이 제10계명으로 인하여 정죄감에 빠지고야 말 것입니다. 그러나 그리스도 예수 안에 있는 자에게는 결코 정죄함이 없습니다(롬 8:1).

우리를 거스리고 우리를 대적하는 의문에 쓴 증서를 도말하시고 제하여 버리사 십자가에 못박으셨습니다(골 2:14). 어떤 것은 도말하고 어떤 것은 남겨 두신 것이 아닙니다.

셋째는 은혜 아래 있는 성도들을 다시 법 아래로 끌로 가려는 모든 책략을 차단해야 하기 때문입니다.

목회자는 회중들을 은혜 아래서 율법 아래로 끌고 가려는 유혹을 받게 됩니다. 왜냐하면 그렇게 해야만 목회하기가 편하기 때문입니다. 십일조 드리지 않으면 도적놈이요, 십일조 생활하면 복을 쌓을 것이 없도록 부어주신다고 강조해야만 연보가 많이 나오고 예배당도 증축할 것이 아니겠습니까?

그러나 복음은 말씀합니다. "누가 주께 먼저 드려서 갚으심을 받겠느뇨. 이는 만물이 주에게서 나오고 주로 말미암고 주에게로 돌아감이라. 영광이 그에게 세세에 있으리로다. 아멘"(롬 11:35,36).

형제는 십일조를 통해서 하나님을 시험해 보라 하신 말리기 시대의 신앙 수준으로 돌아가시렵니까? 아닙니다. 십일조를 통해서 모든 것이 하나님에게서 나왔다는 하나님의 주권을 인정함으로 하나님께서 우리 가정을 통치하고 계시다는 신앙고백이 있어야 하는 것입니다.

나아가 십일조를 드림으로 "맏아들"(롬 8:29)이 되셔서 유월절 양처럼 "모든 사람을 대신하여 죽으신"(고후 5:14) 그리스도를 바라볼 수 있는데 까지 이르러야만 신약시대 성도로써 마땅한 바입니다.

성경은 말씀합니다. "죄가 너희를 주관치 못하리니 이는 너희가 법(율법) 아래 있지 아니하고 은혜 아래 있음이니라"(롬 6:14).

그리스도와 만남

십계명(율법)을 주신 의도는 분명합니다. 첫째는 하나님의 백성으로 하여금 옛 행실을 벗어버리고 하나님의 백성답게 살아가게 하시기 위해서였으며 둘째는 율법이 몽학선생이 되어서 그리스도에게로 인도하려 하심에서였습니다. 형제는 율법을 통과해서 그리스도를 만났습니까? 아니면 좋으신 하나님이라 해서 교회에 나오는 것입니까?

형제는 율법에 매였다가 그리스도를 만나서 결박이 풀어졌으며 율법에 갇힌바 되었다가 그리스도를 만나 옥문을 깨뜨리시고 쇠빗장을 꺽으사(시 107:16) 해방되었으며 율법의 정죄에서 신음하다가 그리스도로 말미암아 의롭다 함을 얻은 감격을 맛보게 되었습니까?

이제 율법을 통하여 그리스도를 만난 신약의 성도들은 율법아래 있지 아니하고 그리스도 아래, 즉 은혜 아래 있는 자들입니다. 율법 아래서는 형벌의 염려로 이루지 못했던 성화도 그리스도와의 사랑의 관계에서 성령의 도우심으로 성화를 이루게 된 것이 신약의 성도들입니다. 이것이 적용이요. 그리스도와의 만남입니다.

6
성막에 계시된 구속사적 의미

출애굽기 25:1-22

¹ 여호와께서 모세에게 일러 가라사대 ² 이스라엘 자손에게 명하여 내게 예물을 가져오라 하고 무릇 즐거운 마음으로 내는 자에게서 내게 드리는 것을 너희는 받을찌니라 ³ 너희가 그들에게서 받을 예물은 이러하니 금과 은과 놋과 ⁴ 청색 자색 홍색실과 가는 베실과 염소털과 ⁵ 붉은 물 들인 수양의 가죽과 해달의 가죽과 조각목과 혹 물돼지 ⁶ 등유와 관유에 드는 향품과 분향할 향을 만들 향품과 ⁷ 호마노며 에봇과 흉패에 물릴 보석이니라 ⁸ 내가 그들 중에 거할 성소를 그들을 시켜 나를 위하여 짓되 ⁹ 무릇 내가 네게 보이는대로 장막의 식양과 그 기구의 식양을 따라 지을찌니라 ¹⁰ 그들은 조각목으로 궤를 짓되 장이 이 규빗 반, 광이 일 규빗 반, 고가 일 규빗 반이 되게 하고 ¹¹ 너는 정금으로 그것을 싸되 그 안팎을 싸고 윗가로 돌아가며 금테를 두르고 ¹² 금고리 넷을 부어 만들어 그 네 발에 달되 이편에 두 고리요 저편에 두 고리며 ¹³ 조각목으로 채를 만들고 금으로 싸고 ¹⁴ 그 채를 궤 양편 고리에 꿰어서 궤를 메게 하며 ¹⁵ 채를 궤의 고리에 꿴대로 두고 빼어내지 말찌며 ¹⁶ 내가 네게 줄 증거판을 궤 속에 둘찌며 ¹⁷ 정금으로 속죄소를 만들되 장이 이 규빗 반, 광이 일 규빗 반이 되게 하고 ¹⁸ 금으로 그룹 둘을 속죄소 두 끝에 쳐서 만들되 ¹⁹ 한 그룹은 이 끝에, 한 그룹은 저 끝에 곧 속죄소 두 끝에 속죄소와 한 덩이로 연하게 할찌며 ²⁰ 그룹들은 그 날개를 높이 펴서 그 날개로 속죄소를 덮으며 그 얼굴을 서로 대하여 속죄소를 향하게 하고 ²¹ 속죄소를 궤 위에 얹고 내가 네게 줄 증거판을 궤 속에 넣으라 ²² 거기서 내가 너와 만나고 속죄소 위 곧 증거궤 위에 있는 두 그룹 사이에서 내가 이스라엘 자손을 위하여 네게 명할 모든 일을 네게 이르리라 (출 25:1-22)

| 설교작성 노트 |

신약성경에서 가장 경이로운 사건은 임마누엘 사건이다. 그렇다면 구약성경에서도 그에 대한 모형으로 주어진 "내가 그들 중에 거할 성소"를 지으라 하심은 대단히 중요한 진리를 내포하고 있다. 이에 대한 구속사적인 의미는 무엇이며 이 맥이 어떻게 이어져 내려왔는가를 고찰함으로 그 영광스러움을 보고 깨닫기를 바란다.

하나님께서는 시내 산에 강림하셔서 모세를 부르셨습니다. 하나님은 모세에게 율법을 주시고 성막을 지을 것을 명하십니다. 율법을 주신 내용이 20-24장에 기록되어 있고 성막에 관한 내용이 25-40장까지입니다.

율법을 주신 의도와 목적에 대해서는 지난번에 고찰하였거니와 여기서는 "내가 그들 중에 거할 성소를 그들을 시켜 나를 위하여 짓되…네게 보이는 대로 식양(式樣)을 따라 지을지니라"⑧고 명하신 성막을 주신 의도와 목적에 대해서 살펴보고자 합니다. "내가 그들 중에 거할 성소"라는 말씀은 경이로운 말씀이면서도 이해하기 어려운 점이 있습니다.

하나님께서 사람가운데 그것도 천막에 거하시겠다니 이 말씀을 어찌 감당할 수가 있겠습니까? 반면 하늘은 나의 보좌요. 땅은 나의 발등상이니 너희가 나를 위하여 무슨 집을 짓겠느냐 하시는 하나님께서 나의거할 성소를 지으라 하시니 이를 어찌 이해할 수가 있겠습니까?

하나님께서는 네 마음대로 잘만 지어라 하시는 것이 아니라 "네게 보이는 대로", "식양을 따라" 지을 지니라 하심을 보면 식양이라는 모형을 통해서 계시하고자 하는 실상과 본체가 있으심이 나타납니다. 그것이 무엇일까요?

만남의 장소

성막을 세우는 내용이 장장 열여섯 장(25-40)이나 됩니다. 그런데 본문을 살펴보면 최우선으로 하신 말씀이 "궤를 짓되"(10) 즉, 언약궤를 지으라는 말씀입니다.

그리고 "거기서 내가 너와 만나고"(22) 하십니다. 그러니까 제일 먼저 언약궤를 만들라 하심도 이 말씀을 하시기 원해서 그렇게 하신 것이라는 깨달음을 얻게 합니다. 만나주시겠다는 말씀은 이곳뿐만 아니라 25:22; 29:42; 29:43; 30:16; 30:36에서도 언급하고 있습니다. "거기서 내가 너와 만나고" 이는 성막과 관련한 핵심적인 말씀이라 할 수가 있습니다.

생각해보십시오. 범죄함으로 하나님의 존전에서 추방당한 인간에게 "거기서 내가 너와 만나고" 하시다니 이 보다 더 기쁜 말씀은 달리 없습니다.

19:12을 보십시오. "너는 백성을 위하여 사면으로 지경을 정하고 이르기를 너희는 삼가 산에 오르거나 그 지경(地境)을 범하지 말지니 산을 범하는 자는 정녕 죽임을 당할 것이라"고 말씀하고 있지 아니합니까?

그런데 하나님이 만나주시겠다니 하나님을 만날 수 있게 되었다니 이보다 더 망극한 말씀이 어디 있겠습니까? "거기"서 만나 주시겠다고 말씀하심을 명심하십시오. 시내 산에서가 아닙니다. "산을 범하는 자는 정녕 죽임을 당할" 것입니다.

그런데 "거기서" 즉, 성막에서 만나주시겠다는 것입니다. 성막은 하나님과 만날 수 있는 만남의 장소인 것입니다. 그래서 성막을 '회막'이라고도 부르는 것입니다. 그렇다면 성막은 하나님과 인간 사이를 화목하게 하고 만날 수 있게 하는 비밀을 간직하고 있음이 분명합니다. 바로 이것입니다. 하나님께서는 이 비밀을 성막이라는 식양과 모형을 통해서 계시해 주시려는 것입니다. 그 비밀이 무엇일까요?

속죄소의 비밀

하나님께서 허락하신 만남의 장소를 구체적으로 살펴보면 성막 중에서도 "속죄소" 곧 증거궤 위에 있는 두 그룹 사이에서 만나주시겠다는 것입니다. 속죄소란 지성소에 안치되어 있는 증거궤를 덮는 일종의 뚜껑과 같은 것입니다. 왜 속죄소라고 이름하였는가 하면 1년에 한번 드리는 대속죄일에 대제사장이 속죄제물의피를 가지고 지성소에 들어가서 그 피를 속죄소에 뿌림으로 백성의 죄를 속하였기 때문입니다.

하나님께서는 "거기서 내가 너와 만나겠다"고 말씀하시는 것입니다. 그렇다면 하나님과의 만남을 가능케 하는 것이 그 피에 있음을 알게 됩니다. 죄 때문에 하나님과 분리가 되고 추방당하였는데 그 피가 죄를 속하여 주기 때문에 하나님 앞에 나아갈 수가 있게 되고 만남이 가능해지는 것입니다. 비밀은 그 피에 있는 것입니다. 성경은 말씀합니다. "생명이 피에 있으므로 피가 죄를 속하느니라"(레 17:11). 그러므로 "피 흘림이 없은즉 사함이 없느니라"(히 9:22).

그런데 우리가 기뻐하기에 앞서 하나님께서 지시하신 식양을 좀 더 살펴보아야만 합니다. 왜냐하면 속죄소, 즉 언약궤가 안치되어 있는 지성소는 휘장으로 막아서 성소와 지성소로 구별하라고 말씀하고 있기 때문입니다(26:33). 이것은 분명한 출입금지를 의미합니다. 그렇다면 어떻게 되는 것입니까? 만남이 이루어지기는 하는데 지금 당장은 아니다 라는 뜻이 됩니다.

그러므로 신약성경은 "성령이 이로써 보이신 것은 첫 장막이 서 있을 동안에 성소에 들어가는 길이 아직 나타나지 아니한 것이라"(히 9:8)고 이 점을 설명해 주고 있습니다. 성막을 통하여 "성령이 보이신 것"은 ① 하나님을 만나러 들어가는 길이 아직 열리지 아니 하였다는 것과 ② 왜냐하면 대제사장이 1년 1차씩 피를 가지고 들어가서 속죄소에 뿌린 짐승의 피로써는 죄를 속할 수가 없었기 때문이라는 진리입니다.

성경은 "이 장막은 현재까지의 비유"라고 말씀합니다. "예법만 되어 개혁할 때까지 맡겨둔 것이라"(히 9:9-10)고 말씀합니다. "장차 오는 좋은일의 그림자요, 참형상이 아니므로 해마다 늘 드리는바 같은 제사로는 나아오는 자들을 언제든지 온전케 할 수 없느니라."(히 10:1)고 말씀합니다. 그렇다면 무엇에 대한 비유며 그림자입니까? 언제 개혁이 되는 것이며 누가 온전케 해주며 휘장은 언제 열려질 것입니까?

휘장은 곧 저의 육체니라

참으로 성경은 경탄을 금할 수 없도록 오묘막측합니다. 거룩한 두려움에 사로잡히게끔 합니다. "그러므로 형제들아 우리가 예수의 피를 힘입어 성소에 들어갈 담력을 얻었나니"합니다. 더 이상 참 것의 그림자인 짐승의 피가 아니라 "예수의 피를 힘입어"입니다. "들어갈 담력을 얻었다"고 말씀합니다. "그 길은 우리를 위하여 휘장 가운데로 열어놓으신 새롭고 산 길"(히 10:19-20)이라고 말씀합니다.

그렇습니다. 성막이 세워진 이후로 1,500년 동안이나 가로막혀 있던 휘장이 예수님께서 십자가에 달리사 "다 이루었다"고 선언하시고 죽으셨을 때에 "이에 성소 휘장이 위로부터 아래까지 찢어져 둘이 되니라"(막 15:38)고 말씀합니다. 형제여 "휘장이 찢어졌습니다."

그런데 성경은 해설하기를 "휘장은 곧 저의 육체니라"(히 10:20)고 말씀하고 있습니다. 그의 육체가 찢어져야만 비로소 가로막혀 있었던 휘장이 찢어질 수가 있었다는 말씀입니다. 이제는 문을 활짝 열어 놓으신 것입니다. 들어와도 좋다는 허락이 떨어진 것입니다. 하나님과의 만남이 이루어진 것입니다. 그것은 예수의 피가 우리의 죄를 온전히 속하여 주셨음을 의미합니다. 그림자가 아니라 실상이 나타났기 때문입니다. 개혁이 이루어진 것입니다.

하나님과의 만남의 장소인 속죄소에 들어가려면 번제단을 통과하여 물두멍을 거쳐 성소를 지나서 휘장 안으로 들어가야만 하는 것입니다. 예수 그리스도의 십자가를 통과하여(번제단) 주님의 보혈로 깨끗이 씻음 받고(물두멍) 휘장 가운데로 열어 놓으신 새롭고 산 길을 따라 은혜의 보좌 앞에 담대히 나아가게 된 것입니다. 오직 "예수의 피를 힘입어."

형제여, 오직 그 피로 인하여 의롭다 하심을 얻은 그 의를 힘입어서입니다.

성막의 구속사적 맥

성막이 모형과 그림자로 주어진 것이라면 실체가 나타나기까지 그 맥이 어떻게 이어져 내려왔는가 하는 점입니다. 그리고 하나님과의 만남이 이루어지는 오늘의 성막은 어디에 있는가하는 문제입니다.

출애굽기 40장은 부분별로 완성된 성막을 조립하는 내용인데 "모세가 이같이 역사를 필하였더라"(33) 하고 드디어 성막이 완성되었음을 말씀합니다.

"그 후에 구름이 회막에 덮이고 여호와의 영광이 성막에 충만하였다"(40:34)고 말씀합니다. 이 점이 중요합니다. 어찌나 충만했던지 "모세가 회막에 들어갈 수 없었으니 이는 구름이 회막 위에 덮이고 여호와의 영광이 성막에 충만함이었으며" 합니다. 하나님의 영광이 이처럼 성막에 충만했습니다.

후일에 이스라엘 백성이 가나안에 정착하게 되어 솔로몬이 성전을 완성하고 봉헌기도를 드렸을 때에도 이와 같은 광경이 재연됨을 봅니다. "솔로몬이 기도를 마치매 불이 하늘에서부터 내려와서 그 번제물과 제물들을 사르고 여호와의 영광이 그 전에 가득하니 여호와의 영광이 여호와의 전에 가득하므로 제사장이 그 전에 능히 들어가지 못하였다"(대하 7:1-2)고 기록되어 있습니다.

모세가 성막에 들어가지 못하고 제사장이 그 전에 능히 들어가지 못하였다는 묘사에서 영광이 얼마나 충만하였었는가를 짐작하게 합니다. 성막이냐, 성전이냐는 그다지 중요하지 않습니다. 중요한 것은 이것들의 참 것의 모형이었다는 데 있습니다.

그런데 요한복음 1:14은 "말씀이 육신이 되어 우리 가운데 거하시매(성막을 치매) 우리가 그 영광을 보니 아버지의 독생자의 영광이요, 은혜와 진리가 충만하더라" 하고 모형으로 계시하셨던 성막이 실체로 나타나셨음을 증거하고 있습니다.

요한복음 2:19에서도 "너희가 이 성전을 헐라. 내가 사흘 동안에 일으키리라" 하고 자신이 성전 됨을 말씀하셨습니다. 예수 그리스도께서 인간의 장막 같은 몸을 입으시고 이 땅에 오셨을 때 그 장막에 임한 영광을 보니 아버지의 독생자의 영광이요, 은혜와 진리가 충만

했다는 것입니다. 참으로 하나님은 신실하신 하나님이시며 그의 말씀은 진실로 미쁘신 말씀입니다.

우리는 더 나아가야만 합니다. "오순절 날이 이미 이르매 저희가 다같이 한 곳에 모였더니 홀연히 하늘로부터 급하고 강한 바람 같은 소리가 있어 저희 온 집에 가득하며 불의 혀같이 갈라지는 것이 저희에게 보여 각 사람위에 임하여 있더니 저희가 다 성경의 충만함을 받았다"(행 2:1-4)는 말씀을 대하기 때문입니다.

성전으로 오신 예수 그리스도께서 헐리심 즉, 대속의 죽음을 죽으심으로 말미암아 이제는 그의 몸 된 교회가 하나님의 성소가 된 것입니다. 성경은 말씀합니다. "너희가 하나님의 성전(교회 공동체를 가리킴)인 것과 하나님의 성령이 너희 안에 거하시는 것을 알지 못하느뇨"(고전 3:16).

이 점에서 교회론이 주제를 이루고 있는 에베소서를 잠시 소개하려 합니다. 1장의 내용을 보면 교회를 세우시기 위하여 성부께서는 성도들을 "택하시고"(4) 성자께서는 택하신 그들을 "구속" 즉, 값을 주고 사시고(7) 성령께서는 "인치심"으로 교회를 세울 소유임을 표시해 놓으십니다(13).

2장 내용은 이렇게 준비된 성도들이 서로 연결하여 주안에서 성전이 되어가고 하나님의 거하실 처소가 되기 위하여 예수 안에서 함께 지어져 가고 있음을 봅니다(2:21-22).

3장의 내용은 "아버지 앞에 무릎을 꿇고 비노니"(15)한 대로 일종의 성전봉헌기도를 드리고 있다 하겠습니다. "하나님의 모든 충만하심으로 너희에게 충만하게 하시기를 구하노라"(19)고 기도합니다. 그것은 마치 솔로몬이 봉헌 기도를 드렸을 때 하나님의 영광이 충만하였음을 연상케 해줍니다.

그런 후에 교회 안에서와 그리스도 예수 안에서 영광이 대대로 영원무궁하기를 원하노라. 아멘. 하고 송영을 돌림으로 끝맺고 있습니다. 이것이 오늘의 "영광스러운 교회"입니다. 이제는 하나님의 영광이 교회위에 충만합니다.

구약시대에는 성소 또는 성전에 충만하였습니다. 이는 그리스도의 모형이었습니다. 모세와 제사장은 들어가지 못하고 밖에 있었습니다. 그들에게 충만할 수가 없던 시대였습니다. 그러나 하나님께 영광을 돌리십니다.

신약시대에는 다락방에 충만하고 120문도는 들어가지 못하고 밖에 있었던 것이 아니라 그들 위에 충만하였습니다. 무슨 차이이며 어떻게 이것이 가능해졌습니까? 오직 예수 그리스도의 구속으로 말미암아 의롭다 함을 얻었기 때문입니다.

한걸음 더 나아가십시다. 고린도전서 6:19에서는 "너희 몸은 너희가 하나님께로부터 받은 바 너희 가운데 계신 성령의 전인 줄을 알지 못하느냐"고 묻고 있기 때문입니다. 여기서는 성도 한 사람 한 사람의 몸이 성전이요. 성령을 모셨다고 말씀하고 있습니다. 이보다 더 경이로운 말씀이 또 있겠습니까?

감히 묻습니다. 형제의 몸을 성전으로 삼으시고 형제 안에 거하시는 성령께서 몇 촉짜리나 된다고 생각하십니까? 우리는 모형으로 보여주신 계시와 영원불변의 말씀에 의지하여 대답할 수가 있습니다. 어찌나 충만한지 들어갈 수가 없을 정도라고요. 감정이나 느낌을 너무 의지하지 마십시오. 풀은 마르고 꽃은 떨어지되 하나님의 말씀은 세세에 있느니라 하신 그 말씀에 뿌리를 받으십시오.

골로새서에서는 "그 안에는(그리스도) 신성의 모든 충만이 육체로 거하시고 너희도 그 안에서 충만하여졌으니"(2:9-10) 아셨습니까? 확신하는 데 거하시기를 기원합니다.

그리스도와 만남

그리스도와의 만남은 부가할 것이 없을 만큼 설교 중 내내 만남이 이루어졌습니다. 두 가지를 들어서 적용코자 합니다.

첫째는 "거기서 내가 너와 만나고"하신 하나님 아버지와의 만남을 경험해야 하겠다는 겁입니다.

하나님께서는 만나시기 위하여 휘장을 활짝 열어놓으셨습니다. 문제는 우리 안에서 좁아진 것입니다. 보답하는 냥으로 우리도 마음을 넓혀야만 하겠습니다(고후 6:11-13).

그렇다면 언제 만남이 이루어집니까? 기도할 때입니다. 예배드릴 때입니다. 경건의 시간을 통해서입니다. 우리는 하나님 아버지를 만나기를 사모하여 휘장 가운데로 열어 놓으신 새롭고 산길을 따라 은혜의 보좌 앞에 담대히 나아가야만 하겠습니다.

오직 예수의 피를 힘입어서입니다. 베드로가 파도를 내려다보고 빠져 들어갔듯이 너무 자신을 바라보지 마십시오. 오직 예수 그리스도로 말미암아 덧입혀 주신 그 의를 힘입어 담대함과 당당히 나아가십시오.

하나님께서는 찢어진 휘장을 다시는 꿰매시지 아니하십니다. 지퍼를 달아서 열었다 닫았다 하시지 않습니다. 영원히 열어놓으셨습니다. 이 밤에 하늘 문을 열어 달라고 부질없이 부르짖지 마십시오. 다만 참마음과 온전한 믿음으로 나아가십시오.

부탁드릴 것이 있습니다. "은혜의 보좌 앞"(히 4:16)까지 나아갔다가 그냥 나오지 마십시오. 보좌에는 형제의 아버지께서 좌정해 계십니다. 아버지를 만나고 나오시기를 부탁드립니다. 아버지를 만나시거들랑 형제의 말만 늘어놓지 마십시오. 아버지여 말씀하옵소서. 제가 듣겠나이다 하십시오. 왜냐하면 "거기서 내가 너와 만나고…네게 명할 모든 일을 네게 이르리라"(출 25:22)고 약속하셨기 때문입니다.

두 번째는 교회가 무엇인가를 아시기 바랍니다.

하나님께서는 모형을 통해서 이를 보여주시기를 원하고 계시기 때문입니다. 우리는 이어져 내려온 구속사의 맥을 통하여 확신할 수가 있습니다. 교회를 알고 바로 섬기십시다.

우리는 예배드릴 때에 하나님의 영광이 가득하고 충만한 중에 "영광으로 영광"(고후 3:18)에 이르고 있음을 믿어야만 합니다. 교회만 영광스러운 것은 아닙니다. 교회의 구성원인 성도 한 사람 한 사람이 영광스러운 작은 성전인 것입니다. 또 있습니다. 남편이 성전이 되었고 아내가 성전이고 자녀들이 성전이 되었다면 그들의 가정이 하나님을 모신 성전임을 잊지 마시기를 부탁드립니다.

형제여, 성령을 근심하게 하지 맙시다. 도리어 주께 기쁘시게 할 것이 무엇인가를 사모하십시다.

7
여호와의 3대 절기

레위기 23:1-17

¹ 여호와께서 모세에게 일러 가라사대 ² 이스라엘 자손에게 고하여 이르라 너희가 공포하여 성회를 삼을 여호와의 절기는 이러하니라 ³ 엿새 동안은 일할 것이요 일곱째 날은 쉴 안식일이니 성회라 너희는 무슨 일이든지 하지 말라 이는 너희 거하는 각처에서 지킬 여호와의 안식일이니라 ⁴ 기한에 미쳐 너희가 공포하여 성회로 삼을 여호와의 절기는 이러하니라 ⁵ 정월 십사일 저녁은 여호와의 유월절이요 ⁶ 이 달 십오일은 여호와의 무교절이니 칠일 동안 너희는 무교병을 먹을 것이요 ⁷ 그 첫 날에는 너희가 성회로 모이고 아무 노동도 하지 말며 ⁸ 너희는 칠일 동안 여호와께 화제를 드릴 것이요 제 칠일에도 성회로 모이고 아무 노동도 하지 말찌니라 ⁹ 여호와께서 모세에게 일러 가라사대 ¹⁰ 이스라엘 자손에게 고하여 이르라 너희는 내가 너희에게 주는 땅에 들어가서 너희의 곡물을 거둘 때에 위선 너희의 곡물의 첫 이삭 한 단을 제사장에게로 가져갈 것이요 ¹¹ 제사장은 너희를 위하여 그 단을 여호와 앞에 열납되도록 흔들되 안식일 이튿날에 흔들 것이며 ¹² 너희가 그 단을 흔드는 날에 일년 되고 흠 없는 수양을 번제로 여호와께 드리고 ¹³ 그 소제로는 기름 섞은 고운 가루 에바 십분 이를 여호와께 드려 화제를 삼아 향기로운 냄새가 되게 하고 전제로는 포도주 힌 사분 일을 쓸 것이며 ¹⁴ 너희는 너희 하나님께 예물을 가져오는 그날까지 떡이든지 볶은 곡식이든지 생 이삭이든지 먹지 말찌니 이는 너희가 그 거하는 각처에서 대대로 지킬 영원한 규례니라 ¹⁵ 안식일 이튿날 곧 너희가 요제로 단을 가져온 날부터 세어서 칠 안식일의 수효를 채우고 ¹⁶ 제 칠 안식일 이튿날까지 합 오십일을 계수하여 새 소제를 여호와께 드리되 ¹⁷ 너희 처소

에서 에바 십분 이로 만든 떡 두개를 가져다가 흔들찌니 이는 고운 가루에 누룩을 넣어서 구운 것이요 이는 첫 요제로 여호와께 드리는 것이며(레 23:1-17)

| 설교작성 노트 |

레위기는 출애굽기 다음에 있는 것이 제 위치이다. 출애굽기는 성막이 완성되고 하나님의 영광이 성막에 충만한 것으로 끝맺고 있다. 그런데 레위기는 이 성막을 어떻게 사용해야 하는지를 설명해 주고 있기 때문이다.

그러므로 레위기는 주로 의식(儀式)법에 관한 것을 말씀해 주고 있음을 보게 된다. 5대 제사와 3대 절기 여러 가지 정결의식 등이 그것이다.

간디가 영국 유학 중에 친구의 권유를 받고 성경을 읽으려고 결심했으나 레위기에 이르자 중단하게 되었다고 전한다. 이처럼 레위기는 자체만으로는 그 의미를 이해하기가 어렵다. 이 점에 대하여 신약성경은 말씀하고 있다. "이 장막은 현재까지의 비유니…개혁(改革)할 때까지 맡겨둔 것이라"(히 9:9-10).

그러므로 구약성경은 특히 레위기는 신약의 빛 아래서 해석되어져야만 한다.

레위기 23장은 "너희가 공포하여 성회를 삼을 여호와의 절기는 이러하니라"(2)고 말씀한 대로 여러 가지 절기에 관한 말씀입니다.

여러 가지 절기는 유월절로 시작하여 무교절(5-6), 초실절(10), 오순절(16), 나팔절(24), 속죄일(27), 초막절(34)로 마치고 있습니다.

이 절기들은 새 언약 하에 있는 신약 교회도 지켜야만 하는가? 성경은 "육체의 예법만 되어 개혁할 때까지 맡겨둔 것이라"고 말씀합니다. 개혁할 때까지만 유효하다는 뜻입니다. 즉 온전치 못했던 것을 예수 그리스도께서 온전한 것으로 개혁하여 주심으로 첫 것을 폐하였다(히 10:9)고 말씀합니다.

본 설교에서는 여기 초점을 맞추어서 온전치 못했던 것이 어떻게 온전해졌으며 낡아진 것이 어떻게 개혁되었는가? 오늘의 성도들에게 어떤 의미가 있는가를 살펴보고자 합니다.

안식일

본문을 유의해 보시면 안식일에 대한 언급이 특별함을 보시게 될 것입니다. 2절에서 "여호와의 절기는 이러하니라"고 말씀한 다음에 맨 먼저 안식일도 여호와의 절기에 포함 되느냐 아니냐는 물음을 갖게 합니다.

안식(安息)에 관한 주제는 성경 전체적으로 보아도 중요하게 다루어져야 할 주제입니다. 먼저 착념해야 할 점은 하나님께서 창조 사역을 필하시고 취하셨던 최초의 안식은 파괴당했다는 점입니다.

인류의 시조요, 대표자인 아담이 범죄하였을 때에 하나님의 나라만이 파괴당한 것이 아니라 안식도 잃어버리게 되었습니다. 죄의 종이 되어 인간은 하나님도 잃어버리고(엡 2:12) 생명도 잃어버리고 안식도 잃어버리게 되었습니다. 하나님께서는 이를 회복하여 주시기 위해서 이번에는 창조 사역이 아닌 구속 사역을 시작하신 것입니다. 주님께서 "내 아버지께서 이제까지 일하시니 나도 일한다"(요 5:17) 하심이 이를 뜻합니다.

생각해보십시오. 이스라엘 백성이 애굽에서 종살이 할 때에 그들에게 안식이 있었겠습니까? 성경은 그들을 출애굽 시키셔서 가나안에 정착시켜 주심을 하나님께서 그들에게 "안식을 주셨다"고 말씀합니다(수 21:44; 22:4).

그러나 신약성경은 "안식할 때가 하나님의 백성에게 남아 있도다"(히 4:9)고 말씀합니다. 왜냐하면 여호수아를 통하여 주어진 안식은 인류의 시조가 상실했던 안식의 회복이 아니요, 그 궁극적인 안식에 대한 예표에 불과했기 때문입니다.

그렇다면 하나님께서 왜 안식일을 지키라고 명하셨느냐고 물을 것입니다. 그에 대답을 주님께서 친히 하셨습니다.

"안식일은 사람을 위하여 있는 것이요 사람이 안식일을 위하여 있는 것이 아니니 이러므로 인자는 안식일에도 주인이니라"(막 2:27-28).

이 말씀은 안식일에 대한 지금까지의 인식을 바꿔 놓기에 충분한 충격적인 말씀입니다. 이제까지의 개념은 안식일 준수는 십계명 중 제4계명으로 지키지 아니하면 벌을 받게 된다는 형벌 조항으로 생각해 왔던 것이 사실입니다.

그런데 주님은 이를 뒤집어 놓으신 것입니다. 안식일이 너희를 위해서 있는 것이다. 나는 안식일에도 주인이다. 무슨 뜻입니까? 하나님께서는 안식일을 기억하여 거룩하게 지키라 하신 의도는 안식일의 주인 되시는 그리스도가 오셔서 잃어버렸던 안식을 회복하여 주시기를 대망하라는 뜻이었던 것입니다.

그러므로 주님께서는 "수고하고 무거운 짐진 자들아 다 내게로 오라. 내가 너희를 편히 쉬게(안식하게) 하리라"고 말씀하십니다.

"나를 보내사 포로 된 자에게 자유를 눈먼 자에게 다시 보게 함을 전파하며 눌린 자를 자유케 하고 주의 은혜의 해를 전파하게 하려 하심이라"(눅 4:10).

예수 그리스도는 우리에게 해방과 자유와 구원과 안식 등 모든 것을 회복시켜 주시기 위하여 오신 안식일의 주인이셨던 것입니다.

복음서에 보면 주님께서는 안식일에 병을 고치시는 것을 자주 보게 됩니다. 율법주의자들은 이를 비난했습니다. 주님은 그들을 향하여 외식하는 자들아 하고 책망하시면서 "그러면 18년 동안 사단에게 매인 바 된 이 아브라함의 딸을 안식일에 이 매임에서 푸는 것이 합당치 아니하냐"(눅 13:16)고 힐책하셨습니다. 또한 안식을 잃게 된 원인이 죄에 있기 때문에 "더 심한 것이 생기지 않게 다시는 죄를 범치 말라"(요 5:14)고 경계하셨습니다.

그러나 진정한 안식은 병에서 놓임 받은 것으로 주어지는 것이 아니라 사망의 권세로부터의 해방이 있어야 하겠기에 주님은 죽으셔야 했고(일시나마 사망에 매인 바 되심. 행 2:24) 부활하심으로 해방의 길을 활짝 열어 놓으셨던 것입니다.

이를 알았기에 초대 교회가 "안식 후 첫날에 우리가 떡을 떼려 하며 모였더니"(행 20:7) 하고 주님께서 사망의 권세를 이기시고 부활하신 날에 성회로 모인 것은 옳은 일이었던 것입니다.

놀라운 것은 율법의 대명사라 할 수 있는 모세도 이를 알고 있었다는 점입니다. 그는 다음과 같이 해석해주고 있습니다(출 20:11과 신 5:15를 대조해보라).

"너는 기억하라 네가 애굽 땅에서 종이 되었더니 너의 하나님 여호와가 강한 손과 편 팔로 너를 거기서 인도하여 내었나니 그러므로 너의 하나님 여호와가 너를 명하여 안식일을 지키라 하느니라"(신 5:15).

제 칠일에 쉬셨기 때문이 아니라 바로의 종에서 해방시켜 주셨음으로 안식일을 지키라 하느니라고 말씀합니다. 이는 놀라운 통찰력입니다. 그러므로 신약 교회가 성회로 모여서 예배드리고 있는 날의 의미는 주님께서 죽은 자 가운데 부활하셔서 첫 열매가 되어 주신 "주일"이요 우리에게 영원한 안식의 문을 열어 주신 "안식일"이기도 한 것입니다. 하나님의 자녀 된 성도들은 이 날을 거룩하게 지키므로 영원한 안식에 참여케 하심을 감사하며 소망을 더욱 견고히 하여야 마땅합니다.

그러므로 본문에서 말씀하고 있는 안식일은 절기 중의 하나라기보다는 모든 절기가 지향하는 목적지라고 말할 수가 있습니다. 애굽에서 종 되었던 이스라엘 백성은 유월절을 통하여 출애굽(출발)하여 초막절(광야생활)이 끝나는 날에 안식(가나안에 정착)이 주어졌기 때문입니다. 그런 의미에서 맨 먼저 안식일에 대하여 말씀하고 있는 것으로 여겨집니다.

본문을 보시면 일곱째 날은 "쉴 안식일"이니(3) 하십니다. 직역하면 안식일의 안식일이라는 뜻이 됩니다. 안식이 강조되어 있는 것입니다.

형제여, 점검해 봅시다. "쉴 안식"이 우리들에게 있습니까? 교회가 "쉴 안식처"가 되어야 하고 가정이 피곤한 가족들의 "쉴 안식처"가 되어야 하고 가정이 피곤한 가족들의 "쉴 안식처"가 되어야 하겠습니다. 하나님의 나라가 현재적으로 교회와 가정과 심령에 임하여 있다면 그곳에는 분명히 "쉴 안식"이 있어야 하는 것입니다.

만일 쉴 안식이 없다면 분명 사탄이 이를 훼방하고 있기 때문인 것입니다. 사탄은 처음부터 안식을 파괴한 자입니다. 안식이 파괴당하지 않도록 지켜 나가십시다.

유월절

"정월 14일 저녁은 여호와의 유월절이요 이 달 15일은 여호와의 무교절이니"(5-6) 하고 유월절과 무교절이 연이어 계속되고 있음을 봅니다. 더 자세히 말씀드리면 유월절이란 14일 저녁뿐이요 15일부터는 무교절로 접어드는 것입니다.

그렇습니다. 유월절은 하루 저녁뿐이었습니다. 그것으로 족했습니다. 숫양 하나를 택하여 14일까지 간직하였다가 "해 질 때에 이스라엘 회중이 그 양을 잡고 그 피로 양을 먹을 집 문 좌우 설주와 인방에 바르고"(출 12:6-7), "아침까지 한 사람도 자기 집 문 밖에 나가지 말라"(출 12:22). 이것이 유월절의 밤이었습니다.

그렇다면 이 유월절을 언제까지 지켜야만 하는 것입니까? 마지막으로 이 유월절이 지켜지던 때가 언제인지 형제는 알고 있습니까? 이 유월절이 언제 어떻게 개혁이 되었습니까?

"때가 이르매 예수께서 사도들과 함께 앉으사 이르시되 내가 고난을 받기 전에 너희와 함께 이 유월절 먹기를 원하고 원하였노라 내가 너희에게 이르노니 이 유월절이 하나님의 나라에서 이루기까지 다시 먹지 아니하리라"(눅 22:14-16)

이것이 마지막 유월절이었습니다. 우리가 "최후의 만찬"이라 부르고 있는 것은 "최후의 유월절"이라 말함이 더욱 성경적일 것입니다. 주님께서는 이 유월절을 먹기를 "원하고 원하였노라"고 최후의 유월절을 통하여 제자들에게 깨우쳐 주셔야 할 중대한 의미가 있음을 나타내셨습니다.

그 밤은 유월절 양 되시는 예수 그리스도가 잡히시던 밤이었습니다. 온전치 못하던 유월절이 온전한 것으로 개혁되는 밤이었습니다. "이 잔은 내 피로 세우는 새 언약이니 곧 너희를 위하여 붓는 것이라"고 양의 피가 아니요 하나님의 독생하신 아들의 피를 부어 주심으로 온전치 못하던 것을 온전히 개혁(改革)하여 주셨던 것입니다.

그 후로는 유월절이 아니라 "너희가 이 떡을 먹으며 이 잔을 마실 때마다 주의 죽으심을 오실 때까지 전하는 것이니라"(고전 11:26)고 성찬식으로 주어졌습니다.

초실절

초실절(初實節)이란 "너희의 곡물을 거둘 때에 위선 너희의 곡물의 첫 이삭 한 단을 제사장에게 가져갈 것이요"(10)한 첫 이삭을 드리는 절기입니다. 제사장은 그 단을 여호와 앞에 열납 되도록 흔들되 "안식일 이튿날에 흔들 것이며"(11) 하십니다. 그러니까 첫 열매를 드리는 초실절은 유월절이 지난 후 첫 안식일 이튿날에 드리라 하십니다.

여호와의 절기들을 상고함에 이어서 하나님께서 명하신 절기들의 순서에도 유념해야만 합니다. 유월절 다음에 곡물의 첫 이삭을 드리라 하십니다. 유월절은 한마디로 유월절 양되시는 예수 그리스도의 죽으심으로 성취되었음이 또한 명백한 것입니다.

신약성경은 말씀합니다. "이제 그리스도께서 죽은 자(유월절) 가운데서 다시 살아 잠자는 자들의 첫 열매가 되셨도다"(고전 15:20). 첫 열매를 거두게 되었다는 것은 본격적인 추수가 시작될 날이 이르렀음을 의미합니다.

예수 그리스도의 부활은 그를 믿는 자의 부활의 문이 열렸음을 증거 해주고 있으며 또한 그에 대한 보증인 것입니다. "안식일 이튿날에 흔들 것이며" 하십니다.

우리는 성경의 자상함에 놀라게 되고 해석하는데 두려운 마음마저 듭니다. 왜 "안식일 이튿날"이라고 말씀하셨는가? "첫 열매"가 예수 그리스도의 부활에 대한 예증이 분명하다면 "안식일이 다하여 가고 안식 후 첫날이 되려는 미명"(마 28:1)에 예수 그리스도께서 부활하셨음을 증거하는데 주저할 이유가 없을 것입니다. 예수님께서는 안식일 이튿날에 부활하심으로 첫 열매가 되셨습니다.

이 점에 있어 매년 지키고 있는 추수감사절에 대한 성경적인 근거에 대해서 잠시 생각해볼 필요가 있습니다. 아시다시피 추수감사절은 청교도들이 신앙의 자유를 찾아서 신대륙에 건너가 추수한 첫 이삭을 흔든데서 유래하고 있습니다. 그래서 우리들도 "감사하는 성도여 추수 찬송 부르세 추운 겨울 오기 전 염려 없게 거뒀네" 하고 찬양합니다.

이것이 전부입니까? 추수감사절을 맞이하여서 설교자가 증거할 메시지가 이것이 전부이며 이것이 찬양해야 할 이유라면 얼마나 미흡합니까? 얼마나 의례적이고 형식적인 감사절에 머물고 말 것입니까?

산업 사회에서는 정서상 맞지 아니하는 감사절이며 감원을 당한 노숙자와 그 가족들에게 추수감사절이 무슨 의미가 있겠습니까? 아닙니다. 추수감사가 일차적으로는 추수에 대한 감사를 담고 있다 하여도 이를 뛰어 넘어 신령한 면에 까지 이르러야만 만민의 감사절이 될 수가 있는 것입니다.

"살리는 것은 영이니 육은 무익하니라"(요 6:63)하신 주님의 말씀을 기억하십시다. 청교도들이 추수감사의 근거를 삼았던 레위기 23:10 말씀은 육적 추수감사에 머물고 있지 않습니다.

추수감사절을 맞이하여 우리의 유월절 양이 되시기 위하여 죽으시고 믿는 이의 첫 열매가 되시기 위하여 부활하신 그리스도를 증거해야 하고 우리들도 천국 창고에 드려질 열매들이 됨을 감사하는 절기로 승화시켜 지킬 때 빈부귀천을 막론하고 만민이 감사하게 되고 이것이 추수감사절에 대한 진정한 성경적인 근거일 것입니다.

오순절

오순절은 안식일 이튿날 그러니까 첫 이삭을 요제(흔들어 드림)로 드린 날부터 세어서 칠 안식일(7×7)의 수효를 채우고 "제 칠 안식일

이튿날까지 합 50일을 계수하여 새 소제를 여호와께 드리는"(15-16) 것이 오순절입니다.

유월절이 예수 그리스도의 죽으심으로 초실절이 예수 그리스도의 부활로 성취되었다면 오순절은 성령 강림하심으로 성취된 것입니다.

얼마나 자상하고 얼마나 분명합니까? 오순절 성령 감림은 첫 열매 되시는 예수 그리스도의 부활하심으로부터 세어서 50일 만에 성취되었습니다.

주님께서는 "너희는 몇 날이 못 되어 성령으로 세례를 받으리라"고 성령 강림에 대한 정확한 때를 말씀하시지 않았으나 사도행전 2:1의 "오순절 날이 이미 이르매" 한 묘사는 사도들은 성령 강림이 오순절에 있을 것을 알고 있었음을 암시해 주고 있습니다.

레위기 23장에서 말씀하고 있는 바를 증거할 때에 "영해한다"는 오해를 두려워하여 담대히 증거하지 못하는 경향이 있는 듯합니다. 그러나 이것은 성경을 알레고리칼하게 해석하고 있는 것과는 전연 다른 것입니다. 영해란 성경적인 문맥이나 사상과는 관계없이 그럴 듯 하다고 여겨지면 억지로 틀어서 지엽적인 모든 사물에 의미를 부여하려 합니다.

그러나 본문은 너희가 요제로 단을 가져온 날부터 세어서 "합 50일을 계수하여"라고 명백하게 말씀하고 있습니다. 그때에 "새 소제"를 여호와께 드리라고 말씀합니다. 새 소제입니다. 오순절에 성령께서 강림하심으로 "새 소제"로 드릴 신약 교회는 탄생한 것입니다.

옛 언약하에서 드려진 소제와는 분명히 다른 새 언약하에서 드려질 소제는 새 소제였던 것입니다. 새 소제를 드리되 "떡 두 개"를 가져다가 흔들지니(17) 하십니다. 왜 열 두 개가 아니고 두 개입니까? 신약성경은 말씀합니다.

"이는 저로 말미암아 우리 둘이 한 성령 안에서 아버지께 나아감을 얻게 하려 하심이라"(엡 2:18). 여기 예수 그리스도(저로) 말미암아 그리고 한 성령 안에서 하나님께 드려지고 있는 "떡 두 개" 대하게 됩니다.

신약교회는 열두지파를 상징하는 열 두 개의 떡으로 이루어진 것이 아닙니다. "우리 둘"이라고 한 말씀은 유대인과 이방인을 가리킵니다. 그것은 많은 알곡들을 빻은 고운 가루로 만든 두 개의 떡에 비할만합니다. 여기 놀라운 말씀을 대하게 되는 데 그 떡은 고운 가루에 "누룩"을 넣어서 구운 것이라(17)고 말씀하기 때문입니다.

우리는 앞에서 "칠일 동안 너희는 무교병을 먹을 것이요"(6)하신 말씀을 대한 바 있습니다. 그것은 누룩이란 부패시키는 죄를 상징하기 때문입니다. 이 점은 신약성경에서도 "우리가 명절을 지키되 묵은 누룩도 말고 괴악하고 악독한 누룩도 말고 오직 순전함과 진실함의 누룩없는 떡으로 하자"(고전 6:8)고 말씀하고 있습니다.

그런데 하나님께 드리는 새 소제에 누룩을 넣어서 구운 것이라는 말씀에 의아해 하지 않을 수가 없는 것입니다. 이는 궁휼에 풍성하신 하나님께서 우리의 연약함을 아셨기 때문이라고 밖에는 달리 그 의미를 구할 길이 없는 것입니다.

오순절에 성령 강림하심으로 탄생한 초대 교회 속에도 아나니아와 삽비라에서 보는 바와 같은 누룩은 있었으며 오늘날 지상의 모든 교회에서 드려지고 있는 소제에도 누룩은 섞여 있게 때문입니다.

초막절

끝으로 레위기 23장의 절기들 중에서 맨 마지막으로 언급하고 있는 초막절에 관하여 간략하게나마 생각해 보아야만 하겠습니다.

여호와의 3대 절기는 유월절과 오순절과 초막절입니다. 초막절은 "이는 내가 이스라엘 자손을 애굽 땅에서 인도하여 내던 때에 초막에 거하게 한 줄을 너희 대대로 알게 함이니라"(43)는 말씀대로 광야에서 초막생활을 하던 것을 기념하는 절기입니다.

"너희는 7일 동안 초막에 거하되 이스라엘에서 난 자는 다 초막에 거할지니"(42) 하십니다. 먼저 생각할 것은 의문으로 보여주셨던 유월절과 오순절은 이미 신령한 것으로 성취되었으나 초막절은 아직 성취되지 않은 채 남아 있다는 것입니다. 왜냐하면 모든 그리스도인들의 광야 생활은 아직 끝나지 않았기 때문입니다.

이 점을 신약성경에서는 누누이 말씀하고 있습니다. "사랑하는 자들아 나그네와 행인 같은 너희를 권하노니"(벧전 2:11) 하십니다. "또 땅에서는 외국인과 나그네로라 증거 하였으니"(히 11:13).

"만일 땅에 있는 우리의 장막집이 무너지면 하나님께서 지으신 집 곧 손으로 지은 것이 아니요 하늘에 있는 영원한 집이 우리에게 있는 줄 아나니"(고후 5:1).

그러므로 이 땅에 사는 동안에는 초막절의 정신으로 살아가야 함을 말씀합니다. 신약성경은 명절(초막절, 요 6:2) 끝 날을 가리켜 "큰 날"이라고 말씀합니다(요 6:37). 왜 초막절 끝 날이 큰날이 될까요? 그것은 일차적으로 광야 생활을 청산하고 드디어 약속의 땅에 입성하게 되었음을 의미합니다.

그러나 우리들의 초막절은 언제나 끝나게 되는 것입니까? 재언할 필요도 없이 초막절의 끝 날이란 궁극적으로는 예수 그리스도께서 재림하시는 때입니다. 그래서 그날은 "큰 날"이 되는 것입니다.

성경이 모든 절기 중에서 초막절을 언제나 맨 나중에 두고 있는 이유가 여기에 있습니다. 초막절이 성취되어야만 광야 생활은 끝나게 되고 구원사역은 완성이 되는 것입니다.

메시야 예언이 풍부한 스가랴서는 지키러 올라 올 것이라고 예언하고 있으며 초막절을 지키러 올라오지 않는 열국을 벌하실 것을 말씀하고 있음은 의미심장합니다.

그리스도와의 만남

선하시고 신실하신 하나님께서는 아무리 미련하고 우둔한 자라 할지라도 깨달을 수 있으리 만치 미리 모형과 그림자와 약속과 예언 등을 통하여 계시하여 주시고 때가 찬 경륜 가운데 성취하여 주셨습니다.

그리고 하나님께서 보여주신 모형과 그림자와 약속과 예언은 예수 그리스도를 증거하는데 집중되어 있습니다. 그렇다면 말씀의 대언자로 세움을 받음은 누구를 증거하라고 세움을 받았는가를 깊이 각성해야 할 것입니다. "내 증인이 되리라" 하십니다.

형제여, 성경은 이처럼 논리적이고 체계적이며 일관성이 있습니다. 한 점의 의문의 여지도 남기지 않게 합니다. 베드로 사도를 통하여 권면하신 말씀을 인용하므로 말씀을 마치겠습니다.

"이것이 하나님의 참된 은혜임을 증거하노니 너희는 이 은혜에 굳게 서라"(벧전 5:12). 아멘.

8
길에 있을 때에 급히 화친하라

여호수아 9:1-15

¹ 요단 서편 산지와 평지와 레바논 앞 대해변에 있는 헷 사람과 아모리 사람과 가나안 사람과 브리스 사람과 히위 사람과 여부스 사람의 모든 왕이 이 일을 듣고 ² 모여서 일심으로 여호수아와 이스라엘로 더불어 싸우려 하더라 ³ 기브온 거민들이 여호수아의 여리고와 아이에 행한 일을 듣고 ⁴ 꾀를 내어 사신의 모양을 꾸미되 해어진 전대와 해어지고 찢어져서 기운 가죽 포도주 부대를 나귀에 싣고 ⁵ 그 발에는 낡아 기운 신을 신고 낡은 옷을 입고 다 마르고 곰팡이 난 떡을 예비하고 ⁶ 그들이 길갈 진으로 와서 여호수아에게 이르러 그와 이스라엘 사람들에게 이르되 우리는 원방에서 왔나이다 이제 우리와 약조하사이다 ⁷ 이스라엘 사람들이 히위 사람에게 이르되 너희가 우리 중에 거하는듯하니 우리가 어떻게 너희와 약조할 수 있으랴 ⁸ 그들이 여호수아에게 이르되 우리는 당신의 종이니이다 여호수아가 그들에게 묻되 너희는 누구며 어디서 왔느뇨 ⁹ 그들이 여호수아에게 대답하되 종들은 당신의 하나님 여호와의 이름을 인하여 심히 먼 지방에서 왔사오니 이는 우리가 그의 명성과 그가 애굽에서 행하신 모든 일을 들으며 ¹⁰ 또 그가 요단 동편에 있는 아모리 사람의 두 왕 곧 헤스본 왕 시혼과 아스다롯에 있는 바산 왕 옥에게 행하신 모든 일을 들었음이니이다 ¹¹ 그러므로 우리 장로들과 우리 나라의 모든 거민이 우리에게 일러 가로되 너희는 여행할 양식을 손에 가지고 가서 그들을 맞아서 그들에게 이르기를 우리는 당신들의 종이니 청컨대 이제 우리와 약조하사이다 하라 하였나이다 ¹² 우리의 이 떡은 우리가 당신들에게로 오려고 떠나던 날에 우리들의 집에서 오히려 뜨거운 것을 양식으로 취하였더니 보소서 이제 말랐고 곰팡

이 났으며 ¹³ 또 우리가 포도주를 담은 이 가죽 부대도 새것이더니 찢어지게 되었으며 우리의 이 옷과 신도 여행이 심히 길므로 인하여 낡아졌나이다 한지라 ¹⁴ 무리가 그들의 양식을 취하고 어떻게 할것을 여호와께 묻지 아니하고 ¹⁵ 여호수아가 곧 그들과 화친하여 그들을 살리리라는 언약을 맺고 회중 족장들이 그들에게 맹세하였더라(수 9:1-15)

| 설교작성 노트 |
본문에서는 세 가지 주제가 등장한다.
히위인들이 속인 것과 여호수아가 여호와께 묻지 아니한 것과 그리하여 화친하는 언약을 맺게 된 일이다.
본문이 드러내고자 하는 바가 세 주제 중 어느 것일까?
설교자가 어디에 초점을 맞추어서 증거하여야 하나님의 마음을 바로 전하는 것인가?

본문 내용은 특이합니다. 기브온에 살고 있는 히위 사람들이 멸망 당할 직전에 꾀를 내어 원방에서 온 것처럼 위장하고 이스라엘을 속이고 화친하여 살리라는 언약을 맺게 되는 내용입니다.

"그들과 언약을 맺은 삼일이 지나서야 그들이 근인에 있어" 멸하여야 할 대상임을 알게 됩니다(16). 그러나 일단 하나님 여호와로 맹세하였음으로(19) 멸할 수가 없었고 그래서 그들에게 나무 패며 물긷는 자로 삼았다(27)는 것이 9장의 요약입니다.

성경은 이를 증거하기 위해서 한 장을 할애하고 있습니다. 성령께서 이렇게 하심은 이 사건을 통하여 증거하고자 하는 중요한 메시지가 있기 때문일 것입니다. 그것이 무엇일까요?

두 가지 반응

히위 족속들이 속인 것이 사악한 일이라는 것을 증거하기 위해서 입니까? 아니면 여호수아가 묻지(기도) 아니한 것을 책망하기 위해서 일까요? 말씀의 사역자들은 표면적인 문자를 통하여 이면적인 의미를 구하여야 합니다.

9:13에는 두 가지 반응이 나타납니다.

첫째 반응은 헷 사람과 아모리 사람과 가나안 사람과 브리스 사람과 히위 사람과 여부스 사람의 여섯 왕이 이스라엘 백성들이 여리고와 아이를 정복했다는 "이 일을 듣고 합세하여 일심으로 여호수아와 이스라엘로 더불어 싸우려 하더라"는 반응입니다. 이는 한마디로 대적하는 행위입니다.

또 하나의 반응은 "기브온 거민들이 여호수아의 여리고와 아이에 행한 일을 듣고"(3) 생명을 보존하기 위하여(24) 꾀를 내어 이스라엘을 찾아와서 화친을 요청한 반응입니다.

이는 여섯 왕이 보인 반응과는 정반대되는 반응으로 살려 달라는 간청입니다. 반응이란 무엇에 대한 반응입니까? 1절에서도 "이 일을 듣고"라 말씀하고 3절에서도 "행한 일을 듣고"라 말씀하고 있습니다. 듣지 않고는 반응이 나타날 수가 없습니다. 들음에 대한 반응입니다. 똑같은 사실을 듣고도 두 가지 상반된 반응을 나타냈으며 두 부류로 갈라졌습니다. 저들은 멸망당하였고 이들은 살게 되었습니다.

9장을 통해서 들어내고자 하는 메시지는 분명합니다. 하나님이 하시는 일 즉, 복음을 듣고 이에 대적하는 자들은 멸망이요, 급히 화친을 요청하는 자들은 살리라는 말씀입니다.

그러므로 9장의 중심점은 인간이 무슨 일을 했느냐 즉, 속였느냐

기도했느냐(즉, 물었느냐) 안 했느냐의 행위에 초점을 맞추고 있는 것이 아니라 멸망받아 마땅한 그들이 어떻게 해서 살게 되었는가 하는 은혜 즉, 복음에 초점을 맞추고 있는 것입니다.

듣게 하라

이런 맥락에서 여호수아서를 관찰해 보면 "들음"이 강조되어 있음을 보게 됩니다. 여리고 성에 살고 있던 기생 라합은 "너희가 애굽에서 나올 때에 여호와께서 너희 앞에서 홍해 물을 마르게 하신 일과 너희가 요단 저편에 있는 아모리 사람의 두 왕 시혼과 옥에게 행한 일 곧 그들을 진멸시킨 일을 우리가 들었음이라"(수 2:10)고 말합니다. 그래서 라합은 정탐군을 영접하는 반응을 보였던 것입니다.

5:1에서는 요단 서편의 아모리 사람의 왕과 해변의 가나안 사람의 모든 왕이 여호와께서 요단 물을 이스라엘 자손들 앞에서 말리시고 우리를 건네셨음을 듣고 마음이 녹았고 정신을 잃었더라고 말씀합니다.

10:1에서는 예루살렘 왕 아도니세덱이 여리고와 아이성이 멸망당한 것과 "또 기브온 거민이 이스라엘과 화친하여 그 중에 있다"는 심판과 복음 두 가지 소식을 다 들었음을 말씀합니다.

11:1에서는 "하솔 왕 야빈이 이 소식을 들었다"고 말씀합니다. 가나안 일곱 족속들은 여호와의 능하신 행사를 듣지 못했고 몰라서 멸망당한 것이 아니었습니다. 그들은 충분하리 만치 듣고 알았지만 "기브온 거민 히위 사람 외에는 이스라엘 자손과 화친한 성읍이 하나도 없었다"(11:19)고 성경은 말씀합니다.

하나님께서는 심판을 시행하시기 전에 먼저 저들이 듣기를 원하십니다. 아무 말이나 듣기를 원하시는 것이 아니라 하나님의 행하심을 듣기를 바라십니다. 그러므로 성경은 지금도 말씀하고 있습니다.(갈 4:30)

오늘날 너희가 그 음성을 듣거든(히 3:7) 하고 오늘도 말씀하고 있는 것입니다.

누구의 입을 통해서 말씀하고 있느냐는 그다지 중요하지 않습니다. 혼잡되지 않게 담대히 전하고 있느냐가 중요합니다. 듣든지 아니 듣든지 전하라고 말씀합니다. "이는 모든 일을 막고 온 세상으로 하나님이 심판 아래 있게 하려 함이라"(롬 3:19)고 말씀합니다. "모든 입을 막고" 그렇습니다. 만일 그들이 듣지 못했다면 변명의여지가 있는 셈입니다. 듣게 해야 합니다. 그래야만 유구무언이 되는 것입니다.

급히 사화하라

시편 둘째 편은 메시아의 예언장으로 유명한데 거기서 말씀하시기를 "그 아들에게 입맞추라 그렇지 아니하면 진노하심으로 너희가 길에서 망하리니 그 진노가 급하심이라"(시 2:12)고 경고하고 있습니다. 주님께서도 "너희 송사하는 자와 함께 길에 있을 때에 급히 사화하라"(마 5:25) 그렇지 아니하면 재판 받아 옥에 가두게 될까 염려하라 말씀하셨습니다.

"길에서"(시 2:12), "길에 있을 때에"(마 5:25) 그렇습니다. 모든 사람은 재판(심판)을 받으러 가는 도상에 있는 것입니다. 미루다가는 화친할 기회를 잃고 말 것입니다.

히위 사람들은 바로 이렇게 한 사람들의 모델이 될 만합니다. 불과 삼일 후면은 멸망 받을 급박한 상황이었습니다. 망설이고 나중으로 미루고 할 여유가 없는 것입니다. 무슨 공로나 자격이 있었던 것도 아닙니다. 진멸 받아야 마땅하지만 "당신의 하나님 여호와께서 그 종 모세에게 명하사 이 땅을 다 당신들에게 주고 이 땅 모든 주민을 당신들의 앞에서 멸하라 하신 것이 당신의 종에게 분명히 들리므로 당신들을 인하여 우리 생명을 잃을까 심히 두려워하여 이같이 하였나이다. 보소서. 이제 우리가 당신의 손에 있으니 당신의 의향에 좋고 옳은 대로 우리에게 행하소서"(9:24-25) 하고 긍휼과 자비만을 구했습니다.

히위 사람들의 진술은 생사의 기로에 서서 행한 더 할 수 없는 신앙고백이었던 것입니다. 본문을 대할 때에 속인 일 묻지 아니한 일은 문제를 삼으면서 그들이 구원 얻기 위하여 황급히 화친을 청한 일 그래서 멸망 받지 아니하고 구원 얻게 된 일은 등한히 여겨서는 안 됩니다. 그것은 마치 주님 당시에 소경된 자가 눈을 떴다는 사실은 외면한 체 안식일을 범했다는 트집만을 잡으려던 바리새인들과 같은 처사입니다.

성경은 표면에 나타난 속인 것에 초점을 맞추고 있지 아니하고 내면에 있는 믿음에 초점을 맞추고 있습니다. 야곱이 변장하고 아버지 이삭에서 축복 받은 것도 장자의 축복 즉, 예수 그리스도의 족보에 오르려는 믿음의 관점에서 보고 있으며 기생 라합의 경우도 그가 거짓 말한 것에 강조점을 두지 않고 "믿음"으로 정탐꾼을 영접했다고 성경은 말씀하고 있습니다(히 11:31).

이 점에서 혼돈해서는 안될 것은 기브온 사람들이 속였다는 그 일 자체는 결코 옳은 일이 아니라는 점입니다. 성경은 이를 옹호하고 있지 않습니다. 또한 "어떻게 할 것을 여호와께 묻지 아니한" 일은 중대한 실수임이 분명합니다.

그럼에도 불구하고 성경은 여기에 초점을 맞추어 책망하고 교훈하기 위하여 9장이라는 한 장을 할애한 것이 아니라 중심점을 멸망 받아 마땅한 기브온 사람들의 화친 사건에 두고 있는 것입니다.

여기서 한 말씀 부언할 것은 "어떻게 할 것을 여호와께 묻지 아니하고."(14)에 관해서입니다. 여기에는 신학적인 묘미가 있는 것입니다. 만일 여호수아가 여호와께 물었다면 무엇이라 대답하셨겠습니까? 화친하지 말라고 말씀하실 수밖에 없으셨을 것입니다. 왜냐하면 하나님께서는 이미 "그들을 진멸할 것이라"(신 7:2)고 명하셨기 때문입니다.

하나님의 공의는 그들의 관영한 죄악에 대하여 결코 용납하실 수 없으셨기 때문입니다. 만일 여호수아가 여호와께 물었다면 기브온 거민의 화친 사건은 성립될 수가 없었을 것입니다. 그렇게 된다면 심판 중에서도 "듣고" "화친"한 자는 구원을 얻으리라는 복음 증거는 불가능해지고 말았을 것입니다.

기브온 거민이 화친하여 살아남게 된 것은 "여호와께 묻지 아니하고" 일어난 일임을 성경이 말씀하고 있음은 묻지 아니하였음을 책망하기 위해서 라기 보다는 하나님의 공의를 옹호하고 있는 말씀으로 여겨집니다.

그러나 그것은 죄에 대한 잠정적인 묵과에 불과하였습니다. 하나님께서 길이 참으시는 중에 전에 지은 죄(기브온 거민의 죄까지도)를 간과(보고도 못 보신 척)하셨던 진노를 자기 아들에게 쏟으심으로 하나님의 공의로우심을 나타내셨던 것입니다(롬 3:25-26). 그러니까 기브온 거민도 궁극적으로는 예수 그리스도의 대속의 공로로 구원을 얻게 되었다는 복음 진리가 성립되는 것입니다.

그마만치 "화친했다"는 말은 중대한 의미가 있는 것입니다. 범죄한 인간이 어떻게 의로우신 하나님과 화친할 수가 있느냐는 문제는 인류 구원에 있어서 난제 중에 난제인 것입니다. 그냥 이루어지는 것이 아닙니다. 거기에는 하나님의 공의가 손상을 입어서는 아니되기 때문입니다. 오직 예수 그리스도의 대속으로 말미암아 의롭다 함을 얻은 자만이 의로우신 하나님과 화목하여 구원에 이르게 되는 것입니다.

그러므로 성경이 화친한 일을 얼마나 중요시 여기고 있느냐하면 10:1에서 "기브온 거민이 이스라엘과 화친하여" 그 중에 있음을 말씀하고 10:4과 11:19에서도 이를 언급하고 있음만 보아도 이는 결코 속은 일로 그리고 실수 사건으로 취급하고 있지 아니함을 깨닫게 합니다. 이 점은 10장을 통해서 볼 때 더욱 분명합니다.

화친 언약을 끝까지 지키심

10장을 보면 예루살렘 왕 아노니세덱이 네 왕과 연합하여 "우리가 기브온을 치자 이는 기브온이 여호수아와 이스라엘 자손으로 더불어 화친하였음이니라"(1-4)고 공격해 오는 것을 봅니다.

유의할 점은 다섯 왕은 직접적으로 이스라엘을 공격해 온 것이 아니라 기브온을 공격했다는 점입니다. 왜 그랬습니까? 오직 하나 그들이 하나님의 군대와 화친했기 때문입니다. 얼마 전까지만 해도 기브온은 자신들과 동맹 관계에 있었으나 이제는 원수지간이 된 것입니다. 하나님과 화친한 자는 이러한 핍박을 받을 각오를 해야만 합니다.

기브온 사람들은 여호수아에게 전언하기를 "당신들의 종들 돕기를 더디게 마시고 속히 우리에게 올라와서 구조하소서"(10:6) 하고 구원을 요청했습니다.

어떻게 해야만 합니까? 만일 속았다는 데 강조점이 있다면 오히려 잘 된 일로 여겨야 할 것입니다. 자신들은 속아서 화친했기 때문에 칠 수 없었다면 다른 이들을 통해서 칠 수 있게 된 다행스러운 일로 여겼어야 할 것입니다.

그렇지가 않습니다. 하나님과 화친했다는 것은 그들에게 하나님의 이름이 주어진 것이요. 하나님은 그 명예를 위하여 싸우시는 것입니다.

여호수아가 모든 군사와 용사로 더불어 출동했으며 하나님께서는 하늘에서 큰 덩이 우박을 내리셔서 치셨습니다.

그 뿐만이 아닙니다. "태양아 너는 기브온 위에 머무르라 달아 너도 아얄론 골짜기에 그리할지어다"(10:12). 태양이 머물고 달이 그치기를 대적에게 원수를 갚도록 하였다고 성경은 말씀합니다.

이 사건을 과학적으로 합리화시키려고 고심하지 마십시오. 그렇다고 여호수아가 기도했더니 태양과 달도 멈추었다는 식으로 기도와 결부시켜 강조하지도 마십시오. 왜냐하면 본문의 주제는 기도가 아니기 때문입니다. 누구를 돕기 위하여 미물렀다고 말씀하고 있느냐에 치중해야만 합니다.

기브온 거민 히위사람들을 돕기 위해서였습니다. 태양에게 어디에 머물라고 말하고 있습니까? "기브온" 위에 머물라고 말하고 있습니다. 해가 지면 어두움의 세력들이 기승을 부릴 것입니다. 태양이 기브온 거민에게는 은총의 빛으로 그의 대적들에게는 불꽃같은 진노의 문으로 쓰임 받고 이는 것입니다. 멸망 받아 마땅한 기브온 거민들을 위하여 전에도 없었고 후에도 없을 특별 섭리가 시행되었다고 하는 데 대하여 형제의 마음은 어떠하십니까? 이 감사와 감격을 놓쳐서는 안 됩니다.

사무엘하 21장에 의하면 수백 년 후 사울 왕 때에 이들에게 한 언약과 맹세를 저버리고 기브온 사람을 죽인 사건이 있었음을 보게 됩니다. 하나님께서는 그 일을 결코 묵과하시지 않으시고 보응하셨습니다. 우리가 믿은 하나님은 한번 맺은 화친 언약은 끝까지 지키시는 하나님이십니다.

그리스도와의 만남

히위사람들이 여호수아 앞에 나아와서 간청하므로 맺게 된 화친 언약을 그리스도와의 만남으로 보아야만 합니다. 왜냐하면 성경은 여리고의 기생 라합이 여호수아가 파송한 정탐꾼을 접대함으로 의롭다 하심을 받았다고 증거하고 있기 때문입니다(약 2:25). 그 군대는 사사로운 군대가 아닙니다. 구속을 성취하기 위하여 싸우는 여호와의 군대요. 구원사역을 "다 이루었도다"고 성취하실 구속주는 예수 그리스도이시기 때문입니다. 그의 정탐꾼(소자)을 영접함이 곧 그 주되시는 그리스도를 영접함으로 여김을 받았던 것입니다.

신구약을 막론하고 하나님과 화친할 수 있는 유일한 통로는 예수 그리스도의 대속의 죽음을 통해서 뿐임을 명심한다는 것은 중요한 요점입니다. 그러므로 모세도 "그리스도를 위하여 받는 능욕을 애굽의 모든 보화보다 더 큰 재물로 여겼다"(히 11:26)는 논리가 성립이 될 수가 있는 것입니다. 히위 사람들은 예표적 인물인 여호수아를 통하여 본체이신 예수 그리스도를 만났던 것입니다.

오늘 말씀은 전투적인 교회에 소속되어 있는 신약교회에 주시는 예표적인 말씀으로 받을 수가 있습니다. ① 때가 늦기 전에 급히 사화하라는 말씀과 ② 사화한 자는 끝까지 책임져 주신다는 불변의 진리입니다.

그러므로 성경은 "우리에게 화목하게 하는 직책을 주셨으며 … 화목하게 하는 말씀을 우리에게 부탁하셨느니라"(고후 5:18-19)고 말씀하고 있습니다.

　형제의 직분이 목사나 장로나 권사나 집사나 교사라 할지라도 최우선의 직책은 화목하게 하는 직책이며 주께서 형제에게 부탁하신 말씀은 화목하게 하라는 말씀임을 명심하십시오.

9
유다 지파에게 분배된 땅

여호수아 14:6-15

⁶ 때에 유다 자손이 길갈에 있는 여호수아에게 나아오고 그니스 사람 여분네의 아들 갈렙이 여호수아에게 말하되 여호와께서 가데스 바네아에서 나와 당신에게 대하여 하나님의 사람 모세에게 이르신 일을 당신이 아시는 바라 ⁷ 내 나이 사십세에 여호와의 종 모세가 가데스 바네아에서 나를 보내어 이 땅을 정탐케 하므로 내 마음에 성실한대로 그에게 보고하였고 ⁸ 나와 함께 올라갔던 내 형제들은 백성의 간담을 녹게 하였으나 나는 나의 하나님 여호와를 온전히 좇았으므로 ⁹ 그날에 모세가 맹세하여 가로되 네가 나의 하나님 여호와를 온전히 좇았은즉 네 발로 밟는 땅은 영영히 너와 네 자손의 기업이 되리라 하였나이다 ¹⁰ 이제 보소서 여호와께서 이 말씀을 모세에게 이르신 때로부터 이스라엘이 광야에 행한 이 사십 오년 동안을 여호와께서 말씀하신대로 나를 생존케 하셨나이다 오늘날 내가 팔십 오세로되 ¹¹ 모세가 나를 보내던 날과 같이 오늘날 오히려 강건하니 나의 힘이 그때나 이제나 일반이라 싸움에나 출입에 감당할 수 있사온즉 ¹² 그날에 여호와께서 말씀하신 이 산지를 내게 주소서 당신도 그날에 들으셨거니와 그곳에는 아낙 사람이 있고 그 성읍들은 크고 견고할찌라도 여호와께서 혹시 나와 함께 하시면 내가 필경 여호와의 말씀하신대로 그들을 쫓아내리이다 ¹³ 여호수아가 여분네의 아들 갈렙을 위하여 축복하고 헤브론을 그에게 주어 기업을 삼게 하매 ¹⁴ 헤브론이 그니스 사람 여분네의 아들 갈렙의 기업이 되어 오늘날까지 이르렀으니 이는 그가 이스라엘의 하나님 여호와를 온전히 좇았음이며 ¹⁵ 헤브론의 옛 이름은 기럇 아르바라 아르

바는 아낙 사람 가운데 가장 큰 사람이었더라 그 땅에 전쟁이 그쳤더라(수 14:6-15)

| 설교작성 노트 |

여호수아서는 크게 두 부분으로 구분할 수가 있다. 전반부(1-12장)는 가나안 땅을 정복해 나가는 내용이고 후반부(13-24장)은 이를 분배하여 정착하는 내용이다.

이 점에서 이러한 물음을 갖게 된다. "하나님께서는 왜 이스라엘을 선민으로 택하셨으며 왜 그들에게 가나안 땅을 주셨는가?"

이 물음을 답할 수 있어야만 하나님의 마음을 안 자이며 이것이 전제되어야만 본문은 바른 해석 바른 설교가 될 수가 있는 것이다. 본문을 대할 때에 갈렙을 모범으로 제시하여 그의 믿음을 본받으라고 여기는 초점을 맞추어서는 아니 된다. 14장의 주제는 믿음이 아니라 첫 절에서 말씀하고 있는 "기업분배"이기 때문이다. 그러므로 갈렙에게 주시리라 약속하셨고 약속대로 받게 된 기업이 어떤 의미가 있는가에 초점을 맞추어야만 바른 해석이 된다.

하나님께서는 여호수아에게 하나님께서 주심으로 얻게 된 가나안 땅 "그 땅을 이스라엘에게 분배하여 기업이 되게 하라"(13:6)고 명하셨습니다. 14장 이하는 이 명에 따라 "여호수아와 이스라엘 자손 지파의 족장들이 분배한 것이 아래와 같으니라"(14:1)는 내용입니다.

땅 분배가 시작되자 유다 지파가 제일 먼저 제비뽑아 땅을 분배받게 됩니다. 참고로 말씀드립니다 마는 광야를 행진하였을 때에도 "수두로 유다 자손 진기에 속한 자들이 그 군대대로 진행했다"(민 10:14)고 성경은 말씀합니다.

이제 땅 분배에 있어서도 제일 먼저 유다 지파로부터 시작하고 있는 것입니다.

여호와께서 말씀하신 이 산지를 내게 주소서

땅 분배가 시작되자 1세대 중에서 여호수아와 함께 생존자로 남은 갈렙이 여호수아에게 나아와 말하기를 40여 년 전에 하나님께서 약속하신 이 산지를 내게 주소서(12) 하고 소청하는 것을 보게 됩니다.

그런데 갈렙이 이렇게 하고 있는 것이 개인 자격으로 자신의 기업만을 위해서가 아니라 유다 지파의 대표자로써 말하고 있다는 것입니다. "때에 유다 자손이 길갈에 있는 여호수아에게 나아오고 그리스 사람 여분네의 아들 갈렙이 여호수아에게 말하되"(6) 하고 성경은 이 점을 말씀해 주고 있습니다. 이 점이 왜 중요하냐 하면 하나님께서 갈렙에게 주시겠다고 약속하셨을 때에 갈렙은 개인 자격이 아니라 유다 지파의 대표자였으며 약속하신 그 땅을 갈렙이 차지하게 되면 그 일경이 유다 지파에게 주어지게 되기 때문입니다(15).

갈렙은 45년 전에 가데스 바네아에서 12명의 정탐을 파송했던 당시를 상기시킵니다.

"나와 함께 올라갔던 내 형제들은 백성의 간담을 녹게 하였으나 나는 나의 하나님 여호와를 온전히 좇았으므로 그날에 모세가 맹세하여 가로되, 네가 나의 하나님 여호와를 온전히 좇았은즉, 네 발로 밟은 땅은 영영히 너와 네 자손의 기업이 되리라 하였나이다"(8-9) 하면서 "그날에 여호와께서 말씀하신 이 산지를 내게 주소서"(12) 하고 요구합니다.

이를 거역할 수 있는 자가 누가 있겠습니까? "여호수아가 여분네의 아들 갈렙을 위하여 축복하고 헤브론을 그에게 주어 기업을 삼게 했다"(12)고 말씀합니다. 이로써 유다 자손의 지파도 그 일경을 기업으로 분배받게 되었습니다.

여호와 이레의 땅

갈렙이 요구한 땅 헤브론은 산지(山地)였고 아낙 사람이 거하고 있었으며 그 성읍은 크고 견고했습니다(12). 탐이 나서 요구하기보다는 기피의 대상이 될 만했습니다. 사실 열 명의 정탐꾼들은 "거기서 또 네피림 후손 아낙 자손의 대장부들을 보았나니 우리는 스스로 보기에도 메뚜기 같았다"(민 13:33)고 아낙 자손들을 보자 간담이 녹았던 것입니다.

그런데 갈렙은 바로 아낙 자손이 거하고 있는 헤브론을 요구하고 있는 것입니다. 약속의 땅 가나안 그 중에서도 헤브론은 구속사의 맥락에서 살펴 볼 때에 의미가 있었던 것입니다.

창세기 23장에 보면 아브라함이 집념 끝에 헤브론에 있는 막벨라 굴을 매장지로 소유하는 것을 봅니다. 이것이 그가 땅에서 차지한 유일한 소유지였습니다. 그곳에 사라를 장사했고 후에 아브라함과 이삭과 야곱도 장사하게 됩니다.

아브라함은 욕심이 나서 막벨라 굴을 소유지로 삼았다기보다는 하나님의 언약을 믿고 죽었다는 그 언약과 믿음을 후손들에게 물려주기를 원했기 때문으로 보아야 할 것입니다.

하나님의 연약이 성취되어 가나안 땅을 정복하고 분배하는 마당에 이 헤브론을 어느 지파가 분배받게 되느냐 하는 점은 법통을 이어받는 것과 같은 중요한 의미가 있다 하겠습니다.

훗날 다윗이 왕위에 오르게 되었을 때에 여호와께 "어디로 가리이까" 하고 어디로 가서 도읍을 정할 것인가를 물었을 때에 "헤브론으로 갈지니라"(삼하 2:1)는 지시를 받게 되는 것만 보아도 이 점을 알 수가 있습니다. 이리하여 유다 지파는 예루살렘 베들레헴 갈보리 감람원등 그리스도가 태어나시고 죽으시고 부활 승천하실 구속의 산실을 분배받게 된 것입니다.

성경에는 많은 인물이 등장합니다마는 핵심 인물은 임마누엘 하실 그리스도 예수요, 같은 맥락에서 성경에는 많은 지명이 등장하고 있지만 그 지구상에서 핵심적인 포인트는 하늘 영광을 떠나 이 땅에 임마누엘 하실 그리스도께서 탄생하실 곳이 어디냐에 있는 것입니다.

하나님께서 아브라함을 택하심은 그의 자손으로 그리스도를 보내려 하심이요 이 땅을 네 자손에게 주리라 하심은 그리스도가 나실 땅을 준비하고 계셨음을 깨달아야만 합니다. 그러므로 땅을 분배할 때에 메시야가 태어날 유다 지파가 어느 곳을 분배받게 되느냐는 초미의 관심사가 아닐 수가 없습니다.

여기서 잠시 생각할 점은 혹자는 갈렙이 여호와를 "온전히 좇았기" 때문에 보상으로 그 땅을 주신 것이 아니냐고 생각할 것이라는 점입니다. 맞습니다. 적어도 표면적인 이유는 그러합니다. 그러나 만일 그렇게 보게 되면 중심점이 하나님에게 있지 않고 인간에게로 옮겨지게 되는 것입니다. 모든 일을 그 마음에 원대로 역사하시는 하나님에게 중심점을 두어야만 합니다. 인간의 책임보다 하나님의 주권이 우선합니다. 그래서 말씀의 사역자는 "이면"(롬 2:29)을 볼 수 있어야만 합니다. 생각해보십시오. 표면적인 이유가 전부라면 왜 유다 지파 갈렙에게만 보상이 주어져야만 합니까? 에브라임 지파 족장이었던 여호수아에게도 당연히 주어져야 하지 않겠습니까?

성경은 말씀합니다. "에브라임 지파를 택하지 아니하시고 오직 유다 지파와 그 사랑하시는 시온 산을 택하셨다"(시 78:67-68). 유다 지파와 그들이 분배받은 시온 산을 "택하신" 분은 하나님이십니다.

하나님께서는 그리스도가 나실 다윗의 혈통만 택하신 것이 아니라 그리스도가 나실 다윗의 동네도 택하셨던 것입니다. 모든 일을 그 마음에 원대로 역사하시는 하나님께서는 열 명의 정탐군이 악평하는 이 사건을 통해서도 유다 지파의 족장 갈렙을 사용하셔서 장차 그리스도가 나실 땅을 여호와 이레로 준비하고 계셨던 것입니다.

여호수아와 갈렙만은 온전히 좇게 하심으로 광야에서 엎어지지 않게 하시사 여호수아는 율법의 대명사인 모세의 후계자가 되게 하사 예수(영적 여호수아)의 예표적 인물이 되게 하시고 갈렙은 땅 분배할 때까지 생존케 하사 그리스도가 나실 땅을 준비하는 데 사용하신 분은 대주재이신 여호와 하나님이셨습니다.

그리스도와의 만남

본문에서는 "말씀"이 강조되어 있습니다. "여호와께서 말씀하신 대로"(10) 나를 생존케 하셨다고 말합니다. "여호와께서 말씀하신"(12) 이 산지를 내게 주소서 합니다. "여호와의 말씀하신 대로"(12하) 그들을 좇아내리이다 하고 확신을 나타냅니다.

갈렙은 하나님께서 약속하신 말씀을 45년 동안이나 간직하고 있었습니다. 뿐만 아니라 여호와의 입에서 발하신 말씀을 이루어 드리기를 원하고 있습니다.

이리하여 그리스도께서 탄생하실 땅이 예비된 것입니다. 동방에서 찾아온 박사들은 "유대인의 왕으로 나신 이가 어디 계시뇨" 하고 나신 "왕"과 태어나신 곳이 "어디"인가를 물었습니다.

"가로되 유대 땅 베들레헴이 오니 이는 선지자로 이렇게 기록된바 또 유대 땅 베들레헴아 너는 유대 고을 중에 가장 작지 아니하도다.

네게서 한 다스리는 자가 나와서 내 백성 이스라엘의 목자가 되리라"(마 2:5-6)고 대답했습니다.

세상의 구주로 오신 예수 그리스도는 "말씀하신 대로" "말씀하신 기한에" "말씀하신 동네에 오셨습니다."

형제여, 형제도 하나님의 약속의 말씀을 마음에 간직하고 있습니까? 그리고 믿음으로 받기를 사모합니까? 하나님께서는 때가 찬 경륜 가운데 약속하신 바를 그들에게 성취하여 주실 것입니다.

10
레위 지파의 책임

여호수아 21:41-45

⁴¹ 레위 사람의 이스라엘 자손의 기업 중에서 얻은 성읍이 모두 사십 팔 성읍이요 또 그 들이라 ⁴² 이 각 성읍의 사면에 들이 있었고 모든 성읍이 다 그러하였더라 ⁴³ 여호와께서 이스라엘의 열조에게 맹세하사 주마 하신 온 땅을 이와 같이 이스라엘에게 다 주셨으므로 그들이 그것을 얻어 거기 거하였으며 ⁴⁴ 여호와께서 그들의 사방에 안식을 주셨으되 그 열조에게 맹세하신대로 하셨으므로 그 모든 대적이 그들을 당한 자가 하나도 없었으니 이는 여호와께서 그들의 모든 대적을 그들의 손에 붙이셨음이라 ⁴⁵ 여호와께서 이스라엘 족속에게 말씀하신 선한 일이 하나도 남음이 없이 다 응하였더라 (수 21:41-45)

| 설교작성 노트 |

하나님은 대언자 모세를 바로에게 보내셔서 "내 백성을 보내라. 그들이 나를 섬기리라"고 촉구하셨다. 하나님의 백성은 출애굽하여 목적지 가나안에 정착하게 되었다. 그 다음은 무엇인가? 여기가 끝은 아닐 것이다. 약속의 땅에 정착하게 된 하나님의 백성들은 그 후 어떻게 살아가야만 했는가? 또한 살아가도록 여건을 마련해 주셨는가? 이를 거울삼아 오늘을 살아가는 자신들의 모습을 조명해 보고자 한다.

여호수아서는 크게 두 부분으로 나누어지는 데 1-12장은 가나안을 정복하는 내용이고 13-24장은 정복한 땅을 분배하는 내용으로 되어 있습니다.

19:51은 "이에 땅 나누는 일이 마쳤더라"고 말씀합니다. 여호수아서는 여기서 끝맺고 있지 아니합니다. 왜냐하면 여기가 끝이 아니요, 이제부터가 새로운 시작이기 때문입니다.

구속하여 내 백성을 삼으신 하나님의 백성들의 가나안에서의 삶이 시작되고 있는 것입니다. 그들이 약속의 땅에서 어떻게 살아가야만 하는가 하나님은 그들을 방치하신 것이 아니라 필요한 장치를 마련하여 주셨습니다.

도피성

그 첫 장치로 도피성 제도를 두셨으며 그 내용이 20장입니다. 도피성에 대한 언급은 가나안을 정복하기 이전에 출애굽기(21:13)와 민수기(35:6)에서도 말씀하신 바가 있는 데 이제 여호수아가 이를 시행하고 있는 것입니다. 그만큼 도피성 제도에 함축된 의미는 중요하다 하겠습니다.

도피성은 부지중에 오살한 자를 보수자로부터 보호하는 장치입니다. 요단 동편에 세 곳 요단 서편, 즉 가나안 땅에 세 곳 도합 여섯 곳이나 되었습니다. 도피성을 이렇게 많이 두라 하심은 너무 멀면 피하여 가는 도중에 붙잡혀 죽게 될 염려가 있기 때문입니다. 그러므로 도피성으로 가는 길을 잘 닦아서 도피하기에 용이하게 하라(신 19:3)고 명하십니다.

또한 도피성은 대부분이 산지(山地)여서 멀리서도 바라볼 수가 있었기 때문에 쉽게 찾을 수가 있었을 것입니다. 오살자는 당신의 대제사장이 죽기까지 그 성에 머물러 있다가 대제사장이 죽었다는 소식을 듣게 되면 집으로 돌아갈 수가 있다(20:6)고 말씀합니다.

신약성경은 도피성에 함축된 신령한 의미를 해설하여 주기를 "앞에 있는 소망을 얻으려고 피하여 가는 우리로 큰 안위를 받게 하려 하심이라"(히 6:18)고 궁극적으로 도피성은 우리의 피난처가 되시는 예수 그리스도에 대한 모형임을 말씀합니다.

피하여 가는 "우리"란 모든 그리스도인을 가리킵니다. "앞에 있는 소망"이란 도피성을 말씀합니다. 저 곳에 가기만 하면 살수가 있다는 소망을 가지고 전심전력으로 달음질을 합니다. "피하여 가는"이라고 말씀합니다. 뒤에서는 그를 잡으려고 대적자가 추격해 오고 있습니다.

만일 도피성이 멀리 있다면 별 도움이 되지 못하였을 것입니다. "큰 안위를 받게 하려 하심이라"합니다. 도피성에 당도한 그는 긴 숨을 내쉬면서 이제 살았구나 하고 안위를 받게 됩니다.

우리가 이 소망이 있는 것은 "영혼의 닻 같아서 튼튼하고 견고하여"(히 6:19)합니다. 영적 도피성은 튼튼합니다. 견고합니다. 얼마나 튼튼하고 견고하냐 하면 "휘장 안에 들어가나니"합니다. 휘장 안이란 지성소를 의미합니다.

"휘장은 곧 저의 육체니라"(히 10:20)고 말씀하신 대로 육체를 찢으심으로 휘장이 찢어졌으며 휘장 안에 들어가는 길이 열렸던 것입니다. "당시의 대제사장이 죽기까지" 그렇습니다. 대제사장이 죽었다는 소식을 듣게 되면 자유할 수가 있다고 말씀합니다. 그에게는 대제사장이 죽었다는 소식은 슬픔 중에서도 기쁜 소식이 되었던 것입니다.

하나님의 선민 이스라엘 백성들은 약속의 땅에서 예수 그리스도의 모형인 도피성을 늘 곁에 두고 살아가도록 하나님께서는 장치를 마련해 주셨습니다. 이제 우리들은 도피성이 실체로 주어진 이후 시대에 살아가고 있습니다.

사람들이 도피성에 피하여 생명을 보존하지 못하는 이유가 도피성이 멀리 있기 때문이 아닙니다. 아주 가까이에 있습니다(롬 10:8). 어디에 있는지 몰라서도 아닙니다. 도피성은 누구나 볼 수 있도록 산지인 저 갈보리 언덕에 장대에 달린 구리 뱀처럼 높이 들려져 있습니다. 우리가 해야 할 일은 그들이 도피하기에 용이하도록 길을 잘 닦아 놓는 일입니다. 즉 전도(傳道)하는 일입니다.

레위 지파의 성읍

도피성(20)에 이어서 21장은 레위 지파에게 나누어준 성읍들의 명세입니다. 레위 지파는 다른 지파들처럼 한 지역에 모여서 산 것이 아니라 12지파들이 분배받은 몫에서 조금씩 나누어준 여러 성읍에 흩어져서 살아가야만 했습니다. 그것은 그들이 원했기 때문이 아니라 하나님의 명에 의해서였습니다. 그러니까 그들은 전국 방방곡곡에 흩어져 살았습니다. 그들에게 주어진 성읍이 48성읍이라고 말씀합니다.

48성읍 중에는 도피성으로 지정된 6곳의 성읍이 포함되어 있었습니다. 이 점에서 깨닫게 되는 것은 도피성을 6곳이나 주신 것은 너무 멀지 않기 위해서라고 했는데 레위인들에게 주어진 성읍은 도피성 6성읍 외에도 42개 성읍 도합 48성읍이었으니 이스라엘 백성들은 아주 가까운 곳에 레위인들을 이웃하고 있었음을 알게 됩니다.

하나님께서 이와 같이 명하신 것은 하나님의 백성들이 어느 곳에서 살고 있든지 제사장 지파인 레위인들의 영향권 하에서 살아가도록 하시기 위해서였습니다. 레위인의 위치가 얼마나 중요하냐 하면 에스라가 바벨론에서 귀국할 때에 아하와 강가에 삼일 동안 유하면서 백성들을 살핀즉 "그 중에 레위 자손이 하나도 없는지라"(스 8:15). 사람을 가시뱌 지방에 보내어 레위인들을 수소문하여 데려오게 한 것만 보아도 알 수가 있습니다.

레위인들은 귀국 후 성전을 재건할 때에 감독자(스 3:9)가 되었으며 백성들에게 율법을 가르치는 일을 담당했던 것입니다(느 8:9). 선민 이스라엘 백성들로 하여금 제사장 지파인 레위인들의 보살핌 속에 살아가게 하신 이것이 약속의 땅 가나안에서 살아갈 그들에게 허락하신 두 번째 장치였습니다.

하나님께서는 성막을 통하여 자기 백성들과 함께 하셨으며 그들 가까이에는 도피성을 두어 마음 든든하게 하였고 더 가까운 이웃에는 제사장 지파요 하나님을 수종드는 레위인들을 두셔서 그들의 지도를 받아 하나님 경외하기를 배우며 서로 사랑하는 공동체를 이루도록 하셨습니다.

그러므로 본문을 보시면 레위인에게 48성읍을 주었다는 말씀을 한 다음에야 "여호와께서 이스라엘의 열조에게 맹세하사 주마하신 온 땅을 이와 같이 이스라엘에게 다 주셨으므로 그들이 그것을 얻어 거기 거하였으며"(21:43) 하고 하나님께서 열조에게 맹세하신 약속을 지켜 주셨으며 가나안 정복의 대장정이 일단락되었음을 말씀하고 있는 것입니다.

23절에서 "이와 같이" 이스라엘에게 다 주셨다는 말씀에 유념하십시오. "이와 같이"란 땅을 주셨다는 단순한 뜻만이 아닌 도피성 제도와 레위 지파를 배치하신 후에야 가나안 정착이 완료되었음을 의미하는 말씀인 것입니다.

사사 시대의 레위인들

여호수아서는 마지막 부분에서 이스라엘이 여호수아의 사는 날 동안과 여호수아 뒤에 생존한 장로들 곧 여호와께서 이스라엘을 이하여 행하신 모든 일을 아는 자의 사는 날 동안 여호와를 섬겼더라(수 24:31)고 대단히 시사성 있는 말씀으로 끝을 맺고 있습니다. 그렇다면 그 후에는 어떻게 되었다는 말입니까?

사사기 2:10은 "그 후에 일어난 다른 세대는 여호와를 알지 못하며 여호와께서 이스라엘을 위하여 행하신 일도 알지 못하였더라"고 말씀해 주고 있습니다. 앞에서 살펴본 대로 하나님께서 그토록 안전장치를 해주셨건만 이처럼 타락하게 된 원인이 어디에 있었을까요? 복합적인 원인이 있겠습니다마는 최우선으로 지적할 것은 안전장치가 작동하지 않았기 때문일 수밖에 없습니다.

사사기를 관찰해 보면 이상하게 성소(또는 성막)나 제사장이나 레위인의 언급이 없다는 사실입니다. 여호수아는 가나안을 정복하여 실로에 성막을 세웠습니다(수 18:1). 사사기에도 "하나님의 집이 실로에 있을 동안에"(18:31)한 것을 보면 사사시대에도 성막은 실로에 있었음이 분명합니다.

그런데 어찌하여 하나님의 성소가 사사시대의 중심에 와 있지 않고 망각 속에 묻혀 있느냐 말입니다. 성소뿐만이 아니라 성소를 통하여 하나님을 섬기며 수종 들어야 할 제사장과 레위인도 만나 볼 수가 없습니다. 있기는 합니다. 그러나 그들의 등장은 사사시대의 혼란상을 보여주기 위하여 삽화처럼 삽입된 후반부에 가서입니다.

17장에 보면 미가라 하는 자가 신상(神像)을 부어 만들고 신당을 세워 아들로 제사장을 삼는 것을 보게 됩니다. 사신 우상을 섬긴 것입니다. 그때 한 레위 소년이 거할 곳을 찾고자 하여 떠돌아다니다가 미가의 집에 이르게 되는데 미가가 그를 설득하여 제사장으로 삼았다는 것입니다.

이것이 사사기에 나오는 "레위인" 또는 "제사장"에 대한 첫 언급입니다. 얼마나 기가 막힐 노릇입니까? 18장에 보면 더욱 기괴합니다. 미가의 신상과 그 제사장 노릇하고 있는 레위소년을 단 지파 자손이 쟁탈해 가는 사건이 벌어집니다. 이를 보면 레위인이 귀한 신분임을 알고는 있었던 모양입니다. 그렇습니다. 귀하게 그리고 중요하게 쓰임 받아야 할 레위인이 먹고 사는 문제로 인하여 추하게 타락한 모습을 보게 됩니다.

19장의 내용은 더욱 경악을 금할 수가 없습니다. 어떤 레위 사람이 취한 첩(妾) 사건으로 인하여 동족상쟁이 벌어져 수만 명이 죽게 되고 베냐민 지파가 거의 멸족될 위기에 놓이게 되는 것으로 사사기는 끝나고 있습니다. 이것을 요약하면 17-18장은 사신 우상을 섬긴 하나님께 대한 경건치 아니함이요 19-21장은 레위인이 취한 첩으로 인해 발생한 이웃과의 불의함입니다.

이것이 여호수아 다음에 이어지는 사사시대를 살아갔던 레위인들의 모습입니다. 하나님께서 6개의 도피성과 42성읍 합 48성읍을 주어서 방방곡곡에 살아가게 하신 의도가 이것이란 말입니까? 패역의 악순환이 계속되던 사사시대에 제사장들은 어디서 무엇을 했으며 하나님의 백성을 교도하라고 전국에 심어 놓으신 레위인들이 한 일이 도리어 부패를 조장하고 앞장서는 일이었다는 말입니까?

사사시대 말기의 대제사장 엘리의 어두움과 제사장들인 그의 두 아들 홉니와 비느하스(삼상 2:12)의 패역무도한 부패상을 통하여 사사시대를 살아가던 제사장들과 레위인들의 모습을 가늠하게 하고 그

115

러므로 그 시대가 얼마나 암흑한 시대였는가를 짐작하게 합니다. 사사시대가 이처럼 암흑기일 수밖에 없었던 책임은 뭐니 뭐니 해도 제사장과 그의 지파인 레위인들이 제 사명을 감당하지 못한 것이 제일 큰 원인이었다고 말할 수밖에 없을 것입니다.

그리스도와 만남

형제여 그렇다면 이 시대의 도피성은 어디에 있습니까? 도피성에는 안위(安慰)가 있는 일종의 안식처입니다. 교회가 이 시대의 가시적인 도피성 역할을 감당하여야만 하고 작게는 그리스도인들의 가정이 도피성입니다. 그리고 더 나아가 주님의 영이 거하시는 성도 한 사람 한 사람의 마음이 도피성인 것입니다. 누구에게 쫓기듯 살아가고 있는 이웃 사람들을 형제의 마음 곧 사랑의 품에 품어 주십시오.

또한 이 시대의 제사장이요. 레위인들은 누구들입니까? 그리고 그들은 지금 어디에 살고 있으며 그들에게 주어진 사명이 무엇이겠습니까? 그리스도인들이 제사장들이요 그들은 지금 세계 방방곡곡에 흩어져 살아가고 있으며 그들을 향해 주님은 "너희는 세상의 소금이니 소금이 만일 그 맛을 잃으면 무엇으로 짜게 하리요", "너희는 세상의 빛이라", "그러므로 네게 있는 빛이 어두우면 그 어두움이 얼마나 하겠느뇨?"(마 6:23)라고 말씀합니다.

성도가 빛을 발하지 못하는 시대는 사사시대처럼 암흑시대일 수밖에 없습니다. 그리스도인 된 신분과 지위와 사명의 막중함을 다시 한 번 일깨우십시다. 그러하건만 제사장된 우리들은 세상의 부패와 어두움을 막는 역할을 감당하기는커녕 맛 잃은 소금처럼 밟히고 있지는 아니한지요. 오늘 말씀이 형제에게 주는 도전이 무엇입니까?

11
여호와의 선한 손

사무엘상 6:7-16

⁷ 그러므로 새 수레를 만들고 멍에 메어 보지 아니한 젖 나는 소 둘을 끌어다가 수레를 소에 메우고 그 송아지들은 떼어 집으로 돌려 보내고 ⁸ 여호와의 궤를 가져다가 수레에 싣고 속건제 드릴 금 보물은 상자에 담아 궤 곁에 두고 그것을 보내어 가게하고 ⁹ 보아서 궤가 그 본 지경길로 올라가서 벧세메스로 가면 이 큰 재앙은 그가 우리에게 내린 것이요 그렇지 아니하면 우리를 친 것이 그 손이 아니요 우연히 만난 것인 줄 알리라 ¹⁰ 그 사람들이 그 같이 하여 젖나는 소 둘을 끌어다가 수레를 메우고 송아지들은 집에 가두고 ¹¹ 여호와의 궤와 및 금쥐와 그들의 독종의 형상을 담은 상자를 수레 위에 실으니 ¹² 암소가 벧세메스 길로 바로 행하여 대로로 가며 갈 때에 울고 좌우로 치우치지 아니하였고 블레셋 방백들은 벧세메스 경계까지 따라 가니라 ¹³ 벧세메스 사람들이 골짜기에서 밀을 베다가 눈을 들어 궤를 보고 그것의 보임을 기뻐하더니 ¹⁴ 수레가 벧세메스 사람 여호수아의 밭 큰 돌 있는 곳에 이르러 선지라 무리가 수레의 나무를 패고 그 소를 번제로 여호와께 드리고 ¹⁵ 레위인은 여호와의 궤와 그 궤와 함께 있는 금 보물 담긴 상자를 내려다가 큰 돌 위에 두매 그날에 벧세메스 사람들이 여호와께 번제와 다른 제를 드리니라 ¹⁶ 블레셋 다섯 방백이 이것을 보고 그날에 에그론으로 돌아갔더라(삼상 6:7-16)

| 설교작성 노트 |

젖 먹이던 새끼 송아지를 뒤에 둔 채 두 마리의 암소는 법궤를 실은 수레를 메고 울면서 좌우로 치우치지 아니하고 곧바로 벳세메스로 향했다.

그리고 목적지에 도착하자 소들이 메고 온 수레는 장작이 되고 소는 번제 제물이 되어 하나님께 드려졌다.

참으로 심금을 울릴 만큼 감동적인 장면이다. 그래서 우리들도 이 소들처럼 육신의 정에 끌리지 말고 죽기까지 충성하자고 역설한다. 성도들은 이 설교를 통하여 소들을 만나게 되고 "나도 이 소들처럼, 소들처럼 하면서 돌아간다." 성령께서 본문을 통하여 말씀하고자 하시는 바가 이것일까?

본문의 중심점이 소들의 거룩한 희생에 있고 설교자가 증거해야 할 바가 이것이란 말인가?

본문을 구속사라는 맥락에서 보게 될 때에 내용은 어떻게 달라지게 되며 어떤 설교가 작성될 것인가?

시대적인 배경은 사사말기로 대제사장 엘리의 우매함과 제사장들인 그의 두 아들 비느하스와 홉니의 부패상은 그 시대가 얼마나 암흑기였는가를 보여줍니다. "때에는 여호와의 말씀이 희귀하여 이상이 흔히 보이지 않았더라. 엘리의 눈이 점점 어두워 가서 잘 보지 못하는 그때에"(3:1-2)라는 묘사에서 그 시대의 상징성을 볼 수가 있습니다.

이런 암흑기에도 이스라엘에 소망이 있음은 "하나님의 등불은 아직 꺼지지 아니하였으며 사무엘은 하나님의 궤 있는 여호와의 전 안에 누웠더니"(3:3)라는 말씀에서 찾을 수가 있습니다.

하나님께서는 앞으로 하실 일을 알게 하시되 대제사장 엘리에게가 아니라 어린 새싹인 사무엘에게 말씀하셨습니다. 그것은 한 마디로 "듣는 자마다 두 귀가 울리리라"(3:11)는 두려운 심판이었습니다.

법궤를 빼앗기다

이러한 타락과 부패는 하나님의 진노를 살 수밖에 없었습니다. 이스라엘은 블레셋에 내어준 바 되었고 전쟁에서 대패하여 4천 명 가량이 죽임을 당했습니다.

이스라엘의 장로들은 어리석게도 "여호와의 언약궤를 실로에서 우리에게로 가져다 우리 중에 있게 하여 그것으로 우리를 우리 원수들의 손에서 구원하게 하자"(4:3)고 의견을 모았습니다.

그러나 패배는 더욱 커서 죽은 자가 3만이었으며 하나님의 궤는 빼앗겼고 엘리의 두 아들 홉니와 비느하스도 죽고 말았습니다. 이 소식에 접한 엘리는 의자에서 자빠져 문 곁에서 목이 부러져 죽었고 그의 며느리는 이러한 엄청난 충격으로 조산하면서 "영광이 이스라엘에서 떠났다"고 외치면서 죽었습니다.

이 점에서 생각하게 되는 것은 다급해지자 법궤를 전쟁마당으로 끌어내는 극한 처방을 하였음에도 불구하고 어찌하여 사태는 더욱 악화되었는가 하는 점입니다.

그것은 자명합니다. 그들은 사시고 참되신 하나님과의 관계에서 무엇이 잘못되었는가를 살피는 회개함이 없이 "그것"(법궤)으로 우리를 우리 원수들의 손에서 구원하게 하자(4:3)고 하나님의 임재의 상징인 법궤를 우상시 여겨 그것을 의지했기 때문입니다.

하나님과의 관계를 인격적인 관계로 생각하지 못하고 "그것"이라는 물질대명사로 여겼던 것입니다. 여기에 그들의 영적인 어두움이 있는 것입니다. 결과는 대패입니다.

법궤를 통하여 역사하시는 하나님

블레셋 사람들은 빼앗은 하나님의 궤를 아스돗에 있는 다곤의 신당에 두었습니다. 그런데 이튿날에 본즉 다곤 신상이 여호와의 궤 앞에서 엎드려져 있었습니다. 그들은 황급히 다곤 신상을 일으켜 다시 그 자리에 세웠더니 그 이튿날에 보니까 다곤이 여호와의 궤 앞에서 엎드러져 있을 뿐만 아니라 그 머리와 두 손이 끊어져 문지방에 있고 다곤 신상은 몸둥이만 남아 있었습니다. 이런 일이 있음과 때를 같이 하여 아스돗에는 독종의 재앙이 임하였습니다.

아스돗 사람들은 이런 일이 하나님의 궤 때문임을 알고 하나님의 궤를 가드로 보냈습니다. 법궤가 가드로 옮겨 가자 여호와의 손이 심히 큰 환난을 그 성에 더하사 성읍 사람의 작은 자와 큰 자를 다 쳐서 독종이 나게 하셨다(5:9)고 말씀합니다.

가드 사람들은 하나님의 궤를 자기들 가운데 있게 함을 감당할 수 없음을 알고 에그론으로 보냅니다. 하나님의 궤가 에그론에 이른즉 에그론 사람들이 부르짖어 가로되 그들이 이스라엘 신의 궤를 우리에게로 가져다가 우리와 우리 백성을 죽이려 한다 하고 드디어 블레셋 모든 방백을 모으고 의논하기를 이스라엘 신의 궤를 본처로 돌려보내기로 가결을 합니다.

이 점에서 생각하게 되는 것은 이스라엘이 전쟁마당으로 이끌어 냈을 때에는 침묵하던 법궤가 어째서 블레셋 중에서는 감당하지 못하도록 역사하고 있느냐 하는 점입니다.

그것은 법궤 자체에 신통력이 있는 것이 아닙니다. 그러나 그 궤는 "여호와의 언약궤"(4:3), "하나님의 궤"(4:11)로 일컬음을 받는 하나님의 거룩하신 이름으로 불리우고 있는 궤인 것입니다. 하나님께서는 자신의 거룩하신 이름을 인하여 하나님의 궤 앞에서 다곤 신상이 엎어지게 하셨으며 하나님의 궤와 그 이름을 업신여기지 못하도록 가는 곳마다 독종을 발하게 하셨던 것입니다.

이는 에스겔 선지자를 통하여 하신 말씀 "그 열국에서 더럽힌 내 거룩한 이름을 내가 아꼈노라. 너희가 그들 중에서 더럽힌 나의 큰 이름을 내가 거룩하게 할지라. 내가 그들의 목적에서 나의 거룩함을 나타내리니 열국 사람이 나를 여호와인줄 알리라"(겔 36:21-23)는 말씀을 생각해 보면 그렇게 행하신 의도를 깨달을 수가 있습니다.

법궤를 돌려보냄

블레셋 사람들은 하나님의 궤를 돌려보내기로 결정하고도 설마하는 마음이 있었던 것 같습니다. 그래서 한 방법을 생각해내었습니다. 법궤를 수레에 실어 보내되, 젖 먹이는 송아지가 딸린 소 두 마리로 끌게 한 것입니다.

송아지는 떼어 집으로 돌려보내고 어미 소만 가게 했을 때 소들이 "벳세메스로 가면 이 큰 재앙은 그가 우리에게 내린 것이요. 그렇지 아니하면 우리를 친 것이 그 손이 아니요 우연히 만난 것인줄 알리라"는 것입니다.

그런데 여호와의 궤를 실은 수레를 메고 "암소가 벳세메스 길로 바로 행하여 대로로 가며 갈 때에 울고 좌우로 치우치지 아니하였다"(6:12)고 성경은 말씀합니다. 블레셋 방백들은 소들이 행하는 여부를 확인하기 위하여 벳세메스 경계까지 따라와 이것을 보고 에그론으로 돌아갔다고 말씀합니다.

이 점에서 강조되고 증거 되어야할 점은 표면에 나타난 소들이 아니라 이 모든 사건의 배후에서 역사하시는 "하나님의 손"(5:15)임을 명심해야 합니다.

소들이 동물의 본능대로 움직이지 아니하고 벳세메스로 직행했던 것은 하나님의 손이 그 소들을 어거하셨기 때문입니다. 그러므로 본문을 유의해 보시면 하나님의 손이 강조되어 있음을 보게 됩니다.

5:6에 "여호와의 손이 아스돗 사람에게 엄중이 더하사 독종의 재앙으로 아스돗과 그 지경을 쳐서 망하게 하니"합니다. 그들은 "이스라엘 신의 궤를 우리와 함께 있게 못할지라. 그 손이 우리와 우리 신 다곤을 친다"(5:7)고 말했습니다. 여호와의 궤를 가드로 옮겨간 후에 "여호와의 손이 심히 큰 환난을 그 성에 더 했다"(5:9)고 말합니다.

5:12에서도 "하나님의 손이 엄중하시므로"라고 합니다. 블레셋 사람들도 "이스라엘 신께 영화를 돌리라. 그가 혹 그 손을 너희와 너희 신들과 너희 땅에서 경(輕)하게 하실까 하노라"(6:5)고 말했습니다.

궤를 보내면서도 새끼를 "떼어 논 소가 바로 가면 이 큰 재앙은 그가 우리에게 내린 것이요. 그렇지 아니하면 우리를 친 것이 그의 손이 아니요 우연히 만난 것인 줄 알리라"(6:9)로 여겼던 것입니다.

여호와의 손은 여기만 등장하는 것은 아닙니다. 에스라가 바벨론에서 2차로 귀환할 때에 "하나님의 선한 손의 도우심을 입어"(스 7:9; 8:18) 형통할 수가 있었고 느헤미야도 "내 하나님의 선한 손이 나를 도우셨다"(느 2:8)고 말씀합니다.

하나님의 손은 구약시대에만 등장하는 것도 아닙니다. 사도행전 11:21에 "주의 손이 그들과 함께 하시매 수다한 사람이 믿고 주께 돌아오더라"고 말씀합니다. 사도 바울은 복음을 대적하는 바 예수를 향하여 "보라 이제 주의 손이 네 위에 있으니 네가 소경이 되어 얼마동안 해를 보지 못하리라"(행 13:11)고 선언했던 것입니다.

성경은 말씀합니다. "저희를 내 손에서 빼앗을 자가 없느니라", "아무도 아버지 손에서 빼앗을 수 없느니라"(요 10:18-19). 아시겠습니까? 성도 한 사람 한 사람은 전능하신 아버지 손 안에 있습니다. 그 손이 소들을 몰고 오신 것입니다. 왜 그렇게 하셨습니까? 하나님의 백성들이 더럽힌 하나님 자신의 거룩하신 이름을 위해서였던 것입니다.

6:6을 보십시오. 블레셋 다곤 신의 제사장들은 "애굽인과 바로가 그 마음을 강퍅케 한 것같이 어찌하여 너희가 너희 마음을 강퍅케 하겠느냐. 그가 그들 중에서 기이하게 행한 후에 그들이 백성을 가게 하므로 백성이 떠나지 아니하였느냐"고 출애굽 당시에 행하셨던 열 가지 재앙을 상기시키고 있습니다.

만일 소들이 직행하지 않고 떼어 놓은 새끼에게로 갔다면 블레셋에 임한 재앙만이 아니라 출애굽 당시의 기사도 하나님이 행한 것이 아니라 우연히 만난 것으로 여겨질 판입니다. 그의 백성들은 하나님의 이름을 경히 여길지라도 하나님 자신은 거룩하신 이름을 아끼셨습니다. 그러므로 말씀의 사역자들이 증거 해야 할 바는 소들의 충성심이 아니라 하나님의 선하신 손이요, 그의 거룩하신 이름인 것입니다.

그리스도와의 만남

우리는 좀 더 나아가야만 합니다. 그렇지 아니하면 중대한 것을 놓치게 될 것입니다. 여기에 참으로 놀라운 비밀이 있습니다. 법궤를 실은 수레를 끌고 가는 소들이 어찌하여 법궤를 빼앗기기 이전에 있던 본래의 장소인 실로(4:3)로 가지 아니하고 벳세메스로 가고 있느냐 하는 점입니다. 그렇게 된 것은 이제까지 살펴본 바에 의하면 하나님의 손이 그렇게 하셨다고 말할 수밖에 없는 것입니다.

그렇다면 왜 하나님께서 그렇게 하셨을까요. 이 점을 영감된 시편 기자를 통하여 말씀해 주고 있습니다. 하나님께서는 "실로의 성막 곧 인간이 세우신 장막을 떠나셨다"(시 78:60)고 말씀합니다.

그렇게 하신 이유로 "또 요셉의 장막을 싫어 버리시며 에브라임 지파를 택하지 아니하시고 오직 유다 지파와 그 사랑하시는 시온 산을 택하셨다."(시 78:67-68)고 말씀합니다.

여호수아서에 보면 성막이 있고 법궤가 안치되어 있던 실로는 요셉 지파 중 에브라임에게 분배된 지경이었습니다(수 18:1). 인용한 시편 말씀에 의하면 하나님께서는 이렇게 말씀하신 셈입니다. 나는 에브라임 지파와 함께 있는 것이 싫다. 나는 택해 놓은 유다 지파로 가겠다.

왜 그렇습니까? 성막이 임마누엘 하실 그리스도의 모형으로 계시하여 주셨듯이 그리스도는 에브라임이 아닌 유다 지파를 통하여 오시도록 되어 있기 때문입니다(창 49:10).

주님께서는 말씀하십니다. "이는 구원이 유대인에게서 남이니라"(요 4:22). 히브리서 기자는 "우리 주께서 유다를 좇아 나신 것이 분명하도다"(히 7:14)라고 증거 합니다.

그리스도는 유다 땅 다윗의 동네에서 다윗의 위에 오르실 왕으로 오셨던 것입니다. 그러므로 인용한 시편에서는 유다 지파와 시온 산(옮겨온 법궤가 안치되고 후에 성전이 건축된)을 택하시고 "또 그 종 다윗을 택하셨다"(시 78:70)고 말씀하고 있는 것입니다.

인간의 배은망덕과 패역으로 말미암아 하나님의 궤를 대적에게 빼앗긴 암담한 상황을 통해서도 악을 선으로 바꾸사 구속사역을 주권적으로 성취해 나가시는 참으로 선하신 하나님은 시작하신 것을 또한 이루실 것을 확신하게 됩니다.

벳세메스에 도착한 하나님의 궤는 기럇여아림(삼상 7:1; 수 15:9)으로 옮겨졌고 사울왕 때에는 방치되어 있다가 다윗이 왕위에 오르자 시온으로 메어왔던 것입니다(삼하 6:3).

구속사의 맥락에서 생각해 보면 이제 하나님의 궤는 형제 안에 그리고 형제의 가정에 교회가 있는 셈입니다. 그것도 구약시대처럼 모형이나 그림자로써가 아니라 실체와 본체로 말입니다. 이것이 가능하게 된 것은 오직 예수 그리스도의 구속으로 말미암아서 뿐입니다.

이를 명심하고 망각하지 마십시다. 성경은 우리에게 묻고 있습니다.

"너희 몸은 너희가 하나님께로부터 받은바 너희 가운데 계신 성령의 전인줄을 알지 못하느냐."

"너희가 하나님의 성전인 것과 하나님의 성령이 너희 안에 거하시는 것을 알지 못하느뇨."

구속사역을 계획하시고 추진해 오시고 성취하시며 완성하실 선하신 하나님 우리 아버지를 찬양합시다.

12
베들레헴 사람 이새의 아들

사무엘상 17:45-54

⁴⁵ 다윗이 블레셋 사람에게 이르되 너는 칼과 창과 단창으로 내게 오거니와 나는 만군의 여호와의 이름 곧 네가 모욕하는 이스라엘 군대의 하나님의 이름으로 네게 가노라 ⁴⁶ 오늘 여호와께서 너를 내 손에 붙이시리니 내가 너를 쳐서 네 머리를 베고 블레셋 군대의 시체로 오늘날 공중의 새와 땅의 들짐승에게 주어 온 땅으로 이스라엘에 하나님이 계신줄 알게 하겠고 ⁴⁷ 또 여호와의 구원하심이 칼과 창에 있지 아니함을 이 무리로 알게 하리라 전쟁은 여호와께 속한 것인즉 그가 너희를 우리 손에 붙이시리라 ⁴⁸ 블레셋 사람이 일어나 다윗에게로 마주 가까이 올 때에 다윗이 블레셋 사람에게로 마주 그 항오를 향하여 빨리 달리며 ⁴⁹ 손을 주머니에 넣어 돌을 취하여 물매로 던져 블레셋 사람의 이마를 치매 돌이 그 이마에 박히니 땅에 엎드러지니라 ⁵⁰ 다윗이 이같이 물매와 돌로 블레셋 사람을 이기고 그를 쳐 죽였으나 자기 손에는 칼이 없었더라 ⁵¹ 다윗이 달려가서 블레셋 사람을 밟고 그의 칼을 그 집에서 빼어내어 그 칼로 그를 죽이고 그 머리를 베니 블레셋 사람들이 자기 용사의 죽음을 보고 도망하는지라 ⁵² 이스라엘과 유다 사람들이 일어나서 소리지르며 블레셋 사람을 쫓아 가이와 에그론 성문까지 이르렀고 블레셋 사람의 상한 자들은 사아라임 가는 길에서부터 가드와 에그론까지 엎드러졌더라 ⁵³ 이스라엘 자손이 블레셋 사람을 쫓다가 돌아와서 그들의 진을 노략하였고 ⁵⁴ 다윗은 블레셋 사람의 머리를 예루살렘으로 가져가고 갑주는 자기 장막에 두니라 (삼상 17:45-54)

> **| 설교작성 노트 |**
>
> 구속사라는 거대한 산맥에서 아브라함과 다윗은 에베레스트 산에 비할 만한 거봉들임에 틀림이 없다. 그러나 본문을 다룰 때에 아브라함이나 다윗에게 초점을 맞추어서는 안 된다.
>
> 본문은 다윗이 블레셋의 군대장관 골리앗을 물리치는 장면이요, 그리스도인이라면 모르는 사람이 없을 만큼 잘 알려진 내용이다. 또한 이를 다룰 때에 다윗에게 초점을 맞추어 그를 증거하고 그의 믿음을 본받아야 할 모범으로 제시하는 데 설교자나 회중들은 익숙해 있다.
>
> 그렇게 한다면 예배를 통하여 하나님을 만나는 것이 아니라 다윗을 만나고 돌아가게 된다. 또한 성경은 위인전기나 교훈집 같이 되고 만다. 같은 본문을 구속사라는 관점에서 보게 될 때에 어떻게 다른 설교로 다가오는가?

개혁주의 사상을 한마디로 요약해 놓은 말씀이 있는데 "이는 만물이 주에게서 나오고 주로 말미암고 주에게로 돌아감이라 영광이 그에게 세세에 있으리로다. 아멘"(롬 11:36)한 말씀입니다.

아브라함도 모세도 다윗도 다니엘도 베드로도 바울도 "주에게서 나오고 주로 말미암고 주에게로 돌아간" 자들입니다. 다윗이 어떻게 주에게서 나왔고 말미암고 돌아갔는가를 상고함으로 구속사역의 주권이 추호도 인간에게 있지 아니하고 하나님께 있음을 깨닫고 하나님만을 의뢰하고 순복하는 신앙이 되시기를 기원합니다.

다윗을 예선해 놓으신 하나님

성경에 다윗만큼 이름이 많이 등장하는 사람도 없을 것입니다. 천 번도 더 됩니다. 그런데 다윗의 이름이 최초로 언급되고 있는 곳이 어느 시점인가 아시겠습니까?

그곳은 룻기서의 결론 부분입니다. 룻기는 "오벳은 이새를 낳았고 이새는 다윗을 낳았더라"(룻 4:22)고 끝맺고 있습니다.

그렇다고 사사시대란 어떠한 시기이었는가 사사기는 마지막 결론에서 "그때에 이스라엘에 왕이 없으므로 사람이 각기 그 소견에 옳은 대로 행하였더라"(삿 21:25)고 말씀하고 있습니다. 다시 말씀드리면 왕이 없었기 때문에 각자 자기 좋을대로 행하던 혼란한 시대였다는 뜻입니다. 그런 시대적 배경에서 유다 베들레헴 사람 엘리멜렉가의 이야기가 삽화처럼 사사기와 사무엘상 사이에 끼어 있는 것이 룻기입니다.

룻기서의 주제는 분명합니다. 왕이 없어서 혼란한 시기에 하나님은 왕을 준비하고 계셨으니 그가 유다 베들레헴 사람 이새의 아들 다윗이었다는 사실을 증거하기 위해서입니다.

그런데 룻기서 다음에 나오는 사무엘상에 보면 장로들이 사무엘에게 나아와 "열방과 같이 우리에게 왕을 세워 우리를 다스리게 하소서"(삼상 8:5) 하고 왕을 요구하는 것을 볼 수가 있습니다. 이렇게 해서 세워진 왕이 사울 왕입니다. 그런데 성경은 그를 "베냐민 지파"(삼상 9:1) 사람이었다고 소개하고 있습니다.

그러면 어떻게 되는 것입니까? 하나님께서는 룻기서를 통해서 한 왕을 예선해 놓으셨는데 그가 유다 지파 이새의 아들 다윗임을 암시해 주고 있는데 베냐민 지파 사울이 왕이 된 것입니다.

그러므로 사울은 "너희의 구한 왕 너희의 택한 왕"(삼상 12:13)이라고 말씀하고 있듯이 인간으로 말미암아 세워진 왕이었던 것입니다. 이는 일찍이 "홀이 유다를 떠나지 아니하며 치리자의 지팡이가 그 발 사이에서 떠나지 아니하시기를 실로가 오시기까지 미치리니"(창 49:10)라고 말씀하신 예언과도 부합되지 않는 것입니다.

그러므로 사울 왕이 범죄하자 즉시 폐하여졌던 것입니다. 그러나 이와는 대조적으로 다윗에게는 "만일 죄를 범하면 내가 사람 막대기와 인생 채찍으로 징계하려니와 내가 네 앞에서 폐한 사울에게서 내 은총을 빼앗은 것 같이 그에게서 빼앗지 아니하리라"(삼하 7:14-15)고 약속하셨던 것입니다. 왜 그렇습니까? 단 한 가지 다윗이 왕이 된 것은 "주에게서 나오고 주로 말미암은" 차이에서입니다.

다윗에게 기름을 부으신 하나님

사무엘상 16:1을 보시겠습니다. "여호와께서 사무엘에게 이르시되… 너는 기름을 뿔에 채워 가지고 가라 내가 너를 베들레헴 사람 이새에게로 보내리니 이는 내가 그 아들 중에서 한 왕을 예선하였음이니라"고 명하셨습니다.

사무엘은 장남 엘리압을 보고 마음에 이르기를 여호와의 기름 부으실 자가 과연 그 앞에 있도다 하였더니 그 용모와 신장을 보지 말라. 내가 이제 그를 버렸노라고 하십니다. 이새의 아들 일곱으로 다 사무엘 앞을 지나게 하였으나 그때마다 "여호와께서 택하지 아니하셨느니라"였습니다. 이 장면에서 핵심적인 단어가 "택하심"임을 명심하십시오.

일곱 아들 중에서 택하신 자가 없다면 막내는 볼 것도 없다고 염두에도 두지 않았던 다윗이 양치는 목장에서 왔을 때에야 "이가 그니 일어나 기름을 부으라"(삼상 16:12)는 승인이 떨어졌던 것입니다.

"사무엘이 그에게 기름을 부었더니" 이날 이후로 다윗이 여호와의 신에게 크게 감동되니라"고 성경은 증거합니다. "여호와의 신이 사울에게서 떠나고 여호와의 부리신 악신이 그를 번뇌케 한지라"(삼상

16:13-14)하신 날카로운 대조점을 놓치시지 마시기를 부탁드립니다.

왜냐하면 첫째로는 사울이 다윗을 평생에 그토록 악랄하게 대적한 것이 사울의 본심이 아니라 그 배후에서 악한 영이 조정하고 있었음을 깨닫기 위함이며 둘째로는 다윗이 골리앗을 물리칠 수 있었던 담대함과 능력이 다윗의 능력이 아니라 그에게 기름을 부었을 때에 크게 감동한 여호와의 신 곧 성령님의 역사하심임을 깨닫게 하기 위해서입니다. 성경도 이를 알리기를 원하셔서 "이날 이후로 다윗이 여호와의 신에게 크게 감동되니라"(삼상 16:13)고 말씀하고 있습니다. 언제부터입니까? "이날 이후로"입니다. 사무엘이 다윗에게 기름을 부은 이날 이후부터입니다.

전쟁은 여호와께 속하였나니

그렇게 다윗을 준비해 놓으신 16장 후에 골리앗이 등장하는 17장은 연결됩니다.

다윗이 분개해 한 것은 "이 할례 없는 블레셋 사람이 누구관대 사시는 하나님의 군대를 모욕하겠느냐"(삼상 17:26) 한 하나님의 군대를 모욕한데 있었습니다. 그 말씀이 36절에서도 "사시는 하나님의 군대를 모욕한" 하고 강조되어 있습니다.

골리앗 자신도 "내가 오늘날 이스라엘의 군대를 모욕하였으니 사람을 보내서 나로 더불어 싸우게 하라"(17:10) 하고 이 점을 들어냅니다. 이런 뜻입니다. 내가 오늘날 하나님의 군대를 모욕했는데도 분하지 않느냐 너희에게는 뼐도 없느냐. 이 말을 듣고도 나올 자가 없단 말이냐. 그러나 하나님의 군대 진영에서는 "이 말을 듣고 놀라 크게 두려워 하니라"(17:1) "심히 두려워하여 그 앞에서 도망"(24)하였다고 말씀합니다. 다윗은 이것이 분했습니다.

다윗은 말합니다. "너는 칼과 창과 단창으로(그것을 믿고) 내게 오거니와 나는 만군의 여호와의 이름 곧 네가 모욕하는 이스라엘 군대의 하나님의 이름으로 네게 가노라."(17:45)

다윗은 지금 골리앗이 모욕하고 있는 "여호와의 이름", "하나님의 이름"의 명예를 위하여 싸우고 있다는 것입니다.

이 점은 하나님의 대적자 사탄과의 영적 전쟁에 소집을 받은 하나님의 군대들에게는 사활이 걸려 있을 정도로 중요한 요점입니다. 사탄은 하나님의 나라를 파괴하였으며 그것은 하나님의 명예를 모욕한 행위였습니다. 구속사역에는 하나님의 이름, 하나님의 명예가 걸려 있는 것입니다.

그러므로 다윗이 "전쟁은 여호와께 속한 것인즉 그가 너희를 우리 손에 붙이시리라"(17:47) 한 말은 불변의 진리입니다. 구속사역은 인간이 이루어 나가는 것이 아니라 여호와의 전쟁인 것입니다. 다윗은 여호와의 전쟁을 수행하고 있다는 확신을 가지고 있었습니다. 그러므로 여호와의 전쟁은 반드시 승리합니다. 승리할 수밖에 없는 것입니다.

여호사밧 왕이 연합군의 공격을 당하여 "우리를 치러 오는 이 큰 무리를 우리가 대적할 능력이 없고 어떻게 할 줄도 알지 못하옵고 오직 주만 바라보나이다" 하고 간구하였을 때에도 "이 큰 무리로 인하여 두려워하거나 놀라지 말라. 이 전쟁이 너희에게 속한 것이 아니요. 하나님께 속한 것이니라"(대하 20:12, 15)고 대답하셨습니다.

사도 바울이 "내가 선한 싸움을 싸우고" 한 싸움도 여호와의 전쟁을 수행한 싸움이요 형제가 싸우고 있는 선한 싸움도 여호와의 전쟁임을 고백하게 되시기를 기원합니다.

대표성의 원리

사무엘상 17장의 서론이라 할 수 있는 1-11절에는 중요한 두 가지 요점이 있습니다.

첫 번째 요점은 3절인데 "블레셋 사람은 이편 산에 섰고 이스라엘은 저편 산에 섰고 사이에는 골짜기가 있었더라"는 표현에서 볼 수가 있습니다.

이는 블레셋과 이스라엘이 골짜기를 사이에 두고 대치하고 있는 상태요. 전쟁 마당에서 흔히 볼 수 있는 상황입니다.

그런데 영적 전투에 있어서도 이 상황은 벌어지고 있다는 사실입니다. 많은 사람, 많은 나라, 많은 민족이 있다 하여도 영적으로 하면 두 나라, 두 백성, 두 왕, 두 진영으로 나누어진다는 사실입니다. 사망의 왕국과 생명의 왕국 하나님의 백성과 이 세상 임금의 추종자들 예수 그리스도의 왕국과 사탄의 왕국 하나님께 속한 자와 이 세상에 속한 자 모든 사람들은 이 두 나라, 두 진영 중 어느 한 쪽에 소속되어 있다는 것입니다. 중간은 없습니다. 본인이 이 사실을 알든지 모르든지 또는 인정을 하든지 아니하든지 상관없이 이것은 엄연한 사실로 피할 자가 없는 것입니다. 형제는 지금 어느 진영, 어느 왕에게 소속되어 있는지 분명히 말해 줄 수가 있습니까?

두 번째 요점은 8-9에서 볼 수가 있는데 "너희는 한 사람을 택하여 내게로 내려보내라. 그가 능히 싸워서 나를 죽이면 우리가 너희의 종이 되겠고 만일 내가 이기어 그를 죽이면 너희가 우리의 종이 되어 우리를 섬길 것이라"는 말씀에서 볼 수가 있습니다. 골리앗의 말은 대표자끼리 싸워서 결판을 내자는 말입니다. 이를 통해 성경이 들어내고 있는 "대표성"이라는 중요한 진리를 만나게 됩니다.

왜 한 사람이 선악과를 먹었는데 인류 전체가 죄 아래 팔렸으며 사망이 모든 사람위에 왕노릇하게 되었는가? 이것이 바로 대표성의 원리입니다. 아담은 개인 자격이 아니라 인류의 시조요, 대표자였던 것입니다. 예를 들면, 축구 시합을 할 때에 골문을 결정하기 위하여 대표자가 나가서 동전을 던져서 결정함과 같은 이치입니다.

이를 증거하고 있는 대목이 로마서 5:12-21에 있습니다. "한 사람으로 말미암아 죄가 세상에 들어오고"(12) 합니다. 이 대목에는 한 사람이라는 말이 12번이나 나오고 있는 데 먼저 언급하는 한 사람은 인류의 시조 아담을 가리키는 말이고 또 한 사람은 우리를 대신하여 우리의 대표자로 십자가에 죽기까지 순종하신 예수 그리스도를 가리킵니다. 그런데 성경은 대표성의 원리를 드러내기 위해서 아담 또는 그리스도라 말하지 아니하고 한 사람과 또 한 사람이라고 말씀하고 있는 것입니다. "한 범죄로 많은 사람이 정죄에 이른 것같이 의의 한 행동으로 말미암아 많은 사람이 의롭다 하심을 받아 생명에 이르렀느니라"(18)고 말씀합니다.

이 대표성의 원리에 분명하지 못하면 원죄교리를 이해할 수 없으며 나아가 예수 그리스도 한 분의 죽으심이 모든 사람의 죽음이 된다는 대속교리를 받아들일 수가 없게 됩니다.

우리는 본문에서 이처럼 중요한 대표성의 원리를 바라보게 합니다. "한 사람"을 택하여 내게로 보내라고 싸움을 돋웁니다. 그가 나를 죽이면 우리 모두가 너희의 종이 되고 내가 그를 죽이면 너희 모두가 우리의 종이 되어야 하리라는 말은 성경이 드러내고자 하는 대표성을 이해하는 데 도움이 됩니다.

그러나 다윗이 등장하기 까지는 "이 말을 듣고 놀라 크게 두려워"

(17:11)할 뿐 나서는 자가 없었습니다. 하나님의 군대를 모욕하고 하나님의 이름을 모욕하는 이 할례 없는 자를 죽이고 하나님의 영광을 들어내기 위하여 담대히 나서는 자가 슬프게도 이스라엘 진영에는 없었습니다. 이때에 이런 상황 하에서 다윗은 등장합니다.

"오늘 여호와께서는 너를 내 손에 붙이시리니"(46)합니다. 왜 그렇게 하십니까? 다윗을 영웅으로 만들어 주시기 위해서입니까? 아닙니다. "온 땅으로 이스라엘에 하나님 계신 줄 알게"(46하)하기 위해서인 것입니다. 예수 그리스도께서 십자가를 담당하심도 먼저는 우리를 위해서가 아니라 이때에 "자기도 의로우시며"(롬 3:26)하신 하나님의 의로우심과 영광을 이해서였던 것입니다.

하나님께서 골리앗을 다윗에게 "붙이심"(46, 47)에 도저히 적수가 되지 않는 상황인데도 다윗은 골리앗을 땅에 엎드러지게 했습니다. 성경은 말씀합니다. "다윗이 이같이 물매와 돌로 블레셋 사람을 이기고 그를 쳐 죽였으나 자기 손에는 칼이 없었더라"(50). 성경이 얼마나 예리합니까?

예수 그리스도와의 만남

다윗을 가리켜 베들레헴 사람 이새의 아들(16:1, 18; 17:58)이라고 성경은 말씀합니다. 우리는 이미 룻기서의 결론에서 "이새는 다윗을 낳았더라"는 말씀을 대한바가 있습니다. 이것은 이상한 표현이요, 놀라운 말씀입니다. 왜냐하면 이새는 장남 엘리압을 낳았고, 차남 아비나답, 삼남 삼마를 낳았으며, 다윗은 팔 형제 중에서 막내에 불과하기 때문입니다(17:13-14).

그런데 성경은 어째서 일곱 아들을 무시한 채 이새는 다윗을 낳았더라고 말씀하고 있을까요? 이 점에서 이새의 아들 다윗은 "이새의 줄기에서 한 싹이 나며"(사 11:1) 하고 예언하신 대로 다윗의 동네 베들레헴에서 탄생하실 예수 그리스도의 예표적인 인물로 계시되고 있음을 보게 됩니다.

이것은 성경의 일관된 증거입니다. 에스겔 37:24에 "내 종 다윗이 그들의 왕이 되리니 그들에게 다 한 목자가 있을 것이라" 하십니다. 에스겔이 예언한 역사적인 시점은 다윗이 죽은 지 수 백 년이나 지난 후입니다. 그런데 다윗이 왕이 되고 목자가 된다는 말씀은 다윗의 위에 오르실 그리스도에 대한 명백한 예언인 것입니다.

호세아 선지자도 "이스라엘 자손들이 많은 날 동안 왕도 없고 군도 없고 제사도 없고…지내다가 그 후에 저희가 돌아와서 그 하나님 여호와와 그 왕 다윗을 구하고"(호 3:4,5)라고 이 점을 예언하고 있습니다.

다윗은 다윗의 자손으로 오실 그리스도의 예표적 인물로 등장합니다. 그가 나타나기까지는 우리를 대표하여 나가서 골리앗을 상대하여 싸워줄 그 "한 사람"이 없었습니다.

그러나 다윗이 골리앗을 엎드러뜨리고 죽이자 "이스라엘과 유다 사람들이 일어나서 소리 지르며 블레셋 사람을 쫓아 가이와 에그론 성문까지 이르렀다"고 성경은 말씀합니다.

그들은 대표자끼리 싸워서 이미 승리한 싸움을 싸우고 있었던 것입니다. 이 말씀은 우리들에게 그대로 적용되어 마땅합니다. 대표자 한 사람씩 싸워서 우리 주님은 승리하셨습니다. 여자의 후손은 뱀의 머리를 상하게 한 것입니다.

이제 그의 군병된 우리들은 "일어나서 소리를 지르며"(17:52) 추격하기만 하면 저들은 도망가게 되어 있습니다. 우리들은 이미 승리한 싸움을 싸우고 있는 것입니다. 우리의 대표자시오, 우리의 대장되시는 그분이 누구입니까?

본문 17장은 이렇게 끝맺고 있습니다.

"소년이여 누구의 아들이뇨"

"나는 주의 종 베들레헴 사람 이새의 아들이니이다"(17:58).

13
여호와가 너를 위하여 집을 세워 주리라

사무엘하 7:1-17

¹ 여호와께서 사방의 모든 대적을 파하사 왕으로 궁에 평안히 거하게 하신 때에 ² 왕이 선지자 나단에게 이르되 볼찌어다 나는 백향목 궁에 거하거늘 하나님의 궤는 휘장 가운데 있도다 ³ 나단이 왕께 고하되 여호와께서 왕과 함께 계시니 무릇 마음에 있는 바를 행하소서 ⁴ 그 밤에 여호와의 말씀이 나단에게 임하여 가라사대 ⁵ 가서 내 종 다윗에게 말하기를 여호와의 말씀이 네가 나를 위하여 나의 거할 집을 건축하겠느냐 ⁶ 내가 이스라엘 자손을 애굽에서 인도하여 내던 날부터 오늘날까지 집에 거하지 아니하고 장막과 회막에 거하며 행하였나니 ⁷ 무릇 이스라엘 자손으로 더불어 행하는 곳에서 내가 내 백성 이스라엘을 먹이라고 명한 이스라엘 어느 지파에게 내가 말하기를 너희가 어찌하여 나를 위하여 백향목 집을 건축하지 아니하였느냐고 말하였느냐 사사 ⁸ 그러므로 이제 내 종 다윗에게 이처럼 말하라 만군의 여호와께서 이처럼 말씀하시기를 내가 너를 목장 곧 양을 따르는데서 취하여 내 백성 이스라엘의 주권자를 삼고 ⁹ 네가 어디를 가든지 내가 너와 함께 있어 네 모든 대적을 네 앞에서 멸하였은즉 세상에서 존귀한 자의 이름 같이 네 이름을 존귀케 만들어 주리라 ¹⁰ 내가 또 내 백성 이스라엘을 위하여 한 곳을 정하여 저희를 심고 저희로 자기 곳에 거하여 다시 옮기지 않게 하며 악한 유로 전과 같이 저희를 해하지 못하게 하여 ¹¹ 전에 내가 사사를 명하여 내 백성 이스라엘을 다스리던 때와 같지 않게 하고 너를 모든 대적에게서 벗어나 평안케 하리라 여호와가 또 네게 이르노니 여호와가 너를 위하여 집을 이루고 ¹² 네 수한이 차서 네 조상들과 함께 잘 때에 내가 네 몸에서 날 자식을 네 뒤에 세워 그 나라를 견고케 하

리라 ¹³ 저는 내 이름을 위하여 집을 건축할 것이요 나는 그 나라 위를 영원히 견고케 하리라 ¹⁴ 나는 그 아비가 되고 그는 내 아들이 되리니 저가 만일 죄를 범하면 내가 사람 막대기와 인생 채찍으로 징계하려니와 ¹⁵ 내가 네 앞에서 폐한 사울에게서 내 은총을 빼앗은것 같이 그에게서는 빼앗지 아니하리라 ¹⁶ 네 집과 네 나라가 내 앞에서 영원히 보전되고 네 위가 영원히 견고하리라 하셨다 하라 ¹⁷ 나단이 이 모든 말씀과 이 모든 묵시대로 다윗에게 고하니라(삼하 7:1-17)

| 설교작성 노트 |

구속사에 있어서 큰 획을 긋는 두 언약이 있는데 그것은 하나님께서 아브라함과 다윗에게 하신 언약이다. 두 언약은 하나이나 아브라함에서 다윗으로 진행(약 1,000년간)해 온 것뿐이다. 그리고 다윗에게 언약하신지 약 1,000년 후에 그 약속은 성취되었다. 그러므로 신약성경은 아브라함과 다윗에게 약속하신 대로 그리스도가 오셨음을(마 1:1) 증거하므로 시작한다. 여리고의 소경도(눅 18:35) 가나안 여인도(마 15:22) 예수가 다윗에게 언약하신 대로 오신 그의 자손임을 고백하고 있다.

그러나 현대 교회는 성경이 하나님의 언약이요, 언약하신 바를 주권적으로 성취해 오신 하나님의 구속사라는 점을 인식하는 데 매우 희미하다.

본 설교에서는 이를 드러냄으로 하나님의 주권 앞에 겸손히 무릎 꿇게 되기를 기대한다.

하나님은 다윗에게 "내가 너를 목자 곧 양을 따르는 데서 취하여 내 백성 이스라엘의 주권자를 삼았다"(8)고 말씀합니다. 만일 하나님께서 이렇게 해 주시지 않으셨다면 그는 필경 베들레헴에서 양을 치는 목동으로 일생을 보냈을 것입니다.

이처럼 망극한 은혜를 입은 다윗에게는 그가 왕위에 오르게 되자 남다른 근심이 있었습니다(시 132:1). 그것은 여호와의 법궤를 찾아서 예루살렘으로 옮겨오는 일이었습니다.

법궤 또는 언약궤라고 불리우는 여호와의 궤는 하나님이 함께 하신다는 임재의 상징으로써 "거기서 내가 너와 만나고 … 네게 명할 모든 일을 네게 이르리라"(출 25:22)고 말씀하셨던 것입니다. 그러나 사울은 40년이나 왕위에 있으면서도 여호와의 언약궤에 대해서는 무관심과 망각 상태에 있었습니다.

다윗은 백성을 모아놓고 "우리가 우리 하나님의 궤를 옮겨오자 사울 때에는 우리가 궤 앞에서 묻지 아니하였느니라"(대상 13:3)고 말했습니다.

하나님의 법궤의 행방은 블레셋 군에게 빼앗겼다가 돌아온 후로 "궤가 기럇여아림에 들어간 날부터 20년 동안 오래 있은지라"(삼상 7:2)고 말씀해 줍니다. 20년 동안이란 기간이 언제부디 인제까지를 말하고 있는지 불분명한데 사울이 40년간 왕위에 있었음을 감안하고(행 13:21) 추측컨대 그 기간은 늘어날 가능성이 있습니다. 하나님의 법궤가 어떻게 이처럼 긴 세월 동안 망각 속에 방치돼 있었는지 기가 막힐 일입니다. 다윗은 이를 근심했습니다.

다윗은 왕위에 오르자 우선 순위의 사업으로 법궤를 운반해왔습니다. 하나님의 임재의 상징인 언약궤를 왕궁이 있는 예루살렘으로 운반해 옴으로 명실상부한 신정왕국이 세워진 셈입니다.

다윗의 소원

본문에 의하면 법궤를 운반해 온 다윗에게는 새로운 근심이 생겼음을 보게 됩니다. "나는 백향목 궁에 거하거늘 하나님의 궤는 휘장 가운데 있도다"(2) 이것이 근심이요, 송구하기 이를 데가 없었습니다.

나단 선지자는 그러하시다면 "마음에 있는 바를 행하소서" 하고 진언했습니다. 다시 말하면 하나님의 전을 건축하라는 것이었습니다.

그 밤에 여호와의 말씀이 나단에게 임하였습니다. 가서 내 종 다윗에게 말하기를 "네가 나를 위하여 나의 거할 집을 건축하겠느냐"(15) 하나님은 다윗의 소원이 잘못되었다던가 책망하고 계시는 것이 아닙니다. 그를 깨우치셔야 할 필요를 아셨습니다. 하나님의 말씀은 계속됩니다.

"내가 이스라엘 자손을 애굽에서 인도하여 내던 날부터 오늘 날까지 집에 거하지 아니하고 장막과 회막에 거하며 행하였나니"하십니다(6). 형제는 이 말씀을 알고 있었습니까? 그 의미도 깨닫고 있습니까?

하나님께서는 "오늘날까지 나로 하여금 집에 거하지 못하고 장막과 회막에 거하도록 푸대접을 하더니 이제 와서야 성전을 지어주겠다고 하느냐" 하고 꾸짖고 계시는 것이 아닙니다. 7절을 보시면 그것이 아님을 알게 됩니다. 이 말씀은 인간이 들을 수 있는 망극하기 그지없는 말씀입니다. 왜 성경을 구속사의 관점에서 보아야만 하는가를 다시 한 번 깨닫게 해줍니다.

하나님은 집에 거하시는 하나님이 아니시고 장막과 회막에 거하시는 하나님이라고 계시해 주시고 있습니다. 집에 거한다는 말은 "평안", "쉼", "휴식" 같은 느낌을 받게 합니다. 그러나 장막과 회막에 거한다는 것은 천막생활을 뜻하는 것이니 "나그네 야전군" 같은 느낌을 받게 됩니다.

그렇습니다. 하나님께서는 하나님의 백성이 광야를 통과할 때에도 그들과 함께 장막과 회막에 거하시며 "행하였나니" 즉, 지휘하셨다는 것입니다. 시편에서는 이 점을 "하나님이여 주의 백성 앞에서 앞서 나가사 광야에 행진하셨을 때에"(시편 68:7) 하고 감격해 하고 있습니다. 쉬고 계시는 하나님이 아니라 "행진하시는 하나님" 즉, 일을 하고 계시는 하나님이시라는 말씀입니다.

그 뿐만이 아닙니다. "…부터 오늘날까지"라고 말씀합니다. "오늘날까지"라면 다윗에게 말씀하고 있는 그 오늘까지도 집에 거하지 아니하신다는 말씀입니다. 그런데 첫 절을 보십시오. 다윗은 어떻게 하고 있습니까?

"여호와께서 사방의 모든 대적을 파하사(야전군 사령관이 되셔서) 왕으로 궁에 평안히 거하게 하신 때에" 하나님께서 다윗에게는 왕국에 편안히 거하게 해주셨다는 것입니다. 그러면서도 하나님은 오늘까지도 장막에 거하고 계시다는 말씀입니다.

형제는 지금 어떠한 마음이 드십니까? 형제가 다윗이라면 어떻게 하였겠습니까? 그는 왕좌에서 황급히 일어섰습니다. 왕궁에서 급히 나왔습니다. 그리고 하나님을 만나러 하나님이 거하시는 회막으로 달려갔습니다. "다윗 왕이 여호와 앞에 들어가 앉아서 가로되 주 여호와여 나는 누구오며 내 집은 무엇이관데 나로 이에 이르게 하셨나이까"(18)하며 영혼 깊숙한 곳에서 우러나오는 감사를 드리고 있습니다.

여호와가 너를 위하여 집을 이루고

하나님께서는 다윗에게 언약을 세워 주십니다. 한 마디로 요약하면 "여호와가 너를 위하여 집을 세워 주겠다"(11)는 것입니다. 5절과 11절의 기가 막힐 대조를 보십시오. "네가 나를 위하여 나의 거할 집을 건축하겠느냐"(5) "여호와가 너를 위하여 집을 이루고"(11) 여기에 하나님의 주권적인 은혜와 선수적인 사랑이 있습니다.

하나님의 나라 건설은 인간이 하나님을 위해서 무엇인가 해드리는 역사가 아닙니다. 하나님의 나라 건설은 하나님이 세우시는 것입니다. "여호와가 너를 위하여 집을 이루시겠다"는 말씀은 다윗의 왕위가 폐하여 짐이 없이 계승되어 그 위에 다윗의 자손으로 오실 그리스도께서 앉으사 영원히 왕노릇하게 될 것을 의미합니다.

하나님께서 다윗에게 하신 언약은 사울 왕과 대조적인 면에서 이해되어야 합니다. 왜냐하면 하나님께서 사울의 집은 세워주시지 않았고 다윗의 집을 세워 주셨기 때문입니다. 메시야왕은 유다 지파를 통해서 나셔야만 했습니다. 그것이 하나님의 예정이요 약속이었습니다(창 49:10).

그런데 사울은 베냐민 지파 자손입니다(삼상 9:1-2). 그는 인간이 세운 왕이었습니다(삼상 12:13). 다만 하나님은 그들의 요구를 허용하셨을 뿐입니다. 그러므로 그가 범죄하자 즉각 폐하여졌습니다. 사울의 왕위는 2대를 유지하지 못하고 끝났습니다. 그러나 다윗은 유다 지파 이새의 아들이요 이미 룻기서(룻 4:22)를 통하여 예선해 놓으신 왕(삼상 16:1)이었습니다.

그러므로 "저가 만일 죄를 범하면 내가 사람 막대기와 인생 채찍으로 징계하려니와 내가 네 앞에서 폐한 사울에게 내 은총을 빼앗은 것 같이 그에게서는 빼앗지 아니하리라"(14-15)고 말씀하시는 것입니다. 사실 범과로 말한다면 다윗이나 솔로몬의 죄과가 사울보다 훨씬 무거울 수가 있습니다.

그러나 징계하실지언정 그 위를 폐하시지는 않겠다고 말씀합니다. 왜 그러해야만 합니까? 그 자손으로 그리스도를 보내셔서 하나님의 나라를 회복하실 계획을 갖고 계시기 때문입니다. 생각해보십시오. 죄를 범할 때마다 사울처럼 폐하신다면 폐하여지지 않을 자가 없었을 것이오. 결국에 가서는 하나님의 계획이 폐하여질 수밖에 없게 될 것입니다. 구속사역은 하나님의 은혜로 이루어 나가시는 것이지 인간의 행위로 세워 나가는 것은 아닙니다.

본문에 보시면 강조되고 있는 단어가 둘이 있는데 "영원"과 "견고케"입니다. 하나님이 세워 나가시는 "그 나라를 견고케 하리라"(12), "그 나라 위를 영원히 견고케 하리라"(13), "네 집과 네 나라가 네 앞에서 영원히 보전되고 네 위가 영원히 견고하리라 하셨다 하라"(16) 하십니다.

영원하고 견고함은 하나님이 주권적으로 세워 나가시기 때문입니다. 인간으로 말미암은 것은 영원과 견고함이란 없습니다. 이것이 다윗에게 세워 주신 언약입니다.

그리스도를 알고 미리 본 다윗

다윗에게 하신 언약은 한마디로 그 자손으로 그리스도를 보내 주시겠다는 약속입니다. 누가복음 2장에 보면 가브리엘 천사가 마리아에게 "보라 네가 수태하여 아들을 낳으리니 그 이름을 예수라 하라 저가 큰 자가 되고 지극히 높으신 이의 아들이라 일컬을 것이오. 주 하나님께서 그 조상 다윗의 위를 저에게 주시리니 영원히 야곱의 집에 왕노릇 하실 것이며 그 나라가 무궁하리라"(눅 1:1333)고 말하므로 하나님께서 다윗에게 하신 약속의 성취임을 말해 줍니다.

하나님의 말씀이 얼마나 자상하시냐 하면 북쪽 나사렛에 살고 있던 마리아를 저 남쪽 다윗의 동네인 베들레헴으로 가게 하시기 위하여 호적하라는 영을 내리게 하사 미가 선지자를 통하여 예언하신 대로 그리스도는 다윗의 자손으로 다윗의 동네 베들레헴에서 태어나게 하셨습니다.

하나님께서는 이미 1,000년 전에 사무엘을 베들레헴 이새의 집으로 보내셔서 내가 예선해 놓은 왕 다윗에게 "기름을 부으라"(그리스도) 하심으로 다윗을 그로부터 1,000년 후에 태어나실 그리스도의 예표적인 인물로 세우셨던 것입니다.

그 뿐만이 아닙니다. 베드로는 성령의 감동함을 받아 다윗에 대하여 증거하기를 "그는 선지자라 하나님이 이미 맹세하사 그 자손 중에서 한 사람을 그 위에 앉게 하리라 하심을 알고 미리 보는 고로 그리스도의 부활하심을 말하였다"(행 2:30,31)고 증거하고 있습니다.

그 자손 중에서 그리스도가 오실 것을 다윗이 1,000년 전에 "알고 미리 보았다"는 말씀을 어찌 범상히 보고 지나칠 수가 있겠습니까? 다윗이 알고 미리 보았다는 것도 경이롭고 주님을 세 번이나 부인했던 베드로를 통하여 성령께서 이를 증거케 하심도 놀라울 뿐입니다. 그래도 정말 다윗이 알고 미리 보았을까하고 의아해 하지는 않습니까?

본문과 병행을 이루고 있는 역대상 17장에 보시면 하나님께서 세워 주신 언약의 말씀을 듣고 기도하기를 목동이었던 자신을 왕위에 앉게 해 주심을 "오히려 작게 여기시고 또 종의 집에 대하여 먼 장래까지 말씀하셨사오니"(대상 17:17) 하고 먼 장래에 되어질 일을 알고 있었음을 봅니다.

"여호와여 주께서 주의 종을 위하여 주의 뜻대로 이 모든 큰 일을 행하사 이 모든 큰 일을 알게 하셨나이다"(대상 17:19)고 하나님께서 "큰 일" 행하실 것을 알게 되었음을 분명히 진술하고 있습니다.

그런데도 신약의 성도들이 하나님께서 어떻게 큰 일을 이루어 나오셨는가를 아는 데 미흡하다면 부끄러운 일이 아닐 수가 없습니다.

하나님께서 회막에 거하며 행하였다는 행하심은 아직 끝나지 아니하였습니다. 주님께서는 안식일에 병을 고친다고 비난하는 유대인들을 향해 "내 아버지께서 이제까지 일하시니 나도 일한다"(요 5:17)고 대답하심으로 하나님은 안식하시고 계신 하나님이 아니라 이제도 일하시며 행하시는 하나님이심을 드러내셨습니다.

그런 하나님께서 다윗에게는 거절하셨던 성전을 왜 그의 아들 솔로몬에게는 짓게 하셨는가 하는 점입니다. 표면적인 이유는 "너는 군인이라 피를 흘렸으니 내 이름을 위하여 전을 건축하지 못하리라"(대상 28:3)는 것입니다. 우리는 여기서 멈추지 말고 이면을 볼 수 있어야만 합니다.

다윗에게 하신 언약을 보십시오. "내가 네 몸에서 날 자식을 네 뒤에 세워 그 나라를 견고케 하리라 저는 내 이름을 위하여 집을 건축할 것이요"(삼하 7:12,13) 하십니다.

"네 몸에서 날 자식"이란 누구를 가리킵니까? 1차적으로는 솔로몬입니다. 그가 하나님의 전을 건축할 것이라고 말씀합니다. 그러나 이는 예표적인 말씀이요 궁극적인 의미는 다윗의 자손으로 오실 그리스도를 가리킵니다. 예수 그리스도께서 "내가 이 반석 위에 내 교회를 세우리니"(마 16:18) 하고 선언하심을 통하여 하나님의 약속의 성취를 봅니다.

히브리서에서도 예수그리스도를 "집 지은 자가 그 집보다 더욱 존귀함 같으니라"(히 3:3)고 주님께서 하나님의 집을 세우시는 자 이심을 증거하고 있습니다. 이 절묘한 예표와 성취, 그림자와 실체를 보여주시기 위해서 성전 건축은 다윗이 아닌 그의 자손에게 맡기셨던 것입니다.

그리스도와의 만남

다윗이 하나님을 위하여 집을 건축해 드려야 되겠다는 생각을 하고 있을 때의 그의 위치와 자세는 왕궁에 편안히 앉아 있을 때였습니다①. 그러나 하나님의 집은 하나님께서 주권적으로 세우는 것임을 깨달았을 때의 그의 위치와 자세는 왕의 보좌에서 내려와 하나님 앞에 들어가서 기도를 드리고 있습니다.

이것이 우리의 위치와 자세여야 합니다. 성도들의 공동체 곧 교회란 다윗의 자손으로 오신 예수 그리스도로 말미암아 세워진 하나님의 성전입니다. 우리는 더 나아가야만 합니다.

신약성경은 "너희 몸은 너희가 하나님께로부터 받은바 너희 가운데 계신 성령의 전인 줄을 알지 못하느냐"(고전 6:19)고 일깨워 주고 있기 때문입니다. 이 말씀 속에도 우리가 지금까지 살펴본 중요한 두 가지 진리가 내포되어 있습니다.

① 하나님께서 원하셨던 성전은 대리석으로 지은 예배당이 아니라 우리의 몸이라는 것과 ② 그 성전에 하나님의 성령께서 거하신다는 놀라운 사실입니다. 그렇다면 다윗에게 세워주신 언약은 예수 그리스도로 말미암아 성취되었으며 형제에게 적용이 되었다는 말씀입니다.

형제여, 전에는 죄덩어리였던 형제의 몸이 어떻게 해서 "하나님의 성전"이 되었는지 말해 줄 수가 있습니까? 그 성전은 누가 어떻게 해서 지어 주셨는지 이제는 증거할 수가 있으시겠지요. 하나님께서 그의 아들 예수그리스도를 통하여(그의 구속으로 말미암아) 세워 주셨습니다.

하나님께서는 집에 거하실 것을 거절하셨습니다. 이제도 하나님은 예배당에 거하시는 하나님이 아니십니다. 장막에 거하시면서 행하시고 일하시기를 원하고 계십니다. 그렇다면 형제여 묻습니다. 이제 하나님의 장막이 어디에 있습니까? 어느 장막에서 일하고 계십니까? "오늘까지 집에 거하지 아니하고 오직 이 장막과 저 장막에 있으며 이 성막과 저 성막에 있었다"(대상 17:5)고 말씀합니다.

구약시대에는 아브라함 모세 여호수아 다윗이라는 장막을 들어 쓰시면서 일하셨습니다. 신약시대에는 베드로 요한 바울 등의 장막에 거하시면서 일을 하셨습니다. 그러므로 사도 바울이 "나도 내 속에서 능력으로 역사하시는 이의 역사하심을 따라 힘을 다하여 수고하노라"(골 1:29)고 고백할 수가 있었던 것입니다.

오늘날은 그들의 장막이 아니라 바로 형제의 장막에 거하시면서 일하시기를 원하시는 하나님이심을 아셨습니까? 성경에 등장하는 하나님의 종들은 자신들에게 부여됐던 사명을 훌륭하게 완수하고 구속사의 무대에서 퇴장하였습니다.

이제 구속사의 무대에는 형제가 세움을 받고 있는 것입니다. 형제를 들어 쓰셔서 구속 역사의 완성을 향하여 전진시켜 나가시기를 원하십니다. 이제 분명합니까? 확신합니까?

14
구약의 두 줄기

열왕기상 11:1-13

¹ 솔로몬왕이 바로의 딸 외에 이방의 많은 여인을 사랑하였으니 곧 모압과 암몬과 에돔과 시돈과 헷 여인이라 ² 여호와께서 일찌기 이 여러 국민에게 대하여 이스라엘 자손에게 말씀하시기를 너희는 저희와 서로 통하지 말며 저희도 너희와 서로 통하게 말라 저희가 정녕코 너희의 마음을 돌이켜 저희의 신들을 좇게 하리라 하셨으니 솔로몬이 저희를 연애하였더라 ³ 왕은 후비가 칠백인이요 빈장이 삼백인이라 왕비들이 왕의 마음을 돌이켰더라 ⁴ 솔로몬의 나이 늙을 때에 왕비들이 그 마음을 돌이켜 다른 신들을 좇게 하였으므로 왕의 마음이 그 부친 다윗의 마음과 같지 아니하여 그 하나님 여호와 앞에 온전치 못하였으니 ⁵ 이는 시돈 사람의 여신 아스다롯을 좇고 암몬 사람의 가증한 밀곰을 좇음이라 ⁶ 솔로몬이 여호와의 눈앞에서 악을 행하여 그 부친 다윗이 여호와를 온전히 좇음 같이 좇지 아니하고 ⁷ 모압의 가증한 그모스를 위하여 예루살렘 앞 산에 산당을 지었고 또 암몬 자손의 가증한 몰록을 위하여 그와 같이 하였으며 ⁸ 저가 또 이족 후비들을 위하여 다 그와 같이 한지라 저희가 자기의 신들에게 분향하며 제사하였더라 ⁹ 솔로몬이 마음을 돌이켜 이스라엘 하나님 여호와를 떠나므로 여호와께서 저에게 진노하시니라 여호와께서 일찌기 두번이나 저에게 나타나시고 ¹⁰ 이 일에 대하여 명하사 다른 신을 좇지 말라 하셨으나 저가 여호와의 명령을 지키지 않았으므로 ¹¹ 여호와께서 솔로몬에게 말씀하시되 네게 이러한 일이 있었고 또 네가 나의 언약과 내가 네게 명한 법도를 지키지 아니하였으니 내가 결단코 이 나라를 네게서 빼앗아 네 신복에게 주리라 ¹² 그러나 네 아비 다윗을 위하여 네 세대에는 이 일을 행치 아니하

고 네 아들의 손에서 빼앗으려니와 ¹³ 오직 내가 이 나라를 다 빼앗지
아니하고 나의 종 다윗과 나의 뺀 예루살렘을 위하여 한 지파를 네 아
들에게 주리라 하셨더라(왕상 11:1-13)

| 설교작성 노트 |

성경에 기록된 이스라엘의 역사서를 대할 때에 이것들이 왜 성경에 포함되어야만
했고 그 내용이 어떻게 성경이 될 수가 있다는 말인가 하고 의문을 품게도 한다.
 그것이 표면적으로는 이스라엘의 역사같이 보이지만 이면적으로는 구속의 역사
인 것이다. 그 성취해 오신 내용이 그토록 중요하고 또한 명백히 드러나야 할 일이
기 때문에 그토록 많은 분량과 오랜 시일이 소요되었다고 보아야만 할 것이다.
 하나님께서 구약의 역사를 통하여 계시하고자 하는 바는 두 가지로 요약된다.
한 가지는 로마서 3:20에서 "율법으로는 죄를 깨달았음이라"고 말씀하신 "죄"요
다른 한 가지는 요한복음 5:39에서 "이 성경이 내게 대하여 증거하는 것이로다"고
말씀하신 "그리스도"시다.
 요약하면 ①죄를 깨닫게 하기 위해서이고 ②죄를 대속하여 주실 구주를 보내주
시겠다는 말씀이다. 본문에 이 두 가지가 어떻게 제시되어 있는가 관찰해 보도록
하자.

"솔로몬"하면 "지혜"가 떠오를 만큼 솔로몬 왕은 지혜가 뛰어난 왕
이었습니다. 시편에도 그의 시가 수록되어 있고 잠언, 전도, 아가서는
그를 통하여 기록된 말씀들입니다.
 그토록 지혜로왔던 솔로몬이 부친 다윗 왕의 뒤를 이어 왕위에 오
른 처음은 좋았으나 나중은 좋지가 않았습니다. 그의 지혜도 어두워
지고 그의 총명이 흐려졌던 것입니다.

솔로몬의 마음을 돌이킨 사탄

"솔로몬의 나이 늙을 때에 왕비들이 그 마음을 돌이켜 다른 신들을 좇게 하였다"④고 말씀합니다.

"솔로몬 왕이 바로의 딸 외에 이방의 많은 여인을 사랑하였으니 곧 모압과 암몬과 에돔과 시돈과 헷여인이라"①, "왕은 후비가 700인이요 빈장이 300인이라"③고 말씀합니다.

"여호와께서 일찍이 이 여러 국민에게 대하여 이스라엘 자손에게 말씀하시기를 너희는 저희와 서로 통하지 말며 저희도 너희와 서로 통하게 말라. 저희가 정녕코 너희의 마음을 돌이켜 저희의 신들을 좇게 하리라 하셨으나 솔로몬이 저희를 연애하였더라"②고 성경은 말씀합니다.

"그러므로 모든 들은 것을 우리가 더욱 간절히 삼갈지니 혹 흘러 떠내려갈까 염려하노라"(히 2:1)는 말씀은 만고불변의 진리입니다. 솔로몬이 하나님의 말씀을 등한히 여겼을 때 그의 지혜는 어두워지고 말았던 것입니다.

우리가 힘써 주목해야할 대목이 있는데 그것은 "마음을 돌이켰다"는 말씀입니다. 본문에 네 번이나 언급되어 있는데 "너희 마음을 돌이켜" 그들의 신들을 좇게 하리라②.

그러므로 그들과 통혼하지 말라고 경계하셨건만 이를 등한히 여기고 그들과 연애하였다가 왕비들이 왕의 "마음을 돌이켰더라"③고 말씀하고 있는 것입니다. 그 "마음을 돌이켜" 다른 신들을 좇게 하였다 ④고 하나님의 경고하신대로 빠져 들어가고 있음을 성경은 보여주고 있습니다. 9절에서도 솔로몬이 "마음을 돌이켜 이스라엘 하나님을 떠나므로 여호와께서 저에게 진노하시니라"고 말씀합니다.

이것은 어제 오늘의 일이 아닙니다. 사탄은 뱀을 통하여 먼저 하와의 마음을 돌이켰고 결국 아담의 마음까지 돌이켜 하나님을 떠나게 만들었던 것입니다.

하와는 뱀(사탄의 하수인)과 통하지 말았어야만 했습니다. 아담 하와의 마음을 돌이킨 배후나 솔로몬의 마음을 돌이킨 왕비들의 배후에는 간교한 사탄의 궤계가 숨어 있음을 간과해서는 안 됩니다. 구속의 역사란 다름 아닌 "돌아선 마음"을 다시 "돌이키는" 역사인 것입니다. 엘리야의 기도를 들어보십시오. "여호와여 내게 응답하소서 내게 응답하소서 이 백성으로 주 여호와는 하나님이신 것과 주는 저희의 마음으로 돌이키게 하시는 것을 알게 하옵소서"(왕상 18:37).

"그때 여호와의 불이 내려와 번제물과 나무와 돌과 흙을 태우고 도랑의 물을 핥은 지라"고 말씀합니다. 그래 네 말이 맞다. 그것이 내 심정이라고 하나님은 응답의 싸인을 보내셨던 것입니다.

구약성경은 "그가 아비의 마음을 자녀에게로 돌이키게 하고 자녀들이 마음을 그들의 아비에게로 돌이키게 하리라 돌이키지 아니하면 두렵건대 내가 와서 저주로 그 땅을 칠까 하노라"(말 4:6)는 말씀으로 끝맺고 있음을 유의해야만 합니다.

솔로몬의 마음이 하나님께로부터 떠난 것만이 아닙니다. 그 마음이 다른 신들을 좇아가는 그것에 부속되었음까지 명심해야만 합니다. "이는 시돈 사람의 여신 아스다롯을 좇고 암몬 사람의 가증한 밀곰을 좇았음이라"(5), "모압의 가증한 그모스를 위하여 예루살렘 앞산에 산당을 지었고 또 암몬 자손의 가증한 몰록을 위하여 그와 같이 하였다"(7)고 성경은 이 점을 들어내고 있습니다.

인간들의 마음은 주인이 없는 마음이란 없습니다. 주 하나님을 주인으로 섬기든지 아니면 사탄을 자기 주인으로 좇든지 둘 중의 하나입니다. 영적 전쟁이란 인간의 마음을 소유하려는 두 세력 간의 싸움인 것입니다. 주인 없는 마음이 없듯이 또한 인간의 마음에 중립국 중립지대란 없습니다.

인간의 타락과 전적 부패성

성경은 더욱 기가 막힐 말씀을 들려주고 있습니다. "여호와께서 일찍이 두 번이나 저에게 나타나시고 이 일에 대하여 명하사 다른 신을 좇지 말라하셨으나 저가 여호와의 명령을 지키지 않았다"(9-10)고 말씀합니다.

"일찍이" "두 번이나" 저에게 나타나셔서 말씀하셨다는 것입니다. 그런데도 그것이 아무 소용이 없었다는 것입니다. 어머니의 피 맺힌 백마디의 말도 아랑곳없이 호리는 여인의 한마디 말에 아들의 마음은 돌아서고 마는 것을 봅니다. 일찍이 두 번이나 나타나셨다면 그것은 언제였을까요.

첫 번째는 솔로몬이 일천번제를 드리던 기브온에서입니다.
"내가 네게 무엇을 줄고 너는 구하라"(3:4-5)고 그에게 나타나셔서 말씀하시는 중에 "네가 만일 네 아비 다윗의 행함같이 내 길로 행하며 내 법도와 명령을 지키면 내가 또 네 날을 길게 하리라"(3:14)고 말씀하셨던 것입니다.

두 번째 나타나심은 성전건축을 필하고 봉헌하였을 때입니다.
여호와께서 전에 기브온에서 나타나심같이 다시 솔로몬에게 나타나사 "네가 만일 네 아비 다윗의 행함같이 마음을 온전히 하고 바르게 하여 내 앞에서 행하며 내가 네게 명한 대로 온갖 것을 순종하여 나의 법도와 율례를 지키면" 위에 오를 사람이 네게서 끊어지지 아니하리라.

만일 나의 계명과 법도를 지키지 아니하고 다른 신을 섬겨 그것을 숭배하면 거룩하게 구별한 이 전이라도 내 앞에서 던져버리리니(왕상 9:27) 하고 경고하셨던 것입니다. 사랑의 하나님 여호와 대 간교한 사탄간의 인간의 마음을 차지하기 대결을 보십시오.

일찍이 두 번이나 저에게 나타나시어 경고하신 말씀도 간교한 사탄의 유혹 앞에서는 아무런 능력도 발휘할 수 없단 말인가. 그것은 하나님의 능력이 사탄만 못해서가 아니라 인간이란 본성이 악에 익숙하고 기울어져 있기 때문입니다.

이점을 성경은 "구스인이 그 피부를 표범이 그 반점을 변할 수 있느뇨 할 수 있을 진대 악에 익숙한 너희도 선을 행할 수 있으리라"(렘 13:23)고 불가능성을 말씀하고 있습니다.

진노 중에도 긍휼을 베푸시는 하나님

"여호와께서 저에게 진노하시니라"(9)고 말씀합니다. "내가 결단코 이 나라를 네게서 빼앗아 네 신복에게 주리라"(11)고 선언하십니다. 그것은 너무나 당연한 처사요. 솔로몬의 배은망덕에 비해서 너무나 가벼운 징벌로까지 여겨집니다.

그런데 12절을 보십시오. 12절은 "그러나" 이렇게 시작되고 있습니다. 네 대에는 이를 행치 않겠다고 말씀하면서 "오직 내가 이 나라를 다 빼앗지 아니하고 나의 종 다윗과 나의 뺀 예루살렘을 위하여 한 지파를 네 아들에게 주리라"(13)고 말씀합니다.

한 지파는 남겨주겠다는 것입니다. 왜냐하면 "나의 종 다윗과 나의 뺀 예루살렘을 위하여"라고 말씀합니다. 이는 다윗에게 세워주신 언약을 의미합니다.

"내가 네 몸에서 날 자식을 네 뒤에 세워 그 나라를 견고케 하리라"(삼하 7:12)고 약속하시면서 "만일 죄를 범하면 내가 사람 막대기와 인생 채찍으로 징계하려니와 내가 네 앞에서 폐한 사울에게서 은총을 빼앗은 것 같이 그에게서는 빼앗지 아니하리라"고 말씀하셨던 것입니다.

다윗에게 세워주신 언약은 은혜 언약이었던 것입니다. 너는 어떠하든지 나는 이루고야 말겠다는 주권적인 언약이었습니다. 시편 기자도 이를 알았기에 "내 언약을 파하지 아니하며 내 입술에서 낸 것도 변치 아니하리로다. 내가 나의 거룩함으로 한번 맹세하였은 즉 다윗에게 거짓을 아니할 것이라"(시 89:34,35)고 이 점을 찬양하고 있습니다.

남겨 주시겠다는 한 지파가 어느 지파이겠습니까? "유다 지파"입니다. 이는 그리스도가 유다 지파에서 나시기 때문입니다. 만일 한 지파를 주심이 아니었다면 인류의 소망은 끊어지고야 말았을 것이요 우리의 구원도 불가능했을 것입니다.

성경은 그 한 지파를 "한 등불"로도 묘사하고 있습니다(왕상 11:36). "여호와께서 그 종 다윗을 위하여 유다 멸하기를 즐겨하지 아니하셨으니 이는 저와 그 자손에게 항상 등불을 주겠다고 허(許) 하셨음이더라"(왕하 8:19)고 성경은 이를 증거해 주고 있습니다. 그 한 등불이 "참 빛 곧 세상에 와서 각 사람에게 비취는 빛이 있었나니"(요 1:9) 하고 예수 그리스도로 성취되었던 것입니다.

이는 실로 하나님의 자비가 아닐 수가 없습니다. 진노 중에서도 긍휼을 베푸시는 하나님을 찬양해야만 합니다. 만일 한 지파 한 등불을 남겨 주시지 아니하셨다면 세상은 암흑이 되고 우리는 소돔과 고모라와 같이 되고 말았을 것입니다(롬 9:29).

그리스도와의 만남

천만인이 배반하다 하여도 솔로몬만은 배신하지 않을 것 같은 또한 배신해서는 안 될 이 사건은 통하여 우리는 인간의 전적타락, 전적부패, 전적무능을 봅니다. 이는 솔로몬 한 사람에 국한된 이야기가 아닙니다. "율법(넓은 의미에서 구약)으로는 죄를 깨달음이니라"는 말씀대로 이 말씀의 거울 앞에 비춰진 자신의 죄성을 깨닫기를 원하고 계시는 것입니다.

한편 진노중에서도 한 지파 한 등불을 남겨주시겠다는 말씀을 통해서 인류의 소망이요 구원자이신 그리스도를 만나게 되는 것입니다. 인간이란 예수 그리스도를 통하여 나타내신 무조건적인 은혜로 말미암지 않고는 자력으로는 구원 얻을 길이 전무한 것입니다.

이 두 줄기 즉, 죄의 줄기와 은혜의 줄기는 인류의 시조가 범죄함으로부터 구약성경 내내 흘러 내려오고 있는 것입니다. 한 사람으로 말미암아 세상에 죄가 들어왔습니다. 그러나 즉시 여자의 후손으로 죄를 막아 주십니다. 솔로몬을 통해서 죄가 침입하자 한 지파 한 등불을 통해서 대항하게 하십니다.

실로 "죄가 더한 곳에 은혜가 더욱 넘치고"(롬 5:20) 있는 것입니다. 이렇게 흘러 내려온 구약의 두 줄기는 한 분 예수 그리스도에게서 만나게 되는 것입니다.

"우리는 다 양 같아서 그릇 행하여 각기 제길로 갔거늘 여호와께서는 우리 무리의 죄악을 그에게 담당시키셨도다"(사 53:6).

예수 그리스도는 "마지막 아담"(고전 15:45)이 되셨고 "율법의 마침"(롬 10:4)이 되셨습니다. 이것이 하나님의 은혜요 사랑입니다. 우리는 사랑하시는 자 예수 그리스도 안에서 거져 주시는 바 은혜의 영광을 찬양(엡 1:6)할 것 밖에 없습니다.

15
백성의 마음을 돌이키게 하시는 하나님
열왕기상 18:30-40

³⁰ 엘리야가 모든 백성을 향하여 이르되 내게로 가까이 오라 백성이 다 저에게 가까이 오매 저가 무너진 여호와의 단을 수축하되 ³¹ 야곱의 아들들의 지파의 수효를 따라 열 두 돌을 취하니 이 야곱은 여호와께서 옛적에 저에게 임하여 이르시기를 네 이름을 이스라엘이라 하리라 하신 지더라 ³² 저가 여호와의 이름을 의지하여 그 돌로 단을 쌓고 단으로 돌아가며 곡식 종자 두 세아를 용납할만한 도랑을 만들고 ³³ 또 나무를 벌이고 송아지의 각을 떠서 나무 위에 놓고 이르되 통 넷에 물을 채워다가 번제물과 나무 위에 부으라 하고 ³⁴ 또 이르되 다시 그리하라 하여 다시 그리하니 또 이르되 세번 그리하라 하여 세번 그리하니 ³⁵ 물이 단으로 두루 흐르고 도랑에도 물이 가득하게 되었더라 ³⁶ 저녁 소제 드릴 때에 이르러 선지자 엘리야가 나아가서 말하되 아브라함과 이삭과 이스라엘의 하나님 여호와여 주께서 이스라엘 중에서 하나님이 되심과 내가 주의 종이 됨과 내가 주의 말씀대로 이 모든 일을 행하는 것을 오늘날 알게 하옵소서 ³⁷ 여호와여 내게 응답하옵소서 내게 응답하옵소서 이 백성으로 주 여호와는 하나님이신 것과 주는 저희의 마음으로 돌이키게 하시는 것을 알게 하옵소서 하매 ³⁸ 이에 여호와의 불이 내려서 번제물과 나무와 돌과 흙을 태우고 또 도랑의 물을 핥은지라 ³⁹ 모든 백성이 보고 엎드려 말하되 여호와 그는 하나님이시로다 여호와 그는 하나님이시로다 하니 ⁴⁰ 엘리야가 저희에게 이르되 바알의 선지자를 잡되 하나도 도망하지 못하게 하라 하매 곧 잡은지라 엘리야가 저희를 기손 시내로 내려다가 거기서 죽이니라(왕상 18:30-40)

| 설교작성 노트 |

"엘리야" 선지자는 바람같이 나타났다가 바람같이 사라진 선지자이다. 엘리야 하면 우선적으로 떠올리는 것이 갈멜산이요. 그곳 단에 임한 여호와의 불이다. 한국교회는 병적이라 할 만큼 불을 좋아한다. 그래서 본문을 가지고 설교를 작성할 때에 "여호와의 불"에 초점을 맞춘다. 그리고 "이 밤에 여호와의 불이 임하게 하자"고 외친다. 이것이 본문이 의도하는 바일까 성경을 향하여 몇 가지 질문을 던져 보자.

① 엘리야가 활동하던 시대상은 어떠했는가?
② 엘리야의 신분은 무엇인가?
③ 그에게 맡겨진 사명은 무엇이었는가?
④ 하늘로부터 임한 불은 무엇에 대한 응답이요, 표징인가?
⑤ 불이 임함으로 어떠한 결과를 초래하였는가?

이 정도만 물어보아도 설교의 방향이 빗나가지는 않게 될 것이다. 그렇다면 하나님께서 선지자 엘리야를 보내신 목적이 무엇인가? 그리고 기록된 본문이 이 시대를 향하여 말씀하고 있는 바가 무엇인가를 살펴보자.

성경에는 많은 선지자들이 등장합니다. 하나님께서는 "너희 열조가 애굽 땅에서 나온 날부터 오늘까지 내가 내 종 선지자들을 너희에게 보내었으되 부지런히 보내었다"(렘 7:25)고 말씀하고 있습니다. 생각해 봅시다. 선지자를 필요로 하는 시대란 하나님 보시기에 선한 시대일까요. 아니면 악한 시대이겠습니까?

엘리야가 활동하던 시대상

엘리야는 북쪽 이스라엘을 무대로 활동하였는데 그 시대상을 오므리의 아들 아합이 그 전의 모든 사람보다 여호와 보시기에 악을 더욱 행하던(16:30) 시대였으니 이는 이방 여인 이세벨을 아내로 삼고 바알과 아세라 목상을 섬겼기" 때문입니다. 그런 시대에 엘리야는 보냄을 받았습니다.

엘리야의 신분

엘리야는 이러한 암흑한 시대에 보냄을 받은 하나님의 선지자입니다. "선지자" 이것이 엘리야의 신분입니다. 선지자란 하나님의 대언자입니다. 악한 세대를 향하여 책망하고 경고하며 회개를 촉구하기 위하여 보내심을 받는 사람이 선지자인 것입니다.

그러므로 "내 말이 없으면 수년 동안 우로가 있지 아니하리라" (17:1)한 말을 엘리야 개인의 말로 여겨서는 아니 됩니다. 그 뿐만 아니라 "너는 여기서 떠나 동으로 가서 요단 앞 그릿 시냇가에 숨고"(17:3) 하신 말씀을 대할 때에 엘리야가 숨은 것으로 여겨서는 아니 됩니다. 하나님의 말씀이 숨은 것입니다.

암흑시대란 하나님의 말씀이 숨은 시대입니다. 제 아무리 악한 시대라 할지라도 외치는 하나님의 말씀이 들려지고 있는 시대는 아직은 한 줄기 빛이 비취고 있는 시대인 것입니다. 말씀이 숨으면 우로는 내리지 않게 됩니다. 은혜의 단비는 말씀과 함께 임하기 때문입니다.

엘리야를 공궤하는 데 쓰임을 받았던 과부의 고백을 들어 보십시오. "이제야 당신은 하나님의 사람이시오. 당신의 입에 있는 여호와의 말씀이 진실한 줄 아노라"(17:24) 이것이 엘리야의 신분이었습니다.

엘리야의 사명

"많은 날을 지내고 제 삼 년에 여호와의 말씀이 엘리야에게 임하여 가라사대 너는 가서 아합에게 보이라 내가 비를 지면에 내리리라"(18:1) 하십니다. 숨었던 말씀을 나타내시겠다는 것입니다. 3년 6개월의 가뭄에 단비가 내리리라는 반가운 소식을 듣게 된 것입니다.

그러나 비가 내리기 위해서는 먼저 해결되어야 할 선행조건이 있었던 것입니다. 그것은 회개입니다. "너희가 어느 때까지 두 사이에서 머뭇머뭇 하려느냐 여호와가 만일 하나님이면 그를 좇고 바알이 만일 하나님이면 그를 좇을 지니라"(18:21)고 촉구합니다. 그런 연후에 "악하고 음란한 세대"(마 16:4)에 변명할 여지가 없는 표적을 보여줍니다. 이것이 "무너진 여호와의 단을 수축한" 갈멜산 제단에 임한 "여호와의 불"이었습니다.

엘리야의 기도에 귀를 기울이시기를 바랍니다.(18:36,37). "아브라함과 이삭과 이스라엘의 하나님 여호와여" 하고 부르고 있습니다. 엘리야는 왜 하나님을 아브라함과 이삭과 야곱의 하나님으로 부르고 있을까요. 이는 아브라함과 이삭과 야곱에게 언약하시고 맹세로 보증하여 주신 언약의 하나님을 붙들고 기도함을 뜻합니다.

"주께서 이스라엘 중에서 하나님이 되심과 내가 주의 종이 됨과 내가 주의 말씀대로 이 모든 일을 행하는 것을 오늘날 알게 하옵소서. 여호와여 내게 응답하옵소서. 내게 응답하옵소서" 합니다.

형제여 갈멜산 제단에 임한 불이 무엇에 대한 응답임을 이제 아셨습니까?

① 여호와가 하나님 되심을 입증하는 불입니다.

② 엘리야의 입에 있는 주의 말씀이 참 됨을 증거하는 불이었습니다. 귀한 것은 불이 아니라 사시고 참되신 하나님 자신입니다. 그리고 하나님의 대언자들을 통하여 선포되는 말씀입니다. 표적이 아니라 말씀입니다. 우리는 좀 더 나아가야만 합니다. 엘리야의 기도는 계속되

고 있기 때문입니다.

③ "이 백성으로 주 여호와는 하나님이신 것과 주는 저희의 마음을 돌이키게 하시는 것을 알게 하옵소서" 이것입니다. 하나님은 자기 백성들의 마음이 바알을 좇고 아세라 목상을 섬기는 패역한 길에서 돌아서기를 바라고 기다리고 계시는 것입니다.

엘리야는 하나님의 마음을 알고 전하였고 붙잡고 기도하고 있는 것입니다. '그래 네 말이 맞다. 나는 그러한 하나님이시다' 이에 대한 응답이 불로 임한 것입니다. 중요한 것은 불이 나니라 여호와의 마음입니다. 패역한 자식들이 돌아오기를 고대하시는 아버지의 지극하신 사랑입니다. 오래 참으심입니다. 말씀의 대언자들은 이를 드러내고 증거하기 위하여 세움을 입은 자들인 것입니다. 이것이 엘리야의 사명이었습니다.

"모든 백성이 보고 엎드려 말하되 여호와 그는 하나님이시로다. 여호와 그는 하나님이시로다"(18:39)고 참 하나님 되심을 인정하였습니다. 그리고 거짓신으로 폭로된 바알의 선지자들은 한 사람도 남김없이 죽여 버렸습니다. 큰 비는 그 후에야 내릴 수가 있었습니다.

침체에 빠진 말씀

열왕기상 19장의 장면은 18장과는 판이합니다. 이세벨의 위협을 피하여 "스스로 광야로 들어가 하룻길쯤 행하고 한 로뎀나무 아래 앉아서 죽기를 구하여 가로되 여호와여 넉넉하오니 지금 내 생명을 취하옵소서"(19:4) 하고 깊은 잠에 빠져있는 선지자를 대하게 되기 때문입니다. 또한 호렙산 굴에 숨어 있는 엘리야를 보게 됩니다. 그토록 담대하고 당당하던 엘리야가 왜 이처럼 연약해지고 초췌한 모습을 하고 있을까요?

하나님께서 에스겔 선지자에게 격려하신 말씀을 상고해 보면 그 이유를 알 수가 있습니다.

"그러나 이스라엘 족속은 이마가 굳고 마음이 강퍅하여 네 말을 듣고자 아니하리니 이는 내 말을 듣고자 아니함이니라. 내가 그들의 얼굴을 대하도록 네 얼굴을 굳게 하였고 그들의 이마를 대하도록 네 이마를 굳게 하였으되 네 이마로 화석보다 굳은 금강석같이 하였으니 그들이 비록 패역한 족속이라도 두려워 말며 그 얼굴을 무서워 말라"(겔 3:7-9).

그러나 얼마나 많은 하나님의 대언자들이 엘리야와 같은 침체에 빠지고 마는 것입니까? 하나님께서는 "엘리야야 네가 어찌하여 여기 있느냐"(19:9, 13)고 거듭 책망어린 말씀을 하십니다.

엘리야는 또 한번 불이 내려오기를 기대하고 있었단 말인가. 그러나 크고 강한 바람 가운데도 지진 가운데도 불 가운데도 여호와께서 계시지 아니하셨습니다. "불 후에 세미한 소리로 말씀하셨습니다. 불이 아니라 말씀이 역사하시게 해야 합니다.

말씀을 맡은 사역자가 "나만 남았거늘 나만 남았거늘"(19:10, 14) 하고 절망에 빠진다는 것은 구속의 역사란 자신이 이루어 나가는 것이 아니라 "일을 행하는 여호와 그것을 지어 성취하는 여호와"(렘 33:2)께서 주권적으로 이루어 나가시는 역사임을 망각한 불신앙일 수가 있습니다.

신약성경은 "저에게 하신 대답이 무엇이뇨 내가 나를 위하여 바알에게 무릎을 꿇지 아니한 사람 칠천을 남겨 두었다 하셨으니 그런즉 이와 같이 이제도 은혜로 택하심을 따라 남은 자가 있느니라"(롬 11:4-5)고 답변합니다.

어떠한 상황 어떠한 절망 속에서도 "남은 자"가 있습니다. 그리고 밤나무 상수리나무가 베임을 당하여도 그 그루터기는 남아 있는 것 같이 거룩한 씨가 이 땅의 그루터기"요(사 6:13) 이들을 통해서 하나님의 계획은 성취하시고야 마는 것입니다. 낙심은 불신앙입니다.

높임은 받는 말씀

성경에 등장하는 하나님의 선지자들이란 세상의 잣대로 평가하면 모두 다 실패자일 수밖에 없습니다. 왜냐하면 하나님을 버리고 패역의 길에 빠진 백성들의 마음을 돌이키는 데 실패하고 있는 듯이 보이기 때문입니다.

엘리야도 그 중의 한 사람입니다. 그러나 하나님께서는 엘리야를 불수레와 불말들을 보내시어 데려가시는 것을 봅니다(왕하 2:1). 이 장면도 이제까지 살펴 본 동일한 맥락에서 엘리야 개인의 영광이나 축복으로 여길 것이 아니라 인간들이 거절하고 박대하며 대적하던 하나님의 말씀에 대하여 하나님 자신이 얼마나 높여 주시며 영화롭게 하여 주시는가를 보여주는 계시 사건으로 받아야 할 것입니다. 우리는 이 불가해한 장면을 이해하려고 애쓸 것이 아니라 믿음으로 받아야 마땅합니다.

창세기 45:27에서 이에 대한 빛을 받을 수가 있습니다. 야곱은 죽은 줄만 알았던 요셉이 지금까지 살아있다는 것과 애굽이라는 대국의 총리가 되었다는 말을 듣게 되자 그 말이 믿어지지 아니하므로 기색했다고 성경은 말씀합니다. 그러나 요셉이 자기를 태우려고 보낸 수레를 보고야 기운이 소생한지라 족하도다. 내 아들 요셉이 지금까지 살아 있으니 내가 죽기 전에 가서 그를 보리라 합니다.

자기를 태우려고 하나님께서 보내신 불수레와 불말을 보았을 때에 하나님의 선지자 엘리야의 기운은 얼마나 소생하였을까요. 이는 엘리야 한 사람을 위한 영광이 결코 아닙니다.

변화산상에 모세는 율법의 대표자로 엘리야는 모든 선지자의 대표 자격으로 등장하는 것을 보게 됩니다. 하나님은 엘리야의 승천을 예시적인 사건으로 사용하셔서 하나님의 말씀을 맡은 모든 대언자들을 위로와 격려를 하고 계시는 것입니다.

그리스도와의 만남

끝으로 중요한 전망을 말씀드려야만 하겠습니다. 갈멜산의 사건을 통해서도 멀리 그리스도를 바라볼 수 있어야만 하는 것입니다.

우리는 갈멜산에 두 단이 있었음을 압니다. 바알의 단에도 송아지가 제물로 올려졌고 여호와의 단에도 또 다른 송아지가 제물로 드려졌습니다. 그렇다면 두 단 사이에 구별점이 무엇입니까? 응답과 불응답, 불이 내려옴과 내려오지 않음이 전부입니까? 이렇게 창조주 하나님과 인간의 조각품인 우상을 병행적인 대비를 한다는 것 자체가 불경스러운 일입니다.

뿐만 아니라 우상에게 제물을 받치듯 하나님 앞에 똑같은 방법으로 제물을 드려도 되는 양 당연시 하는 발상이 크게 잘못된 것입니다. 이사야 선지자는 말씀합니다.

"소를 잡아 드리는 것은 살인함과 다름이 없고 어린 양으로 제사를 드리는 것은 개의 목을 꺾음과 다름이 없으며 드리는 예물은 돼지의 피와 다름이 없고 분향하는 것은 우상을 찬송함과 다름이 없다"(사 66:3)고 단언합니다.

창조주 하나님은 그러한 제사를 원하지도 기뻐하지도 않으십니다. 짐승을 잡아 제사하는 것은 우상에게 어울릴지언정 사시고 참되신 하나님에게는 모독적인 일인 것입니다.

바알의 단과 여호와의 단에 같은 제사가 드려졌다고 여겨서는 아니됩니다. 성경은 드려진 제물을 "번제물"(18:38)이라고 말씀합니다. 번제물이란 레위기 1장에서 계시하고 있는대로 그리스도께서 대속 제물로 드려 주실 것에 대한 그림자로 주어진 것입니다. 그런 맥락에서만 제사제도는 의미가 있을 뿐입니다.

그려진 번제물은 하늘로부터 불이 임하게 하기 위한 불쏘시게로 사용된 것이 아닙니다. 그런 뜻이라면 단에 벌려 놓은 나무만으로도 족했을 것입니다. 그것은 번제물이었습니다. 그리고 하나님은 그 제물을 열납하셨습니다. 그 번제물은 세상 죄를 지고 가실 어린 양의 그림자로 드려진 것입니다. 엘리야가 아브라함의 하나님, 이삭의 하나님 이스라엘의 하나님이라 부른 그 족장들에게 하신 언약의 핵심이 무엇입니까?

그 자손으로 그리스도를 보내셔서 천하만민을 구원하여 주시겠다는 것이었습니다. 그리스도께서는 "첫 언약 때에 범한 죄를 속하려고 죽으셨다"(히 9:15)고 성경은 말씀합니다.

구약의 백성들도 자기 행위가 아니라 예수 그리스도의 흠 없으신 몸을 번제로 드려주신 대속 제물로 만이 구원을 얻을 수가 있었던 것입니다. 예수 그리스도께서는 하나님을 배신하고 떠나가 버린 자들의 마음을 돌이키게(회개) 하기 위하여 화목 제물이 되셨습니다.

이 시대에 주시는 말씀

훗날 역사가들은 오늘의 시대를 암흑시대라 말할까요. 아니면 광명한 시대였다고 기록할까요. 이 시대가 참 선지자를 필요로 하고 있지는 아니합니까? 말씀이 홍수를 이루고 있다하여도 "그리스도의 영광의 복음의 광채"(고후 4:4)가 비춰지고 있지 않다면 하나님의 말씀은 숨은 시대요. "여호와의 말씀이 희귀한"(삼상 3:1) 시대 일 수밖에 없습니다.

한국교회는 개혁되어야 한다고 이구동성으로 말하고들 있습니다. 최우선적으로 말씀이 개혁되어야 합니다. 말씀이 개혁되어야 한다는 말은 하나님의 말씀이 바르게 대언되어야 한다는 뜻입니다. 하나님의 말씀을 기록케 하시고 우리에게 주신 목적은 그 시대 시대를 향하여 하나님의 사랑과 마음을 전하여 뭇 백성의 마음을 하나님께로 돌아오게 하는데 있습니다. 이 사역을 누가 감당해야 합니까?

그 시대 시대에 세움 받은 말씀의 사역자들입니다. 엘리야나 이사야나 예레미야의 입을 통해서냐는 그다지 중요하지 않습니다. 중요한 것은 세움 받은 사역자들이 회중을 기쁘게 하기 위하여 영합하는 설교를 하고 있느냐 아니면 하나님을 기쁘시게 하기 위하여 외로운 길을 감수하고 있느냐에 있습니다.

"모든 사람이 너희를 칭찬한다면 화가 있도다 저희 조상들이 거짓 선지자들에게 이와 같이 하였느니라"(눅 6:26).

16
하나님의 전에 숨어 있는 왕

역대하 22:10-12

¹⁰아하시야의 모친 아달랴가 그 아들의 죽은 것을 보고 일어나 유다 집의 왕의 씨를 진멸하였으나 ¹¹왕의 딸 여호사브앗이 아하시야의 아들 요아스를 왕자들의 죽임을 당하는 중에서 도적하여 내고 저와 그 유모를 침실에 숨겨 아달랴를 피하게 한고로 아달랴가 저를 죽이지 못하였더라 여호사브앗은 여호람왕의 딸이요 아하시야의 누이요 제사장 여호야다의 아내더라 ¹²요아스가 저희와 함께 하나님의 전에 육년을 숨어 있는 동안에 아달랴가 나라를 다스렸더라(대하 22:10-12)

| 설교작성 노트 |

하나님은 역사의 주관자이시다. 그런데 구약시대에는 이스라엘의 주변에 열강들이 늘 있었지만 역사의 축이 이스라엘이라는 작은 나라 작은 민족을 중심으로 돌고 있음을 보게 된다. 신약시대는 교회가 역사의 중심축이다.

그러므로 구약의 역사는 이스라엘 민족의 역사에 머물지 아니하고 신약의 교회를 낳기 위한 격동의 역사임을 알아야 한다. 음부의 권세는 이를 파괴하려고 대적한다. 고로 성경 역사는 전투적인 역사일 수밖에 없다. 곧 여자의 후손으로 하여금 뱀의 머리를 상하게 하시려는 구속의 역사라는 말이다. 그런 맥락에서 본문을 관찰할 때에 어떤 의미가 있는가?

다윗의 왕위는 분열왕국 시대에도 유다를 통하여 계승되어 내려옵니다. 이것이 왜 중요하냐하면 하나님께서 다윗에게 그 자손 중에서 한 사람을 그 위에 앉게 하리라고 맹세하셨기 때문입니다. 그리스도는 북쪽 이스라엘이 아니라 남쪽 유다를 통해서 출생하게 되어 있습니다.

그런데 유다의 왕들 가운데는 여왕이 한 사람 끼어 있습니다. 그 왕이 본문에 등장하는 아달랴입니다. 그녀는 유다를 6년 동안 다스렸는데 그녀를 유다의 왕으로 인정한다는 것은 하나님께서 다윗에게 하신 언약에 대한 모독이 될 수가 있습니다. 왜냐하면 그는 다윗의 혈통이 아니라 북쪽 이스라엘의 아합의 혈통이기 때문입니다. 그렇다면 그녀가 어떻게 해서 유다의 왕이 될 수가 있었는가.

여호사밧의 실책

유다의 제 4대 왕 여호사밧은 참으로 선한 왕이었습니다. "여호와께서 여호사밧과 함께 하셨으니 이는 저가 그 조상 다윗의 처음 길로 행하여 바알들에게 구하지 아니하고 오직 그 부친의 하나님께 구하며"(대하 17:1-6)합니다.

그런 여호사밧에게 결정적인 실책이 있었는데 "여호사밧이 부귀와 영광이 극하였고 아합으로 더불어 연혼하였더라"(대하 18:1)는 점입니다. 여호사밧은 아합의 딸을 그의 자부 즉, 아들 여호람(요람)의 아내로 맞이했던 것입니다. 그녀가 바로 본문에 나오는 아달랴입니다. 여호사밧은 남북으로 갈라져 있는 이스라엘과 유다의 화해적인 차원에서 그렇게 한듯싶은데 그것은 육신적인 생각이었을 뿐 영적 분별력의 결여였던 것입니다.

그 결과는 성경이 경계하고 있는 대로 그의 뒤를 이어 왕이 된 여호람으로 하여금 아내의 사주를 받아 여호와를 떠나 아합 집과 같이 우상을 섬기는 길로 빠지게 했던 것입니다.

그 악영향은 여기에 멈추지 아니하고 여호사밧 손자 아하시야 대에 까지도 미쳐서 "아하시야도 아합의 집 길로 행하였으니 이는 그 모친이 꾀어 악을 행하게 하였음이라"(대하 22:2)고 성경은 기록하고 있습니다.

여호사밧의 우매한 실책은 아들 대와 손자 대에까지도 큰 불행의 씨앗이 되었던 것입니다. 그런데 비극은 여기서 끝나고 있지 아니합니다.

왕의 씨를 진멸한 아달랴

아달랴의 아들 아하시야는 이스라엘 왕의 문병을 갔다가 아합의 집을 멸하시기 위하여 세우신 예후에 의해서 죽임을 당하였는데 이는 하나님께로 말미암아 된 일이었습니다.(대하 22:7). 일이 여기에 이르자 아달랴는 본색을 더욱 드러내어 본문에 보면 "아하시야의 모친 아달랴가 그 아들의 죽은 것을 보고 일어나 유다 집의 왕의 씨를 진멸하였다"(대하 22:10)고 말씀합니다.

왕의 씨를 진멸했다면 그들이 누구들이겠습니까? 자기의 귀여운 손자들입니다. 왜 이렇게 하였을까요. 자신이 왕위에 오르려고 그래했던 것입니다. 남편 여호람을 다윗의 길 곳 부친 여호사밧이 좇았던 길을 버리고 아합의 길로 행하도록 조종했고 아들 아하시야도 악의 길로 이끌었던 아달랴라는 손자가 왕이 되어도 배후에서 조종할 수가 있었을 것입니다.

그러나 그녀는 그것으로 만족하지 아니하고 왕의 씨를 전멸하고 자신이 왕위에 올랐던 것입니다. 이것은 배후에서 조종하던 정체를 들어냈다고 보아야만 합니다. 서론에서도 말씀드렸습니다마는 표면에서 전개되고 있는 이 역사적인 사건은 이스라엘 민족의 역사에 국한된 것이 아니라 이면에서 벌어지고 있는 영적 싸움이라는 사실입니다.

아달랴가 진멸한 "왕의 씨는 어느 집의 왕의 씨"라고 말씀하고 있는가를 주목해 보십시오. "유다 집의 왕의 씨"입니다. 진멸했다는 것은 그 대를 즉, 왕의 대를 끊어버리고 자신이 왕위에 오를 뿐만 아니라 자기 계통의 왕의 씨로 대를 이어나가겠다는 음모인 것입니다.

받아들이지 말았어야 할 아달랴가 유다 집에 침입했고 처음에는 배후에서 조정하더니 급기야는 자신이 왕위에 오르려는 이것이 간악한 사탄의 궤계임을 분명히 알아야만 합니다.

창세기를 보십시오. 사탄은 에덴에 침입하여 아담 하와를 배후에서 조정하더니 종래는 자신이 세상 임금으로 지배하기에 이름을 봅니다. 사탄은 다윗의 왕위가 계승되어 다윗의 위에 앉아서 영원히 왕노릇 하실 그리스도가 유다 집에서 태어나지 못하도록 대적하고 있었던 것입니다.

궤계를 분쇄하시는 하나님

그러나 사탄과의 영적 전쟁을 "이 전쟁이 너희에게 속한 것이 아니요. 하나님께 속한 것이니라"(대하 20:15)고 성경은 말씀합니다. 하나님께서는 돌이 되었을까 말까한 요하스를 "왕자들의 죽임을 당하는 중에서 도적"(11)하여 내게 하셨던 것입니다.

사탄은 죽이고 멸망시키려나 하나님은 그 음모를 분쇄하시고 살리려 하시는 생명운동이 곧 구원사역입니다. 이것은 성경에 반복되고 있는 일관된 역사입니다. 가인이 아벨을 쳐죽이자 하나님은 "다른 씨"인 셋을 주셨으며(창 4:25), 홍수로 세상을 쓸어버리실 때에도 하나님은 노아라는 씨를 남겨 두셨습니다.

솔로몬이 범죄하고 타락하였을 때에도 "오직 내가 이 나라를 다 빼앗지 아니하고 나의 종 다윗과 나의 뺀 예루살렘을 위하여 한 지파를 네 아들에게 주리라"(왕상 11:13)고 말씀하십니다. 그 한 지파는 유다 지파요. 그를 가리켜 "한 등불"(왕상 11:36)이라고 말씀합니다. 실로 하나님께서는 "꺼져가는 등불"도 끄지 않으셨던 것입니다.

여호람이 간악한 아내 아달랴의 꾀임에 빠져 악을 행하였을 때에도 "여호와께서 다윗의 집을 멸하기를 즐겨하지 아니하셨음은 이전에 다윗으로 더불어 언약을 세우시고 또 다윗과 그 자손에게 항상 등불을 주겠다고 허하셨음이더라"(대하 21:7)고 성경은 말씀합니다.

성경이 말씀하시는 대로 "만일 만군의 주께서 우리에게 씨를 남겨 두시지 아니하셨다면 우리가 소돔과 같이 되고 고모라와 같았으리로다"(롬 9:29)는 말씀이 진실로 옳습니다.

그런데 아합의 딸 아달랴는 이를 대항하여 왕의 씨를 진멸하려 했던 것입니다. 그러나 하나님께서는 그런 상황에서도 대제사장의 아내요. 아하시야의 누이인 여호사브앗을 들어서 요아스를 도적하여 내심으로 왕의 씨를 보존하여 주셨습니다. 사탄은 자신이 승리할 줄 알았으나 하나님께서는 그 음모를 번번이 분쇄하셨습니다.

하나님의 전에 숨어 있는 왕

요아스가 하나님의 전에 6년을 숨어 있는 동안에 아달랴가 나라를 다스렸더라(대하 23:1)고 말씀합니다. 그렇다면 묻습니다. 아달랴가 유다의 7대 왕이었다고 말할 수가 있는 것입니까? 아닙니다. 성경 역사를 육신의 눈으로 바라본다면 표면에 나타나 있는 아달랴가 왕노릇 하였다고 말하겠지만 신령한 눈으로 볼 때에 진정한 왕은 하나님의 전에 숨어있는 요아스였던 것입니다.

이 점은 구속사를 이해하는 데 대단히 중요한 요점이 됩니다. 성경을 볼 때에 때로는 왕이 폐하여진 듯한 시기가 있었습니다. 말하자면 바벨론의 70년 포로기간과 같은 시기입니다.

그러나 70년이 차매 그들을 이끌고 제 1차로 귀환한 사람은 스룹바벨이었고 역대상 3:19에 보면 그는 바벨론으로 사로잡혀간 여고냐(여호야긴)의 손자임을 알 수가 있습니다. 예루살렘이 멸망하고 성전이 불타버린 환난 중에서도 다윗의 왕위는 끊어지거나 폐하여진 것이 아니라 다만 숨어 있는 기간이었던 것입니다.

그러므로 마태복음에 수록되어 있는 예수 그리스도의 족보에는 "바벨론으로 이거한 후에 여고냐는 스알디엘을 낳고 스알디엘은 스룹바벨을 낳고"(마 1:12) 하고 중단됨 없이 이어지고 있음을 볼 수가 있습니다.

신앙 생활 중에 때로는 왕이 계시지 않는 것과 같고 폐하여진 듯한 절망적인 시기가 있습니다. 그러나 그때도 왕은 하나님의 전에 계심을 굳게 믿어야 합니다.

우리 왕 만세

6년이란 암흑한 터널을 지나서 대제사장 여호야다가 백부장들과 레위인과 족장들과 언약을 세우고 "여호와께서 다윗의 자손에게 대하여 말씀하신 대로 왕자가 즉위하여야 할지니"(대하 23:3) 하고 "왕자를 인도하여 내어 면류관을 씌우며 율법책을 주고 세워 왕을 삼을새 여호야다와 그 아들들이 저에게 기름을 붓고 모두 왕의 만세를 부르니라"(대하 23:11)고 말씀합니다.

우리가 주목해야할 점은 그들이 "여호와께서 다윗의 자손에게 대하여 말씀하신 대로"(대하 23:3) 하고 하나님의 언약을 붙들고 있으며 믿고 있으며 그 뜻을 이루어 드리고 있다는 점입니다. 그들은 "다윗의 자손"에게 대하여란 표현이 말해 주듯이 그대가 끊어짐이 없이 이어지다가 다윗의 자손으로 오실 그리스도를 바라보고 있었던 것입니다. 그들은 "만세 만세 다윗의 자손 우리 왕 만세"를 불렀습니다. 진실로 아달랴는 다윗의 자손이 아닌 이 세상 임금이었던 것입니다.

아직은 메시야 왕국이 도래하지 아니하였습니다. 지금은 표면적으로는 이 세상 임금이 왕노릇하고 있습니다. 그러나 다윗의 자손 우리 왕은 하나님의 전에 하나님의 우편에 앉아계심을 믿으시기 바랍니다.

그 왕께서 나타나시는 날 즉, 재림하실 때에 우리는 두 손을 높이 들어 우리 왕 만세를 부를 것입니다. 주께서 빛난 면류관을 쓰시고 율법책 곧 공의로 세상을 심판하시며 다스리실 것입니다.

구제 불능의 인간

그 후에 요아스가 어떠한 왕이 되었는 가를 간략하게나마 살펴보아야만 하겠습니다. "제사장 여호야다가 세상에 사는 모든 날에 요아스가 여호와보시기에 정직히 행하였으며"(대하 24:2) 합니다.

그러나 여호야다가 죽은 후에는 "그 열조의 하나님 여호와의 전을 버리고 아세라 목상과 우상을 섬긴 고로 이 죄를 인하여 진노가 유다와 예루살렘에 임하니라"(대하 24:18)고 말씀합니다.

긴 설명을 할 것 없이 "여호와의 전"을 버렸다는 말씀 속에 그의 패역함이 다 들어있습니다. 어찌하여 "여호와"를 버렸다고 말하지 아니하고 "여호와의 전"을 버렸다고 말씀하고 있을까요? 그렇습니다. 그가 버린 여호와의 전이란 그를 6년 동안이나 받아서 숨겨주었던 피난처였기 때문입니다.

그러한 여호와의 전을 버리다니 다른 사람은 여호와의 전을 버릴지라도 요아스 너만은 그럴 수가 없는 네가 여호와의 전을 버리고 아세라 목상과 우상을 섬기다니 아 "사람은 다 거짓되되 오직 하나님은 참되시다 할지어다"(롬 3:4)고 말할 수밖에 없습니다.

인간의 사악함이 어디까지 이르는 가를 보십시오. "그러나 여호와께서 선지자를 저에게 보내서 다시 자기에게로 돌아오게 하려 하시매 선지자들이 저에게 경계하나 듣지 아니하니라"(대하 24:19)고 말씀합니다. 그 뿐만이 아닙니다. 요아스를 6년 동안이나 목숨을 걸고 하나님의 전에 숨겨주었던 제사장 여호야다의 아들 스가랴의 마음을 성령께서 감동시키셨다고 성경은 말씀합니다. 이런 뜻이겠지요.

"스가랴야 아무래도 네가 가야하겠다. 요아스가 다른 선지자의 말을 듣지 아니하여도 네 말은 들을 것이다."

그러나 "무리가 함께 꾀하고 왕의 명을 좇아 여호와의 전 뜰에서 돌로 쳐죽였더라 요아스 왕이 이와 같이 스가랴의 아비 여호야다의 베푼 은혜를 생각지 아니하고 그 아들을 죽이니 저가 죽을 때에 이르되 여호와는 감찰하시고 신원하여 주옵소서 하니라"(대하 24:21-22)고 말씀합니다. 인간은 얼마나 어디까지 사악하여 질 수가 있단 말입니까?

그리스도와의 만남

우리는 본 설교를 통하여 왕의 씨를 진멸하는 중에서도 요아스를 도적하여 씨를 보존하여 주시는 망극하신 하나님의 은혜의 줄기와 자신을 6년이나 품어 주었던 여호와의 전을 버리고 그것을 책망하는 은인의 아들을 돌로 쳐 죽이는 인간의 배은망덕하고 사악한 죄의 줄기를 봅니다.

그리고 두 줄기는 다윗의 자손으로 임마누엘 하신 예수 그리스도와 그가 인류의 죄를 대신 질미어지고 십자가에 달리심으로 그 한 분에게서 만나게 됨을 봅니다. 하나님께서 그렇게 해 주셨습니다. "만물보다 거짓되고 심히 부패한"(렘 17:9) 인간이 구원 얻을 길은 이 방법 밖에 없습니다. 말로 다 할 수 없는 하나님이 사랑과 은혜를 감사하십시다.

17
한 몸을 예비하신 하나님

시편 40:1-10

¹ 내가 여호와를 기다리고 기다렸더니 귀를 기울이사 나의 부르짖음을 들으셨도다 ² 나를 기가 막힐 웅덩이와 수렁에서 끌어 올리시고 내 발을 반석 위에 두사 내 걸음을 견고케 하셨도다 ³ 새 노래 곧 우리 하나님께 올릴 찬송을 내 입에 두셨으니 많은 사람이 보고 두려워하여 여호와를 의지하리로다 ⁴ 여호와를 의지하고 교만한 자와 거짓에 치우치는 자를 돌아보지 아니하는 자는 복이 있도다 ⁵ 여호와 나의 하나님이여 주의 행하신 기적이 많고 우리를 향하신 주의 생각도 많도소이다 내가 들어 말하고자 하나 주의 앞에 베풀 수도 없고 그 수를 셀 수도 없나이다 ⁶ 주께서 나의 귀를 통하여 들리시기를 제사와 예물을 기뻐 아니하시며 번제와 속죄제를 요구치 아니하신다 하신지라 ⁷ 그때에 내가 말하기를 내가 왔나이다 나를 가리켜 기록한 것이 두루마리 책에 있나이다 ⁸ 나의 하나님이여 내가 주의 뜻 행하기를 즐기오니 주의 법이 나의 심중에 있나이다 하였나이다 ⁹ 내가 대회 중에서 의의 기쁜 소식을 전하였나이다 여호와여 내가 내 입술을 닫지 아니할 줄을 주께서 아시나이다 ¹⁰ 내가 주의 의를 내 심중에 숨기지 아니하고 주의 성실과 구원을 선포하였으며 내가 주의 인자와 진리를 대회 중에서 은휘치 아니하였나이다(시편 40:1-10)

| 설교작성 노트 |

구약성경을 보면 하나님께 제사 드리는 장면이 수도 없이 나온다. 의식법은 모세를 통하여 주어졌음에도 그 이전에 살았던 아벨, 노아, 아브라함도 하나님께 제사를 드리고 있는 것을 보게 된다. 그들은 어떻게 하나님께 제사 드려야 함을 알았을까? 거기에 어떤 의미가 있는 것일까? 하나님께서는 왜 각종 제사법을 명하셨을까? 이를 대하는 성경 독자들은 아무런 의문 없이 당연시하고 받아 드린다. 아니다. 당연히 물어야 한다. 우상에게 제사하듯 하나님께 제사 드리는 것이 합당한 일인가. 짐승을 잡아 드리는 제사가 우주 만물의 창조자이신 하나님께 무슨 의미가 있는가. 이 점에 분명하고 명확하여야만 비로소 예수 그리스도를 알게 되고 성경을 보는 눈이 열리게 된다.

시편 40편은 다윗의 시인데 "주께서 나의 귀를 통하여 들리시기를"⑥ 한 대로 성령께서 하시는 말씀을 알아들을 수 있도록 귀가 열리고 뚫림을 받은 자가 깨달은 바를 드러내고 있는 감추었던 비밀인 것입니다.

다윗은 1-2절에서 "내가 여호와를 기다리고 기다렸더니 귀를 기울이사 나의 부르짖음을 들으셨도다" 한 기도 응답을 체험을 하였습니다. 그것이 39:13에서 말씀하고 있는 중병으로 부터의 구원인지도 모릅니다. "여호와 나의 하나님이여 주의 행하신 기적이 많고 우리를 향하신 주의 생각도 많도소이다. 내가 들어 말하고자 하나 주의 앞에 베풀 수도 없고 그 수를 셀 수도 없나이다"⑤ 하고 한량없으신 하나님의 은총에 감격해 하고 있습니다.

다윗은 하나님의 은혜에 감격하여 "제사와 예물"을 드리려고 했습니다. 그런데 하나님께서는 "주께서 나의 귀를 통하여 들리시기를" 한 대로 깨달음을 주셨습니다. "귀를 통하여"란 귀를 뚫어 주셨다는 말씀인데 전에 알지 못했던 것을 알아듣게 되었음을 의미합니다. 하나님께서는 다윗의 귀를 통하여 놀라운 깨달음을 주셨습니다.

제사와 예물을 기뻐 아니하신다

다윗의 첫 번째 깨달음은 "제사와 예물을 기뻐 아니하시며 번제와 속죄제를 요구치 아니하신다"(6)는 깨달음이었습니다. 이 깨달음은 당시로써는 가히 혁명적인 깨달음이라고 말씀드릴 수가 있습니다. 성소에서는 매일같이 조석으로 상번제가 드려졌으며 각종 절기와 그 외에 속죄제와 낙헌제들이 끊임없이 정성껏 드려지고 있던 때였습니다.

그런데 이 제사들을 기쁘게 받으실 줄 알았던 하나님께서 제사와 예물을 기뻐 아니하시며 요구치도 아니하신다니 어찌 놀라지 아니할 수가 있겠습니까? 다윗의 아들 솔로몬은 성전 낙성식 때 아낌없이 드렸습니다. 소가 이만 이천이요 양이 십 이만(대하 7:5)이었다고 했습니다. 그런데 이런 것을 기뻐하지도 아니하시고 요구치도 아니하신다고 말씀하시니 다윗이 깨달은 바가 혁명적이었다고 말할 수밖에 없습니다.

한 몸을 예비하셨도다

다윗의 두 번째 깨달음은 "아, 하나님께서 나 자신을 요구하시는 구나"하는 깨달음이었습니다. 이것이 "그때에 내가 말하기를 내가 왔나이다"(7)한 헌신의 고백입니다. "내가 주의 뜻 행하기를 즐기오니"(8) 하고 하나님의 뜻을 좇아 살아갈 것을 결단합니다.

시편 40편의 계시는 여기서 멈추지 아니하고 더 나아갑니다. 성령께서는 다윗을 예표적 인물로 사용하셔서 다윗의 위에 오르실 그리스도를 계시해 주고 있기 때문입니다. 이 점이 신약성경 히브리서에 설명되어 있습니다.

히브리서 10:5-7은 시편 40:6-8의 인용인데 이를 해석해 주기를 "제사와 예물을 원치 아니하시고 오직 나를 위하여 한 몸을 예비하셨도다"(히 10:5)고 말씀합니다.

학자들 중에는 시편 40:6에 "한 몸"이라는 말씀이 없다는 것 때문에 고심하는 분들이 있습니다. 고심할 필요가 없습니다. 왜냐하면 시편 40편을 증거케 하신 분이나 히브리서 10장을 증거케 하신 분이 동일한 성령님이시기 때문입니다.

구약에 부분적으로 계시되었던 것이 신약에 와서 온전히 계시되고 있을 뿐입니다. 고심하고 주저하는 것은 믿기를 더디하기 때문일 수밖에 없습니다.

히브리서 10:15를 보십시오. "또한 성령이 우리에게 증거 하시되" 합니다. 히브리서 3:7은 시편을 인용하면서도 "성령이 이르신 바와 같이" 하십니다. "한 몸을 예비하셨도다"고 해석하여 줌은 히브리서를 기록한 저자의 지식이나 생각이 아닙니다. 그도 전에는 이를 알지 못하였을 것입니다. 인간의 지혜로 하나님을 어떻게 알 수가 있습니까? 다윗의 귀를 통하여 알려주신 성령께서 히브리서 기자의 귀도 열어서 깨닫게 하여 주셨을 뿐입니다.

성경은 표면만이 아니라 이면도 볼 수 있어야 하는데(시 40편) 본문을 기도하는 마음으로 읽어보시면 하나님께서 예비해 놓으신 "한 몸"이 선명히 떠오릅니다. "내가 왔나이다"(7)고 말씀합니다.

요한복음 12:27에 보면 주님은 십자가를 앞에 놓고 이때를 면하게 하여 주옵소서 하고 기도합니다. "그러나 내가 이를 위하여 이때에 왔나이다"고 말씀합니다. "나를 가리켜 기록한 것이 두루마리 책에 있나이다"(7)고 말씀합니다.

두루마리 책이란 성경을 가리키는 말인데 이렇게 말할 수 있는 분은 "이 성경이 곧 내게 대하여 증거하는 것이로다" 하신 그 "한 몸" 밖에는 달리 없습니다. "내가 주의 뜻 행하기를 즐기오니"(8) 하십니다. 이렇게 행하신 분은 "나의 원대로 마옵시고 아버지의 원대로 되기를 원하나이다" 하신 그 "한 몸" 밖에는 없으십니다. 주의 뜻을 행하러 왔다는 말은 궁극적으로 인류의 죄를 대속하는 일인데(히 10:9-10) 예수 그리스도께서는 이를 위하여 죽기까지 복종하셨습니다.

"한 몸"이라고 말씀하심을 주목하십시오. 그분은 우리 대신 죽으시기 위하여 육신의 몸을 입으셨습니다. 인간의 죄를 대속하기 위하여 백만 마리 천만 마리의 짐승이 필요한 것이 아니라 "한 몸"이 필요하였던 것입니다. 진리는 분명합니다.

구약의 제사 제도란 하나님께서 예비해 놓으신 한 몸이신 예수 그리스도가 자신의 몸을 단번에 드려 주실 때까지만 예표와 그림자로 맡겨 두신 것이었다는 진리입니다. 그렇다면 구약시대에 드려진 모든 제물과 죽음은 오직 어린 양 되시는 예수 그리스도의 죽음을 상징하는 것이며 그런 뜻에서만 하나님께 열납이 가능한 것이며 의미가 있는 것입니다.

그러므로 구약의 성도들은 그림자(제사 제도)를 통하여 참 것을 바라봄으로 구원에 참여할 수가 있었습니다. 어떤 분은 다 아는 사실이 아니냐고 말할 것입니다. 정말 다 알고 계십니까? 이 점에 있어 분명합니까? 아벨도 번제를 통하여 예수 믿고 의롭다 함을 얻었으며(히 11:4) 노아도 방주에서 나와서 정결한 짐승과 정결한 새로 번제(창 8:20)를 드림으로 이를 통해서 예수 믿고 "의의 후사"가 되었습니다(히 11:7). 아브라함도 뿔이 수풀에 걸려 있던 수양을 가져다가 아들을 대신하여 번제를 드림으로(창 22:13) 훗날 예수 그리스도께서 이루어 주실 것을 멀리서 바라보고 기뻐하였다(요 8:56)는 성경의 증거에 확신과 감사가 있으십니까?

그렇다면 예수 그리스도는 이미 창세기로부터 죽음을 당하셨다는 깨달음입니다(계 13:8). 이 진리를 떠나서 드려지는 어떤 제사도 하나님을 기쁘시게 해 드리기는커녕 오히려 천지의 대주재자되신 하나님을 우상 숭배하듯 모독하는 일이 될 것입니다.

의의 기쁜 소식

증거는 계속 됩니다. "내가 대회 중에서 의의 기쁜 소식을 전하였나이다"(9)고 말씀합니다. "의의 기쁜 소식"이란 무엇을 의미하는가. 이를 확증 짓기 위해서 돌이켜 생각해 보아야만 합니다.

"제사와 예물을 기뻐 아니하시며 번제와 속죄제를 요구치 아니하신다"고 말씀했는 데 이것들로써는 불가능했던 것이 무엇입니까? 그렇다면 예비된 "한 몸"으로 가능했던 것, 즉 해결해 줄 수 있고 이루어 줄 수 있었던 것은 무엇인가 그것은 분명합니다. 양이나 소는 인간을 대신할 수 없었습니다. 그러므로 생축의 제물로는 인간의 죄를 대속함이 불가능하다는 것입니다. 더 적극적으로 범죄함으로 하나님의 존전에서 추방당한 인간을 하나님 앞으로 인도해 주지 못한다는 사실입니다.

그러나 하나님께서 친히 준비하신 "한 몸"은 우리를 대신할 수가 있었습니다. 우리의 대속물이 되시기 위하여 죄 있는 인간의 몸을 취하셨으나 죄는 없으셨습니다. 우리의 죄를 죄 없으신 그에게 전가시켜 우리 대신 죽으셨습니다. 그의 의를 우리에게 전가시켜 의롭지 못한 우리를 의롭다고 여겨 주심을 가능케 하셨던 것입니다.

의로우신 하나님과 화목하고 그 존전에 나아갈 수 있는 유일한 방법은 의롭다 함을 얻어야만 가능합니다. 인간의 행위로는 불가능함을 아시는 하나님께서는 자기 아들을 통하여 이것을 가능케 해 주셨습니다. 성경은 말씀합니다. "복음에는 하나님의 의가 나타나서"(롬 1:17).

복음이란 하나님의 의가 나타났습니다. 의로워질 수 있는 길이 열렸습니다. 이것이 복음이요 기쁜 소식입니다. 다윗이 말하고 있는 "의의 기쁜 소식"이란 이것을 의미합니다. 다윗은 복음을 알았습니다.

"의의 기쁜 소식"이란 문맥적으로 볼 때에 "이제는 율법 외에 하나님의 의가 나타났다"는 복음임이 분명합니다. 복음을 알았기에 내가 대회중에서 의의 기쁜 소식을 전하였나이다"(9)고 말씀하고 있는 것입니다. "여호와여 내가 내 입술을 닫지 아니할 줄을 주께서 아시나이다"(9하)고 아룁니다.

그는 거듭 "내가 주의 의를 내 심중에 숨기지 아니하고 주의 성실과 구원을 선포하였으며 내가 주의 인자와 진리를 대회 중에서 은휘치 아니하였나이다"(10)고 말씀합니다.

복음이란 "주의 성실", "주의 인자와 진리"의 산물임을 명심해야만 합니다. 복음이란 이미 약속하신 바를 지켜주심이기 때문에 "주의 성실"이요, 무가치함에도 불구하고 사랑하시기 때문에 주신 것이기에 "주의 인자"요, 그냥 주신 것이 아니라 자기 아들로 대속케 하시고야 주셨기에 "주의 진리"입니다. 어찌 이를 자랑하지 않을 수가 있겠습니까? "은휘"한다는 말은 부끄러워서 숨긴다는 뜻인데 형제는 사람들 앞에서 주님을 모른다고 숨기고 부끄러워하고 있지는 아니합니까?

또 다른 증거들

구약의 제사 제도 즉, 제사와 예물을 기뻐 아니하시며 번제와 속죄제는 요구치 아니하신다는 깨달음은 이곳에만 나타나는 것은 아닙니다. 시편 51편에서도 "주는 제사를 즐겨 아니하시나니 그렇지 않으면 내가 드렸을 것이라 주는 번제를 기뻐 아니하시나이다"(16)고 말씀하고 있음을 봅니다.

그러면서도 "내 죄과를 도말하소서. 나의 죄악을 말갛게 씻기시며 나의 죄를 깨끗이 제하소서"(1-2) 하고 호소하고 있습니다. 51편의 표제에는 "다윗이 밧세바와 동침한 후 선지자 나단이 저에게 온 때에" 하고 그 배경을 알려줍니다.

다윗은 죄책감에 빠져 괴로워하고 있습니다. 그런데 당시의 제사 제도로는 자신이 범한 죄가 해결될 수 없음을 다윗은 알고 있었습니다. "그렇지 않으면 내가 드렸을 것이라"(16)고 말합니다. 그렇다면 다윗의 "죄과와 죄악"을 무엇으로 말갛게 씻기시며 깨끗이 제하여(2) 구원의 즐거움을 회복시켜 줄 수가 있단 말입니까?

신약성경은 예수 그리스도께서 "첫 언약 때에 범한 죄를 속하려고 죽으사"(히 9:15) 하고 그 해답을 말씀해 주고 있습니다. 직선적으로 말씀드리면 다윗이 밧세바와 동침한 간음죄도 짊어지시고 죽으셨다는 말씀입니다. 32편에서는 "허물의 사함을 얻고 그 죄의 가리움을 받은 자는 복이 있도다.

"마음에 간사가 없고 여호와께 정죄를 당치 않은 자는 복이 있도다"(1-2)고 진술하고 있는데 신약성경은 이를 해설하기를 이는 하나님께 의롭다 함을 얻은 자의 행복을 진술한 것이라고 설명해 주고 있습니다(롬 4:6-8).

의롭다 함을 얻었다는 뜻은 의롭게 되었다는 말이 아닙니다. 다만 "죄를 가리움을 받았다"는 뜻이요. 그래서 하나님께 "정죄를 당치 않게 되었다"는 뜻인 것입니다. 다윗은 분명 칭의를 알고 있었습니다.

이러한 깨달음은 다윗에게만 국한 된 것은 아닙니다. 이사야 선지자를 통해서도 "너희의 무수한 제물이 내게 무엇이 유익하뇨 나는 수양의 번제와 살찐 짐승의 기름에 배불렀고 나는 수송아지나 어린 양이나 수 염소의 피를 기뻐하지 아니하노라"(사 1:11)고 말씀함으로 구약의 제사 제도의 임시성과 불완전성을 나타내고 있습니다.

이사야 선지자는 "우리는 다 양 같아서 그릇 행하여 각기 제 길로 갔거늘 여호와께서는 우리 무리의 죄악을 그에게 담당시키셨도다" (53:6)고 말씀함으로 오직 고난의 종만이 진정한 대속제물이 되어 주실 수 있음을 증거하고 있습니다.

이를 떠나서 "소를 잡아 드리는 것은 살인함과 다름이 없고 어린 양으로 제사 드리는 것은 개의 목을 꺾음과 다름이 없으며 드리는 예물은 돼지의 피와 다름이 없고 분향하는 것은 우상을 찬송함과 다름이 없이 하는 그들은"(사 66:3) 하고 예수 그리스도를 지향함이 없이 드려지는 제사의 무가치함을 극단적으로 말씀합니다.

호세아 선지자를 통해서도 "나는 인애를 원하고 제사를 원치 아니하며 번제보다 하나님을 아는 것을 원하노라"(호 6:6)고 말씀하면서 "모든 불의를 제하시고 선한 바를 받으소서 우리가 입술로 수송아지를 대신하여 주께 드리리이다"(호 14:2) 하고 진정 하나님이 원하시고 기뻐하시는 제사가 무엇임을 증거해 주고 있습니다. 호세아 선지자도 복음을 알고 있었습니다.

하나님은 말씀합니다. "내가 네 집에서 수소나 네 우리에게서 수염소를 취지 아니하리니 이는 살림의 짐승들과 천산의 생축이 다 내 것이며 산의 새들도 나의 아는 것이며 들의 짐승도 내 것임이며"(시 50:9-11). 그 창조주 하나님께 짐승 몇 마리 잡아 드린다는 것이 무슨 의미가 있겠습니까.

예수 그리스도와의 만남

창세기에 등장하는 아벨의 제사로부터 말라기서에 이르기까지 구약시대에 드려졌던 무수한 제사들 그때마다 피를 흘리며 죽어 갔던 제물들은 모두 다 우리를 대신하여 죽임을 당하시고 피 흘리실 하나님의 어린 양 예수 그리스도의 그림자로 드려지고 있었던 것입니다. 그러므로 구약성경에는 예수 그리스도의 그림자와 모형과 예표와 예언과 언약들로 가득합니다. 구구절절 이에서 예수 그리스도의 속죄의 피가 흐르고 있음을 만나게 됩니다.

구약성경을 새롭게 조명해 보십시다. 우리 주님은 "내게 대하여 증거 하는 것이로다"고 말씀합니다. 축복도 능력도 교훈도 좋습니다. 그러나 이런 것들은 부수적으로 따라오는 것들 뿐입니다. 중심점은 예수 그리스도이십니다. 성경의 중심은 설교에 있어서도 언제나 중심에 와 있어야만 합니다.

솔로몬이 양 십이만 마리를 잡아 드렸을 때에 흘린 피는 강수를 이루었을 것입니다. 그를 통하여 지금도 강수같이 흐르고 있는 주님의 피를 바라보십시다. 결코 짐승의 피가 아닙니다. 구약의 성도들도 신약의 성도들도 오직 예수 그리스도의 보혈로만 죄 씻음을 받고 의롭다 함을 얻고 구원을 얻을 수가 있습니다. 오직 예수.

18
하나님은 아시나니

시편 49:1-20

¹ 만민들아 이를 들으라 세상의 거민들아 귀를 기울이라 ² 귀천 빈부를 물론하고 다 들을찌어다 ³ 내 입은 지혜를 말하겠고 내 마음은 명철을 묵상하리로다 ⁴ 내가 비유에 내 귀를 기울이고 수금으로 나의 오묘한 말을 풀리로다 ⁵ 죄악이 나를 따라 에우는 환난의 날에 내가 어찌 두려워하랴 ⁶ 자기의 재물을 의지하고 풍부함으로 자긍하는 자는 ⁷ 아무도 결코 그 형제를 구속하지 못하며 저를 위하여 하나님께 속전을 바치지도 못할 것은 ⁸ 저희 생명의 구속이 너무 귀하며 영영히 못할 것임이라 ⁹ 저로 영존하여 썩음을 보지 않게 못하리니 ¹⁰ 저가 보리로다 지혜 있는 자도 죽고 우준하고 무지한 자도 같이 망하고 저희의 재물을 타인에게 끼치는도다 ¹¹ 저희의 속 생각에 그 집이 영영히 있고 그 거처가 대대에 미치리라 하여 그 전지를 자기 이름으로 칭하도다 ¹² 사람은 존귀하나 장구치 못함이여 멸망하는 짐승 같도다 ¹³ 저희의 이 행위는 저희의 우매함이나 후세 사람은 오히려 저희 말을 칭찬하리로다(셀라) ¹⁴ 양 같이 저희를 음부에 두기로 작정되었으니 사망이 저희 목자일 것이라 정직한 자가 아침에 저희를 다스리리니 저희 아름다움이 음부에서 소멸하여 그 거처조차 없어지려니와 ¹⁵ 하나님은 나를 영접하시리니 이러므로 내 영혼을 음부의 권세에서 구속하시리로다(셀라) ¹⁶ 사람이 치부하여 그 집 영광이 더할 때에 너는 두려워 말찌어다 ¹⁷ 저가 죽으매 가져가는 것이 없고 그 영광이 저를 따라 내려가지 못함이로다 ¹⁸ 저가 비록 생시에 자기를 축하하며 스스로 좋게 함으로 사람들에게 칭찬을 받을찌라도 ¹⁹ 그 역대의 열조에게로 돌아가리니 영영히 빛을 보지 못하리로다 ²⁰ 존귀에 처하나 깨닫지 못하는 사람은 멸망하는 짐승 같도다(시 49:1-20)

| 설교작성 노트 |

36,500원이 있다면 어디다 무엇에 쓰겠는가. 인생이 100년을 산다하여도 36,500일 뿐이다. 그 중에서 이것 저것을 공제하고 나면 남는 날 수는 놀라우리만치 줄어든다. 어찌 인간의 수명이 100세에 이르랴. 평균 수명이 70년이라면 여기서 벌써 1/3정도 뺄셈을 해야하지 않는가. 이미 살아버린 세월은 또 어찌하랴. 그 얼마 남지 아니한 시간을 무엇에 써야 하는가? 여기 인생에게 던지는 긴급동의가 있다.

시편 기자는 "만민들아 이를 들으라. 세상의 거민들아 귀를 기울이라. 귀천빈부를 물론하고 다 들을지어다"(1-2) 하고 만민을 초대하고 있습니다. 이는 그들에게 전해 주어야 할 긴급동의와도 같은 메시지를 갖고 있다는 뜻입니다. "내 입은 지혜를 말하겠고 내 마음은 명철을 묵상하리로다. 내가 비유에 내 귀를 기울이고 수금으로 나의 오묘한 말을 풀리로다"고 외칩니다.

자신이 깨달은 지혜와 명철을 아무라도 알아듣기 쉽게 비유를 들어서 사람이면 누구나 풀어야 할 인생의 난제를 말해 주겠다고 합니다. 그렇다면 누구라도 예외 없이 풀어야만 할 인생의 숙제는 무엇일까요.

생명의 구속문제

그것은 생명의 구속 문제입니다. 어떻게 하면 죄 값으로 팔린 노예 상태에서 "구속함을 얻을 수 있느냐" 하는 문제입니다. 49편의 주제는 "구속"입니다. 온 천하를 얻었다고 해도 네 생명 잃으면 무슨 소용이 있겠느냐는 말씀을 전해주기 위해서 기록된 것입니다. "구속"이라는 말이 본문에는 세 번(7, 8, 15) 나오는데 이것이 핵심입니다.

"아무도 결코 그 형제를 구속하지 못하며"(7), "저희 생명의 구속이 너무 귀하며 영영히 못할 것임이라"(8)고 말씀합니다. 15절에서는 "이러므로 내 영혼을 음부의 권세에서 구속하시리로다" 합니다. 영혼이 음부의 권세에서 "구속"을 받는 길을 말해 주겠다는 것입니다. 시편기자는 해답을 제시하기에 앞서 먼저 할 수 없는 불가능성부터 말씀합니다.

첫째는 "재물"(6)로는 영혼의 구속이 불가능하다고 말씀합니다.
"자기의 재물을 의지하고 풍부함으로 자긍하는 자는 아무도 결코 그 형제를 구속하지 못하며" 합니다. "풍부함으로 자긍하는 자"란 큰 부자가 자랑하는 모습을 일컫는 말인데 이런 뜻입니다.
"대한민국 땅덩어리가 몽땅 당신 것이라 하여도 그 재물로는 지옥 갈 한 영혼을 천국에 가도록 구속하지 못하오 영영히 못할 것이요."
왜 그렇게 불가능합니까? "생명의 구속"(8)이 너무 귀하기 때문에 영영히 못할 것임이라(8)고 말씀합니다. 생명의 값은 돈으로 따질 수 없을 만큼 귀한 것입니다. 얼마만큼 귀하냐 하면 "천하보다" 귀하다고 주님은 말씀하십니다. "저로 영존하여 썩음을 보지 않게 못하리니"(9) 합니다.
바꾸어 말하면 구속함을 받았다는 것은 "영존"하게 되며 썩음을 보지 않게 되는 것인데 사람들이 그토록 얻기를 구하는 재물로는 아무리 풍부하다 하여도 영생을 줄 수가 없다고 지혜자는 말해주고 있습니다.

둘째는 세상 "지혜"로도 영혼을 구속할 수가 없다고 말씀합니다.
"저가 보리로다 지혜있는 자도 죽고"(10)합니다. 사람들이 그토록 추구하는 많은 학문과 지식으로도 구속할 수 없으며 저로 영존하여 썩음을 보지 않게 해 줄 수가 없다고 말씀합니다.

셋째는 "존귀"로도 영혼의 구속이 불가능하다고 말씀합니다.
"사람들은 존귀하나 장구치 못함이여 멸망하는 짐승같도다"(12)고 말씀합니다. 명예와 권세를 얻었다 해도 그 생명의 구속을 받지 못한다면 한편 멸망하는 짐승과 같다는 것입니다.

넷째는 "아름다움"으로도 영혼의 구속을 할 수 없다고 말씀합니다.
"저희 아름다움이 음부에서 소멸하여 그 거처조차 없어지려니와"(14하) 합니다. 절세미인이라 하더라도 구속함을 얻지 못하면 영존할 수가 없으며 썩을 수밖에 없다는 것입니다.

이상에서 살펴 본 재물과 지혜와 존귀와 아름다움 등은 모든 사람들이 얻기를 위하여 평생을 투자하고 매달리는 것들입니다. 그렇다면 그들은 헛된 수고를 하고 있는 것이며 인생을 헛살고 있다는 뜻이 됩니다.

그러므로 지혜자는 '내가 비유에 내 귀를 기울이고 수금으로 나의 오묘한 말을 풀리로다"하면서 이런 것들로는 "아무도 결코 그 형제를 구속하지 못하며 저를 위하여 하나님께 속전을 받치지도 못할 것은" (7) 하고 일깨워 주고 있습니다. 그렇다면 성경이 말씀하고 있는 속전이란 무엇인가?

부자라고 더 내지 말고

출애굽기 30:11-16에 "속전"에 관한 규례가 나옵니다. 선민 이스라엘 자손으로 계수함을 받은 자는 누구를 물론하고 성소의 세겔대로 반 세겔을 속전으로 드리라고 말씀합니다(출 30:13). 이렇게 하는 것은 "너희의 생명을 속하기 위하여"(15)라는 것입니다.

이 말씀을 바꾸어 말한다면 "속전"을 바치지 않은 자는 하나님의 백성인 이스라엘 자손의 수에 들 수가 없다. 왜냐하면 그는 "생명을 속함" 받지 못했기 때문이라는 뜻이 됩니다.

하나님께서 "속전"의 규례를 통하여 계시하고자 하는 바는 분명합니다. 죄값 즉, 속전을 지불하지 않은 자는 하나님의 백성 중에 들 수가 없다는 말씀입니다. 그래서 본문은 "생명의 속전을 여호와께 드릴지니"하시고 왜 그렇게 해야 하느냐 하면 "이는 그 계수할 때에 그들 중에 온역이 없게 하려 함이라"(12)는 것입니다.

온역이란 일종의 전염병인데 의학이 발달하지 못한 당시로써는 온역이란 곧 멸절을 의미했던 것입니다. "온역이 없게"라는 말은 신약적으로 표현하자면 멸망받지 않게 하기 위해서 생명의 속전을 드리라는 것입니다.

이 뜻이 문맥적으로 보면 더욱 분명해집니다. 30:10에서 "속죄", "속죄제의 피"를 말씀하고 11절에서 "생명의 속전"을 말씀하고 있는 것입니다. 그러니까 "생명의 속전"과 "속죄제의 피"는 같은 뜻의 다른 표현일 뿐입니다. 진리는 분명합니다. 생명의 속전이란 궁극적으로 죄를 속하기 위하여 흘리는 속죄의 "피"를 상징하고 있는 것입니다.

그러므로 "너희의 생명을 속하기 위하여 여호와께 드릴 때에 부자라고 반 세겔에서 더 내지 말고 가난한 자라고 덜 내지 말지며"(15) 하시는 것입니다. 15절의 강조점은 속전으로 드리는 반 세겔의 가치가 얼마나 되느냐 하는 가치 판단에 있는 것이 아니라 누구나 똑같이 내라는 형평에 있는 것입니다. 다시 말씀드리면 부자나 가난한 자나 누구를 막론하고 영혼의 가치는 똑같이 귀중하다는 말씀입니다. 생명은 똑같은 속전을 드리고 속함을 받는 것입니다. 이것이 온전한 것으로 개혁할 때까지 비유로 보여주신 "속전"에 관한 예법입니다.

하나님은 하시나니

본문의 구도를 보면 ~는 못하나(시 49:6-9) 하나님은 하시나니(15)의 구도입니다.

재물로 지혜로도 존귀(명예)로도 아름다움으로도 못하는 것을 하나님은 하시나니 합니다. 그것이 무엇입니까? "영혼의 구속"입니다. 15절을 보시면 "하나님은 나를 영접하시리니" 하고 하나님은 해 주실 것을 믿으면서 "이러므로 내 영혼을 음부의 권세에서 구속하리로다" 하고 하나님만이 구속하여 주실 수 있으시다고 확신하는 데 이릅니다. 하나님은 내 영혼을 구속하시사 음부에 권세에서 구원하여 주실 수가 있으시다고 말씀합니다. 그렇다면 하나님은 어떻게 어떤 방도로 구속하실 수가 있으실까요? 그 해답이 7절의 "구속과 속전"이라는 말씀 속에 함축되어 있습니다.

하나님께선 이미 "죄값은 사망"이라고 선언하셨으며 그러므로 속전의 규례에서 본 바와 같이 생명을 속하기 위하여는 "속전" 즉, 죄값을 지불해야만 하는 것입니다. 하나님이시라도 이를 무시하신다면 하나님의 의가 용납지 아니할 것입니다.

나아가 하나님께서 속전의 규례를 말씀하심은 하나님께서 어떤 방법으로 인간을 구속하여 주실 것인가를 미리 보여주시기 위함에서였던 것입니다. 죄 값에 팔린 인간을 "속전"을 지불하시고 그 영혼을 음부의 권세에서 "구속"하여 주실 것을 계시하신 것입니다. 시편 기자는 놀랍게도 이 진리를 깨달았으며 이를 증거해 주기 위해서 "만민들아 이를 들으라 세상의 거민들아 귀를 기울이라 귀천빈부를 물론하고 다 들을지어다"라고 초청하고 있는 것입니다.

신약성경에는 이에 대한 해설이 더욱 풍부합니다. 먼저 베드로전서 1:18-19에 "너희가 알거니와 너희 조상의 유전한 망령된 행실에서 구속된 것은 은이나 금같이 없어질 것으로 한 것이 아니요. 오직 흠 없고 점 없는 어린 양 같은 그리스도의 보배로운 피로 한 것이라"고 말씀하고 있는데 이는 시편 49편에 대한 최고의 해설인 것입니다.

또한 디모데전서 2:6에 보면 예수 그리스도께서 하나님과 사람 사이에 유일한 중보자가 되심을 말씀하면서 그가 모든 사람을 위하여 자기를 "속전"으로 주셨다고 증거하고 있습니다. 이는 다름 아닌 시편 49편에 대한 최고의 해답인 것입니다.

"자기의 재물을 의지하고 풍부함으로 자긍하는 자는 아무도 결코 그 형제를 구속하지 못하며 하나님께 속전을 받치지도 못할 것은"(7) 했는데 예수 그리스도께서 속죄 제물이 되시사 피 흘리심으로 속전을 지불하여 주셨다는 것입니다. 그것은 금이나 은 같은 것 가지고는 죄를 속할 수가 없고 "생명이 피에 있으므로 피가 죄를 속하느니라"(레 17:11)하신대로 피 흘림만이 죄를 속할 수가 있기 때문입니다.

하나님은 나를 영접하시리니 그리고 "구속하시리로다" 즉, 하나님은 하실 수가 있으시다고 말씀했는데 자기 아들로 하여금 속전을 지불케 하여 주시고 해주셨다는 말씀입니다.

이와 같은 구도와 증거는 신약성경에서도 동일합니다. 로마서 8:3에 "율법이 육신으로 말미암아 연약하여 할 수 없는 그것을 하나님은 하시나니"합니다. "… 할 수 없는 그것을 하나님은 하신다"고 말씀합니다.

율법은 우리를 위하여 속전을 바쳐주지도 못하고 구속하지도 못합니다. "그것을 하나님은 하시나니"합니다. 어떻게 해주셨습니까? "곧 죄를 인하여 자기 아들을 죄 있는 육신의 모양으로 보내어 육신에 죄를 정하사" 그렇습니다.

우리의 죄를 자기 아들에게 정죄하시사 속전으로 지불케 하시고 우리를 구속하여 주신 것입니다. 하나님이시라도 죄인을 그냥 용서하시고 영접하여 주신 것이 아니었습니다. 다시 강조합니다만 속전을 지불하시고 구속하셔서 영접하여 주시고 내 영혼을 음부의 권세에서 구원하여 주신 것입니다.

그리스도와의 만남

표면만 보면 그리스도를 만날 수 없을 것만 같은 본문을 통하여서도 "인자가 온 것은 섬김을 받으려 함이 아니라 도리어 섬기려하고 자기 목숨을 많은 사람의 대속물로 주려함이니라"(마 20:28) 하신 그리스도를 만나게 됩니다.

세상의 무엇으로도 우리를 구속할 수가 없으며 속전이 되어줄 수가 없습니다. 그것은 첫째로 생명의 구속이 너무 귀하기 때문이요. 둘째는 죄 값은 금이나 은으로 지불 되는 것이 아니라 죽음이기 때문이요, 셋째는 짐승의 죽음은 그림자는 될지언정 인간을 대신할 수 없기 때문이요. 넷째는 모든 사람은 다 죄인임으로 중보자나 대속 제물이 될 수가 없기 때문입니다. 오직 예수 그리스도만이 우리의 죄를 구속하시고 속전을 지불해 주실 수가 있으십니다.

첫째는 우리를 대신하시기 위하여 인간의 몸을 입고 오셨습니다. 둘째는 그러나 죄은 없으신 분이십니다. 셋째는 대속 제물이 되시기를 거절치 아니하시고 자원하여 죽어 주셨기 때문입니다. 이것은 하나님의 계획 가운데 이루어진 하나님이 해 주신 일입니다. 하나님께서는 "죄를 알지도 못하신자로 우리를 대신하여 죄를 삼으심"(고후 5:21) 즉, 속전을 지불케 하시고 구속하여 주신 것입니다.

시편 기자는 "만민들아 이를 들으라.…귀천 빈부를 물론하고 다 들을지어다"로 시작한 49편을 "존귀에 처하나 깨닫지 못하는 사람은 멸망하는 짐승 같도다"(20) 하고 끝맺고 있습니다.

사람이란 짐승과 달리 참으로 존귀하게 지음을 받았습니다. 그럼에도 불구하고 이 진리의 말씀, 이처럼 복된 말씀을 그래도 깨닫지 못한다면 "멸망하는 짐승"같은 자라고 밖에 달리 표현할 말이 없을 것입니다. "생명의 구속"의 문제는 잠시도 미룰 수가 없는 인생의 긴급 동의입니다.

19
하나님의 큰 일

시편 71:14-24

¹⁴ 나는 항상 소망을 품고 주를 더욱 더욱 찬송하리이다 ¹⁵ 내가 측량할 수 없는 주의 의와 구원을 내 입으로 종일 전하리이다 ¹⁶ 내가 주 여호와의 능하신 행적을 가지고 오겠사오며 주의 의 곧 주의 의만 진술하겠나이다 ¹⁷ 하나님이여 나를 어려서부터 교훈하셨으므로 내가 지금까지 주의 기사를 전하였나이다 ¹⁸ 하나님이여 내가 늙어 백수가 될 때에도 나를 버리지 마시며 내가 주의 힘을 후대에 전하고 주의 능을 장래 모든 사람에게 전하기까지 나를 버리지 마소서 ¹⁹ 하나님이여 주의 의가 또한 지극히 높으시니이다 하나님이여 주께서 대사를 행하셨사오니 누가 주와 같으리이까 ²⁰ 우리에게 많고 심한 고난을 보이신 주께서 우리를 다시 살리시며 땅 깊은 곳에서 다시 이끌어 올리시리이다 ²¹ 나를 더욱 창대하게 하시고 돌이키사 나를 위로하소서 ²² 나의 하나님이여 내가 또 비파로 주를 찬양하며 주의 성실을 찬양하리이다 이스라엘의 거룩하신 주여 내가 수금으로 주를 찬양하리이다 ²³ 내가 주를 찬양할 때에 내 입술이 기뻐 외치며 주께서 구속하신 내 영혼이 즐거워하리이다 ²⁴ 내 혀도 종일토록 주의 의를 말씀하오리니 나를 모해하려하던 자가 수치와 무안을 당함이니이다(시 71:14-24)

| 설교작성 노트 |

일 년은 약 52주가 된다. 52주 동안 하나님의 말씀이 선포되고 있는 교회에서 가장 자주 전하며 힘 있게 전하며 감격하여 전하고 있는 설교 주제가 무엇인가?

한국 강단 전체의 통계를 잡아 본다면 어떤 결과가 나올 것인가? 이것은 대단히 중요한 성찰이다. 한국 강단의 설교의 중심점이 어디에 있으며 한국 교회는 무엇을 중심축으로 하여 움직이고 있는가를 말해주기 때문이다. 대략 교훈적인 설교 축복적인 설교, 신유 은사적인 설교, 그리고 복음적인 설교로 분류할 수가 있을 것이다. 본 설교를 통하여 이에 대한 깊은 반성이 있었으면 한다.

시편 71편은 크게 두 부분으로 나누어집니다. 1-13까지는 "나를 구원하소서"(2) 하고 구원을 간구하는 내용이요. 14-24까지는 "나는 항상 소망을 품고 주를 더욱 더욱 찬송하리이다"(14) 하는 찬양입니다. 본문은 둘째 부분인 찬송하는 내용입니다. 그렇다면 더욱 더욱 찬양하고자 하는 이유가 무엇일까요. 이것이 본 설교에 있어서 주제요, 핵심이라 하겠습니다.

71편의 핵심은 19절에서 "하나님이여 주께서 대사를 행하셨사오니"라고 말씀한 "하나님의 대사(大事)"에 있다 하겠습니다. 하나님의 대사란 본문의 핵심일 뿐만 아니라 성경 전체의 내용을 한마디로 집약한 표현이라고 해도 과언이 아닐 것입니다. 그렇다면 하나님께서 행해주신 대사란 무엇일까요?

측량할 수 없는 주의 의와 구원

하나님께서 인간을 위하여 행해 주신 대사란 "측량할 수 없는 주의 의와 구원"이라고 15절에서 말씀합니다. "주의 의"란 말씀이 15절과

16절과 19절과 24절에 반복적으로 강조되어 있습니다.

이것만 보아도 본문이 "주의 의"를 얼마나 중요한 일로 여기고 있는가를 알 수가 있습니다. 그래서 "주의 의"가 핵심이 되는 것입니다. 혹자는 하나님께 공의가 있고 칭의가 있는 냥 생각합니다.

그래서 "주의 의"라는 말이 나오면 이것이 공의냐 칭의냐를 따집니다. 그렇지가 않습니다. 하나님의 의는 하나뿐이며 언제나 동일합니다. 다만 그 의가 죄인들에게 바로 임하면 공의로써 심판을 행하게 되고 예수 그리스도의 대속을 통하여 임하게 되면 칭의가 되어 은혜를 입혀 주시게 됩니다. 왜냐하면 예수 그리스도께서 우리 죄에 대한 하나님이 공의의 심판을 대신 받아 주셨기 때문입니다.

그런데 본문이 말씀하는 "주의 의"란 23절에서 "주께서 구속하신 내 영혼이" 하고 "구속"을 통하여 내 영혼에 임하였으므로 칭의를 말씀하고 있음이 분명합니다.

그러므로 15절에서도 "주의 의와 구원"이 결부되어 있음을 봅니다. 우리에게 구원을 가져다주신 주의 의란 칭의 뿐입니다. 구약의 성도들도 이처럼 칭의를 알고 있었습니다. 형제도 칭의를 알고 더욱 더욱 찬양하고 있습니까? 내 양을 먹이라고 주께서 부탁하신 양무리도 이 칭의 교리에 굳게 서 있습니까?

루터는 역설합니다. "그 교회가 서 있는 교회냐 넘어지는 교회이냐를 알아보려면 그 교회 회중이 칭의 교리에 서 있느냐 여부를 알아보면 된다." 그렇다면 칭의가 어째서 그토록 중요하며 찬양하여야 할 이유가 됩니까?

하나님의 의가 나타났습니다

복음, 복음 하는 데 복음, 즉 기쁜 소식이란 무슨 소식입니까? 형제에게 복음이 무엇이요 하고 묻는다면 무엇이라 대답하겠습니까? 성경은 말씀합니다. "복음에는 하나님의 의가 나타나서"(롬 1:7) 다시 말씀드리면 하나님의 의가 나타났다는 소식이 복음이라고 말씀합니다. 그 의는 하나님이 마련해 주셨기 때문에 하나님의 의 곧 주의 의입니다.

로마서 3:21에서도 "이제는 율법 외에 하나님의 한 의가 나타났으니" 하고 이것이 복음임을 강조하고 있습니다. 그렇다면 하나님의 의가 나타났다는 것이 어째서 복된 소식이 됩니까?

범죄함으로 말미암아 에덴에서 추방당한 아담 안에 있는 자들이 의로우신 하나님께로 돌아가려면 의롭다 함을 얻어야만 하는 것입니다. 그러므로 의롭다 함을 얻었다는 말은 하나님과의 관계가 정상적으로 회복되었음을 의미합니다. 하나님과 화복하였다는 말씀입니다.

그러나 인간의 노력으로는 하나님 앞에 의롭다 함을 얻는다는 것이 불가능함이 드러났습니다. 이것을 구약의 역사가 보여 주고 있습니다. 구약성경에 등장하는 그 많은 인물들 가운데 의인이 있는가 찾아보십시오. 하나님께서 하늘에서 인생을 굽어 살피사 찾아 보셨지만 의인은 없나니 하나도 없도다(시 14:3; 롬 3:10)고 말씀합니다.

인간 편에서 생각할 때에 절망적인 것입니다. 그런데 이때에 "하나님의 의가 나타났다"는 소식이 울려 퍼진 것입니다. 이보다 더 기쁜 소식이 달리 무엇이 있겠습니까? 나타난 것만이 아니라 "값없이"(롬 3:24) "거저"(엡 1:6) 주신다고 말씀합니다. 믿기만 하면 받게 된다고 말씀합니다.

"믿음"이란 마치 손과 같아서 하나님께서 값없이 거저 주시는 의를 감사합니다 하고 받아 입기만 하면 된다는 것입니다. "차별이 없다"고 말씀합니다. 믿는 그 즉시 주신다(롬 3:22)고 말씀합니다. 이보다 더한 복된 소식이 무엇이 있겠습니까?

이런 뜻입니다. 하나님의 의가 나타났습니다. 여러분 내 말에 귀를 기울이십시오. 하나님께서 우리들을 위하여 마련해 주신 하나님의 의가 나타났다는 말입니다. 이 의의 옷을 받아 입기만 하면 지옥가지 아니하고 의로우신 하나님 앞에 나아갈 수가 있습니다. 하나님과 화목할 수가 있습니다. 하나님은 나의 아버지가 되시고 나는 하나님의 자녀가 됩니다. 이 의는 값없이 거저 주십니다. 오직 믿음으로 받을 수가 있습니다. 아무에게나 차별이 없습니다. 믿는 즉시 주어집니다. 지금 받을 수가 있습니다.

이것이 에덴에서 추방당한 아담 안에 있는 자들에게 울려 퍼진 복된 소식입니다. 사도 바울의 증거를 들어보십시오.

"사람이 의롭게 되는 것은 율법의 행위에서 난 것이 아니요. 오직 예수 그리스도를 믿음으로 말미암는 줄 아는 고로 우리도 그리스도 예수를 믿나니 이는 우리가 율법의 행위에서 아니고 그리스도를 믿음으로서 의롭다 함을 얻으려 함이라. 율법의 행위로서는 의롭다 함을 얻을 육체가 없느니라"(갈 2:16).

그렇습니다. 율법의 행위 즉, 인간의 노력으로는 의롭다 함을 얻는 것이 불가능하다는 것입니다. 그래서 하나님께서 해 주신 하나님의 의인 것입니다. 사람이 할 수 있는데도 하나님께서 해 주신 것이 아닙니다. 인간의 행위로는 "오호라. 나는 곤고한 사람이로다. 이 사망의 몸에서 누가 나를 건져내랴" 하고 절규할 수밖에 없는 절망 상태에서 하나님께서 의를 마련해 주셨기 때문에 복음인 것입니다. 시편 기자는 놀랍게도 이 의를 알고 있었던 것입니다.

구속으로 말미암아

하나님의 의는 믿는 자에게 거저 주시는 은혜의 선물입니다. 그렇다고 이 의가 값없이 마련된 것은 아니라는 점입니다. "그리스도 예수 안에 있는 구속으로 말미암아" 마련된 것이라고 성경은 말씀합니다.

"구속"이란 값을 지불하고 구원해 주심을 의미합니다. 의롭지도 못한 우리들을 그냥 의롭다고 여겨 주신다면 무엇보다도 하나님의 공의가 용납하실 수가 없는 것입니다. 사람 편에서 생각할 때에도 이것은 엉터리가 아니냐고 생각하게 될 것입니다. 또 대적하는 자 사탄이 가만히 있지 아니하고 참소하게 될 것입니다. 아닙니다. 하나님의 의는 그냥 나타난 것이 아닙니다.

"그리스도 예수 안에 있는 구속으로 말미암아 하나님의 은혜로 값없이 의롭다 하심을 얻은 자 되었느니라"(롬 3:24)고 말씀합니다. 그리스도 예수께서 우리의 죄 값을 대신 지불하시고야 마련하신 의요. 이것을 인정하고 믿는 자에게 주어지는 의인 것입니다.

그래서 본문에서도 "내가 주를 찬양할 때에 내 입술이 기뻐 외치며 주께서 구속하신 내 영혼이 즐거워하리이다."(시 71:23)고 구속하여 주심을 찬양하고 있는 것입니다. 만일 시편 71편에서 "내가 측량할 수 없는 주의 의와 구원을 내 입으로 종일 전하리이다"(15)고 말씀하고 있는 이 의가 예수 그리스도의 구속으로 말미암아 마련해 주신 의를 증거함이 아니라면 어떤 결론에 이르게 됩니까? 예수 그리스도로 말미암지 않고도 의롭게 되는 길이 달리 있다는 말이 되고 맙니다.

"만일 의롭게 되는 것이 율법으로 말미암으면 그리스도께서 헛되이 죽으셨느니라"(갈 2:21)는 결론에 이르게 됩니다. 그리스도께서 십자가에 죽으시지 않으셔도 의롭게 되는 방법이 있다면 헛되이 죽으신 것이 된다는 말씀입니다. 아닙니다. 신구약을 막론하고 의롭다 함을 얻을 수 있는 길은 오직 예수 그리스도의 구속으로 말미암아서 뿐입니다.

성경은 말씀합니다. "내가 곧 길이요, 진리요, 생명이니 나로 말미암지 않고는 아버지께로 올 자가 없느니라"(요 14:6), "그리스도께서도 한 번 죄를 이하여 죽으사 의인으로서 불의한 자를 대신하셨으니 이는 우리를 하나님 앞으로 인도하려 하심이라"(벧전 3:18).

"천하 사람 중에 구원을 얻을 만한 다른 이름을 우리에게 주신 일이 없음이니라"(행 4:12)고 성경은 증거하고 있습니다. 신구약을 막론하고 인간이 하나님 앞에 의롭다 함을 얻을 수 있는 길은 오직 예수 그리스도의 구속으로 말미암아서 뿐입니다.

하나님의 큰 일

시편 기자는 "하나님이여 주께서 대사를 행하셨사오니 누가 주와 같으리이까"(19) 하고 감격해 합니다. 전적 타락하고 전적으로 부패한 인간을 의롭다고 여겨 주셔서 구원하여 주심은 "하나님의 대사"인 것입니다. 이보다 더 큰일은 없습니다.

독생자를 보내셔서 우리의 죄를 대속케 하심으로 의롭다고 여겨 주셔서 구원하여 주신 일은 대사 중의 대사인 것입니다. 천지 만물을 창조하여 주신 창조사역 보다도 더 큰 대사입니다. 그때에는 말씀만으로 가능하였습니다. 그러나 재창조 사역은 말씀만으로 이루어진 것이 아닙니다. 누군가가 인간이 저지른 죄 값을 지불해야만 가능했던 것입니다. "하나님이여 주께서 대사를 행하셨사오니 누가 주와 같으리이까"(19)고 감복하지 않을 수가 없는 것입니다.

대사 즉, "하나님의 큰 일"이 신약성경과 어떻게 연결되고 있는가를 보십시오. 우선 마리아의 찬가에 나타납니다. "능하신 이가 큰 일을 내게 행하셨으니 그 이름이 거룩하시며"(눅 1:49) 하고 "큰 일" 행하심을 찬양합니다.

성자 하나님께서 인간의 죄를 위하여 대신 죽으시기 위해서 사람의 몸을 입으시고 처녀의 몸을 통하여 태어나신 임마누엘 사건은 하나님께서 인류에게 베푸신 "하나님의 큰 일" 중의 큰 일이 아닐 수가 없습니다.

"이는 한 아기가 우리에게 났고 한 아들을 우리에게 주신 바 되었는데 그 어깨에는 정사를 메었고 그 이름은 기묘자라 모사라 전능하신 하나님이라 영존하시는 아버지라 평강의 왕이라 할 것임이라. 그 정사와 평강의 더함이 무궁하며 또 다윗의 위에 앉아서 그 나라를 굳게 세우고 자금 이후 영원토록 공평과 정의로 그것을 보존하실 것이라 만군의 여호와의 열심히 이를 이루시리라"(사 9-7).

구속 사역은 "만군의 여호와의 열심히 이를 이루신" 하나님의 큰 일이었던 것입니다.

사도행전 2장을 보십시오. 오순절에 성령께서 강림하사 천하 각국으로부터 모인 유대인들에게 각 나라 방언으로 말하게 하심을 듣고 "우리가 다 우리의 각 방언으로 하나님의 큰 일을 말함을 듣는도다" (행 2:11)고 놀라워하고 있습니다. "하나님의 큰 일"이라고 말하고 있습니다.

성부께서는 구원 사역을 계획하시고 성자께서 성취하셨으며 성령께서 이를 증거하시며 적용시켜 주시기 위하여 강림하신 성삼위 하나님의 사역은 "하나님의 큰 일"이 아닐 수가 없습니다. 이를 알았다면 "하나님이여 주께서 대사를 행하셨사오니 누가 주와 같으리이까" 하고 감격해 하지 않을 자 누구이겠습니까?

사도행전의 증거를 유의해 보십시오. 우리가 다 하나님 큰 일을 "말함을 듣는도다"고 말하고 있습니다. 명심하십시다. 하나님께서 우리를 위하여 큰 일을 행해 주셨음을 "말을 해 주어야" 합니다. 그래야만 저들이 "들을 수"가 있습니다. 알 수가 있습니다.

주의 의만 전하리라

그러므로 본문에서는 "내가 측량할 수 없는 주의 의와 구원을 내 입으로 종일 전하리이다"(시 71:15). 그는 계속하여 "내가 주 여호와의 능하신 행적(하나님이 해 주신 일)을 가지고 오겠사오며 주의 의 곧 주의 의만 진술하겠나이다"(16)고 말씀합니다. 주의 의만 "종일" 전하고 주의 "의만 진술"하겠다고 말합니다.

주의 의 곧 하나님의 의가 어떻게 해서 마련되었으며 이 의가 얼마나 영광스러운가를 알아야 할 만큼 안 사람이라면 이 소식을 밀어놓고 전해야 할 소식이 달리 무엇이 있겠습니까?

생각해보십시오. 사도 바울이 다메섹의 경험을 통하여 예수 그리스도를 만난 후 누구만을 전했겠습니까?

율법의 의로는 흠이 없는 줄로 알았던 자신이 죄인 중의 괴수임을 깨닫게 되었으며 그는 그 이후로 "예수 그리스도와 그의 십자가에 못 박히신 것 외에는 아무것도 알지 아니하기로 작정하였음이라"(고전 2:2)고 고백하고 있음이 헛된 말로 생각하십니까? "내게는 우리 주 예수 그리스도의 십자가 외에 결코 자랑할 것이 없다"고 단언합니다.

시편 기자는 동일한 영으로 주의 의만 내 입으로 종일 전하리이다. 주의 의만 진술하겠나이다. "내 혀로 종일토록 주의 의를 말씀하오리니"(71:24) 합니다.

하나님께서 우리들에게 주신 직분에는 여러 가지가 있을 수가 있습니다. 그러나 성경은 "우리에게 화목하게 하는 직책"을 주셨으며 "화목하게 하는 말씀을 우리에게 부탁하셨느니라"(고후 5:18-19)고 말씀합니다. 그리스도를 대신하여 그리스도의 사신이 되어 간구하오니 "너희는 하나님과 화목하라" 이것이 우리에게 부탁하신 말씀이며 직책임을 명심하십시다.

어떻게 하나님과 화목함이 가능하였단 말입니까? "저희의 죄를 저희에게 돌리지 아니하시고"(고후 5:19) 그렇다면 그 죄를 누구에게 돌리셨습니까? "하나님이 죄를 알지도 못하신 자로 우리를 대신 하여 죄를 삼으신 것은" 왜 그렇게 하셨습니까? "우리로 하여금 저의 안에서 하나님의 의가 되게 하려 하심이니라"(고후 5:19-21) 아시겠습니까?

저희 안에서 곧 그리스도 안에서 "하나님의 의"가 되게 하려하심. 즉 하나님 앞에 의롭다 하심을 얻게 하시려고 우리의 죄를 알지도 못하시는 그의 아들에게 대신 담당케 하셨다는 것입니다. 십자가 사건은 우리의 죄는 그가 담당하시고 그의 의는 우리에게 전가시켜 주신 보다 적극적인 의미가 있는 것입니다. 그래서 하나님과 화목함이 가능해진 것입니다.

하나님께서는 이를 증거케 하기 위하여 직책을 주시고 말씀을 부탁하셨다는 것입니다. 그런데 지금 우리는 이 영광스러운 복음을 밀어 놓은 채 설교 시간을 다른 것으로 메우고 증거하기에 열을 올리고 있지는 아니합니까? 우둔한 회중들은 이를 좋게 여기며 기뻐하고 있는 것은 아닙니까?(참고 렘 5:30-31)

하나님의 큰 일을 전해 주어야만 합니다. 전해 주는 자가 있어야만 비로소 듣게 됩니다. 성경은 말씀합니다. "그런즉 저희가 믿지 아니하는 이를 어찌 부르리요 듣지도 못한 이를 어찌 믿으리요 전파하는 자가 없이 어찌 들으리요. 보내심을 받지 아니하였으면 어찌 전파하리요"(롬 10:14).

한국 교회 강단에서는 시간 시간마다 하나님의 큰 일이 전파되고 있습니까? 이는 어느 날 갑자기 행해주신 일이 아닙니다. 창세기에서 시작하여 계속 추진하셔서 계시록에서 완성되는 성경 전체가 하나님께서 행하여 주신 구속의 드라마인 것입니다.

그러므로 성경에는 66층의 고층 빌딩처럼 튼튼한 골조가 있으며 일관된 맥이 있는 것입니다. 이것이 하나님의 큰 일입니다. 이것을 알고 있습니까? 선하여 주셨습니까? 그래서 성도들로 히여금 듣게 하셨습니까?

형제는 이를 전파케 하기 위하여 세움 받은 말씀의 사역자입니다. 제 위치로 돌아가십시다. "말씀을 가지고"(호 14:2) 여호와께로 돌아가십시다. 그리하여 하나님 앞에 예수 그리스도와 그의 십자가만 증거하겠습니다. 주의 의만 진술하고 주의 의만 종일 전하리이다 하고 결단하십시다. 이 길만이 내가 살고 네가 살며 한국 교회가 사는 길입니다.

의롭다 함을 얻은 자의 축복

그렇다면 이러한 질문이 제기될 수가 있습니다. 의롭다 하심을 얻는다는 것이 왜 그다지도 중요하단 말인가. 그것을 얻은 자에게 주어지는 축복이란 무엇인가? 이를 간략하게나마 상고해 보아야만 하겠습니다. 그래야만 하나님의 의의 귀중성과 주의 의만 진술하고 주의 의만 종일 전파하리이다는 심정이 이해가 될 것이기 때문입니다.

이점에 관해서 로마서 5:1-2은 답변해 주고 있습니다. "그러므로 우리가 믿음으로 의롭다 하심을 얻었은즉" 하고 그들에게 주어지는 세 가지 축복을 말씀합니다. "하나님으로 더불어 화평을 누리자"⑴ 합니다. 여기서 화평이란 하나님과 화목할 수 있는 축복을 뜻합니다.

형제는 혹시 인류의 시조가 범죄하자 하나님께서 그들을 에덴에서 추방하신 일을 너무하신 일로 생각하고 있지 않습니까? 그러한 하나님이시라면 왜 자기 아들을 화목 제물로 내어 주셨겠습니까? 거기에는 불가피하고 어쩔 수 없는 신학적인 이유가 있는 것입니다.

고린도후서 6장을 들어서 설명할 수가 있습니다. 사도는 성도와 불신자의 연합이 불가능함을 설명하는 중에 "의와 불법이 어찌 함께 하며 빛과 어두움이 어찌 사귀며 그리스도와 벨리알이 어찌 조화되며 믿는 자와 믿지 않는 자가 어찌 상관하며 하나님의 성전과 우상이 어찌 일치가 되리요"(고후 6:14-16) 하고 설명해 줍니다. 이 관계는 하나님과 범죄한 아담 하와의 관계에도 적용이 되고 또한 우리들이 의롭다 함을 얻기 이전 즉, 예수 그리스도를 믿기 이전에 하나님과 우리와의 관계로 확대 적용이 됩니다.

"의와 불법" 빛과 어두움"이라는 묘사를 유의하십시오. 하나님은 의이신데 아담 하와는 불법이 되었으며 하나님은 빛이신데 아담 하와는 어두움이 되었던 것입니다. 이 점을 인정하시겠지요.

그렇다면 성경이 무엇이라 말씀합니까? "어찌 함께 하며 어찌 사귀며 어찌 조화되며 어찌 상관하며 어찌 일치가 되리요" 하십니다. 그렇습니다. 그것은 불가능합니다. 빛 앞에서는 어두움은 추방당할 수밖에 없었던 것입니다. 그것은 건너갈 수도 건너올 수도 없는 영원한 단절만이 있을 뿐입니다.

그런 중에서 하나님께서 큰 일을 행하사 우리들을 의롭다고 여겨 주신 것입니다. 그렇다면 "하나님도 의로우시고 예수 믿는 우리도 의롭다 함을 얻고"(롬 3:26) 하나님도 빛이시며 우리도 빛이 되었다면 함께 하고 조화가 되고 일치함이 가능해진 것입니다. 그래서 하나님과 화목하게 된 것입니다.

이것은 하나님과 단절 상태에 놓여 있는 모든 사람들에게 긴급동의와도 같은 일입니다. 미룰 수도 없고 망설일 여지가 없는 것입니다. 그리고 하나님과 화목하여 하나님은 나의 아버지가 되시고 나는 하나님의 자녀가 되었다면 무엇 먹고 마시고 입고하는 문제는 그 안에 다 포함되어 있는 것입니다. 이것이 의롭다 함을 얻은 자에게 주어지는 첫째 축복입니다.

둘째 축복은 "또한 그로 말미암아 우리가 믿음으로 서 있는 이 은혜에 들어감을 얻었으며"(2상) 합니다. 이 뜻을 알기 위해서는 히브리서 4:16을 찾아보면 됩니다. "때를 따라 돕는 은혜를 얻기 위하여 은혜의 보좌 앞에 담대히 나아갈 것이니라"고 말씀합니다.

본질상 진노의 자식이었던 우리가 거기가 감히 어디라고 보좌 앞에 그것도 담대히 나아갑니까? 그것은 우리의 공로나 자격이 있어서가 아니라 예수 그리스도의 구속으로 말미암아 우리를 의롭다고 여겨 주신 그 의를 힘입어서만이 가능해진 것입니다. 그것을 실물 교육을 통하여 보여 주신 것이 성전 휘장이 찢어진 사건입니다.

죄로 말미암아 시내 산에도 경계를 정하시고 성소에도 휘장으로 가로막아서 출입금지 당하였던 죄인들에게 이제는 들어와도 좋다는 허락이 떨어진 것입니다.

"그러므로 형제들아 우리가 예수의 피를 힘입어 성소에 들어갈 담력을 얻었나니 그 길은 우리를 이하여 휘장 가운데로 열어 놓으신 새 롭고 산 길"(히 10:19-20)이라고 말씀합니다. 자신을 내려다보면 물위로 걷던 베드로가 빠져들어 가듯 낙담할 수밖에 없습니다.

예수 그리스도의 십자가를 바라보십시오. 흘리신 피로 말미암아 의롭다고 여겨 주신 그 의만을 굳게 의지하십시오. 그리고 믿음으로 서서 담대히 하나님께 당당히(엡 3:12) 나아가십시오. "때를 따라 돕는 은혜를 얻기 위하여" 이것이 의롭다 하심을 얻은 자에게 주어지는 두 번째 축복입니다.

세 번째 축복은 "하나님의 영광을 바라고 즐거워하느니라"(2하)고 말씀합니다. "하나님의 영광" 즉, 천국에 가는 축복이 주어진다는 것입니다. 이 땅에 사는 동안에도 그 영광을 바라고 (소망 삼고) 즐거워 할 뿐만 아니라 "현재의 고난은 장차 우리에게 나타날 영광과 족히 비교할 수 없도다" 하고 위로와 격려를 받게 된다는 것입니다.

우리가 하나님 앞에 갔을 때에 네가 무슨 자격 무슨 공로로 여기 왔느냐고 물으신다면 우리는 합창하듯 오직 하나님의 의를 힘입어 왔나이다고 대답할 것입니다. 이것이 의롭다 함을 얻은 사람들에게 주어지는 세 번째 축복입니다.

형제도 이제 하나님의 의의 귀중함을 알게 되었으며 "하나님이여 주의 의가 또한 지극히 높으시니이다. 하나님이여 주께서 대사를 행하셨사오니 누가 주와 같으리이까? 하고 감사, 감격하게 되었습니까?

그리스도와 만남

그리스도와의 만남은 별도로 말씀드릴 필요가 없을 만큼 설교 중에 내내 교제를 계속해 왔습니다. 적용에 있어서 우선 고려되어야 할 점은 현대 교회가 또한 한국 교회가 그리고 나 자신이 하나님의 대사를 통하여 성취하여 주신 하나님의 의 곧 주의 의에 대해서 그 귀중함과 절대성을 얼마만큼 인식하고 있느냐하는 점입니다.

만일 이에 대해서 회의적이라면 한국 교회는 복음을 상실했다고 말할 수밖에 없습니다. 그 단적인 예로 심령 부흥회라는 집회에서 하나님의 의가 최우선으로 외쳐지고 있느냐 아니냐를 보면 알 수가 있습니다. 이것은 심각한 물음입니다. 하나님의 의의 귀중함과 절대성을 알았다면 시편 기자처럼 자나 깨나 먹든지 마시든지, 살든지 죽든지 "주의 의"만 전하고 진술하리이다 하고 감격해 하지 않을 수 없을 것입니다.

하나님의 의를 안 자에게는 "나는 항상 소망을 품고 주를 더욱 더욱 찬송하리이다"(14)한 찬양할 것과 "내가 측량할 수 없는 주의 의와 구원을 내 입으로 종일 전하리이다"(15)한 전파하는 일로 요약이 됩니다. 이것은 주님 앞에 갈 때까지 그리고 주님 오시는 날까지 성도가 해야 할 본분입니다.

20
하나님앞에서 떨지어다

시편 114:1-8

¹ 이스라엘이 애굽에서 나오며 야곱의 집이 방언 다른 민족에게서 나올 때에 ² 유다는 여호와의 성소가 되고 이스라엘은 그의 영토가 되었도다 ³ 바다는 이를 보고 도망하며 요단은 물러갔으며 ⁴ 산들은 수양 같이 뛰놀며 작은 산들은 어린 양 같이 뛰었도다 ⁵ 바다야 네가 도망함은 어찜이며 요단아 네가 물러감은 어찜인고 ⁶ 너희 산들아 수양 같이 뛰놀며 작은 산들아 어린 양 같이 뛰놂은 어찜인고 ⁷ 땅이여 너는 주 앞 곧 야곱의 하나님 앞에서 떨찌어다 ⁸ 저가 반석을 변하여 못이 되게 하시며 차돌로 샘물이 되게 하셨도다(시편 114:1-8)

| 설교작성 노트 |

부활하신 주님께서는 그의 부활을 의심하는 제자들에게 나타나시어서 이르시기를 "내가 너희와 함께 있을 때에 너희에게 말한 바 곧 모세의 율법과 선지자의 글과 시편에서 나를 가리켜 기록된 모든 것이 이루어져야 하리라 한 말이 이것이라"(눅 24:44)고 일깨워 주셨다.

그렇다면 우리는 시편을 통해서도 그리스도를 만나야만 한다. 몇 편 그중에서도 몇 절만이 메시야의 시편인양 여겨서는 안 된다. 직접적이든 간접적이든 아니면 반영을 하고 있든지 시편을 통해서도 증거 하시고자 하는 핵심은 그리스도임을 알아야 하나다. 본문에는 그리스도가 어떻게 계시되어 있는가?

본문은 문체가 시적인 묘사로 되어 있지만 그 내용은 영광스러움으로 가득하고 생동감이 넘치는 말씀입니다 본문에는 "뛰놀며 뛰었도다"는 말씀이 네 번이나 반복되고 있는데 우리들도 이 영광스러움을 보고서 외양간에서 나온 송아지 같이 기뻐 뛰놀며 주를 찬양하게 되기를 바랍니다.

이스라엘이 애굽에서 나올 때에

본문을 개관해 보면 역사적인 배경이 "이스라엘이 애굽에서 나오며"①라고 말함으로 출애굽 당시임을 알 수가 있습니다. 그때에 "바다는 이를 보고 도망하며 요단은 물러갔으며"③ 합니다. 이는 홍해가 갈라지고 요단강의 물이 멈춤으로 육지같이 건넜음을 말해주는 시적인 묘사인 것입니다.

또한 "산들은 수양같이 뛰놀며"④ 했는데 이는 여호와께서 시내산에 강림하셨을 때에 연기가 옹기점 연기같이 떠오르고 온 산이 크게 진동(출 19:18)하였음을 의미합니다. 그렇다면 이 역사적인 사건을 시적으로 묘사하여 독자들에게 들어내고자 하는 메시지는 무엇이며 촉구하는 바가 무엇인가 하는 점입니다.

성경을 대할 때에 우선적으로 유념해야 할 점은 본문 중에서 핵심적인 말씀을 찾아내는 일입니다. 나무에는 하나의 줄기와 많은 가지가 있듯이 본문에는 줄기 말씀과 가지 말씀이 있는 것입니다. 원으로 말하면 중심점, 즉 핵심이 있고 경치를 한 눈에 바라보기 위해서는 제일 높은 곳에 올라가야만 합니다.

본문 중에서 이것을 찾는 다는 것이 쉬운 일이 아니지만 탐구하는 자는 밭에 묻힌 보화를 찾듯이 이를 찾아내도록 열정을 쏟아야만 합니다. 시편 기자처럼 "내 눈을 열어서 주의 법의 기이한 것을 보게 하소서"(시 119:18) 하고 구하여야만 합니다. 핵심이 되고 열쇠와도 같은 말씀을 찾았다면 여기에 초점을 맞추어 본문을 해석해 나가야만 합니다. 또한 주제를 들어내기 위하여 가지 말씀들을 사용하여 강조하고 강화해 나가게 되는 것입니다.

만일 이에 미치지 못하게 되면 그 설교는 핵심적인 주제가 빠진 산만하고 미지근하여 감동이 없는 설교가 되고 말 것입니다. 그렇다면 114편에 있어서 이러한 주제가 되는 핵심적인 말씀이 무엇일까요?

문제는 관점입니다. 성경을 보는 관찰자의 관점이 어디에 맞추어져 있느냐에 따라 달라질 수가 있습니다. 교훈적인 관점 축복적인 관점 이것이 한국 강단의 주를 이루고 있는 관점이 아닌가 싶습니다. 본 설교는 성경을 구속사의 관점에서 보자는 의도에서 작성되었습니다.

이스라엘은 그의 영토

구속사의 관점에서 볼 때에 요절은 단연 2절 말씀입니다. 2절이 요절이라는 것을 관찰할 수 있기 위해서는 성경을 구속사라는 맥락에서 바라볼 수 있는 눈이 열려야만 하는 것입니다.

먼저 2절 중에서 "이스라엘은 그의 영토가 되었도다"부터 상고해 보겠습니다. 이스라엘은 그의 영토, 즉 여호와의 영토가 되었다는 말은 이스라엘이 여호와의 백성이 되었다는 뜻입니다.

그렇다면 어떻게 해서 이스라엘이 여호와의 백성이 되는 것이 가능하여졌습니까? 우리는 거기까지 나아가야만 합니다. 그 해답이 출애굽기 6:6-7에 있습니다.

"내가 애굽 사람의 무거운 짐 밑에서 너희를 빼어 내며 그 고역에서 너희를 건지며 편 팔과 큰 재앙으로 너희를 구속하여 너희로 내 백성을 삼고 나는 너희 하나님이 되리니" 하십니다.

해답 중에서도 핵심은 "구속"에 있습니다. 그들을 구속하여 "내 백성을 삼고" 하십니다. 구속이란 값을 주고 사신 것을 의미합니다. 이는 구약시대에만 국한된 것이 아니라 신구약을 막론하고 불변의 진리입니다. 영적 이스라엘인 신약시대 성도들도 예수 그리스도의 구속으로 말미암아 "거룩한 나라 소유된 백성"이 될 수가 있었던 것입니다.

한 말씀 더 드린다면 하나님의 백성이 되기 위해서는 "구속"보다 선행되어야 하는 조치가 있어야만 합니다. 그것이 "택하심"입니다. "너는 여호와 네 하나님의 성민이라 네 하나님 여호와께서 지상 만민 중에서 너를 자기 기업의 백성으로 택하셨나니"(신 7:6) 하십니다. 그 후에 택하신 자들을 구속하여 자기 백성으로 삼게 되는 것입니다.

신약적으로 말하면 "택하심"은 성부께서 하시고 "구속하심"은 성자께서 자기 피로 하시는 것입니다. 한 분이 더 계십니다. 그분이 성령이십니다. 택하시고 구속하신 자들을 성령께서 부르시고 인치심으로 하나님의 백성 됨이 확정이 되는 것입니다. 이상 말씀드린 것이 "이스라엘은 그의 영토가 되었도다"라는 표현 속에 함의된 영광스러움입니다.

바로의 노예 신분이었던 이스라엘, 노예였던 우리가 천지만물의 창조자시며 대주재자가 되시는 여호와 하나님의 백성이 되고 영토가 되고 자녀가 되었다는 이보다 더 경이롭고 복스러운 말씀이 어디 있겠습니까?

유다는 여호와의 성소가 되고

2절을 요절이라고 말씀드렸습니다마는 요절 중에서도 핵심은 "유다는 여호와의 성소가 되고"에 있습니다. 여호와의 "성소"란 하나님께서 계시는 집이란 뜻입니다. 다시 말씀드리면 이스라엘이 여호와의 영토 즉, 백성이라면 유다 지파는 하나님께서 좌정하셔서 다스리시는 왕궁이라는 뜻입니다.

이를 구속사의 맥락에서 살펴볼 때에 더욱 분명합니다. 이미 창세기 49:10에서 "홀이 유다를 떠나지 아니하며 치리자의 지팡이가 그 발 사이에서 떠나지 아니하시기를 실로가 오시기까지 미치리니 그에게 백성이 복종하리로다" 하고 유다 지파를 통하여 왕의 통치권이 계승될 것을 예언적으로 말씀하셨던 것입니다.

이는 유다 지파를 통하여 왕 중 왕이신 그리스도께서 오시게 될 것을 의미합니다. 히브리서 7:14에서는 "우리 주께서 유다로 좇아나신 것이 분명하도다" 하고 이 약속과 예언이 그대로 성취되었음을 말씀하고 있습니다. 구약의 성소란 임마누엘하실 그리스도가 오시기까지의 모형으로 주어졌던 것입니다.

놀랍게도 시편 기자는 이를 깨닫고 미리 보는 고로 "유다는 여호와의 성소가 되고"라고 이를 증거하고 있는 것입니다. 주님께서는 "너희 조상 아브라함은 나의 때 볼 것을 즐거워하다가 보고 기뻐하였느니라"(요 8:56)고 말씀하셨고 베드로 사도는 오순절에 임한 성령에 감동되어 다윗을 가리켜 "그는 선지자라 하나님이 이미 맹세하사 그 자손 중에서 한 사람을 그 위에 앉게 하리라 하심을 알고 미리 보는 고로 그리스도의 부활하심을"(행 2:30) 말했다고 증거하고 있습니다.

구약의 성도들은 우리가 생각하고 있는 것보다도 훨씬 그리스도를 알고 있었으며 바라보고 있었던 것입니다.

바다는 이를 보고

3절에서 "바다는 이를 보고 도망하며 요단은 물러갔으며" 합니다. "이를 보고" 했는 데 무엇을 보았다는 것일까요? 그것은 앞 절의 말씀을 받고 있음이 분명합니다. 그런데 유다는 여호와의 성소가 되고 이스라엘은 그의 영토가 된 것을 "알고"가 아니고 "이를 보고" 하고 보았다고 말씀하고 있습니다.

본문의 시점은 "이스라엘이 애굽에서 나오며 야곱의 집이 방언 다른 민족에게서 나올 때에"① 일임을 명심하십시오. 바다가 보고 도망하며 요단이 물러간 것은 이스라엘 백성이 출애굽하여 약속의 땅 가나안을 향해 행진해 나가고 있는 그 대열을 보았다는 것입니다. 그 대열을 보고 어째서 홍해는 도망가고 시내 산은 뛰어 놀아야 했습니까? 거기에는 그럴만한 이유가 있습니다.

민수기 10:13-14에 보면 "이와 같이 그들이 여호와께서 모세로 명하신 것을 좇아 진행하기를 시작하였는데 수두(首頭)로 유다 자손의 진기에 속한 자들이 그 군대대로 진행하였다"고 증거해주고 있습니다. 유다 지파가 출애굽의 대열 선두에 서서 그들을 이끌고 나왔다는 말씀입니다. 이것이 여호와께서 모세에게 명하신 그 명령에 의해서였음을 성경은 말씀해주고 있습니다.

중요한 요점은 유다 지파가 수두에 서서 행진하고 있다는 표면적인 말씀에 있는 것이 아니라 유다는 여호와의 성소가 되고 하신 대로 유다 지파를 통하여 오실 그리스도께서 맨 앞장에 서서서 인도하고 계시다는 이면적인 말씀 곧 그리스도를 본 것입니다(롬 2:29).

시편 기자가 만일 수박 겉 핥기 식으로 표면만 보았다면 이를 보고 바다가 도망하며 요단은 물러갔도다 하고 거룩한 두려움에 사로 잡혀서 감격해야 할 이유가 없는 것입니다. 그는 의문(儀文)을 통하여 신령한 면을 보았던 것입니다.

시편 68:7에서도 "하나님이여 주의 백성 앞에서 앞서 나가사 광야에 행진하셨을 때에"(셀라) 하고 말을 계속하지 못하고 감격해 하고 있는 이유가 여기에 있습니다.

홍해가 보고 요단강이 본 것은 출애굽의 대열의 선두에 서서서 목자같이 그들을 인도하고 계시는 그리스도를 본 것입니다.

수양같이 뛰놂은 어찜인고

바다는 이를 보고 도망하며 라는 표현은 마치 왕의 행차를 보고 "쉬 물렀거라 섰거라" 하고 저만치 물러가서 엎드려있는 장면을 연상하게 됩니다.

시편 기자는 홍해가 갈라진 것을 "도망"하였다고 표현하고 시내 산이 진동한 것을 뛰놀았다고 묘사하고 있습니다. 이렇게 말함은 홍해나 시내 산이 어떤 인격적인 존재였다는 뜻이 아니라 바로 이렇게 읊고 있는 시편 기자 자신이 성령에 감동이 되고 깊은 통찰력과 억누를 수 없는 감격에 사로잡혀 있음을 의미합니다.

"바다야 네가 도망함은 어찜이며 요단아 네가 물러감은 어찜인고 너희 산들아 수양같이 뛰놀며 작은 산들아 어린 양같이 뛰놂은 어찜인고"(5-6)라고 묻고 있습니다.

바다와 산이 이 물음에 대하여 무엇이라고 대답할 것 같습니까? "여보시오 몰라서 묻소. 당신 눈에는 저 분이 보이지 않는단 말이요.

저 대열의 맨 앞에서 인도하고 있는 분이 누구인지를 모른단 말이요."

그렇습니다. 시편 기자가 도망함은 어찜이며 뛰놂은 어찜인고 하고 물은 것은 몰라서도 아니고 바다나 산에게 묻고 있는 것도 아닙니다. 유월절 어린 양 되시는 예수 그리스도의 피로 구속함을 얻어 명적 출애굽의 대열에 서서 행진하고 있는 하나님의 백성들인 우리를 향하여 묻고 있는 것입니다.

땅이여 너는 주 앞에서 떨지어다

유다 지파를 통하여 인간의 몸을 입으시고 마구간에 태어나신 예수 그리스도가 누구인지 너는 알고 있느냐 그분이 왜 멸시와 천대를 받았으며 누구를 위하여 저주의 십자가에 달리셔야만 했는지 너는 알고 있느냐 알고 있다면 네가 그토록 불만족스러운 모습을 하고 있느냐 가난하고 가련한 모습을 하고 있느냐 저 홍해를 보고 시내 산을 보아라. 저것들은 두려워서 뒤로 물러가 엎드리며 기뻐서 수양같이 뛰놀고 있거늘 네 심령은 불 꺼진 화로같이 냉냉하고 차디차단 말이냐?

이에 대한 형제의 느낌은 어떠합니까? 그러므로 7절에서 "당이여 너는 주 앞 곧 야곱의 하나님앞에서 떨지어다" 합니다. 본문은 결론에서 "저가 반석을 변하여 못이 되게 하시며 차돌로 샘물이 되게 하셨도다"⑧ 하고 신약성경이 "다 같은 신령한 음료를 마셨으니 이는 저희를 따르는 신령한 반석으로부터 마셨으매 그 반석은 곧 예수 그리스도라"고 해석해 주고 있는 대로 그리스도를 만나게 해 줍니다. 반석 위에서 솟아나는 샘물을 마시게 해주셨다는 사실만을 증거해 주고 있는 것이 아닙니다. 그때 그들이 얼마나 기뻐하였을까를 상기하게 합니다.

형제여, 본문은 침체한 자신의 심령과 정체 상태에 빠진 현대 교회에게 각성과 도전을 주는 말씀으로 다가 옵니다. 정적인 신앙을 동적인 신앙으로 바꾸어 주며 큰 용기와 기쁨과 확신이 넘치게 하여 활기찬 신앙생활을 하도록 격려해줍니다.

그리스도와의 만남

중요한 사실이 아직 남아 있습니다. 본문은 "유다는 여호와의 성소가 되고"했는데 그렇다고 지금은 성소가 어디에 있으며 누가 성소가 되었는가 하는 점입니다.

"너희가 하나님의 성전인 것과 하나님의 성령이 너희 안에 거하시는 것을 알지 못하느뇨" 하고 구속함을 얻은 백성들의 공동체인 교회가 성전임을 말씀합니다.

"내가 오늘 네 집에 유하여야 하리라"(눅 19:5) 하신대로 그들의 가정이 주님을 모신 성소임을 일깨워줍니다. 또한 "너희 몸은 너희가 하나님께로부터 받은 바 너희 가운데 계신 성령의 전인 줄을 알지 못하느냐"(고전 6:19)고 성도 한 사람 한 사람이 주님을 모신 성소임을 모르고 있느냐고 도리어 묻고 있습니다.

그렇다면 어떻게 되는 것입니까? 하나님의 성전이 되고 하나님의 성령을 모신 형제가 행차하는 곳에 "바다는 이를 보고 도망하며 요단을 물러갔으며" 하는 논리가 성립될 수 가 있는 것입니다.

이 점에 있어서 너무 지나쳐서도 안되겠지만 모자라는 것도 바람직한 것은 아닙니다. 성경은 성도가 세상을 판단하고 천사를 판단할 것을 너희가 알지 못하느냐 하고 알기를 원하고 있는 것입니다. 그렇다고 특권만 있는 것은 아닙니다.

형제여, 하나님의 성전은 거룩하니 너희도 거룩할 지어다. 하십니다. 너희는 너희의 것이 아니라 값으로 산 것이 되었으니 그런즉 너희 몸으로 하나님께 영광을 돌리라고 촉구합니다.

21
이제도 남은 자가 있도다
이사야 10:20-23

²⁰ 그날에 이스라엘의 남은 자와 야곱 족속의 피난한 자들이 다시는 자기를 친 자를 의뢰치 아니하고 이스라엘의 거룩하신 자 여호와를 진실히 의뢰하리니 ²¹ 남은 자 곧 야곱의 남은 자가 능하신 하나님께로 돌아올것이라 ²² 이스라엘이여 네 백성이 바다의 모래 같을찌라도 남은 자만 돌아오리니 넘치는 공의로 훼멸이 작정되었음이라 ²³ 이미 작정되었은즉 주 만군의 여호와께서 온 세계 중에 끝까지 행하시리라(사 10:20-23)

| 설교작성 노트 |

목회자의 근심 중 하나는 섬기고 있는 교회 성도들의 구원문제다. 몇 명이 모이느냐 그것보다도 한 사람의 낙오자도 없이 다 구원에 참여할 것인가 하고 얼굴을 떠올리며 기도하게 된다.

출애굽 1세대들이 가나안 복지에 들어가지 못한 것이 우리에게 어떤 예표가 되고 있는가 "주여 구원을 얻는 자가 적으니이까" 하고 여쭈었을 때에 "들어가기를 구하여도 못하는 자가 많으리라"(눅 13:23-24)하신 말씀은 무엇을 의미하는가?

우리는 구원이란 어떤 방법으로든 교회에 나오기만 하면 받는 또는 받을 수도 있고 받지 아니할 수도 있는 선택권이 자신에게 있는 양 생각하고 있는 시대에 살고 있다. 주 앞에 겸비한 마음이 되어서 질문해본다. 주여 구원을 얻는 자가 적으니이까?

사도 바울에게 있어서 최대의 근심은 동족 이스라엘의 구원 문제였습니다. 아브라함의 자손들이 아브라함의 자손으로 오신 그리스도를 배척하고 십자가에 못박아 죽임으로 버림을 당하게 되었다니 이것이 큰 슬픔이요, 고통이었습니다. 그것은 동족에 대한 연민에서 뿐만 아니라 신학적 측면에서 불가해한 문제였습니다. 그러다가 깨달은 것이 렘란트, 즉 "남은 자"의 교리였습니다.

"이사야가 이스라엘에 관하여 외치되 이스라엘의 뭇 자손의 수가 비록 바다의 모래 같을지라도 남은 자만 구원을 얻으리니 주께서 땅 위에서 그 말씀을 이루사 필하시고 끝내시리라 하였으니라"(롬 9:27-28)는 말씀을 붙잡게 된 것입니다.

오늘날도 예수를 믿노라는 무리가 비록 바다의 모래 같을지라도 "그러나 끝까지 견디는 자는 구원을 얻으리라" 하신 말씀을 묵상하면서 주여 오늘날도 남은 자만 구원에 참여하게 되는 것입니까? 그렇다면 남은 자란 누구들입니까 하고 하나님 앞에 겸비한 마음으로 묻지 않을 수가 없습니다.

남은 자의 교리

사도 바울이 인용한 말씀이 본 설교의 본문입니다. 본문 네 절속에 "남은 자"라는 말씀이 네 번이나 나옵니다. "남은 자 곧 야곱의 남은 자가 능하신 하나님께로 돌아올 것이라 이스라엘이여 네 백성이 바다의 모래 같을지라도 남은 자만 돌아오리니" 하십니다.

많은 유다 백성이 바벨론에 포로로 끌려갈 것이나 "남은 자"만 돌아오게 되리라는 말씀입니다. 남은 자의 교리는 이 보다 앞서 이사야가 선지자로 소명 받던 6장에도 나타납니다.

"주여 어느 때까지니이까" 하고 물었을 때 "사람들이 여호와께 멀리 옮기어서 이 땅 가운데 폐한 곳이 많을 때까지니라"고 대답하시면서 "밤나무 상수리나무가 베임을 당하여도 그 그루터기는 남아 있는 것같이 거룩한 씨가 이 땅의 그루터기니라"(사 6:11-13)고 제아무리 절망적인 시대일지라도 그루터기 같이 남아 있는 거룩한 씨가 있다고 말씀하십니다.

"남은 자"만이 구원에 참여하게 된다는 말씀은 이사야 선지자만이 증거한 말씀은 아닙니다. 예레미야 선지자도 "내가 내 양무리의 남은 자를 그 몰려갔던 모든 지방에서 모아 내어 다시 그 우리로 돌아오게 하리니"(렘 23:3) 하고 말씀합니다.

요엘 선지자도 "이는 나 여호와의 말대로 시온 산과 예루살렘에서 피할 자가 있을 것임이요 남은 자 중에 나 여호와의 부름을 받을 사람 있을 것임이니라"(욜 2:32)고 말씀했습니다.

미가 선지자도 "야곱아 내가 정녕히 너희 무리를 다 모으며 내가 정녕히 이스라엘의 남은 자를 모으고 그들을 한 처소에 두기를 보스라 양떼 같게 하며 초장의 양떼 같이 하리니"(미 2:12) 하고 증거합니다. 이 밖에도 모든 문서 선지자들이 한결 같이 남은 자의 구원을 역설하고 있습니다.

칠천을 남겨 두었다

남은 자의 교리가 더욱 선명하게 드러나기는 엘리야 선지자 시대입니다. 엘리야는 이세벨의 위협에 쫓기어 호렙 산 굴에 들어가 숨어 있었습니다. 하나님은 물으십니다. "엘리야야 네가 어찌하여 여기 있느냐?" 엘리야의 대답을 들어보십시오.

"칼로 주의 선지자들을 죽였음이오며 오직 나만 남았거늘 저희가 내 생명을 찾나이다." 이것은 인간이 보는 관점이며 절망입니다. 하나님께서는 "그러나 내가 이스라엘 가운데 칠천 인을 남기리니"(왕상 19장) 하십니다. 바울 사도는 이 말씀에 근거하여 이스라엘에 대하여 절망하지 않고 구원의 소망을 바라봅니다. "그러므로 내가 말하노니 하나님이 자기 백성을 버리셨느뇨 그럴 수 없느니라. 저에게 하신 대답이 무엇이뇨 내가 나를 위하여 바알에게 무릎을 꿇지 아니한 사람 칠천을 남겨 두었다 하셨으니"(롬 11:1-4) 하고 이제도 분명히 남은 자가 있을 것을 믿었습니다.

은혜로 택하심을 따라

그렇다면 어떻게 해서 남은 자가 있게 되며 어떤 사람들이 남은 자 가운데 들게 되느냐 묻지 아니할 수가 없게 됩니다. 성경은 말씀합니다. "그런즉 이와 같이 이제도 은혜로 택하심을 따라 남은 자가 있느니라"(롬 11:5). 이 말씀은 대단히 중요한 말씀인데 "은혜와 택하심"이라는 말씀이 그러합니다.

"남은 자"의 자격은 자신의 무슨 선이나 의로 되는 것이 아니요. 하나님의 "은혜"로 되어진다고 말씀합니다. 은혜란 받을 자격은 고사하고 도리어 진노를 받아 마땅한 자에게 거저주시는 망극하신 선물을 의미합니다.

또한 "남은 자" 가운데 들게 되는 것은 자신의 선악 여부에 있는 것도 아니거니와 전적으로 하나님의 "택하심"으로 말미암아 남은 자 가운데 들게 된다고 말씀합니다. 이 점에 있어서 한 점의 의혹을 남기지 않게 하기 위해서 "만일 은혜로 된 것이면 행위를 말미암지 않음이니 그렇지 않으면 은혜가 은혜 되지 못하느니라"고 설명까지 부언하고 있습니다. "행위"로 말미암은 것이 아니라고 말씀합니다. 그러하기 때문에 "은혜"요 만일 행위로 말미암은 것이라면 "은혜가 은혜 되지 못함" 즉, 그것이 어떻게 은혜이겠느냐고 말씀합니다. 여기서 우리는 중요한 귀결에 이르게 됩니다. "남은 자"의 교리는 그 뿌리라. 선택교리에서 나왔다는 사실입니다.

두 부류 두 진영으로 나누임

이점에 있어서 우리는 원 복음이라고 일컫는 창세기 3:15로 거슬러 올라가야만 합니다. 하나님께서는 "내가 너로 여자와 원수가 되게 하고 너의 후손으로 여자의 후손과 원수가 되게 하리니" 하셨습니다.

다시 말씀드리면 이 이후로는 인류는 두 부류(뱀의 후손과 여자의 후손) 두 진영으로 갈라지게 되고 그 두 사이에는 원수 즉, 적대감이 있게 되리라는 말씀입니다.

그렇다면 어떤 기준 어떤 근거에서 두 부류 두 진영으로 나누어지게 되느냐 하는 점입니다. "한 사람으로 말미암아 죄가 세상에 들어오고 죄로 말미암아 사망이 왔나니 이와 같이 모든 사람이 죄를 지었으므로 사망이 모든 사람에게 이르렀느니라"(롬 5:12)고 말씀합니다.

"한 사람"이 죄를 범하였으나 "모든 사람"이 죄를 범하였다고 성경은 말씀하고 있는 것입니다. 왜냐하면 그는 인류의 대표자로써 죄를 범했기 때문입니다. 그러므로 고린도전서 15:22에서도 "아담 안에서 모든 사람이 죽은 것 같이" 하고 말씀하고 있습니다.

그렇다면 모든 사람이 아담 안에서 죄를 범하고 아담 안에서 죽게 되었다면 한 줄기여야지 어떻게 두 부류, 두 진영이 된다는 말씀인가?

여기에 본 설교의 핵심적인 메시지가 들어 있습니다.

그렇습니다. 인간 편에서 볼 때에 하나님의 진노의 심판에서 벗어나거나 제외될 자는 한 사람도 없는 것입니다. 그런 중에 하나님의 "은혜로 택하심을 따라 남은 자"가 있다는 것입니다. 이것은 전적으로 긍휼에 풍성하신 하나님의 사랑에 의해서 뿐입니다.

"아담 안에서" 모든 사람이 죽은 것 같이 창세전에 "그리스도 안에서 우리를 택하사" 그 기쁘신 뜻대로 우리를 예정하사 예수 그리스도로 말미암아 자기의 아들들이 되게 하셨다(엡 1:4,5)고 말씀합니다. 하나님의 은혜로 택하심을 따라 뱀의 후손의 진영에서 여자의 후손의 진영으로 옮겨졌다는 말씀입니다. 그것이 하나님의 예정가운데 창세전에 이루어졌다고 성경은 말씀하고 있습니다.

당신이 "아직 나지도 아니하고 무슨 선이나 악을 행하지 아니한 때에 택하심을 따라 되는 하나님의 뜻"(롬 9:11)에 의해서 말입니다. 형제의 지금의 심정이 어떠합니까? 무슨 할 말이 남아 있습니까? 그래도 무슨 자랑거리라고 내어놓을 것이 있습니까?

남은 자만 구원을 얻으리니

이사야 선지자가 "남은 자 곧 야곱의 남은 자가 능하신 하나님께로 돌아올 것이라. 이스라엘이여 네 백성이 바다의 모래 같을지라도 남은 자만 돌아오리니" 하고 외친 말씀이 일차적으로는 바벨론 포로로부터 돌아올 자들을 가리킨다 하여도 그것이 전부는 아닙니다.

궁극적으로는 사탄의 포로로부터 돌아올 자들을 가리키는 말씀인 것입니다. 선지자들이 예언한 핵심은 바벨론에서의 구원이 아니라 그리스도의 초림과 재림으로 말미암아 완성될 하나님의 나라 곧 메시야 왕국을 지향하고 있는 것입니다. 문맥적으로 볼 때에 더욱 그러합니다.

미가 선지자는 "베들레헴 에브라다야 너는 유다 족속 중에 작을 지라도 이스라엘을 다스릴 자가 네게서 내게로 나올 것이라"고 말씀하면서 그 후에는 그 형제 남은 자가 이스라엘 자손에게로 돌아오리니"(미 5:2③)합니다.

스바냐 선지자는 "나의 분한과 모든 진노를 쏟으려고 나라들을 소집하며 열국을 모으리라 온 땅이 나의 질투의 불에 소멸되리라"고 최후 심판을 경고하면서 "내가 곤고하고 가난한 백성을 너희 중에 남겨 두리니 그들이 여호와의 이름을 의탁하여 보호를 받을지라. 이스라엘의 남은 자는 악을 행치 아니하며 거짓을 말하지 아니하며"(습 3:8-13) 하고 남은 자가 심판 날에 구원에 참여하게 될 것을 증거하고 있습니다. 그리므로 우리도 "이사야가 미리 말한 바 만일 만군의 주께서 우리에게 씨를 남겨 두시지 아니하셨더면 우리가 소돔같이 되고 고모라와 같았으리로다"(롬 9:29)고 말할 것 밖에 달리는 할 말이 없는 것입니다.

그리스도와의 만남

하나님께서는 본질상 진노의 자식(엡 2:3)이었던 우리들을 남은 자 가운데 들게 하시기 위하여 창세전에 그리스도 안에서 택하여 주셨습니다. "너희는 하나님께로부터 나서 그리스도 예수 안에 있고"(고전 1:30) 하나님은 우리를 택하셔서(너희는 하나님께로부터 나서) "그리스도 예수 안에" 넣어주셨습니다.

그러므로 주님께서는 "저희는 아버지의 것이었는데 내게 주셨으며"(요 17:6) 하고 말씀하셨던 것입니다. 주님께서는 하나님이 택하서서 주신 우리들을 자기 안에 품으시고 십자가에 죽으셨고 장사지낸 바 되었으며 다시 살아나셔서 하나님 우편에 앉아 계시는 것입니다. 그렇다면 어떤 일이 일어난 것입니까?

우리 옛사람도 예수 그리스도 안에서 "함께" 죽고 "함께" 장사 지 낸바 되었다가 "함께" 살아났으며(롬 6장) "함께" 하늘에 앉으신바(엡 2:5)된 것입니다. 이보다 더 경이롭고 영광스럽고 복된 일은 달리 없습니다. 현재의 고난이 아무리 힘들다 하여도 이 영광에 족히 비교할 바가 아닙니다.

형제여, 아무에게나 이러한 축복이 주어지는 것이 아닙니다. 하나님의 은혜로 택하심을 따라 남은 자 가운데 든 자 뿐입니다. 교회에 출석하기만 하면 자동적으로 구원이 주어지는 양 부추기지 맙시다.

다윗이 인구 조사한 것을 하나님께서 괘씸히 여기심과 같이 교회 머릿수만 세기에 급급하여 자고하지 마십시다. 한 영혼이 사망에서 생명으로 옮겨지는 것이 무슨 수단이나 방법으로 되는 양 교만해 하지 마십시다. 자신의 능력이나 수단으로 복음화 시킬 것처럼 너무 큰 소리 치지 맙시다. 반대로 너무 작고 약하다고 나만 남았는데 하고 엘리야처럼 낙심하지도 마십시다. 지혜의 아름다운 말로 설득하려고 설교를 철학적인 초등학문으로 혼잡스럽게 하지 마십시다.

"내 말과 내 전도함이 지혜의 권하는 말로 하지 아니하고 다만 성령의 나타남과 능력으로 하여 너희 믿음이 사람의 지혜에 있지 아니하고 다만 하나님의 능력"에만(고전 2:4,5) 있게 하십시다.

"이러하므로 전에 너희에게 말하기를 내 아버지께서 오게 하여 주지 아니하시면 누구든지 내게 올 수 없다 하였노라"(요 6:65).

"너희가 나를 택한 것이 아니요. 내가 너희를 택하여 세웠나니"(요 15:16).

22
돌아오게 하리라

예레미야 29:10-14

¹⁰ 나 여호와가 이같이 말하노라 바벨론에서 칠십년이 차면 내가 너희를 권고하고 나의 선한 말을 너희에게 실행하여 너희를 이곳으로 돌아오게 하리라 ¹¹ 나 여호와가 말하노라 너희를 향한 나의 생각은 내가 아나니 재앙이 아니라 곧 평안이요 너희 장래에 소망을 주려하는 생각이라 장래와 ¹² 너희는 내게 부르짖으며 와서 내게 기도하면 내가 너희를 들을 것이요 ¹³ 너희가 전심으로 나를 찾고 찾으면 나를 만나리라 ¹⁴ 나 여호와가 말하노라 내가 너희에게 만나지겠고 너희를 포로된 중에서 다시 돌아오게 하되 내가 쫓아 보내었던 열방과 모든 곳에서 모아 사로잡혀 떠나게 하던 본 곳으로 돌아오게 하리라 여호와의 말이니라 하셨느니라(렘 29:10-14)

| 설교작성 노트 |

설교란 하나님의 말씀을 대언하는 것이다. 그것은 단순히 소리 나는 구리와 울리는 꽹과리 같이 대언하는데 그치는 것이 아니라 "누가 주의 마음을 알아서 주를 가르치겠느냐"(고전 2:16)하심과 "내가 예수 그리스도의 심장으로 너희 무리를 어떻게 사모하는지 하나님이 내 증인이시니라"(빌 1:8)는 말씀같이 설교란 주의 마음을 알아서 주의 심장으로 회중을 향하여 피를 토하듯 절규하는 것이다.

예레미야 선지자는 예루살렘이 함락되고 하나님의 성전이 불타는 것을 목도한 눈물의 선지자이다. 그는 이 비극적인 사건과 절망적인 상황에서 하나님의 마음을

> 어떻게 읽었으며 무엇이라 대언하고 있는가. 이는 곧 이 시대의 말씀을 맡은 사역자들이 담당해야 할 일인 것이다. 그렇다면 이 시대를 향한 하나님의 마음은 무엇인가?

유다 말기에 마지막 선한 왕으로 세움 받았던 요시야는 성전을 수리하다가 율법책을 발견하게 되었는데 거기에 기록된 말씀을 듣게 되었을 때에 옷을 찢고 통곡하였다고 역사서는 말씀하고 있습니다(대하 34장). 그가 듣게 된 율법책이란 모세 오경이었을 터인데 그 중에서도 특히 신명기의 부분을 들었을 것으로 여겨집니다.

신명기란 요단 동편 모압 평지에서 모세가 죽기 전에 행한 세 편의 설교로 되어 있습니다. 그 내용의 중심은 "네 하나님의 말씀을 순종하면 복을 받고 만일 순종치 아니하면 저주를 받으리라"는 말씀입니다.

몇 곳만 살펴보면 그들이 순종치 아니하고 다른 신을 좇게 될 때에 "원방 땅 끝에서 한 민족을 독수리의 날음같이 너를 치러 오게 하시리니 그 용모가 흉악한 민족이라. 네 모든 성읍을 에워싸고 네가 의뢰하는 바 높고 견고한 성벽을 다 헐며 네가 대적에게 에워싸이고 맹렬히 쳐서 곤란함을 당함으로 네 하나님 여호와께서 네게 주신 자녀 곧 네 몸의 소생의 고기를 먹을 것이다"고 끔찍한 경고를 하고 있습니다.

그들을 "만민 중에 흩으시리니" 합니다. 네 임금을 너와 네 열조가 알지 못하던 나라로 끌어가시리니(신 28장에서 인용) 합니다. 요시야 왕은 이러한 말씀들을 듣게 되었을 터인데 경계하기 위하여 주어졌던 말씀이 예레미야 선지자 때에 바벨론왕 느부갓네살의 침략을 받아 역사적으로 임하고 말았던 것입니다.

그렇다면 이제 하나님의 선민 이스라엘의 소망은 완전히 끊어지고 하나님이 계획하시고 추진해 내려오신 하나님의 나라 회복 운동 즉, 구속의 역사는 실패로 끝나고 말았단 말인가.

돌아오게 하리라

"나 여호와가 이같이 말하노라. 바벨론에서 70년이 차면 내가 너희를 권고하고 나의 선한 말을 너희에게 실행하여 너희를 이곳으로 돌아오게 하리라"(10)고 약속하십니다.

포로로 끌려간 다니엘도 예레미야서를 통하여 "그 연수를 깨달았나니 곧 예루살렘의 황무함이 70년 만에 마치리라 하신 것이라"(단 9:2)고 말씀합니다. 깨달은 다니엘은 금식하여 베옷을 입고 재를 무릅쓰고 수 하나님께 기도하며 간구하기를 결심했다고 말씀합니다.

패역한 선민 이스라엘을 대적의 손에 내어주며 먼 나라로 쫓아 보내시면서도 너희를 이곳으로 "돌아오게 하리라"고 말씀하시는 것이 우리가 믿는 하나님 아버지의 마음입니다.

"돌아오게 하리라"는 말씀이 얼마나 반복적으로 말씀하고 있는가를 유의해 보십시오. 10절에 이어 14절에서는 "돌아오게 하되" "돌아오게 하리라"고 거듭 말씀합니다.

이는 29장에서 뿐만 아니라 28:4에서도 "돌아오게 하리니" 하시고 30:3에서도 "돌아오게 할 것이라" 말씀하고 31:23에서도 그 사로잡힌 자를 "돌아오게 할 때에"하십니다. 이 밖에도 돌아오게 하리라는 말씀은 32:44; 33:7과 26에서도 "그 포로된 자로 돌아오게 하고 그를 긍휼히 여기리라"고 거듭 거듭 말씀하고 있습니다.

하나님께서는 사랑하는 아내(선민 이스라엘을 아내 또는 자식으로 말씀하심)를 먼 나라로 쫓아보내시면서 그들이 점점 멀어져 보이지 않게 될 때까지 손을 흔들면서 내가 "돌아오게 하리라 돌아오게 하리라"고 말씀하시는 이것이 우리가 믿는 하나님 아버지의 마음입니다.

성경의 중심 주제

"돌아오게 하리라"는 주제는 성경역사를 통하여 볼 때에 중심주제 중 하나입니다. 인류의 시조가 범죄하여 하나님 앞에서 추방당하게 되었을 때에 "내가 너로 여자와 원수가 되게 하고 너의 후손도 여자의 후손과 원수가 되게 하리니 여자의 후손은 네 머리를 상하게 할 것이요"(창 3:15) 하고 선언하신 원 복음에 함축된 의미인즉 다름 아닌 내가 너로 "돌아오게 하리라"(회복)는 선언이었던 것입니다.

하나님께서 그들을 에덴에서 추방하시기 전에 "아담과 그 아내를 위하여 가죽옷을 지어 입히시니라"(창 3:21)는 말씀은 빛과 어두움, 의와 불법이 공존할 수 없어서(고후 6:14) 지금은 불가피하게 내어 쫓을 수밖에 없지만 때가 되면 너희에게 가죽옷을 지어 입히듯이 내가 의의 옷을 지어 입혀서 돌아오게 하리라는 묵시적인 의미가 내포되어 있었던 것입니다.

이뿐만 아니라, 야곱이 형의 낯을 피하여 하란으로 도망하는 중 벧엘에서 고독하게 돌을 베게하고 누워 잘 때에 그에게 나타나시어 "내가 너와 함께 있어 네가 어디로 가든지 너를 지키며 너를 이끌어 이 땅으로 돌아오게 할지라"(창 28:15)고 위로와 격려를 주셨던 것입니다. 이는 야곱 개인을 위해서가 아니라 그의 자손으로 여자의 후손 곧 그리스도를 보내셔서 만민을 돌아오게 하시려는 원대한 섭리가 계셨기 때문입니다.

또 야곱이 하나님의 섭리 가운데 가족들을 이끌고 애굽으로 내려가게 되었을 때에도 그에게 나타나시어 "애굽으로 내려가기를 두려워 말라. 내가 거기서 너로 큰 민족을 이루게 하리라…내가 정녕 너를 인도하여 다시 올라올 것이다"(창 46:4)고 약속하셨던 것입니다.

하나님께서는 약속하신 대로 모세를 보내셔서 그 자손을 다시 돌아오게 하셨습니다. 하나님의 나라 회복 운동 즉, 구속사역이란 다름 아닌 "돌아오게 하리라"고 약속하신 대로 "돌아오게 하시는" 여호와의 언약을 성취하시는 사역인 것입니다.

새 언약을 통하여

본문을 문맥적으로 관찰해보면 "돌아오게 하리라"는 하나님의 주권적인 의도가 육적 이스라엘이 바벨론 포로로부터 귀환에 그치고 있지 아니함을 보게 됩니다.

31장에 나타난 하나님의 계시를 주목해 보십시오. 23절에서 "내가 그 사로잡힌 자를 돌아오게 할 때에" 하시면서 내가 그들을 "뽑으며 훼파하며 전복하며 멸하며 곤란케 하던 것 같이 경성하여 그들을 세우며 심으리라"(28) 하십니다. 그리고 "나 여호와가 말하노라 날이 이르리니 내가 이스라엘 집과 유다 집에 새 언약을 세우리라"(31) 하십니다.

새 언약은 "내가 그들의 열조의 손을 잡고 애굽 땅에서 인도하여 내던 (돌아오게 하던)날에 세운 것과 같지 아니할 것이라"(32)고 말씀합니다. 그러합니다. 하나님의 나라 회복 즉, 인류구원의 역사란 이스라엘 민족을 애굽 바로의 노예상태에서 가나안으로 돌아오게 하는 것으로 성취되는 것도 아니며 바벨론 포로로부터 돌아오게 하는 것으로 이루어지는 것도 아닌 것입니다.

이것들은 그림자요, 예표적으로 주어졌던 사건들이었습니다. 궁극적인 하나님의 나라 회복이란 "내게 기름을 부으시고 나를 보내사 포로 된 자에게 자유를 눈먼 자에게 다시 보게 함을 전파하며 눌린 자를 자유케 하고 주의 은혜의 해를 전파하게 하려하심이라"(눅 4:18)는 그렇게 해서 해방시키시고 돌아오게 하시는 새 언약으로만이 가능하다는 것은 성경이 증거하고 있는 명백한 진리입니다. 주 예수께서는 "이 글이 오늘날 너의 귀에 응하였느니라"고 선언하십니다.

그리스도와의 만남

출애굽기는 영적 출애굽에 대한 완벽할 만한 예표입니다. 하나님께서는 일찍이 아브라함에게 "네 자손은 사대 만에 이 땅으로 돌아오리니"(창 15:16)라고 출애굽을 약속하셨습니다. 그런데 그들이 돌아오기 위해서는 "구속하여 너희로 내 백성을 삼고"(출 6:6) 하신 어린 양의 구속이 필요했음을 잊어서는 안됩니다.

호세아 선지자는 "타인에게 연애를 받아 음부가 된" 아내를 데려오기 위해서는 "내가 은 열 다섯 개와 보리 한 호멜 반으로 나를 위하여 저를 사고"(호 3:1-2) 한 값을 지불해야만 했습니다. 우리를 돌아오게 하시기 위해서 예수 그리스도께서는 새 언약의 대속 제물이 되셨습니다. 값을 주고 사셨습니다. 하나님의 사랑이 이렇게 나타난바 되었습니다.

형제여, 집 나간 자식을 기다리는 아버지의 심정을 아십니까? 누가복음 15장에 나오는 주님의 비유 말씀은 "탕자의 비유"가 아니라 "집 나간 탕자를 기다리는 아버지의 비유"로 인식되어야 마땅합니다. 그가 돌아오자 "이 내 아들은 죽었다가 다시 살아났으며 내가 잃었다가 다시 얻었노라"고 큰 잔치를 베풀며 기뻐하고 있는 것을 봅니다.

형제가 "우상을 버리고 하나님께로 돌아와서 사시고 참되신 하나님을 섬기며 또 죽은 자들 가운데서 다시 살리신 그의 아들이 하늘로부터 강림하심을 기다리는"(살전 1:9-10) 소망 가운데 살아가게 된 것은 하나님 아버지의 "돌아오게 하리라 돌아오게 하리라"하신 사랑과 은혜의 결과임을 잊지 마시기를 기원합니다.

시편에 이에 대한 감격적인 노래가 있습니다.

"여호와께서 시온의 포로를 돌리실 때에 우리가 꿈꾸는 것 같았도다 그때에 우리 입에는 웃음이 가득하고 우리 혀에는 찬양이 찼었도다 열방 중에서 말하기를 여호와께서 저희를 위하여 대사를 행하셨다 하였도다 여호와께서 우리를 위하여 대사를 행하셨으니 우리는 기쁘도다"(시 126:1-3).

그런데 형제여, 아직도 돌아오지 못하고 남은 자들이 있다는 사실입니다. "여호와여 우리의 포로를 남방 시내들 같이 돌리소서." 이는 우리들의 기도요 우리는 이 일에 부름을 받은 전달자들인 것입니다.

23
애가서에 나타난 그리스도의 수난

예레미야 애가 3:1-18

¹ 여호와의 노하신 매로 인하여 고난 당한 자는 내로다 ² 나를 이끌어 흑암에 행하고 광명에 행치 않게 하셨으며 ³ 종일토록 손을 돌이켜 자주 자주 나를 치시도다 ⁴ 나의 살과 가죽을 쇠하게 하시며 나의 뼈를 꺾으셨고 ⁵ 담즙과 수고를 쌓아 나를 에우셨으며 ⁶ 나로 흑암에 거하게 하시기를 죽은지 오랜 자 같게 하셨도다 ⁷ 나를 둘러 싸서 나가지 못하게 하시고 나의 사슬을 무겁게 하셨으며 ⁸ 내가 부르짖어 도움을 구하나 내 기도를 물리치시며 ⁹ 다듬은 돌을 쌓아 내 길을 막으사 내 첩경을 굽게 하셨도다 ¹⁰ 저는 내게 대하여 엎드리어 기다리는 곰과 은밀한 곳의 사자 같으사 ¹¹ 나의 길로 치우치게 하시며 내 몸을 찢으시며 나로 적막하게 하셨도다 ¹² 활을 당기고 나로 과녁을 삼으심이여 ¹³ 전동의 살로 내 허리를 맞추셨도다 ¹⁴ 나는 내 모든 백성에게 조롱거리 곧 종일토록 그들의 노랫거리가 되었도다 ¹⁵ 나를 쓴 것으로 배불리시고 쑥으로 취하게 하셨으며 ¹⁶ 조약돌로 내 이를 꺾으시고 재로 나를 덮으셨도다 ¹⁷ 주께서 내 심령으로 평강을 멀리 떠나게 하시니 내가 복을 잊어버렸음이여 ¹⁸ 스스로 이르기를 나의 힘과 여호와께 대한 내 소망이 끊어졌다 하였도다(애 3:1-18)

| 설교작성 노트 |

애가서는 예루살렘이 함락되고 성전이 불타버린 직후에 선지자 예레미야가 지은 5편의 슬픈 노래로 되어 있다. 하나님의 성전(성막)이 왜 주어졌는가? 그것은 임마누엘의 분명한 모형이었다. 그런데 성전이 왜 파괴되었는가? 죄 때문이었다. 성전의 실체로 오신 그리스도가 왜 죽으셔야만 했는가? 죄 때문이었다. 그렇다면 애가서를 통해서 그리스도의 수난을 내다 본다는 것은 가능한 것이 아닌가. 이것이 본 설교의 접근이다.

예레미야 애가는 예루살렘이 멸망하고 성전이 불타버린 직후에 선지자 예레미야가 지은 5편의 슬픈 노래입니다.

"슬프다. 이 성이여, 본래는 거민이 많더니 이제는 어찌 그리 적막히 앉았는고"(1:1) 애가는 이렇게 시작됩니다. "밤새도록 애곡하니 눈물이 뺨에 흐름이여 사랑하던 자 중에 위로하는 자가 없고 친구도 다 배반하여 원수가 되었도다(1:2)"고 말합니다.

애가서는 일차적으로 예루살렘의 멸망을 슬퍼하는 노래임이 분명합니다. 그러나 그것이 전부라면 오늘 우리들에게 주시는 의미가 무엇입니까?

애가서를 관찰해 보면 예레미야의 슬픔이 물리적인 파괴나 손실만을 위한 육적인 슬픔이 아님을 보게 됩니다. "처녀 시온의 모든 영광이 떠나감이여"(1:6) 하고 하나님과의 교제가 끊어지고 버림당하게 됨을 슬퍼하고 있는 영적인 슬픔임을 알게 됩니다. 그렇다면 애가서의 표면만이 아니라 이면을 보고 의문만이 아닌 신령한 것을 볼 수 있어야만 하지 않겠습니까?

진노를 쏟으셨도다

성전이 불타고 파괴당한 것은 느부갓네살의 군대에 의해서였지만 실상은 하나님께서 진노를 그 위에 쏟으셨기 때문입니다.

"슬프다 주께서 어찌 그리 진노하사 처녀 시온을 구름으로 덮으셨는고. 이스라엘의 아름다운 것을 하늘에서 땅에 던지셨음이여. 진노하신 날에 그 발등상을 기억지 아니하셨도다"(2:1)고 말씀합니다.

"진노"는 애가서의 핵심단어 중 하나입니다. "진노"와 "노"를 합하면 15회나 나옵니다. 성전이 불타버린 날을 "여호와께서 진노하신 날"(1:12)이라고 말합니다. "처녀 시온의 장막에 노를 불처럼 쏟으셨도다"(2:4)고 진술합니다.

선민 이스라엘 역사상 외적의 침략은 끊임없이 당하였지만 이토록 완전히 멸망하고 성전이 파괴당하기는 전무후무한 일이었습니다. 그만큼 이 역사적인 사건은 구속사라는 맥락에서 볼 때에 중요한 의미가 있는 것입니다. 또한 그렇게 보아야만 합니다.

이 점에서 우리는 성경에 대고 물어야만 합니다. 하나님께서 예루살렘 성전에 분노를 불같이 쏟으심으로 하나님의 노가 풀리셨는가. 하나님의 공의가 만족히 여기심을 받으셨는가? 그리고 훗날 그들을 바벨론에서 귀환케 하심으로 손상된 하나님의 나라가 회복되었는가 하는 점입니다. 그에 대한 답변은 아니라는 데 이르게 됩니다. 그리고 필연적으로 하나님께서 진노를 아낌없이 쏟아 부으시던 그날 그 한 몸을 바라보게 해줍니다.

"하나님께서 길이 참으시는 중에"(롬 3:25) 성경은 이렇게 말씀합니다. 구약시대란 하나님께서 "길이 참으셨던" 기간이었습니다. 죄를 보시고도 간과(보고도 못 보신 척)하시던 시대였습니다.

혹자는 구약시대에도 징벌이 있지 않았느냐고 할 것입니다. 그러나 그것은 징계하신 정도지 진노를 불같이 쏟으심은 아니었습니다. 하나님의 진노란 그 정도가 아닙니다. 그것은 하나님의 진노가 얼마나 두렵고 떨리는 것인가를 모르기 때문에 하는 말입니다. 구약시대에도 홍수 심판이나 불 심판이 있었습니다. 그러나 그것은 마지막에 있을 진노에 대한 예표적인 계시로 주셨을 뿐입니다.

하나님께서는 원죄로부터 시작하여 말라기에 이르기까지 "길이 참으셨던" 것입니다. 저수지에 물이 고이듯 하나님의 진노는 고여가기만 했습니다. 그러셨던 하나님이 "곧 이때에 자기의 의로우심을 나타내사"(롬 3:26)라고 합니다. "의로우심을 나타냈다"는 말은 심판을 시행하셨다는 뜻입니다.

그렇습니다. 참으셨던 공의를 나타내실 날이 이른 것입니다. 자기 아들에게 그 동안 참으셨던 모든 사람의 죄를 담당시키셔서 십자가에 내어 주시던 날이었습니다. 성경은 "이는 첫 언약 때에 (구약시대) 범한 죄를 속하려고 죽으셨다"(히 9:15)고 말씀합니다.

예수 그리스도는 실로 구약시대와 신약시대의 모든 죄를 한 몸에 짊어지시고 그 위에 쏟으시는 하나님의 불같은 진노를 받으셨던 것입니다. 한 줄기 햇빛마저도 거두사 백일이 무광하던 날이었습니다. 그러므로 애가서는 말씀합니다. "여호와의 노하신 매로 인하여 고난당한 자는 내로다"(3:1).

성전된 그리스도의 수난

애가서 3장은 인칭대명사가 "나"로 되어 있습니다. "고난당한 자는 내로다"라고 말합니다. 그렇다면 여기서 고난당하고 있는 "나"는 누구일까요. 학자들은 이를 해석하는 데 어려움을 겪고 있습니다.

이 점에서 우리는 원리적인 면에서 접근해 보아야만 합니다. 예루살렘 성전이 파괴당한 사건은 엄연한 역사적인 사건이었습니다. 그리고 그 역사는 하나님께서 구원을 성취해 나가시는 중에 일어난 구속의 역사의 일부분이었다는 것입니다.

그렇다면 이 사건을 구속사의 관점에서 바라보아야만 바로 볼 수가 있는 것입니다. 해석에 어려움을 겪고 있다면 이는 이러한 안목이 열려지지 아니한 때문일 것입니다.

구약의 성막이나 성전은 변명의 여지가 없이 임마누엘의 모형이었습니다. 그렇다면 모형이 파괴당한 역사를 통하여 실체이신 그리스도의 수난을 바라본다는 것은 너무나 당연한 것입니다. 차이가 있다면 예루살렘 성전이 파괴당한 것은 자신들의 죄 때문이었으나 그리스도께서 당하신 수난은 우리의 죄를 대신하여 당하신 수난이었다는 점뿐입니다. 이를 드러내고 증거하기를 주저치 말아야 합니다.

애가서에는 그리스도께서 당하실 수난을 예언적으로 증거하여 주고 있다고 밖에는 달리 설명할 수 없는 표현들로 가득합니다.

"내가 부르짖어 도움을 구하나 내 기도를 물리치시며"(3:8) 하고 "엘리 엘리라마 사박다니" 하시는 주님의 기도소리가 들려옵니다. "내 몸을 찢으시며 나로 적막하게 하셨도다. 활을 당기고 나로 과녁을 삼으심이여 전통의 살로 내 허리를 맞추셨도다"(3:11-13)고 여호와께서 우리 무리의 죄악을 그에게 담당시키시는 모습을 대하게 됩니다.

"나는 내 모든 백성에게 조롱거리 곧 종일토록 그들의 노래거리가 되었도다"(3:14)고 조롱당하시는 모습이 생생합니다. "나를 쓴 것으로 배불리시고 쑥으로 취하게 하셨으며"(3:15) 하고 고난의 잔을 물러가게 하시기는커녕 한 모금도 남김없이 그 찌꺼기까지 마시우게 하셨다고 말씀합니다.

또 "무고히" 미워할 것과 "저희가 내 생명을 끊으려고 나를 구덩이에 넣고 그 위에 돌을 던짐이여"(3:52,53) 하고 무덤에 가두려고 돌로 무덤 문을 막는 장면이 묘사되어 있습니다. "물이 내 머리에 넘치니 내가 스스로 이르기를 멸절되었다"(3:54)고 무덤에 머물던 삼일동안 이 만사가 끝장이 나고 절망적인 상태였음을 말씀합니다.

그러나 "내가 주께 아뢴 날에 주께서 내게 가까이 하여 가라사대 두려워 말라 하셨나이다"(3:57) 하고 부활의 소망을 말해줍니다. 4장에서도 이러한 전망은 계속됩니다. "전에는 존귀한 자의 몸이 눈보다 깨끗하고 젖보다 희며 산호보다 붉어 그 윤택함이 마광한 청옥같더니 이제는 그 얼굴이 숯보다 검고 그 가죽이 뼈에 붙어 막대기 같이 말랐다"(4:7-8)고 그분의 존귀와 비하도 말해줍니다.

"우리의 콧김 곧 여호와의 기름 부으신 자가 저희 함정에 빠졌음이여"(4:20) 하고 그가 한 때 사망에 매어 있었음을 나타내주기도 합니다. "우리도 이 사람이 이스라엘을 구속할 자라고 바랐노라"(눅 24:21)는 의미인 "우리가 저의 그늘 아래서 열국 중에 살겠다 하던 자로다"(4:20하)고 그렇게 기대했던 "콧김 곧 여호와의 기름 부으신 자"가 저희 함정에 빠졌다고 애석해 합니다.

예레미야 선지자가 성전 파괴라는 역사적 사건을 통하여 "이 성전을 헐라. 내가 사흘 동안에 일으키리라"(요 2:19) 하신 그리스도의 수난을 바라보았다면 그는 어떻게 이것을 알 수가 있었을까요.

모든 선지자도 이때를 증거함

그것은 어려운 일이 아닙니다. 신약성경은 이에 대해서 분명한 답변을 하고 있습니다. "하나님의 모든 선지자의 입을 의탁하사 자기의 그리스도의 해 받으실 일을 미리 알게 하신 것을 이와 같이 이루셨느니라"(행 3:18)고 모든 선지자들은 그리스도께서 해 받으실 것을 미리 알고 있었다고 말씀합니다.

"또한 사무엘 때부터 옴으로 말한 모든 선지자도 이때를 가리켜 말하였느니라"(행 3:24)합니다. 부활하신 주님께서 의심하는 제자들에게 하신 말씀이 무엇입니까? "미련하고 선지자들의 말한 모든 것을 마음에 더디 믿는 자들이여 그리스도가 이런 고난을 받고 자기의 영광에 들어가야 할 것이 아니냐"(눅 24:25-26)하시고 모든 성경에 쓴 바 자기에 관한 것을 자세히 설명해 주셨습니다.

한 곳만 더 인용하겠습니다. "너희에게 임할 은혜를 예언하던 선지자들이 연구하고 부지런히 살펴서 자기 속에 계신 그리스도의 영광이 그 받으실 고난과 후에 얻으실 영광을 미리 증거하였다"(벧전 1:10-11)고 말씀합니다. 선지자들은 멍청한 자들이 아니었습니다. "연구하고 부지런히 살폈다"고 말씀해줍니다.

그렇다면 예레미야 선지자가 다윗의 시편을 통해서도 그리스도의 수난을 알 수가 있었을 것이요. 그보다 더 확실한 것은 자신보다 몇 십 년 앞서 활동하며 예루살렘의 멸망을 경고하고 그리스도의 수난을 예언했던 이사야를 통해서 충분하리만치 알 수가 있었을 것입니다.

예레미야가 이사야 53장의 말씀 "그는 실로 우리의 질고를 지고 우리의 슬픔을 당하였거늘 우리는 생각하기를 그는 징벌을 받아서 하나님에게 맞으며 고난을 당한다 하였노라. 그가 찔림은 우리의 허물을 인함이요. 그가 상함은 우리의 죄악을 임함이라"(사 53:4-6)는 말씀을 알았을진대 성전 파괴의 비극적인 상황은 그리스도의 수난을 증거하는 절호의 기회가 되었을 것입니다.

그 뿐만이 아니라 예레미야서를 통해서 볼 때 예레미야 자신도 그리스도에 대하여 충분하리만치 알고 있었다고 여겨집니다. "나 여호와가 말하노라. 보라 때가 이르리니 내가 다윗에게 한 의로운 가지를 일으킬 것이라. 그가 왕이 되어"(렘 23:5) 하고 그리스도를 예언하고 있습니다.

예레미야서의 핵심장이라 말할 수 있는 31장에서는 "나 여호와가 말하노라. 보라 날이 이르리니 내가 이스라엘 집과 유다 집에 새 언약을 세우리라"(렘 31:31) 하십니다. 새 언약이란 "첫 언약도 피 없이 세운 것이 아니니"(히 9:18) 하신대로 피 없이 세우시는 것이 아닙니다.

"이 잔은 내 피로 세우는 새 언약이니 곧 너희를 위하여 붓는 것이라"(눅 22:20) 하신 예수 그리스도의 피로 세우시는 것이 새 언약입니다. 그렇다면 예레미야 선지자는 하나님께서 짐승의 피가 아닌 다윗의 자손으로 오실 그 아들의 피로 새 언약을 세워주시겠다고 하는 사실을 알았을 것입니다.

그렇다면 결론은 모형으로 주어진 성전의 파괴를 통하여 참 성전이 헐릴 것을 바라보았다는 것은 너무나 당연한 귀결이라는 결론에 이르게 됩니다. 만일 이를 보지 못했거나 증거하지 않았다면 그것이 도리어 이상한 일이요 선지자로서의 직무를 태만히 한 일이 될 것입니다.

문제는 우리들에게 있습니다. "오늘까지라도 구약을 읽을 때에 그 수건이 오히려 벗어지지 아니하고 있다"(고후 3:14)는데 있습니다. "나에 대하여 증거한 것이라"는 주님의 확언이 있음에도 구약을 설교하면서 그리스도를 만나지 못하고 그래서 증거하지 못함이 답답하고 안타까울 뿐입니다.

그리스도와의 만남

애가서를 대할 때에 예레미야 선지자가 예루살렘의 멸망을 슬퍼하고 있는 노래입니다 하고 거기서 머문다면 이는 수박의 겉만 핥는 격입니다. 얼마나 미흡합니까? 얼마나 맛이 없습니까? 그것이 오늘의 나와 무슨 상관이 있단 말입니까? 우리들도 통곡의 벽에 가서 울자는 겁니까? 아닙니다. 애가서를 통해서도 그리스도를 만날 수가 있어야만 합니다.

우리의 죄값은 바벨론에 포로로 끌려가 70년 징역형을 살고 나오듯 그 정도가 아닙니다. 세세토록 지옥 형벌을 받아야 마땅한 것입니다. 그러한 나를 살리시기 위하여 우리 대신 진노를 그 한 몸에 받으시고 성전 되신 그 몸을 헐으셨던 그분을 만나야만 합니다.

그러므로 우리들도 이렇게 찬양할 수가 있는 것입니다. "여호와의 자비와 긍휼이 무궁하심으로 우리가 진멸되지 아니함이니이다. 이것이 아침마다 새로우니 주의 성실이 크도소이다. 사람이 여호와의 구원을 바라고 잠잠히 기다림이 좋도다. 인생에게 고생하며 근심하게 하심이 본심이 아니시로다. 우리가 스스로 행위를 조사하고 여호와께로 돌아가자 마음과 손을 아울러 하늘에 계신 하나님께 들자"(애 3:22-41).

이것이 그리스도와의 만남이요 적용입니다.

24
하나님의 애절한 마음

에스겔 11:14-25

¹⁴ 여호와의 말씀이 내게 임하여 가라사대 ¹⁵ 인자야 예루살렘 거민이 너의 형제 곧 너의 형제와 친속과 이스라엘 온 족속을 향하여 이르기를 너희는 여호와에게서 멀리 떠나라 이 땅은 우리에게 주어 기업이 되게 하신 것이라 하였나니 ¹⁶ 그런즉 너는 말하기를 주 여호와의 말씀에 내가 비록 그들을 멀리 이방인 가운데로 쫓고 열방에 흩었으나 그들이 이른 열방에서 내가 잠간 그들에게 성소가 되리라 하셨다 하고 ¹⁷ 너는 또 말하기를 주 여호와의 말씀에 내가 너희를 만민 가운데서 모으며 너희를 흩은 열방 가운데서 모아 내고 이스라엘 땅으로 너희에게 주리라 하셨다 하라 ¹⁸ 그들이 그리로 가서 그 가운데 모든 미운 물건과 가증한 것을 제하여 버릴찌라 ¹⁹ 내가 그들에게 일치한 마음을 주고 그 속에 새 신을 주며 그 몸에서 굳은 마음을 제하고 부드러운 마음을 주어서 ²⁰ 내 율례를 좇으며 내 규례를 지켜 행하게 하리니 그들은 내 백성이 되고 나는 그들의 하나님이 되리라 ²¹ 그러나 미운 것과 가증한 것을 마음으로 좇는 자는 내가 그 행위대로 그 머리에 갚으리라 나 주 여호와의 말이니라 ²² 때에 그룹들이 날개를 드는데 바퀴도 그 곁에 있고 이스라엘 하나님의 영광도 그 위에 덮였더니 ²³ 여호와의 영광이 성읍 중에서부터 올라가서 성읍 동편 산에 머물고 ²⁴ 주의 신이 나를 들어 하나님의 신의 이상 중에 데리고 갈대아에 있는 사로잡힌 자 중에 이르시더니 내가 보는 이상이 나를 떠난지라 ²⁵ 내가 사로잡힌 자들에게 여호와께서 내게 보이신 모든 일로 고하니라(겔 11:14-25)

| 설교작성 노트 |

설교란 녹음기 같이 하나님의 말씀을 재생하는 기능이 아니다. 설교란 하나님의 마음을 품은 자가 하나님의 마음을 전하는 인격적인 행위이다. 하나님의 마음은 한마디로 "사랑"이다. 설교 주제가 죄에 대한 징계이든 심판의 경고이든 그 결론은 사랑이어야 한다. 사랑이 없으면 소리 나는 구리요, 울리는 꽹과리에 불과하다. 본문에 하나님의 마음, 즉 하나님의 사랑은 어떻게 나타나 있는가?

에스겔은 느부갓네살의 2차 예루살렘 침공 시 여호야긴 왕과 함께 바벨론으로 끌려간 포로 중의 한 사람이었습니다. 그는 바벨론에서 포로로 끌려온 하나님의 백성을 위한 선지자로 소명을 받았습니다.

에스겔서는 크게 두 부분으로 나누어집니다. 분기점은 예루살렘이 함락되는 33:20입니다. 전반부는 심판에 관한 경고요. 후반부는 회복에 관한 약속입니다. 한 마디로 앞부분은 "예루살렘이 멸망하리라"는 심판이고 뒷부분은 "예루살렘이 회복되리라"는 위로입니다. 주어진 본문은 심판에 대한 경고의 문맥에서 주어졌습니다.

떠나는 자와 남아 있는 자

예루살렘이 함락이 되어 백성을 흩으시는 중에 포로가 되어 바벨론으로 끌려가는 자들이 있는가 하면 예루살렘에 남아 있는 자들도 있게 되었습니다. 남아 있게 된 자들은 떠나는 형제들을 동정적으로 바라본 것이 아니라 하나님께 버림을 받아 끌려가는 양 여겼습니다. 그들은 말했습니다.

"너희는 여호와에게서 멀리 떠나라. 이 땅은 우리에게 주어 기업이 되게 한 것입니다"(15). 이럴 경우 형제라면 어느 쪽에 들기를 바랄 것입니까? 이에 관한 말씀이 예레미야서 24장에 기록되어 있습니다. 하나님께서는 예레미야에게 무화과 두 광주리를 보이셨습니다. 한 광주리에는 좋은 무화과가 담겨 있고 다른 광주리에는 먹을 수 없는 악한 무화과가 담겨 있었습니다. 하나님은 말씀하십니다.

"내가 이곳에서 옮겨 갈대아인의 땅에 이르게 한 유다 포로를 이 좋은 무화과같이 보아 좋게 하리라. 내가 그들을 돌아보아 좋게 하여 다시 이 땅으로 인도하고 세우고 헐지 아니하며 심고 뽑지 아니하겠고 내가 여호와인줄 아는 마음을 그들에게 주어서 그들로 전심으로 내게 돌아오게 하리니 그들은 내 백성이 되겠고 나는 그들의 하나님이 되리라"(렘 24:5-7) 하십니다.

말할 것도 없이 남아 있게 된 자들은 악하여 먹을 수 없는 무화가같이 버리시겠다고 말씀합니다. 요는 포로로 끌려가는 것이 하나님의 뜻을 따르는 길이라는 말씀입니다. 왜 그렇습니까? 포로로 내어 주신 이는 하나님이시기 때문입니다. 이럴 경우 "너희는 매를 순히 받고 그것을 정하신 자를 순종할지니라"(미 6:9)고 말씀합니다.

포로 되어 가는 자들이 결코 좋은 무화과는 아닙니다. 오직 하나님께서 "좋은 무화과같이 보아 좋게 할 것이라"(렘 24:5)는 말씀입니다. 이것이 징계의 목적입니다. "무릇 징계가 당시에는 즐거워 보이지 않고 슬퍼 보이나 후에 그로 말미암아 연달한 자에게는 의의 평강한 열매를 맺나니"(히 12:11) 그러므로 "내가 여호와인줄 아는 마음을 그들에게 주어서 그들로 전심으로 내게 돌아오게 하리니 그들은 내 백성이 되겠고 나는 그들의 하나님이 되리라"고 말씀하시는 것입니다.

형제여, 매를 맞을 때에 순히 받으십시다.

잠간 그들에게 성소가 되리라

여기 하나님의 망극하고도 애절한 마음을 대하게 됩니다. "내가 비록 그들을 멀리 이방인 가운데로 쫓고 열방에 흩었으나 그들이 이른 열방에서 내가 잠간 그들에게 성소가 되리라"는 말씀을 듣게 되기 때문입니다.

"성소"란 하나님이 계시는 곳을 의미합니다. 그런데 "그들이 이른 열방에서 그들에게 성소가 되리라" 하심은 하나님께서 포로로 끌려가는 자기 백성을 따라가시겠다는 말씀인 것입니다. 예루살렘에 좌정해 있던 성소가 바벨론으로 옮겨진다는 말씀입니다. "잠간" 동안이라고 말씀합니다. 이는 임시 수도와 같음을 의미합니다.

그렇습니다. 자기 백성이 적국에 포로로 머물러 있게 되는 70년 동안만 성소가 되리라 하십니다. 이 말씀을 대하는 형제의 느낌과 마음은 어떠하십니까? 이것이 하나님 우리 아버지의 마음입니다. 자기 백성이 거기 있기에 그곳에 그들과 함께 계셔서 그들을 보호하시며 보살피시다가 징계의 때가 차면 그들을 이끌고 다시 돌아오시겠다는 말씀입니다.

이러한 하나님의 마음은 이곳에만 나타나 있는 것은 아닙니다. 야곱이 에서의 낯을 피하여 하란으로 향했을 때에 벧엘에서 그에게 나타나셔서 이르시기를 "내가 너와 함께 있어 네가 어디로 가든지 너를 지키며 너를 이끌어 이 땅으로 돌아오게 할지라. 내가 네게 허락한 것을 다 이루기까지 너를 떠나지 아니하리라"(창 28:15)고 말씀하셨습니다.

훗날 그가 가족을 이끌고 애굽으로 내려가게 되었을 때에도 "나는 하나님이라. 네 아비의 하나님이니 애굽으로 내려가기를 두려워 말

라. 내가 거기서 너로 큰 민족을 이루게 하리라. 내가 너와 함께 애굽으로 내려가겠고 정녕 너를 인도하여 다시 올라올 것이며"(창 46:3-4) 하셨습니다.

"그들이 이른 열방에서 내가 잠간 그들에게 성소가 되리라" 이것은 성경에 나타난 자녀들에게 향하신 하나님 아버지의 일관된 마음이십니다.

떠나시는 하나님

하나님께서 예루살렘 성전을 떠나시는 광경을 환상을 통하여 에스겔에게 보여주십니다. 하나님의 임재의 좌소는 성전 중에서도 지성소, 지성소 중에서도 법궤위에 있는 두 그룹 사이입니다. 일찍이 모세에게 "거기서 내가 너와 만나고 속죄소 위 곧 증거 궤위에 있는 두 그룹 사이에서 내가 이스라엘 자손을 위하여 네게 명할 모든 일을 네게 이르리라"(출 25:22) 하셨습니다.

그런데 "여호와의 영광이 그룹에서 올라 성전 문지방에 임하는"(겔 10:4) 광경을 에스겔에게 보여주십니다. 솔로몬이 성전을 봉헌하였을 때에 "여호와의 영광이 그 전에 가득함"(대하 7:1)으로부터 시작하여 약 350년 동안 좌정하여 계시던 성전을 떠나고 있는 것입니다.

10:19에 보면 성전 문지방에 머물렀던 여호와의 영광이 떠나서 "여호와의 전으로 들어가는 동문"에 머무릅니다. 그리고 동문에 머물렀던 여호와의 영광이 성읍 중에서부터 올라가서 성읍 동편 산에 머무르는 것을 보게 됩니다(23).

그러니까 두 그룹 사이를 떠난 여호와의 영광이 문지방에 머물렀다가 동문에 이르고 동편 산 즉 감람 산에 머물렀다가 "데리고 갈대아에 있는 사로잡힌 자 중에 이르는"(11:24) 것을 보여 주십니다. 그 것은 마치 발걸음이 떨어지지 아니하여서 머뭇 머뭇하시는 모습이 선명합니다. 이 광경을 통하여 보여주시고자 하는 바는 "여인이 어찌 그 젖 먹는 자식을 잊겠으며 자기 태에서 난 아들을 긍휼히 여기지 않겠느냐 그들은 혹시 잊을지라도 나는 너를 잊지 아니할 것이라"(사 49:14)는 하나님 아버지의 마음이십니다.

모든 왕의 주재이신 하나님

다니엘은 에스겔과 함께 포로 중에 세움을 받아 바벨론에서 활동한 선지자입니다. 다니엘서는 에스겔서 다음에 놓여있습니다. 그것이 제 위치입니다. 왜냐하면 다니엘서에서 전개되고 있는 사건들은 "그들이 이른 열방에서 내가 잠간 그들에게 성소가 되리라"하신 여호와 하나님의 역사하심이었기 때문입니다.

느부갓네살 왕의 꿈을 진술하고 해몽한 일과(단 2:31-45) 사드락, 메삭, 아벳느고가 풀무 가운데서 건짐받은 일(단 3:24-27)과 다니엘이 사자 굴에서 구원 얻은 일 등을 설교할 때 등장 인물에 초점을 맞추어 그들의 믿음의 위대함을 증거하기에 앞서서, 하나님의 위대하심을 증거하여야 마땅합니다.

왜냐하면 이는 다니엘과 세 친구의 능력이 아니라 하나님의 능력이며 다니엘이나 그 세 친구의 전쟁이 아니라 하나님의 전쟁이며 승리이기 때문입니다. 성경이 말씀하고 있는 바 "전쟁은 여호와께 속하였다"는 말씀을 잊어서는 아니됩니다. 출애굽 당시에도 모세와 바로와의 전쟁이 아니고 그들은 하수인들일 뿐 배후에는 두 큰 세력의 전쟁이 있었던 것입니다.

느부갓네살 왕이 "사드락과 메삭과 아벳느고의 하나님을 찬송할지로다 그가 그 사자를 보내사 자기를 의뢰하고 그 몸을 버려서 왕의 명을 거역하고 그 하나님 밖에는 다른 신을 섬기지 아니하며 그에게 절하지 아니한 종들은 구원하셨도다.

그러므로 내가 이제 조서를 내리노니 각 백성과 각 나라와 각 방언하는 자가 무릇 사드락과 메삭과 아벳느고의 하나님께 설만히 말하거든 그 몸을 쪼개고 그 집으로 거름 터를 삼을지니 이는 이 같이 사람을 구원할 다른 신이 없음이니라"(단 3:28-29)고 조서를 내려보내고 있습니다.

사드락과 메삭과 아벳느고를 찬송하고 있습니까? 아닙니다. 그들이 섬기는 하나님을 찬양하고 있습니다. 그런데 정작 하나님의 종들은 사람을 높이며 내세우고 있다면 얼마나 부끄러운 일이겠습니까?

다리오왕도 마찬가지입니다. "내가 이제 조서를 내리노라. 내 나라 관할 아래 있는 사람들은 다 다니엘의 하나님 앞에서 떨며 두려워할지니 그는 사시는 하나님이시오. 영원히 변치 않으실 자시며 그 나라는 망하지 아니할 것이요. 그 권세는 무궁할 것이며 그는 구원도 하시며 건져내기도 하시며 하늘에서든지 땅에서든지 이적과 기사를 행하시는 자로서 다니엘을 구원하여 사자의 입에서 벗어나게 하셨음이니라 하였더라"(단 6:26-28). 누구에게 초점을 맞추고 있습니까?

누가 높임을 받고 계십니까? 누가 증거되고 있습니까? 다니엘입니까 하나님입니까? 성령께서 이 사건들을 통하여 누구를 증거하고 누구를 높이며 누구에게 찬양을 돌리기를 원하고 계시는가를 본문은 명백하게 나타내주고 있습니다. 이는 혈과 육에 대한 싸움이 아니라 살아 계시고 참되신 하나님께서 바벨론의 신들의 허무함과 무가치함을 여지없이 들어내시고 있는 여호와의 전쟁인 것입니다.

하나님께서는 자기 백성을 징치하시기 위하여 대적에게 내어주셨지만 그들과 함께 계시고 그들 중에 거하셔서 그들을 주관하시며 보호하고 계셨던 것입니다. 참으로 선하신 하나님을 찬양하십시다.

데리고 돌아오리라

우리는 한 걸음 더 나아가야만 합니다. 하나님께서는 기약이 이르면 "내가 너희를 만민 가운데서 모으며 너희를 흩은 열방 가운데서 모아 내고 이스라엘 땅으로 너희에게 주리라"(겔 11:17)고 말씀하고 있기 때문입니다. 즉 "만민 중에서 끌어내며 열방 중에서 모아 그 본토로 데리고"(겔 34:13) 돌아오시겠다는 말씀입니다. 이제 에스겔에게 보여주신 이상과 비전을 보십시오.

앞으로 세워질 새로운 성전으로 떠나셨던 하나님의 영광이 돌아오는 것을 보여주십니다. 이스라엘 하나님의 영광이 동편에서부터 오는데 하님의 음성이 많은 물소리 같고 땅은 그 영광으로 인하여 빛나니 그 모양이 내가 본 이상 곧 전에 성읍을 멸하려 올 때에 보던 이상 같고 여호와의 영광이 동문으로 말미암아 전으로 들어가고 내가 보니 여호와의 영광이 전에 가득하더니(43:2-5) 하고 말씀합니다. 여호와의 사역은 중단되거나 결코 미완성에 그치지 않습니다.

에스겔서는 "그날 후로는 그 성읍의 이름을 여호와 삼마라 하리라"는 말씀으로 끝맺고 있습니다. "여호와 삼마" 곧 여호와께서 거기 계시다는 이를 위하여 이를 세우시고 완성하시기 위하여 하나님은 이제까지 일하십니다.

이 환상은 요한계시록에 가서 완성될 것입니다. "보라. 하나님의 장막이 사람들과 함께 있으매 하나님이 저희와 함께 거하시리니" 하십니다. 여호와 삼마가 완성이 되는 것입니다. 그때에 "저희는 하나님의 백성이 되고 하나님은 친히 저희와 함께 계셔서 모든 눈물을 그 눈에서 씻기시매 다시 사망이 없고 애통하는 것이나 곡하는 것이나 아픈 것이 다시 있지 아니하리니 처음 것들이 다 지나갔음이더라"(계 21:3-4)가 실현될 것입니다. 이는 한 가지 남아있는 약속 메시야 왕국에 대한 비전입니다.

그리스도와의 만남

이제는 "잠간 그들에게 성소가 되리라"가 아니라 예수 그리스도의 구속으로 말미암아 "영원토록 너희와 함께 있게 하시리니"(요 14:16)가 가능하여졌습니다. 뿐만 아니라 "또 너희 속에 계시겠음이라"(요 14:17)고 말씀합니다. 이로 보건대 형제가 섬기는 교회가 가정이 그리고 형제의 몸이 하나님께서 영원토록 거하실 성소가 된 것입니다.

아직은 실감도 나지 아니하고 더디 믿어지지만 계시하여 주신 구속사의 맥을 통하여 확신하는 데 거할 수가 있습니다. 이는 예수 그리스도께서 재림하시는 날 완성이 될 것입니다. 그날에는 우리의 면류관을 벗어서 주님께 드리는 데 까지 이를 것입니다. 성도들이 세상에 사는 동안 잠시 고난도 징계도 당하지만 그것은 영원한 영광과 족히 비교할 수가 없습니다.

또한 환난과 징계 중에도 내 속에서 근심하실지언정 주께서 그때도 나를 떠나시지 아니하시고 나와 함께 계시고 나를 주관하고 계신다는 믿음은 우리에게 큰 안위가 됩니다. 오직 한 가지 소원은 형통할 때만이 아니라 시련과 징계 중에도 나를 통하여 하나님의 영광만을 나타내 하나님 우리 아버지께서 찬양받으시기만을 바랄 뿐입니다.

25
거룩한 이름 큰 이름을 위하여
에스겔 36:16-23

¹⁶ 여호와의 말씀이 또 내게 임하여 가라사대 ¹⁷ 인자야 이스라엘 족속이 그 고토에 거할 때에 그 행위로 그 땅을 더럽혔나니 나 보기에 그 소위가 월경 중에 있는 여인의 부정함과 같았느니라 ¹⁸ 그들이 땅 위에 피를 쏟았으며 그 우상들로 더럽혔으므로 내가 분노를 그들의 위에 쏟아 ¹⁹ 그들을 그 행위대로 심판하여 각국에 흩으며 열방에 헤쳤더니 ²⁰ 그들의 이른바 그 열국에서 내 거룩한 이름이 그들로 인하여 더러워졌나니 곧 사람들이 그들을 가리켜 이르기를 이들은 여호와의 백성이라도 여호와의 땅에서 떠난 자라 하였음이니라 ²¹ 그러나 이스라엘 족속이 들어간 그 열국에서 더럽힌 내 거룩한 이름을 내가 아꼈노라 ²² 그러므로 너는 이스라엘 족속에게 이르기를 주 여호와의 말씀에 이스라엘 족속아 내가 이렇게 행함은 너희를 위함이 아니요 너희가 들어간 그 열국에서 더럽힌 나의 거룩한 이름을 위함이라 ²³ 열국 가운데서 더럽힘을 받은 이름 곧 너희가 그들 중에서 더럽힌 나의 큰 이름을 내가 거룩하게 할찌라 내가 그들의 목전에서 너희로 인하여 나의 거룩함을 나타내리니 열국 사람이 나를 여호와인줄 알리라 나 주 여호와의 말이니라

(겔 36:16-23)

| 설교작성 노트 |

하나님께서 독생하신 예수 그리스도를 십자가에 못 박기까지 하시면서 인류를 구원하여 주심은 우리를 사랑하여 주셨기 때문이라고 말한다. 그 말은 맞다. 진실로 그러하다. 그러나 거기서 멈추어서는 안 된다. 더 깊이 더 높게 나아가야만 한다. 먼저는 하나님의 영광을 위해서였다 하나님의 나라 회복운동이란 하나님의 큰 이름이 걸려 있는 운동임을 인식해야만 한다. 하나님의 명예가 걸려있다는 말이다.

사탄은 하나님을 대적하고 하나님께서 세우신 하나님의 나라를 파괴하였다. 이로 인하여 하나님의 거룩하신 이름과 명예에 손상을 입힌 것이다. 마귀가 대적하는 목표는 인간이 아니라 하나님이다. 그리하여 자신이 최고의 지혜자가 되려는 데 있다.

그러므로 하나님의 나라 회복운동은 하나님의 전쟁인 것이다. 우리는 그 싸움에 군사로 부름을 받은 것뿐이다. 이를 모르기 때문에 인간 중심적인 신앙에 빠지기가 쉽다. 인간의 수단이나 방법으로 인간이 이루어 나가는냥 착각하기 쉽다. 그 결과는 교만 아니면 낙심으로 나타나게 된다.

예레미야가 예루살렘의 멸망을 목격한 선지자라면 에스겔 선지자는 바벨론에 포로로 끌려간 중에서 선지자로 세움을 받은 자입니다. 예루살렘의 멸망은 3차에 걸쳐서 이루어졌습니다.

다니엘은 1차 침공 때 포로로 끌려갔고 에스겔은 2차 침략 시에 포로로 잡혀갔습니다. 그러므로 에스겔서의 내용을 보면 완전히 함락되기 이전에는 멸망과 심판을 경고하는 내용이고 함락된 후에는 회복될 것을 선포하여 소망을 주는 내용입니다.

본문은 회복의 소망을 주는 부분입니다. "내가 너희를 열국 중에서 취하여 내고 열방 중에서 모아 데리고 고토에 돌아가게 하시겠다"고 말씀합니다(24).

너희를 위함이 아니라

그런데 여기서 의외라 할 만한 말씀을 듣게 됩니다. 그것은 "내가 이렇게 행함(즉, 포로에서 귀환케 함)은 너희를 위함이 아니요"(22)라는 말씀을 대하기 때문입니다. 32절에서도 "나 주 여호와가 말하노라. 내가 이렇게 행함은 너희를 위함이 아닌 줄을 너희가 알리라" 하십니다.

이 말씀의 뜻은 너희를 바벨론에서 돌아오게 한다는 것이 너희에게 그럴만한 선이나 공로가 있어서가 아니라는 뜻입니다. 그러하기는 커녕 "이스라엘 족속아 너희 행위를 인하여 부끄러워하고 한탄할지어다"(32하)고 말씀합니다.

그늘의 행위를 인해서라면 포로에서 귀환은커녕 소돔 고모라저럼 멸망을 받아 마땅한 것입니다. 그래서 "부끄러워하고 한탄할 지어다" 하시는 겁니다. 그렇다면 어째서 그리고 왜 그들을 포로된 상태에서 돌아오게 하시겠다는 것일까요.

거룩한 이름이 더럽힘을 받음

"그들을 그 행위대로 심판하여 각국에 흩으며 열방에 헤쳤더니 그들의 이른바 그 열국에서 내 거룩한 이름이 그들로 인하여 더러워졌다"(19-20)고 말씀합니다. 20절을 계속해 보시면 "사람들이 그들을 가리켜 이르기를 이들은 여호와의 백성이라도 여호와의 땅에서 떠난 자라"고 조롱했다는 것입니다. 즉 이런 뜻입니다. "꼴좋다. 여호와의 백성이 이 무슨 꼴이람" 하고 그들로 인하여 그들에게 주어진 "여호와"의 이름이 모독을 받으셨다는 것입니다.

그 뿐 아니라 "너희는 여호와를 너희 하나님으로 섬겼고 우리는 우리의 신을 하나님으로 섬겼다. 결과는 어느 산이 더 위대한 것으로 판명되었느냐"는 여호와의 인격과 능력에 대한 중대한 도전이었다는 것입니다.

이 점을 시편에서는 "사람들이 종일 나더러 하는 말이 네 하나님이 어디 있느뇨. 하니 내 눈물이 주야로 내 음식이 되었도다"(시 42:3)고 묘사하고 있습니다. 문제가 이에 이르렀다면 하나님이 가만히 계실 수가 없는 것입니다.

내 거룩한 이름을 아꼈노라

본문은 "그 열국에서 더럽힌 내 거룩한 이름을 아꼈노라" 하십니다. 그러므로 그들을 바벨론에서 귀환케 하여 줌은 "너희를 위함이 아니요. 너희가 들어간 그 열국에서 더럽힌 나의 이름을 위함이라"(22)고 말씀하는 것입니다.

바벨론에서 다니엘의 세 친구가 우상숭배를 거부하다가 풀무에 던짐 당했지만 머리털 하나도 그슬리지 않고 구원받은 사건이나 다니엘이 사자굴에서 구출받은 사건을 증거할 때에 그들의 믿음에 초점을 맞추어서는 안 됩니다. 그들의 믿음은 가히 모범이 될 만합니다.

그러나 이제 우리가 상고하고 있는 같은 맥락에서 해석되어져야만 합니다. 여기서 강조되어야 할 점은 다니엘과 사드락 메삭 아벳느고가 아니라 바벨론의 우상에 비하여 여호와 하나님이 얼마나 위대하신가가 증거되어야만 하는 것입니다.

느부갓네살의 말을 들어보십시오. "사드락과 메삭과 아벳느고의 하나님을 찬송할지로다. 그가 그 사자를 보내서 자기를 의뢰하고 그 몸을 버려서 왕의 명을 거역하고 그 하나님 밖에는 다른 신을 섬기지 아니하며 그에게 절하지 아니한 종들을 구원 하셨도다"(단 3:28). 하나님께서는 거룩하신 자신의 이름을 그렇게 아끼셨습니다. 그 이름은 세세에 찬양을 받으셔야 할 이름입니다.

하나님께서 자기 백성을 징계하시기 위하여 한 때 대적에게 내어 주셨지만 만일 자기 백성을 바벨론의 포로상태에 방치해 두신다면 하나님의 그 "큰 이름"(23)이 용납할 수가 없는 것입니다. 그래서 그들을 귀환케 하시겠다는 것입니다.

이를 알았기에 다니엘은 "주여 들으소서 주여 용서하소서 주여 들으시고 행하소서 지체치 마옵소서. 나의 하나님이여 주 자신을 위하여 하옵소서. 이는 주의 성과 주의 백성이 주의 이름으로 일컫는바 됨이니이다"(단 9:19)고 기도했던 것입니다.

시편 기자는 "우리 구원의 하나님이여 주의 이름의 영광을 위하여 우리를 도우시며 주의이름을 위하여 우리를 건지시며 우리 죄를 사하소서"(시 79:8) 하고 기도했습니다. 그들이 적국에 포로로 끌려가서 당하는 고난과 능욕은 자신들의 죄 값으로 받아 마땅하지만 자신들로 인하여 하나님의 거룩하신 이름이 모독을 받으시게 된 것을 마음 아파했던 것입니다. 그래서 그들은 "여호와여 영광을 우리에게 돌리지 마옵소서. 우리에게 돌리지 마옵소서. 오직 주의 인자하심과 진실하심을 인하여 주의 이름에 돌리소서"(시 115:1) 하고 탄원했던 것입니다. 자신들을 위해서가 아니라 하나님의 영광과 주의 이름을 인하여 자신들을 돌아가게 해 달라는 간구입니다.

에스겔서에서 뿐만 아니라 예레미야 선지자도 "여호와여 우리의 죄악이 우리에게 대하여 증거할지라도 주는 주의이름을 위하여 일하소서. 우리의 타락함이 많으니이다. 우리가 주께 범죄하였나이다"(렘

14:7) 하고 동일한 영으로 호소하고 있음을 봅니다.

"이렇게 행함은 너희를 위함이 아니요. 너희가 들어간 그 열국에서 더럽힌 나의 거룩한 이름을 위함이다"(22).

구속사역은 인간을 위한 것이 첫째가 아니라 하나님의 거룩하신 이름을 위한 것이 첫째인 것입니다. 주 예수께서 십자가를 지심도 인간을 이한 것이 첫째가 아니요. "이때에 자기의 의로우심을 나타내사 자기도 의로우시며"(롬 3:26) 하신 하나님의 거룩하심과 공의로우심을 나타내시는 것이 먼저였던 것입니다.

그러므로 바벨론에 포로로 끌려간 하나님의 백성들을 돌아오게 하시는 것을 보고 "열국 사람이 나를 여호와인줄 알리라"(23하)고 말씀하는 것입니다.

하나님의 나라 건설 즉, 인류의 구원계획에는 하나님의 거룩하신 이름과 명예가 걸려 있다는 것을 인식한다는 것은 중요한 요점입니다.

새 영, 새 마음

우리는 좀 더 나아가야만 합니다. 그것은 이스라엘 백성을 애굽에서 해방하시고 바벨론에서 돌아오게 하시는 것으로 더럽힘을 받은 하나님의 명예가 온전히 회복되는 것은 아니라는 점입니다. 왜냐하면 하나님의 명예가 손상을 입게 된 것은 그것이 처음이 아니기 때문입니다. 근원적인 문제가 남아 있는 것입니다.

그것은 창세기 3장에서 인류의 시조가 하나님의 말씀보다 사탄의 유혹을 더 신임하여 금단의 과실을 따먹고 에덴에서 추방당함으로 하나님께서 보시기에 그토록 좋으셨던 하나님의 나라가 파괴당하였을 때에 입은 손상은 회복되지 않고 있기 때문입니다.

그러므로 25절 이하를 보면 맑은 물로 너희에게 뿌려서 너희로 정결케(25) 하고 새 영을 너희 속에 두고 새 마음을 너희에게 주겠다(26)고 말씀하고 있습니다. 이렇게 해 주셔야만 아담 안에서 더러워진 심령이 새로워지고 하나님의 명예가 회복되기 때문입니다. 또 내 신을 너희 속에 두겠다(27)고 말씀합니다.

"맑은 물", "새 영", "새 마음", "새 신"이란 말씀은 의문(儀文)에 속한 말씀이 아니고 신령에 속한 복음을 의미합니다. "새 영", "새 마음"을 주심이 가능케 되는 것은 예수 그리스도의 대속으로 말미암아서만 가능하다는 명백한 진리입니다.

그리스도와의 만남

인류의 시조가 범죄함으로 더럽힘을 받으신 하나님의 거룩하신 이름과 큰 이름의 명예의 회복은 여자의 후손으로 하여금 뱀의 머리를 상하게 하시는, 즉 예수 그리스도의 구속으로 말미암아서만 가능하여지는 것입니다. 다른 길 다른 방법이 있었다면 하나님의 아들께서 결코 도성인신하시거나 저주의 십자가에 못 박히시지 않으셨을 것입니다.

주님께서는 십자가를 앞에 놓고 이렇게 기도하셨습니다. "내가 이를 위하여 이때에 왔나이다. 아버지여 아버지의 이름을 영광스럽게 하옵소서"(요 12:27하-28상).

아시겠습니까? 예수 그리스도께서 십자가를 감당하심은 아버지의 이름을 영화롭게 하는 것이 최우선이었던 것입니다. 그리고 하나님의 나라의 온전한 회복과 대적자 사탄에 대한 최종적인 승리는 예수 그리스도께서 심판주로 재림하셔서 통치하시게 될 때에 완성되는 것입니다.

형제여, 주님께서 가르쳐주신 기도의 첫 제목이 무엇인지 아십니까? "아버지의 이름이 거룩히 여김을 받으시옵소서"입니다. 자녀된 우리들은 아버지의 이름을 얼마나 존중히 여기고 있으며 우리로 인하여 거룩히 여기심을 받으시게 살아가고 있는지요. 나의 유익 나의 축복보다 아버지의 이름과 영예를 최우선으로 생각하고 있습니까? 모독을 돌리고 있지는 아니합니까?

내가 당하는 시련과 징계를 괴로워하기보다는 아버지의 거룩하신 이름과 그 나라의 명예에 손상을 입힌 일에 대하여 더욱 마음 아파하고 있습니까?

"하나님의 이름이 너희로 인하여 이방인 중에서 모독을 받는도다" (롬 2:24).

너희가 더럽힌 "내 거룩한 이름을 아꼈노라."

26
성전문을 닫을 자가 있었으면 좋겠도다

말라기 1:6-14

⁶ 내 이름을 멸시하는 제사장들아 나 만군의 여호와가 너희에게 이르기를 아들은 그 아비를, 종은 그 주인을 공경하나니 내가 아비일찐대 나를 공경함이 어디 있으냐 내가 주인일찐대 나를 두려워함이 어디 있느냐 하나 너희는 이르기를 우리가 어떻게 주의 이름을 멸시하였나이까 하는도다 ⁷ 너희가 더러운 떡을 나의 단에 드리고도 말하기를 우리가 어떻게 주를 더럽게 하였나이까 하는도다 이는 너희가 주의 상은 경멸히 여길 것이라 말함을 인함이니라 ⁸ 만군의 여호와가 이르노라 너희가 눈 먼 희생으로 드리는 것이 어찌 악하지 아니하며 저는 것, 병든 것으로 드리는 것이 어찌 악하지 아니하냐 이제 그것을 너희 총독에게 드려보라 그가 너를 기뻐하겠느냐 너를 가납하겠느냐 ⁹ 만군의 여호와가 이르노라 너희는 나 하나님께 은혜를 구하기를 우리를 긍휼히 여기소서 하여 보라 너희가 이같이 행하였으니 내가 너희 중 하나인들 받겠느냐 ¹⁰ 만군의 여호와가 이르노라 너희가 내 단 위에 헛되이 불 사르지 못하게 하기 위하여 너희 중에 성전 문을 닫을 자가 있었으면 좋겠도다 내가 너희를 기뻐하지 아니하며 너희 손으로 드리는 것을 받지도 아니하리라 ¹¹ 만군의 여호와가 이르노라 해 뜨는 곳에서부터 해 지는 곳까지의 이방 민족 중에서 내 이름이 크게 될 것이라 각처에서 내 이름을 위하여 분향하며 깨끗한 제물을 드리니 이는 내 이름이 이방 민족 중에서 크게 될 것임이니라 ¹² 그러나 너희는 말하기를 여호와의 상은 더러웠고 그 위에 있는 실과 곧 식물은 경멸히 여길 것이라 하여 내 이름을 더럽히는도다 ¹³ 만군의 여호와가 이르노라 너희가 또 말하기를 이 일이 얼마나 번폐스러운고 하며 코웃음하고 토색한 물건과 저

는 것, 병든 것을 가져왔느니라 너희가 이같이 헌물을 가져오니 내가 그것을 너희 손에서 받겠느냐 여호와의 말이니라 ¹⁴ 떼 가운데 수컷이 있거늘 그 서원하는 일에 흠 있는 것으로 사기하여 내게 드리는 자는 저주를 받으리니 나는 큰 임금이요 내 이름은 열방 중에서 두려워하는 것이 됨이니라 만군의 여호와의 말이니라(말 1:6-14)

| 설교작성 노트 |

말라기서는 구약성경의 마지막 책이다. 구속의 역사는 창세기에서 시작하여 말라기 시대까지 이른 것이다. 그 기간이 얼마나 되는 지 정확한 연대는 알 길이 없다. 허나 장구한 세월이 흐른 것만은 분명하다.
　그렇다면 타락한 인류가 말라기 시대에 와서는 얼마쯤 개선이 되고 성화되었는가 하는 점이다. 이것은 인간의 행위와 관련이 있다. 또 한 가지 구약의 마지막 책과 신약의 처음 책들인 복음서와 어떻게 연결되고 있는가 하는 점이다. 이것은 하나님의 행사와 관련이 있다. 그럼 인간의 행위와 하나님의 행하심을 살펴보기로 하자.

　말라기서는 구약성경의 마지막 책입니다. 구약의 결론이며, 동시에 신약성경과 연결시켜주는 다리 역할을 해 주고 있습니다. 그런 의미에서 말라기서는 다른 선지서들과는 유별한데가 있습니다. 우선적으로 생각하려는 것은 말라기 시대에 와서 인간은 얼마만치 성화되었는가 하는 점입니다.
　인류의 시조가 범죄함으로부터 말라기 시대까지 그 기간이 얼마나 되는 지 확실한 연대는 알 길이 없습니다. 그러나 지상 많은 민족 중에서 이스라엘을 선민으로 택하셔서 특별히 섭리해 내려오신 기간은 약 이천년쯤으로 잡을 수가 있습니다. 참으로 장구한 세월인 것입니다. 그 기간 동안 이스라엘은 하나님의 특별한 사랑과 은총을 누리며 살아온 민족인 것입니다.

그렇다면 말라기 시대쯤 와서는 그들이 얼마나 아름답게 변화되어 있을 것인가를 기대한다는 것은 당연한 일이 아니겠습니까? 하나님을 닮고 하나님을 기쁘시게 해드리는 모습으로 나타나야 하지 않겠습니까? 그러나 말라기서에 나타난 그들의 모습은 기대와는 전혀 다른 모습인 것입니다.

내가 너희를 사랑하였노라

말라기서는 "여호와께서 말라기로 이스라엘에게 말씀하신 경고라"(1:1)로 시작됩니다. 그러나 첫 말씀은 경고가 아니라 "사랑"입니다. "내가 너희를 사랑하였노라"(2) 이것이 첫 말씀입니다.

변함없으신 하나님의 사랑은 말라기서의 첫 말씀일 뿐만 아니라 창세기로부터 시작하여 말라기서에 이르기까지의 하나님의 행사를 한 마디로 요약한 말씀이라 할 수가 있습니다.

이 책에 실려 있는 설교의 주제가 무엇이든지 그 저변에는 변함없으신 하나님의 사랑이 깔려 있는 것입니다. 왜 하나님께서 그렇게 해주셔야만 했습니까? 한 마디로 "사랑"입니다. "여호와께서 다만 너희를 사랑하심으로 인하여 또는 너희 열조에게 하신 맹세를 지키려 하심을 인하여"(신 7:8) 그들을 출애굽 시켜주셨다고 말씀합니다.

설교 주제가 경고이든 심판이든 회개이든 무엇이든지 그 바탕은 사랑이어야 합니다. 이것이 하나님의 마음입니다. "내가 너희를 사랑하였노라"는 말씀은 과거에도 사랑했고 현재에도 사랑하고 있으며 미래에도 사랑할 것이라는 사랑의 지속성을 의미합니다.

그러나 저들은 "주께서 어떻게 우리를 사랑하셨나이까"(2하) 하고 항변합니다. 이 말 역시 구약시대 전반에 걸친 하나님의 사랑에 대한 인간의 반응을 나타내주는 말입니다.

하나님의 사랑을 의심한다는 것, 이보다 더 하나님을 슬프시게 해드리는 일은 달리 없습니다. 인류의 시조 아담으로부터 오늘에 이르기까지 하나님은 "내가 너희를 사랑하였노라" 하시건만 인간은 "어떻게 우리를 사랑하셨나이까" 하고 의심을 하였던 것입니다.

"내가 너희를 사랑하였노라"가 구약성경 전체를 요약한 말씀이라면 "하나님이 세상을 이처럼 사랑하사 독생자를 주셨으니"는 신약성경 전체를 요약한 말씀이라 하겠습니다. 하나님의 사랑을 의심하는 그들에게 하나님께서는 독생자를 보내주셔서 "우리가 아직 죄인 되었을 때에 그리스도께서 우리를 위하여 죽으심으로 하나님께서 우리에게 대한 자기의 사랑을 확증"(롬 5:8)하여 주셨던 것입니다. 이만하면 믿겠느냐. 이는 하나님의 사랑에 대한 최종적인 확증입니다. 이보다 더한 사랑은 없습니다. 그래도 하나님의 사랑을 의심한다면 그에게 보여줄 다른 사랑이란 없습니다. 그에게는 진노만이 있을 뿐입니다.

하나님은 그들을 사랑하셨다는 증표로 "택하심"을 들고 있습니다. "나 여호와가 말하노라. 에서는 미워하셨으며"㉓ 하십니다. 이는 야곱은 택하시고 에서는 유기하셨음을 의미합니다.

"하나님께서 택하여 주심" 이보다 더 경이롭고 복스러움이란 달리 없습니다. 모든 축복은 "택하심" 속에 다 들어 있는 것입니다. "찬송하리로다. 하나님 곧 우리 주 예수 그리스도의 아버지께서 그리스도 안에서 하늘에 속한 모든 신령한 복으로 우리에게 복주시되 곧 창세 전에 그리스도 안에서 우리를 택하사"(엡 1:3-4). 아시겠습니까? 이보다 더 큰 복은 없습니다. 이보다 더 튼 사랑이란 없습니다.

하나님은 사랑하셔서 나 같은 죄인을 택하여 주셨고 예수 그리스도께서는 사랑하셔서 나의 죄를 대속하시기 위하여 죽으셨습니다. 그런데도 우리는 "주께서 어떻게 나를 사랑하셨나이까? 사랑하셨다는 것이 이 꼴입니까" 하고 대들듯 항변하고 있지는 아니합니까?

내 이름을 멸시하는 제사장들아

최우선적으로 "사랑"을 말씀하고 나서 "내 이름을 멸시하는 제사장들아"(6상) 하고 경고적인 책망을 하십니다. 책망의 대상이 "제사장들"임을 유의하여야만 합니다. 이들은 백성을 대표하여 하나님을 섬겨야 하는 자들입니다.

그러나 어느 시대를 막론하고 종교 지도자들의 타락과 부패가 그 시대와 백성을 타락케 하였던 것입니다 구약에 있어서 그 대표적인 예가 예루살렘의 멸망입니다.

"이 땅에 기괴하고 놀라운 일이 있도다 선지자들은 거짓을 예언하며 제사장들은 자기 권력으로 다스리며 내 백성은 그것을 좋게 여기니 그 결국에는 너희가 어찌하려느냐"(렘 5:30-31)고 책망하셨습니다. "그 결국"은 예루살렘은 멸망하고 성전은 불에 탔으며 백성들은 바벨론으로 포로 되어 끌려갔습니다. 그들은 불에 던진바 되어 70년 동안 징벌을 받고 귀환했으며 그로부터 약 100년이 지난 이제 "내 이름을 멸시하는 제사장들아" 하고 또 다시 경고적인 책망을 받고 있는 것입니다.

예루살렘이 멸망당하게 된 책임은 "선지자로부터 제사장까지 다 거짓을 행함이라. 그들이 내 백성이 상처를 심상히 고쳐주며 말하기를 평강하다 평강하다"(렘 6:13-14)한 종교 지도자들의 책임이었던 것입니다. 그들은 백성들에게 듣기 좋은 설교만을 했던 것입니다.

오늘의 말로 표현하면 축복하는 긍정적인 설교만을 했습니다. 분별력이 없는 백성들은 아멘 아멘하면서 "그것이 좋게 여겼다"는 것입니다. 은혜 많이 받았다는 식이지요. 이들과 맞서서 멸망과 심판을 경고했던 예레미야에 대하여 "이 사람이 백성의 평안을 구치 아니하고 해를 구하오니 청컨대 이 사람을 죽이소서. 그가 이같이 말하여 이 성에 남은 군사의 손과 모든 백성의 손을 약하게 하나이다"(렘 38:4)고 모함했던 것입니다. 즉 비판적인 말을 하고 부정적인 설교를 한다는 것입니다.

신약에 있어서 그 대표적인 예가 주님 당시입니다. 약속대로 메시야가 오셨으나 고대하던 그들은 그를 배척했으며 십자가에 못 박아 죽였습니다. 그 책임은 제사장 장로와 같은 지도자들이 백성들을 바로 지도하지 못했기 때문입니다.

그러므로 경고의 제일은 어느 시대를 막론하고 "내 이름을 멸시하는 제사장들아" 하고 종교 지도자들임을 명심해야만 합니다. 이 경고가 이 시대의 지도자들에게는 아무런 상관도 없고 해당되지 않는다는 말인가? "너희에게는 관계가 없는가?"(애 1:12)

그러나 "우리가 어떻게 주의 이름을 멸시하였나이까"(6하) 하고 항변하고 있는 것입니다. 여기에 문제의 심각성이 있습니다. 제사장들이 분명히 잘못을 범하고 있으면서도 잘못되었다는 사실을 모르고 있다는 점입니다. 자신의 잘못을 깨닫는 사람은 소망이 있습니다. 그러나 잘못을 모르고 인정하려 들지 않는 자는 가망이 없는 것입니다. 그렇다면 그들의 잘못이 무엇입니까?

어린 양 예수 그리스도를 잃어버리다

제사 제도는 말라기 시대에 이르러 극도로 타락한 것을 볼 수가 있습니다. 하나님께 드리는 제물은 흠이 없어야만 했습니다. 그것은 하나님을 공경하는 뜻에서도 그리하여야만 합니다마는 그보다는 그 제물이 흠이 없으신 어린 양 되시는 그리스도를 상징하고 있기 때문입니다.

그러나 말라기 시대에 와서는 눈 먼 것, 저는 것, 병든 것(8)으로 드렸던 것입니다. 그들은 흠이 없는 것을 고른 것이 아니라 흠이 있는 것, 어차피 쓸모없는 것을 골라서 드렸던 것입니다. 하나님께서는 "그것을 너희 총독에게 드려 보라. 그가 너를 기뻐하겠느냐. 너를 가납하겠느냐"(8하)고 물으십니다.

이러한 불합격품이 제물로 드려질 수 있었던 것은 백성들과 제사장간에 결탁이 있었기 때문으로 볼 수밖에 없습니다. 왜냐하면 백성들이 제물을 가져오면 제사장들이 검사하여 합격 여부를 결정하였기 때문입니다. 그렇다면 거기에는 부정이 개입되어 있었음을 알게 됩니다. 주님 당시도 그러했습니다. 그들은 돈에 눈이 어두워 하나님의 성전을 장사하는 집과 강도의 굴혈로 만들었던 것입니다.

그러므로 "내 이름을 멸시하는 제사장들아" 하고 제사장들의 타락과 부패가 더욱 중차대함을 지적하고 있는 것입니다. 이 점에서 우리는 윤리적인 면에 머물러서는 아니 됩니다. 구속사적인 면에서 관찰해 보아야만 참뜻을 알 수가 있습니다.

문제는 하나님께 향한 정성이 결핍되었다는 윤리적인 차원이 아니라는 점입니다. 그들은 하나님의 "사랑"(2)을 배신한 것입니다. 하나님은 그들을 사랑하사 "택하셨습니다."

그러나 그것만으로 하나님의 백성이 되는 것은 아닙니다. 죄 값에 팔린 그들의 속전을 지불해야만 하는 "구속하심"이 있어야만 하는 것입니다. 구속은 짐승의 피로는 불가능합니다. 그것은 다만 참 것이 오기까지의 그림자로 주어졌을 뿐입니다.

중요한 것은 희생 제물이 무엇에 대한 상징이며 그림자인가 하는 점을 망각했다는 것입니다. 결국 그들은 제물을 통하여 참 제물이 되어주실 그리스도를 바라보는 데 실패했다는 말씀입니다. 여기에 제사장들의 중대한 잘못이 있는 것입니다.

그들은 복음을 상실했으며 그리스도를 잃어버렸습니다. 그들은 하나님께서 베푸시는 "은혜와 긍휼"(9)을 상실했습니다. "이 같이 행하였으니 내가 너희 중 하나인들 받겠느냐"고 말씀합니다. 하나님께서 그들을 받아주시기 위해서는 화목제물이 필요했던 것입니다.

그런데 그들이 "이같이" 즉, 흠 없으신 그리스도를 망각하고 사기하여 드렸으니(14) 하나인들 받아주실 수가 있으시겠습니까? 축복을 잃어버리게 된 것입니다. 이 점이 11절에서 말씀하고 있는바 "만군의 여호와가 이르노라. 해 뜨는 곳에서부터 해 지는 곳까지 이방 민족 중에서 내 이름이 크게 될 것이라"는 말씀이 증거하고 있는 바입니다.

마태복음 21:31에 이하에 하신 말씀을 생각해 보십시오. 종들을 보내고 또 보내고 계속적으로 보냈습니다. 그러나 악한 농부들은 죽이고 돌로 쳤습니다. 후에 자기 아들을 보내며 내 아들을 공경하리라 하였더니 아들마저 죽였습니다.

이 비유의 결론으로 하신 말씀이 "그러므로 내가 너희에게 이르노니 하나님의 나라를 너희는 빼앗기고 그 나라의 열매 맺는 백성이 받으리라"(마 21:43)는 말씀입니다. 복음이 이방인들에게로 옮겨질 것을 말씀하고 있습니다.

떼 가운데 수컷이 있거늘

유대인들은 목축업을 하는 자들입니다. 그러므로 수십 수백 수천의 "양 떼"를 거느리고 있었습니다. 그 중에서 제일 아름다운 것을 드려야만 했습니다. 하나님은 말씀합니다. "떼 가운데 수컷이 있거늘" 이렇게 말씀하시는 하나님의 심정은 어떠하시겠습니까?

하나님께서 그들에게 제사 제도를 말씀함은 무엇이 부족하셔서 받으시기 위해서가 아니었습니다. 그들을 사랑하사 그들의 대속 제물로 자기 아들을 내어 주실 것에 대한 예표로 명하셨을 뿐입니다. 세상 죄를 지고 가는 하나님의 어린 양이 오시기까지는 그림자를 통하여 참 것을 바라봄으로 구원에 참여시키고자하는 것이 하나님의 의도하심이었습니다.

그러나 "떼 가운데 수컷이 있거늘" 그들은 그 한 마리가 아까워 "흠 있는 것으로 사기하여"(14) 드렸던 것입니다. 떼 가운데 한 마리 양이 아까우면 그만 두어라 "보라. 세상 죄를 지고 가는 하나님의 어린 양이로다" 하나님은 떼 가운데서가 아니라 하나밖에 없는 독생자를 이처럼 사악하고 배은망덕한 자들을 위하여 아끼지 아니하시고 내어주셨습니다. 이것이 구약과 신약의 연결점입니다.

그리스도와의 만남

말라기 시대에 이르러 인간은 개선되고 성화된 모습이 아니라 극도로 부패하고 타락한 모습으로 나타나고 있습니다. 이것이 율법, 즉 행위 언약하에 있던 구약의 결론입니다. 그러므로 구약의 마지막 단어는 "저주"(말 4:6)일 수밖에 없습니다.

하나님께서는 "너희가 내 단위에 헛되이 불사르지 못하게 하기 위하여 너희 중에 성전 문을 닫을 자가 있었으면 좋겠도다"(10)고 말씀하십니다. 이는 그들이 제사를 거부하심을 뜻하는 말씀이기도 합니다만 모형과 그림자로 주어졌던 구약 제사제도는 막을 내리고 새 언약의 새로운 시대가 개박될 날이 이르렀음을 의미합니다. 인간의 죄악은 눈덩이처럼 시간이 가면 갈수록 점점 커져만 갔습니다. 그것은 구속사의 후퇴같이 보이고 구제 불능한 절망 같이 보일 수도 있습니다.

그러나 하나님께서 추진해 내려오신 구속의 역사에는 결코 후퇴하거나 중단됨이 없이 전진하여 내려왔습니다. "밤이 깊고 낮이 가까웠으니" 그렇습니다. 구약시대란 한 마디로 밤이었습니다. 말라기 시대는 깊은 밤이었습니다. 그러나 밤이 깊으면 동이 트는 여명은 가까운 것입니다.

"내 이름을 경외하는 너희에게는 의로운 해가 떠올라서 치료하는 광선을 발하리니 너희가 나가서 외양간에서 나온 송아지 같이 뛰리라"(4:2).

"사람은 다 거짓되되 오직 하나님은 참되시다 할지어다." 할렐루야.

이것이 구속사 설교이다
| 신약 |

서론

성경은 점이 아니고 선(線)이다. 다시 말하지만 점들이 모인 것이 성경이 아니다. 명언들을 모은 것, 교훈들을 모은 것, 위인들의 전기를 모아놓은 것이 성경은 아니다. 이를 명심한다는 것은 사활을 좌우할 만큼 중요하다. 그러나 유감스럽게도 현대교회의 강단에서 선포하고 있는 설교들은 대부분이 점이지 선이 아니다.

선이란 무엇인가? 점(點)이 움직일 때 선이 되는 것이다. 복음의 첫 점이 어디에 찍혔는가 "여자의 후손은 네 머리를 상하게 할 것이요" 하신 창세기 3:15이다. 이것을 우리는 "원복음"이라고 말한다.

성경은 이 첫 점이 움직이어 계시록까지 선을 이룬 것이다.

창세기에서 "여자의 후손은 네 머리를 상하게 할 것이요" 하신 말씀이 계시록에서는 "용을 잡으니 곧 뱀이요 마귀요 사탄이라"(계 20:2)고 말씀하고 있다.

얼마나 분명한 선인가? 이것을 우리는 "구속사"라고 말한다.

창세기에서 계시록까지 이어지고 있는 것 이것을 나는 "성경의 축"이라고 부르고 싶다. 성경의 축은 곧 예수 그리스도시다.

지구가 지축을 중심으로 회전하듯이

설교가 성경의 축을 중심으로 행해지고
교회가 성경의 축을 중심으로 섬겨지고
성도들이 성경의 축을 중심으로 살아가기만 한다면…
"이는 만물이 주에게서 나오고, 주로 말미암고 주에게로 돌아감이라." 영광이 그에게 세세에 있으리로다. 아멘.

1
구속 사역을 이루시는 성삼위 하나님

마태복음 3:13-17

¹³ 이때에 예수께서 갈릴리로서 요단강에 이르러 요한에게 세례를 받으려 하신대 ¹⁴ 요한이 말려 가로되 내가 당신에게 세례를 받아야 할 터인데 당신이 내게로 오시나이까 ¹⁵ 예수께서 대답하여 가라사대 이제 허락하라 우리가 이와 같이 하여 모든 의를 이루는 것이 합당하니라 하신대 이에 요한이 허락하는지라 ¹⁶ 예수께서 세례를 받으시고 곧 물에서 올라오실새 하늘이 열리고 하나님의 성령이 비둘기 같이 내려 자기 위에 임하심을 보시더니 ¹⁷ 하늘로서 소리가 있어 말씀하시되 이는 내 사랑하는 아들이요 내 기뻐하는 자라 하시니라(마 3:13-17)

| 설교작성 노트 |

필자는 어느 교회 공예배에 참석하여 오늘 본문을 가지고 "비둘기 같은 성령을 받자"는 제목의 설교를 들은 바가 있다. 설교자는 왜 참새 같은 성령, 독수리 같은 성령이라 하지 않고 비둘기 같은 성령이라 하였는가 하고 도입하면서, 첫째 비둘기는 순결합니다. 그리고 이를 입증하기 위하여 마태복음 10:16을 제시하면서 우리도 비둘기 같은 성령을 받아 순결한 삶을 살아갑시다. 둘째 온유하다. 셋째 평화의 상징이다고 전개해 나가는 것이었다. 결론 부분에 이르러 우리도 비둘기 같은 성령을 받아 가정과 교회 이웃에서 순결하고 온유하여 화평케 하는 사람이 되십시다고 끝을 맺었다. 언뜻 들으면 은혜롭고 유익하며 말씀에 충실한 듯이 보일 수도 있다. 그러나 말씀을 맡은 주의 종이 어찌하여 비둘기는 보면서 성부 성자 성령님이 만

> 나고 계시는 장엄한 장면은 보지 못하고 있는가 하는 안타까움을 떨쳐 버릴 수가 없었다. 이것이 본 설교를 작성하게 된 동기이다.

마태복음 3장 내용은 예수님께서 세례를 받으시는 장면입니다. 예수님께서는 청소년 시절을 북쪽 나사렛이란 동네에서 지내셨습니다(마 2:23). 그런데 본문에 의하면 예수님께서 남쪽 유대지방 요단강에서 세례를 베풀고 있는 세례 요한에게 오신 것입니다(3:13). 그리고 세례를 베풀어주기를 요청하고 있습니다. 이때 예수님의 나이는 30세쯤 되셨습니다(눅 3:23). 그러니까 마태복음 2장과 3장 사이에는 약 30년의 기간이 경과하고 있는 것입니다. 이것은 무엇을 말해 주고 있느냐 하면 예수님께서 세례를 받으셨다는 단순한 뜻이 아니라 세례를 받으심으로 공생애가 시작되고 있음을 의미합니다. 그토록 중요한 대목인 것입니다.

먼저 예수님께서 세례를 받으셔야 할 이유가 무엇인가를 간략하게나마 생각해 보겠습니다. 단도직입적으로 말씀드리면 하나님의 아들께서는 우리의 대표자가 되시어 우리의 죄를 대신 담당하시기 위하여 "범사에"(히 2:17) 우리와 같이 되신 것입니다. 이를 위하여 우리와 같은 육신을 입으셨으며 세례도 받으시는 것입니다. 만일 이를 위해서가 아니라면 세례를 받으셔야할 이유가 없는 것이며 근원적으로 도성인신하시지도 않으셨을 것입니다.

만일 범사에 우리와 동일화(同一化)가 되어 주시지 않으셨다면 우리의 대표자로써의 자격이 없는 것입니다. 그러므로 성경은 "때가 차매 하나님이 그 아들을 보내사 여자에게 나게 하시고 율법 아래 나게"(갈 4:4) 하셨다고 말씀하시는 것입니다. 그러므로 예수님께서는 세례뿐만이 아니라 율법을 온전히 준수하셨습니다.

예수님께서는 죄 아래 있는 우리의 대표자가 되시어 우리를 대신하여 죽음을 담당하시기 위하여 오셨기 때문에 하나님의 아들로써의 특권이나 특혜를 누리시기를 원치 아니하셨습니다. 더욱 결정적으로 중요한 것은 예수님께서 범사에 우리와 같이 되심이 아니었다면 그의 구속으로 말미암아 하나님도 의로우시고 그리고 예수 믿는 자를 의롭다 하려 하시는(롬 3:26) 하나님의 공의를 만족시켜 드릴 수가 없었을 것이라는 사실입니다. 이것이 "허락하라 우리가 이와 같이 하여 모든 의를 이루는 것이 합당하니라"(15)는 뜻입니다.

아버지의 인치신 자

"예수께서 세례를 받으시고 곧 물에서 올라 오실새 하늘이 열리고 하나님의 성령이 비둘기 같이 내려 자기 위에 임하심을 보시더니 하늘로써 소리가 있어 말씀하시되 이는 내 사랑하는 아들이요 내 기뻐하는 자라 하시니라"(16-17) 이 장면은 공생애를 시작하시는 예수님에게 어떤 의미를 갖는 것일까요?

우선적으로 두 절 속에 누구 누구가 계시되어 있는가 부터 살펴보십시다. 세례를 받고 물에서 올라오시는 예수님과 그 위에 비둘기 같이 임하시는 성령님 그리고 그 장엄한 장면에 "이는 내 사랑하는 아들이요 내 기뻐하는 자라"고 말씀하시는 하나님, 성삼위께서 회우(會遇) 하고 계시는 성스럽고도 영광스럽기 그지없는 장면입니다. 왜 성삼위 하나님께서 만나고 계십니까?

이는 예수님께서 공생애에 들어가시기 위한 일종의 위임식이라고 말씀드릴 수가 있겠습니다. 이런 뜻입니다. 하나님께서 나사렛 예수

이 사람은 내 사랑하는 아들이요, 내 기뻐하는 자라고 선포하시니까 성령께서 그러하다 하시고 인을 치시는 장면인 것입니다.

요한복음 6:27을 보십시오. "썩는 양식을 위하여 일하지 말고 영생하도록 있는 양식을 위하여 하라 이 양식은 인자가 너희에게 주리니 인자는 아버지 하나님의 인치신 자니라"고 말씀하십니다. 왜 "인자는 아버지 하나님의 인치신 자니라"는 말씀을 하셔야만 했습니까 "인침"이란 보증의 의미가 있는 것입니다. 그러므로 저희로 믿게 하기 위해서였습니다.

그러나 저들은 하나님의 보내신 자, 다시 말씀드리면 하나님께서 인을 치셔서 보증하신 이를 믿지 않았던 것입니다.

이와 같이 하나님께서 아들에 대하여 친히 증거하여 주심은 공생애를 시작하실 때와 변화산상에서와(마 17:5) 잡히시기 직전(요 12:28) 이렇게 세 번이나 있었습니다.

"하나님이 세상을 이처럼 사랑하사 독생자를 주셨으니" 하심 같이 하나님께서는 자기 사랑하는 아들을 화목제물로 보내 주시면서 "이는 내 사랑하는 아들이다"라고 친히 증거 하여 주시고 성령으로 인을 치사 보증하여 주셨던 것입니다.

그러므로 본문은 예수께서 "이는 내 사랑하는 아들이요 내 기뻐하는 자"로 인치심을 받고 공생애를 시작하시게 되는 중요한 장면인 것입니다 "보라 세상 죄를 지고 가는 하나님의 어린 양이로다!"

성삼위 하나님의 사역

우리는 좀더 나아가야만 합니다. 예수님께서 공생애를 시작하시면서 성삼위 하나님께서 회우하셨다 함은 우리를 구원하시기 위한 구속사역에는 성부와 성자와 성령께서 함께 일하고 계심을 계시하고 있기 때문입니다.

에베소서 1장에 보면 성부께서는 우리를 "택"(擇)하시고⑷ 성자께서는 우리를 "구속"(救贖)하시고⑺ 성령께서는 "인"(印)을 치셨다(13)고 말씀하고 있습니다. 특히 유념하게 되는 것은 "인을 치셨다"는 말씀입니다. 내가 하나님의 자녀가 되고 후사가 되었다는 증서에는 도장이 없는, 믿을 수 없는 증서가 아니라 성령께서 보증하시는 인을 쳐주신 증서라는 점입니다.

이처럼 성삼위 하나님께서 구원사역에 관여하심은 우리를 사랑하시기 때문이라는 말 외에는 달리는 설명할 길이 없습니다. 나 같은 죄인 하나를 구원하시기 위하여 황공하옵게도 "하나님의 사랑"(롬 8:39)과 "그리스도의 사랑"(롬 8:35)과 "성령의 사랑"(롬 15:30)으로 즉, 성삼위 하나님께서 역사하여 주셨습니다. 그러므로 성도 한 사람 한 사람 속에 내주 하시는 분도 "하나님의 영"이시며 "그리스도의 영"이시며 또한 (성) "영"이라고(롬 8:9) 성경은 말씀합니다.

이 구속사역을 이루시기 위해서 요단강 가에 성삼위 하나님께서는 함께 만나고 계시는 것입니다. 찬송 가사 그대로 우리에게 "만 입이 있다" 하여도 그 은혜와 성실하심을 다 찬양할 길이 없는 것입니다. 다만 여섯 날개 가진 스랍들처럼 그 둘로는 얼굴을 가리고 그 둘로는 발을 가리고 그 둘로는 날면서(춤을 추면서) "거룩하다 거룩하다 거룩하다 만군의 여호와여 그 영광이 온 땅에 충만하도다"(사 6:23)고 영광을 돌릴 것밖에 없습니다.

예수 그리스도와의 만남

하나님의 아들 되시는 예수 그리스도께서 받으신 세례는 이것이 전부가 아니었습니다. "나는 받을 세례가 있으니 그 이루기까지 나의 답답함이 어떠하겠느냐"(눅 12:50)고 말씀합니다. 주님께서 받으셔야 할 최종적인 세례는 대속의 죽으심이었습니다.

3장에서 세례를 받으심으로 공생애를 시작하신 예수 그리스도께서 4:1에서는 마귀에게 시험을 받으러 광야로 나가시는 것을 보게 됩니다. 왜 그렇게 하셨습니까 "사망으로 말미암아 사망의 세력을 잡은 자 곧 마귀를 없이하시며 또 죽기를 무서워하므로 일생에 매어 종노릇하는 모든 자를 놓아" 주시기 위해서인 것입니다. 그 싸움을 싸우시려 나가시는 것입니다.

형제여 그렇다면 우리가 해야할 일이 무엇입니까 주님은 대답하십니다. "하나님의 보내신 자를 믿는 것이 하나님의 일이니라"(요 6:29). 믿는다는 것은 무엇을 의미합니까 "나의 마시는 잔을 마시며 나의 받는 세례를 받을 수 있느냐"(막 10:38).

2
구하라 찾으라 문을 두드리라

마태복음 7:7-12

⁷ 구하라 그러면 너희에게 주실 것이요 찾으라 그러면 찾을 것이요 문을 두드리라 그러면 너희에게 열릴 것이니 ⁸ 구하는 이마다 얻을 것이요 찾는 이가 찾을 것이요 두드리는 이에게 열릴 것이니라 ⁹ 너희 중에 누가 아들이 떡을 달라 하면 돌을 주며 ¹⁰ 생선을 달라 하면 뱀을 줄 사람이 있겠느냐 ¹¹ 너희가 악한 자라도 좋은 것으로 자식에게 줄줄 알거든 하물며 하늘에 계신 너희 아버지께서 구하는 자에게 좋은 것으로 주시지 않겠느냐 ¹² 그러므로 무엇이든지 남에게 대접을 받고자 하는대로 너희도 남을 대접하라 이것이 율법이요 선지자니라(마 7:7-12)

| 설교작성 노트 |

하나님께서 인간에게 주신 가장 중요한 특권이 악용이 된다면 그만큼 악영향도 큰 것은 자명하다. 그 중의 하나가 기도라고 말 할 수가 있다. 주님께서 제자들에게 주신 기도라는 특권을 잘못 사용(使用)하게 될 때 그 병폐는 치명적이라고 말해도 과언이 아니다. 하나님 중심이 아닌 자기 중심적인 신앙이 되고 자신의 축복만을 구하는 이기적인 신앙이 되고 기도를 주술적으로 사용하는 무속인인 신앙이 되어 기독교 자체가 변질될 가능성이 크기 때문이다. 그렇게 오용되는 성구 중의 하나가 본문이다. 그렇다면 본문을 말씀하신 주님의 의도는 무엇이며 참된 의미는 무엇인가?

산상수훈을 한 눈에 바라보기

본문은 너무나 유명한 말씀입니다. 그러면서도 너무나 잘못 인용되는 말씀이기도 합니다. 그러므로 깊은 관찰이 필요합니다.

본문(7:7-12)은 산상수훈 중 마지막 부분에서 주어진 말씀이라는 사실을 유념해야만 됩니다. 문맥(文脈)을 놓치지 말아야 한다는 것은 언제나 중요하지만 여기서는 더욱 그러합니다.

이런 의미에서 먼저 산상수훈 전체를 한 눈으로 바라보아야 함이 중요합니다. 그런 후에 본문을 접근해야만 안전합니다.

4:17은 "이때부터 예수께서 비로소 전파하며 가라사대 회개하라 천국이 가까웠느니라 하시더라"고 말씀합니다. "비로소 전파하셨다" 이는 새로운 시대의 막이 열린 것을 선포하는 전파인 것입니다. 천국이 도래한 것입니다.

"율법과 선지자는 요한의 때까지요 그 후부터는 하나님 나라의 복음이 전파되어 사람마다 그리로 침입하느니라"(눅 16:16)고 말씀하신 대로 "갈릴리와 데가볼리와 예루살렘과 유대와 요단강 건너편에서 허다한 무리가 좇으니라"(4:25) 즉, 많은 사람들이 모여들기 시작했습니다.

"예수께서 무리를 보시고 산에 올라가 앉으시니 제자들이 나아온 지라 입을 열어 가르쳐 가라사대"(5:1-2) 이러한 배경에서 산상수훈은 주어졌습니다.

산상수훈은 먼저 천국 백성이란 어떠한 사람들인가로 시작이 됩니다(5:3-12). 이것이 유명한 팔복(八福)의 사람입니다.

심령이 가난하고 애통하고 온유하며, 의에 주리고, 목말라 하는 사람, 긍휼이 여기고, 마음이 청결하고, 화평케 하며, 의를 위하여 핍박을 받는 사람이 천국 백성의 특성이라고 말씀합니다. 그런 후에 천국 백성들의 세상에서의 역할에 관하여 말씀합니다(5:13-16). 그것은 한 마디로 세상의 소금과 빛이라는 것입니다.

이어서 천국 백성의 윤리를 말씀합니다. 천국 백성의 윤리의 기준은 "서기관과 바리새인보다 더 낫지 못하면 결단코 천국에 들어가지 못하리라"(5:20)는 것입니다. 한마디로 천국 백성들이란 "남보다 더 하는"(5:47) 사람들이라고 말씀합니다. 5장의 중심 단어는 "복있는 사람"이 될 수가 있습니다.

6장에서 우리는 "한 사람이 두 주인을 섬기지 못할 것이니"(6:24) 하신 "두 주인(主人)"을 만나게 됩니다. 두 주인이란 "너희가 하나님과 재물을 겸하여 섬기지 못하느라" 하신 대로 한 주인은 하나님이시요, 다른 주인은 이 세상 임금(요 12:31)이라고 밀힐 수가 있겠습니다. 이 표현이 너무 비약적으로 여겨지신다면 자기 중심적인 사상이라고 말해도 좋겠습니다.

자기 자신의 명예와 영광을 위해서 살아가는 사람들이 있는가 하면 은밀한 중에 보시는 하나님의 영광을 위하여 살아가는 사람들이 있습니다. 자기 중심적인 삶을 사는 사람들은 무엇을 먹을까 입을까 마실까 하는 물질주의 사상이 그들의 마음과 생각을 사로잡고 있습니다. 그들은 보물을 땅에 쌓아 둡니다. 그러나 하나님 중심으로 살아가는 사람들은 보물을 하늘에 쌓아 두기를 즐거워하며 먼저 그 나라와 그의 의를 구하는 사람들이라고 말씀합니다. 이처럼 하나님을 주인으로 왕으로 또는 아버지로 섬기는 사람들이란 모든 면에서 주 하나님을 신뢰하고 그분께 의탁합니다. 이것이 6장의 내용이며 중심 단어는 "은밀한 중에 보시는 네 아버지"라고 말씀드릴 수가 있습니다.

그런 후에 본문이 들어 있는 7장 말씀은 주어졌습니다.

7장을 푸는 키워드(Key Word)는 "그날에"(22)라는 작은 낱말입니다. "그날"이란 주님께서 재림하셔서 결산하시는 심판의 날인 것입니다. "그날에" 비판(심판)을 받지 아니하려거든 남을 비판하지 말라 하십니다.

　　두 문, 두 길 중에 "그날에" 하나는 영생으로 하나는 멸망으로 갈라지게 된다고 말씀합니다. "그날에" 많은 사람이 나더러 이르되 주여 주여 우리가 주의 이름으로 선지자 노릇하며 주의 이름으로 귀신을 쫓아내며 주의 이름으로 많은 권능을 행치 아니하였나이까 하리니 그 때에 내가 저희에게 밝히 말하되 내가 너희를 도무지 알지 못하니 불법을 행하는 자들아 내게서 떠나가라 하리라는 것입니다.

　　산상수훈의 구도는 처음에 천국 백성은 어떠한 사람(무엇을 했는가가 아닌)인가로 시작하여 "그날에" 하고 심판으로 끝을 맺고 있는 구도입니다.

　　이런 문맥에서 "구하라 찾으라 두드리라"는 말씀은 주어졌습니다.

　　형제여 이제 산상수훈을 한눈으로 바라보듯 묵상해 보십시오. 그리고 결론 부분에서 말씀하고 있는 "그날" 즉, "만물이 우리를 상관하시는 자의 눈앞에 벌거벗은 것같이 드러날" 그날을 생각해 보십시오. 그리고 그날이 나의 개인적인 그날과 역사적인 그날로 다가오고 있음을 인식하게 될 때에 기도를 드린다면 이제 무엇을 구하시겠습니까 무엇을 찾아야 하겠다는 깨달음이 있습니까? 무엇을 열어 달라고 두드릴 마음이 드십니까?

산상수훈의 문맥

　　"구하라 그리하면 너희에게 주실 것이요" 하십니다. "구하라"는 말을 따로 떼어 놓고 본다면 불특정적이고 일반화의 의미가 될 수 있을 것입니다만 앞에서 살펴본 대로 산상수훈이라는 문맥에서 하신 말씀임을 명심한다면 그 의미는 매우 제한적이고 특수성을 띨 수밖에 없음을 인정하지 않을 수 없을 것입니다. 그렇다면 예수님께서는 무엇을 구하라고 말씀하셨을까요.

오늘날 한국 강단에서는 이 말씀을 문맥에서 뽑아 내어 거두절미하고 무엇이나 구하라는 의미로 해석하고 있는 것을 흔히 볼 수가 있습니다. 그러하다 보니까 사업 잘 되기를 구하고, 출세하기를 구하고, 병 낫기를 구하고, 무엇이든지 원하는 바를 구하라 주시기까지 찾을 때까지 열릴 때까지 끈질기게 구하라고 기도를 강조할 때 전가보도처럼 인용되어지고 있는 실정입니다.

과연 기도란 그런 것일까요? 주님은 본문을 그렇게 사용하라고 주신 것일까요? 아닙니다. 이러한 해석은 주님의 의도와는 너무나 동떨어진 자기 중심적인 해석임을 이내 알게 됩니다. 주님께서는 바로 앞 장에서 "그러므로 염려하여 이르기를 무엇을 먹을까 무엇을 마실까 무엇을 입을까 하지 말라 이는 다 이방인들이 구하는 것이라 너희 천부께서 이 모든 것이 너희에게 있어야 할 줄을 아시느니라"(6:31)고 말씀하셨습니다. 그런데 조금 후에 그런 것을 "구하라 주실 것이요"라고 하셨겠습니까? 주님을 건망증 환자로 만들지 마십시오. 이 말씀 하나만으로도 이러한 적용을 거절하게 만듭니다.

제가 "문맥"을 강조하는 이유가 여기에 있는 것입니다 바로 옆에 있는 말씀도 보지 못하면서 구하라 찾으라 문을 두드리라는 말씀만 근시안적으로 보고 해석하다가는 모순을 범하게 되고 충돌을 일으키게 합니다.

그러므로 모든 구절이 그러합니다마는 마태복음 7:7도 7장의 문맥과 산상수훈의 문맥과 마태복음의 문맥과 신약의 문맥과 구약의 문맥, 즉 성경전체의 문맥에서 해석되어야만 하는 것입니다. 이것이 성경을 원시(遠視, 벧후 1:9)하는 것입니다.

산상수훈을 명언집(名言集)처럼 여기는 과오를 범해서는 아니 됩니다. 주님께서 되는 대로 말씀하신 적이 한 번이라고 있으셨습니까? 거기에는 주제가 있고 정연한 논리성이 있습니다.

산상수훈의 주제도 누가 천국을 소유하게 되느냐(5:3, 10), 누가 천국에서 큰 자인가?(5:19), 어떠한 사람은 천국에 들어가지 못하는가 (5:20; 7:21) 하는 "천국"(天國) 즉, 하나님의 나라인 것입니다. "하나님의 나라"가 산상수훈의 주제라면 산상수훈에서 구하라 하시는 주제도 "하나님의 나라"여야만 논리에 맞는 것입니다. 너희는 이렇게 기도하라. "하늘에 계신 우리 아버지여 이름이 거룩히 여김을 받으시오며 나라(하나님 나라)이 임하시옵시며" 아시겠습니까? 주님께서는 보다 적극적으로 무엇을 구하여야 하는지 분명히 가르쳐 주셨습니다. "너희는 먼저 그의 나라와 그의 의를 구하라"하신 말씀을 생각한다면 구하라는 말씀이 자기 중심적이고 자기의 유익을 구하라는 의미가 아니라 하나님의 나라와 하나님과의 바른 관계 (그의 의)를 구하라는 보다 본질적인 문제임을 알 수가 있습니다.

산상수훈의 첫 말씀은 "복이 있나니 천국이 저희 것임이요"(5:3)이고 마지막 말씀은 "그 무너짐이 심하니라"(7:27)하신 실패자에 대한 경고입니다. 다시 말씀드리면 "나더러 주여 주여 하는 자마다 천국에 다 들어갈 것이 아니요"(7:21)하신 천국을 소유하지 못하게 될 자에 대한 경계입니다. 천국으로 시작하여 심판으로 마치고 있습니다. 그렇다면 이제 무엇을 구하여야 마땅합니까? 무엇을 찾고 무슨 문이 열리도록 두드려야 하겠습니까?

구약성경의 문맥에서

"구하라", "찾으라", "문을 두드리라"는 말씀은 하나님 편에서 죄인된 인간에게 촉구하고 계시는 말씀임을 유념하십시오. 그리고 이러한 촉구는 산상수훈에서 비로소 제기된 명제가 아니라는 것을 인식한다는 것은 본문을 해석하는데 있어서 중요한 관건이 됩니다. "구하라 찾으라 두드리라"하심은 타락한 인류에게 향하신 신·구약성경의 일관된 말씀이요. 촉구인 것입니다.

성경을 대할 때에 "원시(遠視)치 못하고"(벧후 1:9) 근시안적으로 바라보게 되면 하나님의 의도와는 다른 엉뚱한 해석이 나올 수도 있는 것입니다. 이제 성경을 원시하듯 구약의 문맥을 통하여 고찰해 보겠습니다.

인류의 시조 아담과 하와는 하나님을 배신하고 사탄을 좇다가 에덴에서 추방을 당하였습니다. 그들의 후손들은 하나님과 분리된 체 "세상에서 소망이 없고 하나님도 없는 자"(엡 2:12)가 되고 말았습니다.

이제 그들이 무엇을 구하여만 하겠습니까? 무엇을 찾아야만 하겠습니까? 이스라엘 자손은 애굽에서 "고역으로 인하여" 탄식하며 부르짖었습니다. 그들이 무엇을 구하여야만 했습니까? 무엇을 찾아야만 했습니까? 하나님의 선민들이 바벨론에 포수가 되어 "주여 들으소서 주여 용서하소서 주여 들으시고 행하소서"(단 9:19) 하고 부르짖었습니다. 무엇을 구하여야만 했습니까? 무엇을 찾아야만 했습니까? 그리고 그것들이 우리에게 어떤 예표로 주어진 것들입니까?

성경은 말씀합니다. "그러나 네가 거기서 네 하나님 여호와를 구하게 되리니 만일 마음을 다하고 성품을 다하여 그를 구하면 만나리라"(신 4:29).

"내 말을 들으라 너희가 여호와와 함께 하면 여호와께서 너희와 함께 하실지라 너희가 만일 저를 찾으면 저가 너희의 만난바 되시려니와 너희가 만일 저를 버리면 저도 너희를 버리시리라 이스라엘에는 참 신이 없고 가르치는 제사장도 없고 율법도 없는 지가 이제 오래였으나 그 환난 때에 이스라엘 하나님 여호와께 돌아가서 찾으매 저가 그들의 만난 바가 되셨나니."(대하 15:2-4) 아시겠습니까?

"그 성호를 자랑하라 무릇 여호와를 구하는 자는 마음이 즐거울지로다 여호와와 그 능력을 구할지어다 그 얼굴을 항상 구할지어다"(시 105:3-4).

"저는 여호와께 복을 받고 구원의 하나님께 의를 얻으리니 이는 여호와를 찾는 족속이요 야곱의 하나님의 얼굴을 구하는 자로다"(셀라)(시 24:5-6).

"너희가 전심으로 나를 찾고 찾으면 나를 만나리라"(렘 29:13).

유사한 성구의 나열이라 생각지 마십시오. 하나님을 구하라 너희 하나님 여호와를 찾으라고 간절히 호소하고 있는 말씀을 성경에서 찾으라면 백 번이라도 제시할 수 있을 것입니다. 구속사라는 맥락에서 볼 때에 하나님 존전에서 추방당한 인간, 하나님과 분리된 인간, 하나님을 잃어버린 인간이 구하고 찾아야 할 것이 무엇이겠습니까? 하나님을 구하고 찾아야 함은 너무나 긴급하고도 당연한 일이며 신·구약 성경을 통한 일관된 호소인 것입니다.

신약성경의 문맥에서

우리는 한 걸음 더 나아가야만 합니다. 죄에 빠진 인간이 하나님을 구하고 찾고 문을 두드린다고 해서 무조건 주어지고 찾아지고 열려지는 것은 결코 아니라는 사실입니다. 다시 말씀드립니다만 구하고 찾기만 하면 하나님 존전에 나아갈 수가 있고 하나님을 만날 수 있는 것이 아니라는 말씀입니다. 그 보다 선수적으로 하나님의 허락하심과 장애요인의 해결이 있어야 합니다. 그것이 은혜언약(행위언약이 아닌)으로 주어지는 것입니다.

은혜로우시며 자비로우시며 노하기를 더디하시며 인애가 크시사 뜻을 돌이켜 재앙을 내리지 아니하시는 하나님께서는 죄인들에게 은혜언약을 세워 주신 것입니다. 달리 표현하면 구하면 주시고 만나시고 열어주시겠노라고 언약을 하셨다는 말씀입니다. 그 언약 위에 굳게 서서 언약을 믿고 언약을 붙잡고 언약하신 바를 이루어주시기를 구할 수가 있게 된 것입니다. 만일 언약이 주어지지 않는다면 기도할 수 없을 뿐만이 아니라 믿음도 없고 하나님과의 관계도 성립될 수가 없고 오직 절망만이 있을 뿐임을 깨달아야만 합니다.

형제여, 좀 더 깊이 생각할 점이 있습니다. 하나님께서 세워 주신 은혜 언약이 주어졌다 하여도 그리고 그 언약을 붙잡고 구하였다 하여도 그 언약이 성취되기까지는 "약속어음"으로만 주어졌을 뿐 성취하심으로 주어지는 것은 아니라는 진리입니다. 그러므로 구약시대란 구하여도 받지 못한 시대였다는 점입니다. "이 사람들은 다 믿음을 따라 죽었으며 약속을 받지 못하였으되"(히 11:13) "구하여도 받지 못한 시대" 이것이 구약시대였습니다.

그래도 그들은 언약을 믿고 이루어 주시기를 구하면서 받지 못하였으나 믿고 죽었습니다.

또한 구약시대란 문을 두드려도 열리지 않던 시대였습니다.

히브리서 9:8은 이 점을 명백히 보여주고 있습니다. "성령이 이로써 보이신 것은 첫 장막이 서 있을 동안에 성소에 들어가는 길이 아직 나타나지 아니한 것이라." 오랜 세월 동안 그토록 많은 제물이 드려졌건만 굳게 닫힌 휘장은 열리지가 않았습니다.

"길이 아직 나타나지 아니한 것이라." 이것이 구약시대였습니다. 그러나 이제는 "예수의 피를 힘입어 성소에 들어갈 담력을 얻었나니 그 길은 우리를 위하여 휘장 가운데로 열어 놓으신 새롭고 산길이요 휘장은 곧 저의 육체니라"(히 10:19-20). 이렇게 열어주시려 오신 분이기에 구하라 주실 것이며, 찾으라 만날 것이요, 두드리라 열릴것이라고 말씀하시는 것입니다.

이제 분명합니까? 우리는 이미 구한 바를 받았으며 찾던 바를 얻었으며 두드리던 문이 열려진 시대에 살고 있습니다.

성경은 말씀합니다. "나 여호와가 말하였으니(언약) 이루리라 그래도 이스라엘 족속이 이와 같이 자기들에게 이루어 주기를 내게 구하여야 할지라"(겔 36:36-37). 이것이 성경적인 구함입니다. 덮어놓고 구하고 많이만 구하면 되는 것이 아닙니다. 언약을 붙잡고 구하여야 합니다. 그렇게 하는 것이 하나님의 뜻대로 구하는 것입니다.

그렇다면 우리가 붙잡고 구하여야 할 언약이 무엇입니까?

"그 후에 저희가 돌아와서 그 하나님 여호와와 그 왕 다윗을 구하고"(호 3:5) 하십니다. "그 왕 다윗"이란 다윗의 위에 오르실 그리스도를 가리키는 명백한 언약입니다.

이제 예수 그리스도는 언약의 성취자로 이 땅에 보내심을 받았습니다. 하나님께서는 언약을 지켜 주신 것입니다. 그렇다면 이제 또 무엇을 구하여야 하겠습니까? 승천하시기 전의 주님의 분부를 상기하십시오. "예루살렘을 떠나지 말고 내게 들은 바 아버지의 약속하신 것을 기다리라"(행 1:4). 저들은 약속을 믿고 기다리며 "마음을 같이하여 전혀 기도에" 힘썼습니다. 하나님은 구하는 그들에게 약속하신 성령을 보내 주셨습니다.

본문의 적용구라 말씀드릴 수 있는 마태복음 7:11을 보십시오. "하물며 하늘에 계신 너희 아버지께서 구하는 자에게 좋은 것으로 주시지 않겠느냐"고 물으십니다. 그렇다면 과연 좋은 것이란 무엇을 의미하신 것일까요?

병행구인 누가복음 11:13에서는 "하물며 너희 천부께서 구하는 자에게 성령을 주시지 않겠느냐"고 말씀하고 있습니다. 그리고 약속하신 대로 성령님을 주셨습니다. 그렇다면 이제는 무엇을 구하여야만 하겠습니까? "나라이 임하옵시며"입니다. 즉 "그 나라와 그의 의"입니다.

그리스도와의 만남

산상수훈 안에는 천하를 얻는 것보다도 더 중요한 말씀이 반복적으로 강조되어 있는데 그것은 <아버지>라는 호칭입니다. 그런데 그냥 아버지라 말씀하지 않고 "너희 아버지" 나아가 "네 아버지"라고 말씀해 주고 있다는 점입니다.

이보다 복된 말씀이 어디 있겠습니까? 이것만으로 족한 것입니다. 예수 그리스도께서는 하나님을 너의 아버지요, 네 아버지라고 가르쳐 주셨습니다. 가르쳐만 주신 것이 아닙니다. 이 불가해한 축복이 가능하도록 "화목제물"이 되어 주셨습니다. 하나님이 진정 네 아버지 곧 나의 아버지 되심이 분명하다면 나는 하나님의 자녀임이 또한 분명한 것입니다.

이 경이롭고 엄청난 축복이 어떻게 해서 가능해졌으며 누구로 말미암아 주어진 것입니까? 한마디로 예수 그리스도 "안에서" 예수 그리스도의 구속으로 "말미암아" 뿐입니다. 이 점에서 앞 절과의 연결 문제로 어려움을 겪고 있는 마태복음 7:12을 음미하게 됩니다. 문맥적으로 보면 12절은 이 문단의 결론인 것입니다.

"그러므로 무엇이든지 남에게 대접을 받고자 하는 대로 너희도 남을 대접하라 이것이 율법과 선지자니라" 이 말씀이 어떤 의미에서 구하라 찾으라 두드리라는 말씀의 결론이 될 수가 있습니까? 그래서 연결 문제로 고심하고 있는 것입니다. 12절의 중심 단어는 "대접하라"는 말씀입니다. 그렇다면 남을 최고로 대접한 분이 누구일까요?

이러한 물음을 음미하면서 자연스럽게 "인자가 온 것은 섬김을 받으려 함이 아니라 도리어 섬기려 하고 자기 목숨을 많은 사람의 대속물로 주려 함이니라"(마 20:28) 하신 말씀으로 인도해 줍니다. 그렇게 사신 분은 예수 그리스도이십니다. 그분은 자기 목숨을 많은 사람의 대속물로 주심으로 이렇게 사셨고 이것이 율법과 선지자입니다. "율법과 선지자"(구약성경)의 핵심은 예수 그리스도이십니다.

형제여, 주님께서 하나님이 너희 아버지시요 네 아버지시라고 말씀하여 주셨다면 우리는 그리고 나는 하나님의 자녀임이 분명합니다. 자녀가 끝이 아닙니다. 자녀면 후사 곧 하나님의 후사(롬 8:17)라고 성경은 말씀해 주고 있습니다. 달리는 "유업을 이을자"(갈 4:7)라고도 말씀해 줍니다.

아버지 것은 다 내 것이라는 뜻입니다(참고 눅 15:31). 그래도 부족하십니까 이제도 염려하여 이르기를 무엇을 먹을까, 무엇을 마실까,

무엇을 입을까 매달리시겠습니까. 성경은 말씀합니다.

"믿음이 적은 자들아 그러므로 염려하여 이르기를 무엇을 먹을까 무엇을 마실까 무엇을 입을까 하지 말라 이는 다 이방인들이 구하는 것이라 너희 천부께서 이 모든 것이 너희에게 있어야 할 줄을 아시느니라"(마 6:30-32)

천부(天父)라고 말씀합니다. 하늘 아버지와 자녀 관계란 절대적인 신뢰의 관계입니다. 천부께서는 자녀들의 모든 형편 모든 염려 모든 문제를 다 아시고 권념하십니다. 절대적인 신뢰란 "절대적인 의탁"을 수반합니다. 이렇게 말씀함은 하나님의 자녀들에게는 염려할 만한 문제들이 생기지 않는다든가 도무지 구해서는 아니 된다는 뜻이 아닙니다. 그 보다 더 중요하고 우선하고 더 많이 구해야 할 기도 제목이 있다는 말씀입니다. "먼저 그의 나라와 그의 의"를 구하는 일입니다.

하나님의 거룩하신 이름과 영예를 위하여, 하나님과의 바른 관계를 지속해 나가기 위하여, 하나님 아버지와의 교제가 막히거나 좁아짐이 없기 위하여, 이것을 우선적으로 구하고 더 많이 구하라는 말씀입니다. 나로 인하여 아버지 이름이 거룩히 여기심을 받으시고 아버지의 나라가 어서 속히 임하시고 아버지의 뜻이 이 땅에서도 이루어지기를 구하라고 주님께서는 가르쳐 주셨습니다.

이렇게 말씀함은 병 낫기를 위해서 기도해서는 안된다, 축복기도 하는 것은 잘못이다, 크고 작은 문제를 놓고 간구하는 것은 비성경적이다 라는 뜻은 절대로 아닙니다. 오직 주님께서 "구하라 찾으라 두드리라"고 말씀하신 본문의 해석이 여기에 있지 않다는 점을 강조하고 있을 뿐입니다. 무엇이든지 "구하라 그러면 주실 것이요" 하고 덮어 놓고 대입하려는 잘못을 경계하고 이에 따른 자기 중심적인 기복주의 신앙에서 탈피해야함을 역설하고 있을 뿐입니다. 성경은 "오직 모든 일에 기도와 간구로 너희 구할 것을 감사함으로 하나님께 아뢰라"(빌 4:6)고 말씀합니다 그러나 그런 경우 근거로 제시해야 할 성경 본문은 산상수훈의 본문이 아니라 야고보서 5:13-16 등 다른 본문이어야 마땅합니다.

끝으로 한가지 주목해야 할 바를 말씀드리겠습니다. 구하고 찾고 두드리라는 말씀이 산상수훈 어느 시점에서 주어졌는가 하는 점입니다. 5장이나 6장이 아닌 7장이요 산상수훈의 마지막 부분에서 주어졌다는 점입니다. 기도 자체만을 강조할 양이면 "또 너희가 기도할 때에" 하고 기도에 관하여 언급하신 6:5 부분에서 말씀하셨을 것입니다.

그러나 "구하라 그러면 너희에게 주실 것이요"란 말씀은 산상수훈의 마지막 부분에서 주어졌습니다. 이런 뜻입니다. 하나님의 백성답게 살아가기 위해서는 다시 말씀드리면 산상 수훈의 삶을 살아가기 위해서는 자신만의 힘으로는 불가능에 속한다. 구하라 너희 아버지께서 이러한 삶을 살아갈 수 있도록 성령을 주시리라는 말씀입니다.

아버지와 자녀는 닮음의 관계입니다. "그러므로 하늘에 계신 너희 아버지의 온전하심과 같이 너희도 온전하라"(5:48)고 말씀합니다. 구하지 않고 공급하여 주시는 능력이 없이 어찌 이러한 삶을 살아갈 수가 있겠습니까?

형제여 잊어서는 아니 될 말씀이 있습니다. "문을 두드리라" 말씀하신 주님께서 먼저 그리고 더 많이 더 오래도록 형제의 문을 두드리고 계셨음을 형제는 알고 있습니까?

"볼지어다 내가 문밖에 서서 두드리노니 누구든지 내 음성을 듣고 문을 열면 내가 그에게로 들어가 그로 더불어 먹고 그는 나로 더불어 먹으리라"(계 3:2).

주님께서는 무엇을 위해서 무엇을 주시려고 형제의 마음 문을 두드리고 계시는 것일까요. 교제를 위해서입니다. 형제에게로 들어가 형제로 더불어 먹고 형제는 주님과 더불어 먹게 하시려는 사랑의 교제를 위해서입니다.

형제는 하나님 아버지와의 사랑의 교제를 위하여 얼마나 문을 두드려 보셨습니까? 이처럼 인격적인 교제를 나누시기를 원하심은 신약성경에만 계시되어 있지 않습니다.

내가 잘지라도 마음은 깨었는데
나의 사랑하는 자의 소리가 들리는 구나
문을 두드려 이르기를
나의 누이 나의 사랑 나이 비둘기 나의 완전한 자야 문 열어 다오
내 머리에는 이슬이 내 머리털에는 밤이슬이 가득하였다 하는구나
(아 5:2).

이러한 주님은 밖에 세워둔 채 축복만 구하지 않았습니까 은사만 구하지 않았습니까 기사 이적만 구하지 않았습니까?
내가 네게 무엇을 줄꼬 너는 구하라
오직 주 자신이니이다.

3
너희는 나를 누구라 하느냐

마태복음 16:13-28

¹³ 예수께서 가이사랴 빌립보 지방에 이르러 제자들에게 물어 가라사대 사람들이 인자를 누구라 하느냐 ¹⁴ 가로되 더러는 세례 요한, 더러는 엘리야, 어떤이는 예레미야나 선지자 중의 하나라 하나이다 ¹⁵ 가라사대 너희는 나를 누구라 하느냐 ¹⁶ 시몬 베드로가 대답하여 가로되 주는 그리스도시요 살아계신 하나님의 아들이시니이다 ¹⁷ 예수께서 대답하여 가라사대 바요나 시몬아 네가 복이 있도다 이를 네게 알게 한 이는 혈육이 아니요 하늘에 계신 내 아버지시니라 ¹⁸ 또 내가 네게 이르노니 너는 베드로라 내가 이 반석 위에 내 교회를 세우리니 음부의 권세가 이기지 못하리라 ¹⁹ 내가 천국 열쇠를 네게 주리니 네가 땅에서 무엇이든지 매면 하늘에서도 매일 것이요 네가 땅에서 무엇이든지 풀면 하늘에서도 풀리리라 하시고 ²⁰ 이에 제자들을 경계하사 자기가 그리스도인 것을 아무에게도 이르지 말라 하시니라 ²¹ 이때로부터 예수 그리스도께서 자기가 예루살렘에 올라가 장로들과 대제사장들과 서기관들에게 많은 고난을 받고 죽임을 당하고 제 삼일에 살아나야 할 것을 제자들에게 비로소 가르치시니 ²² 베드로가 예수를 붙들고 간하여 가로되 주여 그리 마옵소서 이 일이 결코 주에게 미치지 아니하리이다 ²³ 예수께서 돌이키시며 베드로에게 이르시되 사탄아 내 뒤로 물러 가라 너는 나를 넘어지게 하는 자로다 네가 하나님의 일을 생각지 아니하고 도리어 사람의 일을 생각하는도다 하시고 ²⁴ 이에 예수께서 제자들에게 이르시되 아무든지 나를 따라 오려거든 자기를 부인하고 자기 십자가를 지고 나를 좇을 것이니라(마 16:13-24)

| 설교작성 노트 |

성경 연구에는 망원경적인 방법과 현미경적인 방법이 있다. 두 가지 방법은 병행되어야 하는데 먼저는 망원경적으로 전체를 한 눈에 바라볼 수 있어야만 한다. 그래야만 현미경적으로 접근할 때에도 길을 잃지 않고 헤매지 않게 된다. 이제 복음서를 한 눈에 바라보자. 현미경이 아닌 망원경을 통하여…

어떠한 책이든 주제가 있고 목적이 있습니다. 성경도 예외는 아닙니다. 마태복음은 크게 두 부분으로 나누어집니다. 그 분기점은 16:15입니다. 앞부분의 주제는 "예수는 누구인가"이고 뒷부분의 주제는 "그는 왜 오셨는가"를 증거 하는데 초점을 맞추고 있습니다. 이러한 구분은 마태복음만이 아니라 마가복음(8:29)과 누가복음(9:20)도 마찬가지입니다.

공관복음과는 관점을 달리하고 있는 요한복음도 기록 목적을 통해서 이점을 분명히 확인할 수가 있습니다. "오직 이것을 기록함은 너희로 예수께서 하나님의 아들 그리스도이심을 믿게 하려 함이요(예수는 누구인가) 또 너희로 믿고 그 이름을 힘입어 생명을 얻게 하려함"(그는 왜 오셨는가)이니라(요 20:31)고 말씀합니다.

성경을 바르게 해석하는 길은 기록한 목적에 따라 해석하는 것입니다. 그런데 오늘날은 성경을 주시고 기록한 본래의 목적에서 이탈하고 있는 것이 아닌가 하는 우려를 낳게 합니다.

복음서를 설교할 때에는 성경 자체가 기록목적을 명시하고 있는 대로 두 큰 주제(예수는 누구인가, 그는 왜 오셨는가)가 설교의 중심에 오도록 해야만할 것입니다. 성경의 중심은 설교 현장에서도 중심에 와야만 합니다.

너희는 나를 누구라 하느냐

마태복음서는 먼저 앞부분(1:1-16:12)에서 예수가 누구인가를 증거하는데 초점을 맞추고 있습니다. "아브라함과 다윗의 자손 예수 그리스도의 세계라"(1:1) 하고 족보로부터 시작합니다. 이것은 무엇을 의미하느냐 하면 나사렛 예수가 누구인가 하면 하나님께서 아브라함에게 약속하시고 다윗에게 언약하신 그리스도시다는 뜻입니다. 이를 족보를 들어서 입증하고 있는 것입니다. 그래서 예수의 세계라 하지 않고 "예수 그리스도의 세계라"고 말씀하고 있는 것입니다.

연후에 "보라 처녀가 잉태하여 아들을 낳을 것이요 그 이름은 임마누엘이라 하리라"(23) 하고 이사야가 예언한 징조가 그대로 성취되었음을 들어서 예수가 그리스도이심을 더욱 명백히 합니다.

2장에서는 "또 유대땅 베들레헴아 너는 유대 고을 중에 가장 작지 아니하도다 네게서 한 다스리는 자가 나와 내 백성 이스라엘의 목자가 되리라"(6) 하신 미가 선지자의 예언을 들어서 예수가 다윗의 동네에서 다윗의 자손으로 오신 그리스도이심을 더욱 강화시켜 줍니다.

3장에서는 "그때에 세례요한이 이르러" 하고 세례요한이 등장합니다. "저는 선지자 이사야로 말씀하신 자라 일렀으되 광야에 외치는 자의 소리가 있어 가로되 너희는 주의 길을 예비하라 그의 첩경을 평탄케 하라" 하신 "주의 길을 예비"하기 위하여 먼저 보냄을 받은 자임을 통하여 예수가 그리스도이심을 더욱 확신시켜 나갑니다.

4장에서는 마귀가 등장합니다. 왜냐하면 동방으로부터 온 박사들이 "유대인의 왕으로 나신 이가 어디 계시뇨"(2:2) 하고 묻자 "헤롯왕과 온 예루살렘이 듣고 소동"(2:3) 했다고 전해주고 있는데 사실 놀란 자는 사탄이었기 때문입니다. 그러나 첫 사람 아담과는 달리 마지막 아담이신 예수께서는 세 가지 시험을 넉넉히 이기심으로 예수야 말로 우리를 마귀의 권세로부터 구원하여 주실 그리스도이심을 확신케 해 줍니다.

"이때 부터 예수께서 비로소 전파하여 가라사대 회개하라 천국이 가까왔느니라 하시더라"(4:17)고 새로운 시대가 도래하였음을 알려 줍니다. 그리고 시몬과 그의 형제 안드레를 보시고 "나를 따라 오너라 내가 너희로 사람을 낚는 어부가 되게 하리라"(4:19)고 제자로 삼으십니다.

이제 베드로는 어떤 경로를 통해서 예수님께서 "너희는 나를 누구라 하느냐" 물으셨을 때에 "주는 그리스도시요 살아계신 하나님의 아들이시니이다"라고 고백하기에 이르게 되었는가를 살펴보겠습니다.

표적의 의미

예수님께서는 공생애 사역중 많은 기사와 이적을 행하셨습니다. 그런데 그와 같은 표적들이 "너희는 나를 누구라 하느냐"고 신앙을 고백케 하시기 이전 기간에 집중되어 있음을 주목해야만 합니다. 그것은 다름 아니라 예수가 누구신가를 드러내기 위한 표적으로 주어졌기 때문입니다.

마태는 8장에서 "바람과 바다를 꾸짖으신대 아주 잔잔하게 된" 이적을 기록하면서 "그 사람들이 기이히 여겨 가로되 이 어떠한 사람이기에 바람과 바다도 순종하는고 하더라"(8:27) 하고 예수님이 "어떠한 사람"인가를 들어내려는데 초점을 맞추고 있음을 봅니다. 그런가 하면 예수님께서 밤 사경에 바다 위로 걸어서 제자들에게 오신 이적을 통해서는 "배에 있는 사람들이 예수께 절하여 가로되 진실로 하나님의 아들이로소이다"(14:33) 하고 고백하기에 이르렀음을 전해주고 있습니다.

그러므로 복음서에서 기사와 이적을 대하게 될 때 누가 어떻게 병 고침을 받았는가 우리도 행할 수 있다 당신도 낳을 수가 있다는 관점으로 접근할 것이 아니라 이 표적을 행하신 그분이 누구이신가 "너희는 나를 누구라 하느냐"를 증거하는데 초점을 맞추어야 마땅합니다.

저희 교회에서는 세례를 베풀기 전에 신앙고백서를 작성하게 하는데 첫 질문이 예수님께서 "너는 나를 누구라 하느냐 물으신다면 무엇이라 대답하시겠습니까?"라는 물음입니다. 그렇게 강조하고 역설해도 예수님이 누구이신가 바로 고백하지 못하는 사람들이 의외로 많이 있음을 보게 됩니다.

좀 다른 말씀입니다만 예수가 누구이신기 이점이 얼마나 중요하고 이를 고백함에 사활(死活)이 걸려있는 중대사임을 인식하고 있다면 이를 증거하는데 목숨을 걸어야하는 것이 설교자의 사명입니다. 진정 깨닫고 있다면 어찌하여 설교를 마치고 기도를 드릴 때에 <예수님의 이름으로 기도합니다> 하고 예수와 그리스도를 떼어놓고 있는가고 묻고 싶은 것입니다.

그는 왜 오셨는가?

"주는 그리스도시요 살아계신 하나님의 아들이시니이다"는 고백을 들으시고 "이때로부터 예수 그리스도께서 자기가 예루살렘에 올라가 장로들과 대제사장들과 서기관들에게 많은 고난을 받고 죽임을 당하고 제 삼일에 살아나야 할 것을 제자들에게 비로소 가르치시니"(16:21) 하고 주님의 사역에 일대전환점이 이루어지고 있음을 봅니다.

마태는 4:17에서 "이때로부터 예수께서 비로소 전파하여 가라사대 회개하라 천국이 가까왔느니라 하시더라"고 증거한바 있습니다. 4:17과 16:21을 대조해 보십시오. 이는 하나의 획을 긋는 분수령임을 알 수가 있습니다. 나사렛 예수가 누구인가 하는 것도 "비로소" 전파하시기 전까지는 베일에 가리워 있던 비밀이었지만 그리스도께서 왜 사람의 몸을 입으시고 오셨는가? 달리 표현하면 어떤 방도로 자기 백성을 죄에서 구원하실 것인가는 "비로소" 가르치시기 전에는 제자들에게는 전연 상상할 수도 없었던 비밀에 가리워 있었던 것입니다.

"주여 그리 마옵소서 이 일이 결코 주에게 미치지 아니하리이다"한 베드로의 만류는 단적으로 이를 말해 주고 있습니다.

이어서 전개되고 있는 장면을 보십시오. "예수께서 베드로와 야고보와 요한을 데리시고 높은 산에 올라가셨더니 저희 앞에서 변형되사 그 얼굴이 해같이 빛나며 옷이 빛과 같이 희어졌더라"(17:1)는 변화산상의 사건은 무엇을 계시하기 위함입니까?

변형되심의 의미

병행 귀절인 누가복음 9:31에서는 "장차 예수께서 예루살렘에서 별세하실 것을 말씀했다"고 증언해 줍니다. 마태는 "저희가 산에서 내려올 때에 예수께서 명하여 가라사대 인자가 죽은 자 가운데서 살아나기 전에는 본 것을 아무에게도 이르지 말라"(17:9)고 명하셨음을 전해 줍니다.

변화산상의 사건은 예수님께서 죽임을 당하고 제 삼일에 살아나실 것과 "인자가 아버지의 영광으로 그 천사들과 함께 오리니"(16:27) 하신 재림하심까지를 비로소 열어서 보여주시는 사건이었던 것입니다.

그러므로 베드로는 "우리 주 예수 그리스도의 능력과 강림하심을 너희에게 알게 한 것이 공교히 만든 이야기를 좇은 것이 아니요 우리는 그의 크신 위엄을 친히 본자라"(벧후 1:16) 하고 주님의 재림과 변화산상의 경험을 결부시켜서 증거하고 있는 것입니다.

그 후로 주님께서는 재삼 말씀하셨는데 갈릴리에서도 "인자가 장차 사람들의 손에 넘기워 죽임을 당하고 제 삼일에 살아나리라"(17:22)고 재차 말씀하셨고 예루살렘으로 올라 가시면서도 "우리가 예루살렘으로 올라가노니 인자가 대제사장들과 서기관들에게 넘기우매…십자가에 못박게 하리니 제 삼일에 살아나리라"(20:19)고 재삼 말씀하셨습니다. 이는 예수님께서 왜 오셨는가, 즉 "인자가 온 것은…자기 목숨을 많은 사람의 대속물로 주려함이니라"(20:28)를 계시해 주는 말씀인 것입니다.

만일 앞부분에서 제자들에게 예수가 누구이신가를 충분하리만치 알리시지 않으신 체 "죽임을 당할 것"을 말씀했다면 제자들은 다 흩어지고 말았을 것입니다.

이상에서 상고해 본대로 복음서를 기록한 목적과 그 의도가 어디에 있는가는 명백합니다. 앞부분에서는 "예수가 누구신가 그분이 그리스도시다" 이를 증거하는데 초점을 맞추고 있습니다. 그리고 뒤부분에서는 "그는 왜 오셨는가", 즉 "예수 그리스도께서 우리 죄를 위하여 죽으시고 부활하셨다"는 사실을 증거하는데 초점을 맞추고 있습니다. 이 두 가지 큰 목적과 의도를 가지고 복음서는 기록되었습니다.

예수 그리스도와의 만남

주님 당시나 오늘날이나 무리들의 요구에는 변함이 없습니다. 오병이어의 축복을 생명의 떡보다 선호합니다. 표적을 행하신 그분 자신보다는 표적 자체를 요구합니다. 그러므로 목회자들도 무리들의 요구에 영합하게 되기가 쉽습니다. 또한 그러한 목회자들이 인기를 누릴 수도 있습니다.

말할 것도 없이 목회자란 성도들이 직면한 상황에 관심하여야 마땅합니다. 그러나 문제는 꼬리를 물고 이어질 것입니다. 또한 당면한 문제가 개선되었다고 해도 근본적인 문제가 해결되는 것도 아닙니다.

예수 그리스도는 문제의 근원에 대한 해답입니다.

4
예수 그리스도의 은닉

마가복음 9:2-8

² 엿새 후에 예수께서 베드로와 야고보와 요한을 데리시고 따로 높은 산에 올라 가셨더니 저희 앞에서 변형되사 ³ 그 옷이 광채가 나며 세상에서 빨래하는 자가 그렇게 희게 할 수 없을만큼 심히 희어졌더라 ⁴ 이에 엘리야가 모세와 함께 저희에게 나타나 예수로 더불어 말씀하거늘 ⁵ 베드로가 예수께 고하되 랍비여 우리가 여기 있는 것이 좋사오니 우리가 초막 셋을 짓되 하나는 주를 위하여, 하나는 모세를 위하여, 하나는 엘리야를 위하여 하사이다 하니 ⁶ 이는 저희가 심히 무서워하므로 저가 무슨 말을 할는지 알지 못함이더라 ⁷ 마침 구름이 와서 저희를 덮으며 구름 속에서 소리가 나되 이는 내 사랑하는 아들이니 너희는 저의 말을 들으라 하는지라 ⁸ 문득 둘러보니 아무도 보이지 아니하고 오직 예수와 자기들 뿐이었더라 (막 9:2-8)

| 설교작성 노트 |

예수 그리스도는 선포되어야 하고 증거 하여야 한다. 예수 그리스도는 만인이 알도록 드러내야 마땅하다. 그런데 복음서를 통하여 볼 때에 예수께서는 자신을 자주 은닉하셨음을 보게 된다. 그렇다면 이런 물음을 하게 된다. 예수께서는 어떤 의도로 자신을 드러내지 말라고 경계하셨는가. 어떤 점은 드러내기를 원하셨고 어떤 점은 숨기기를 원하셨는가. 설교자는 예수 그리스도의 마음을 알아 그 의도에 충실함이 마땅한 것이다.

선택된 본문은 주님께서 높은 산에 오르사 세 제자가 보는 앞에서 변형되신 내용입니다. 주님의 얼굴은 해같이 빛나고 옷은 빛과 같이 희어졌습니다. 모세와 엘리야가 나타나 말씀하는 것을 보았습니다. 빛난 구름이 저희를 덮으며 구름 속에서 "이는 내 사랑하는 아들이요, 내 기뻐하는 자니 너희는 저의 말을 들으라" 하는 음성이 들려 왔습니다.

산에서 내려올 때에 주님께서는 제자들에게 "인자가 죽은 자 가운데서 살아날 때까지는 본 것을 아무에게도 이르지 말라"(9)고 경계하십니다.

숨기신 그리스도

상식적으로 생각하면 많은 군중이 보는 앞에서 변형되사 자신을 나타내는 것이 상례라 하겠습니다. 요한복음에 보면 주님의 육적인 동생들이 "스스로 나타나기를 구하면서 묻혀서 일하는 사람이 없나니 이 일을 행하려 하거든 자신을 세상에 나타내소서"(7:4) 하고 비난하고 있는 것을 대하게 됩니다. 그런데 주님께서는 열두 사도들조차도 다 데리고 올라가신 것이 아니라 베드로 요한 야고보 세 제자만을 대동하셨습니다. 그리고 그들에게조차도 함구령을 내리신 것입니다. 이렇게 하신 것은 처음이 아닙니다.

예수님께서는 각종 병을 고쳐 주시고도 숨기셨습니다. 문둥병자를 깨끗하게 고쳐 주시고는 "엄히 경계 하사" 삼가 아무에게 아무 말도 하지 말라고 말씀하셨습니다(1:44). 더러운 귀신을 내어쫓으시고도 "자기를 나타내지 말라고 많이 경계"(3:12)하셨습니다.

회당장 야이로의 죽은 딸을 "달리다굼" 명하사 살려주시고도 "이 일을 아무도 알지 못하게 하라고 저희를 많이 경계"(5:43)하셨다고 성경은 말씀합니다. 귀먹고 어눌한 자를 '에바다' 하시고 고쳐 주시고도 "저희에게 경계 하사 아무에게라도 이르지 말라"(7:36)고 경계하셨습니다. 소경을 고치사 집으로 보내시며 가라사대 "마을에도 들어가지 말라"(8:26)고 드러내기를 원치 않으셨습니다.

이렇게 하신 주님의 의중이 무엇일까요 우리는 마가복음 1장에서 8장까지를 통해서 일관되게 기사 이적을 행하시는 자신의 행적을 숨기기를 원하시는 주님을 보아 왔습니다. 그런 연후에 저 유명한 분기점에 도달하게 된 것입니다. "너희는 나를 누구라 하느냐"(8:29).

대속제물로 오신 그리스도

베드로가 대답하여 가로되 "주는 그리스도시니이다" 하매 이에 자기의 일을 아무에게도 말하지 말라 경계(8:30)하시고 그리고 "인자가 많은 고난을 받고 죽임을 당하고 사흘만에 살아나야 할 것을 비로소 저희에게 가르치셨다"고 성경은 말씀합니다.

이점에서 우리가 고려해야 할 것은 이처럼 자신을 은닉하신 의도와 그리스도께서 이 땅에 오신 목적을 연관시켜 생각해 보아야 합니다. 예수 그리스도께서는 "자기 목숨을 많은 사람의 대속물(代贖物)로"(10:45) 주시기 위해서 오셨습니다. 이것이 오신 목적입니다.

이점을 히브리서에서는 "오직 우리가 천사들보다 잠깐 동안 못하게 하심을 입은 자 곧 죽음의 고난받으심을 인하여 영광과 존귀로 관쓰신 예수를 보니 이를 행하심은 하나님의 은혜로 말미암아 모든 사람을 위하여 죽음을 맛보려 하심이라"(히 2:9)고 말씀하고 있습니다.

요약하면 죽으시기 위해서 천사보다 잠깐 동안 못하게 하심을 입은 인간의 몸을 입고 오셨다는 것입니다. 주님께서는 "주는 그리스도 시니이다" 하는 베드로의 고백을 들으시고 의중에 간직하고 계셨던 고난받으심 즉, 죽으시고 살아나실 것을 '비로소' 말씀하실 수가 있으셨던 것입니다.

그러나 베드로는 '하나님의 일'을 헤아리지 못하고 예수님을 붙들고 간하였습니다. "사탄아 내 뒤로 물러가라 네가 하나님의 일을 생각지 아니하고 도리어 사람의 일을 생각하는 도다"고 책망하셨습니다. 베드로의 생각에는 주님께서 고난 죽음 같은 것은 입밖에도 내시지 말고 계속하여 기사 이적을 행하시다가 왕위에 오르시는 것을 바라고 있었을 것입니다.

그러나 주님의 오신 목적은 이것이 아니었던 것입니다. 이 일이 있은 이 후로 주님께서는 자신이 예루살렘에 올라가 죽임을 당하고 죽은지 삼 일 만에 살아나리라는 것을 1차(8:31), 2차(9:31), 3차(10:34)에 걸쳐서 말씀하십니다.

주님의 의도는 분명해졌습니다. 주님께서는 자신을 병이나 고쳐주는 능력을 행하는 자, 기사와 이적을 행하는 자로써 알려지기를 원치 않으셨습니다. "성경대로 그리스도께서 우리 죄를 위하여 죽으시고 장사지낸바 되었다가 성경대로 사흘만에 다시 살아나신 자"(고전 15:3-4)로 증거 되고 믿어지기를 바라셨습니다. 그러므로 변형되신 사건도 "인자가 죽은 자 가운데서 살아날 때 까지는" 본 것을 아무에게도 이르지 말라고 한시적으로 경계하셨던 것입니다.

죽으심과 부활은 복음의 핵심

주님께서 변형되신 현장에 모세와 엘리야가 나타났다는 것은 의미심장합다. 모세는 율법의 대표자요 엘리야는 선지자의 대표입니다. 그러니까 "율법과 선지자"가 나타난 것입니다. 이는 구약성경을 가리키는 말입니다. 예수 그리스도는 구약성경이 증거하고 있는 주인공 즉 성경의 핵심이십니다(요 5:39).

율법은 "우리를 그리스도에게도 인도하는 몽학선생"(갈 3:24)이요 "사무엘 때부터 옴으로 말한 모든 선지자도 이때를 가리켜(예수 그리스도) 말하였느니라"(행 3:24)고 율법과 선지자의 사명은 우리를 예수 그리스도에게로 인도하기 위하여 존재함을 말씀합니다.

"때에 모세와 엘리야가 예수로 더불어 말씀하는 것이 저희에게 보이거늘"(마 17:3)합니다. 세 분의 사이는 생소해 보이지가 않습니다. 생소하다니요 모세는 "그리스도를 위하여 받는 능욕을 애굽의 모든 보화보다 더 큰 재물로 여긴"(히 11:26)분이 아닙니까. 그렇다면 대화의 내용이 무엇인지 궁금합니다. 누가복음이 이 점을 보여주고 있는데 "장차 예수께서 예루살렘에서 별세(別世)하실 것을 말씀"(눅 9:31)하였다고 알려주고 있습니다.

성경의 핵심은 예수 그리스도시요, 복음의 핵심은 그리스도께서 우리 죄를 위하여 죽으시고 다시 살아나심에 있습니다. 대화의 내용은 바로 이점이었던 것입니다. 구속함을 얻은 성도들의 대화의 내용도 전도의 요지도 설교의 중심도 이 점에 모아져야 함은 너무나 당연한 것입니다.

주님께서는 이 점이 드러나고 부각되기를 원하셨습니다. "예수는 우리 범죄 함을 위하여 내어 줌이 되고 또한 우리를 의롭다 하심을 위하여 살아나셨느니라"(롬 4:25), "네가 만일 네 입으로 예수를 주로 시인하며 또 하나님께서 그를 죽은 자 가운데서 살리신 것을 네 마음에 믿으면 구원을 얻으리니"(롬 10:9,8).

아셨습니까? 우리가 구원을 얻을 수 있었던 것은 기사와 이적에 있지 않습니다. 우리가 아직 연약할 때에 기약대로 그리스도께서 경건치 않은 자를 위하여 죽으셨도다…우리가 아직 죄인 되었을 때에 그리스도께서 우리를 위하여 죽으심으로…곧 우리가 원수 되었을 때에 아들의 죽으심으로 말미암아…(롬 5:6-10).

그렇습니다. 우리의 구원은 예수 그리스도의 죽으심으로 말미암아 가능해진 것입니다. 여기에 그리스도께서 오신 목적이 있고 복음의 핵심이 있습니다. 피 흘림(죽음)이 없은 즉 사유함이 없습니다.

아버지의 영광으로 올 때에

그렇다고 복음은 그리스도의 "죽으심"이 끝이 아닙니다. 다시 살아나셨습니다. 승천하셔서 하나님 우편에 앉아 계시는 그리스도께서는 다시 오십니다. 이 일련의 사건들은 중단 될 수 없는 연속적인 구속의 역사인 것입니다.

문맥(文脈)을 통하여 보면 변형되심은 "인자도 아버지의 영광으로 거룩한 천사들과 함께 올 때에"(막 8:38-9:1)라는 말씀에 뒤이어서 주어졌습니다. 주님의 "얼굴이 해같이 빛나며"(마 17:2) 옷이 빛과 같이 희어졌습니다. 이는 주님께서 영광 중에 재림하실 광경을 잠시 보여주신 것입니다. 증인으로 참석했던 베드로의 증거를 보시겠습니다.

"우리 주 예수 그리스도의 능력과 강림하심을 너희에게 알게 한 것이 공교히 만든 이야기를 좇은 것이 아니요 우리는 그의 크신 위엄을 친히 본자라"(벧후 1:16)고 주님의 변형되심이 주님의 강림 때에 있을 일에 대한 예시였음을 말씀합니다. 주 예수의 강림은 공교히 만든 소설과 같은 이야기가 아닙니다.

베드로 요한 야고보에 관해서 잠시 생각해 보겠습니다. 많은 군중 중에서 12사도로 피택이 되고 12사도 중에서도 주님의 변형되심과 하나님의 음성을 친히 듣는 목격자요 증인이 되었다는 것은 비할 데 없는 영광이 아닐 수 없습니다.

그런데 마태복음 17:6에 보면 "제자들이 듣고 엎드리어 심히 두려워하였다"고 기록되어 있습니다. 누구든지 이 자리에 있었다면 엎드리어 두려워하지 않을 자가 어디 있겠습니까. 그들은 선택된 소수에 끼어 있었으나 그리고 변화산상까지 따라올라 갈 수는 있었으나 주님께서 변화하실 때에 따라 변화하지를 못하고 땅에 엎드리어 심히 두려워하고 있었습니다.

계시록 6장에 보면 "땅의 임금들과 왕족들과 장군들과 부자들과 강한 자들과 각종 자주자가 굴과 산 바위틈에 숨어 산과 바위에게 이르되 우리 위에 떨어져 보좌에 앉으신 이의 낯에서와 어린 양의 진노에서 우리를 가리우라 그들의 진노의 큰 날이 이르렀으니 누가 능히 서리요 하더라"(계 6:15-17)고 말씀합니다. 어린 양의 진노의 날 곧 심판 날에 해와 같이 빛나는 그분의 낯 앞에 "경건치 아니한 자와 죄인이 어디서리요"(벧전 4:18)라고 합니다.

그런데 마태복음 13:43을 보십시오 "그때에 의인들은 자기 아버지 나라에서 해와 같이 빛나리라"고 말씀하십니다. 이것은 성도의 영화를 의미합니다. 이 영광은 아무에게나 주어지는 것이 아니라 하나님을 자기 '아버지'라 부를 수 있는 자녀들에게만 주어지는 것입니다. 너무나 감당 못할 말씀이기에 귀 있는 자는 들으라 하십니다. 이때에 구원은 완성되는 것입니다.

예수 그리스도께서 변형되심은 영광 주로 재림하실 것에 대한 예시일 뿐만이 아니라 성도들의 낮은 몸이 그리스도의 영광의 몸과 같이 변화될 것에 대한 보증이기도 한 것입니다.

그리스도와의 만남

"제자들이 눈을 들고 보매 오직 예수 외에는 아무도 보이지 아니하더라"(마 17:8)고 말씀합니다. 그렇습니다. 모세도 아닙니다. 엘리야도 아닙니다. 기사와 이적도 아닙니다. <오직 예수 그리스도>뿐이십니다.

성도의 구원은 그리고 영화는 기사와 이적을 행하시는 예수로 말미암아서 주어지는 것이 아닙니다. 예수 그리스도께서 우리 죄를 위하여 죽으시고 다시 사심으로 말미암아서 만이 가능한 것입니다. 주님의 죽으시고 부활하심이 없으셨다면 "그때의 의인들은" 하신 '의인들'이라 일컬음을 받을 자가 누가 있겠습니까? 하나님을 감히 자기 '아버지'라 부를 수 있는 자가 누구입니까? 자기 아버지 나라에서 "해와 같이 빛날 자"가 누구이겠습니까?

이는 모세로 말미암아 가능한 것이 아닙니다. 엘리야로 말미암은 것도 아닙니다. 오직 예수 그리스도의 대속의 죽으심만이 가능하게 한 것입니다.

베드로는 예수님을 "주는 그리스도시요 살아 계신 하나님의 아들"로 고백하였으나 우리 죄를 위하여 죽으시고 사흘만에 살아 나실 것은 믿지 못하였습니다. 구원은 오직 하나님의 아들께서 대신 죽으시고 살아나심을 믿는 그 은혜 안에만 있습니다.

예수께서는 자신이 그러한 주님으로 증거되기를 원하셨습니다. "곧 산 자라 내가 전에 죽었었노라 볼지어다 이제 세세토록 살아 있어 사망과 음부의 열쇠를 가졌노니 그러므로 네 본 것과 이제 있는 일과 장차 될 일을 기록하라"(계 1:18-19) 이러한 주님으로 증거되기를 원하십니다.

살아나신 주님은 다시 오십니다. 영광주로 오십니다. 그날에 형제는 엎드리어 두려워하지 않게 될 것입니다. 형제의 낮은 몸도 주님의 영광의 몸과 같이 변화되어 해와 같이 빛날 것입니다. 이를 주시려고 주님은 대신 죽으셨습니다. 각색 병 고쳐 주심은 은닉하셨으나 죽으시고 다시 살아나심은 힘있게 담대하게 증거 되기를 원하셨습니다.

베드로도 오순절 이후에는 "이 예수를 하나님이 살리신지라 우리가 다 이 일에 증인이로다"(행 2:32), "생명의 주를 죽였도다 그러나 하나님이 죽은 자 가운데서 살리셨으니 우리가 이 일에 증인이로라"(행 3:15)고 목숨을 걸고 증인 노릇하는 것을 보게 됩니다.

예수 그리스도께서 우리 죄를 위하여 죽으시고 죽으신 것만 아니라 다시 살아나심으로 잠자는 자들의 첫 열매가 되셨습니다. 이를 은닉해서는 아니 됩니다. 부끄러워해서는 아니 됩니다. 힘있게 죽기까지 자랑하고 증거하여야 마땅합니다. 주님은 말씀하십니다. "내 증인이 되리라."

형제여 찬미의 대지도 여기에 있습니다. 전도의 요점도 여기에 있습니다. 설교의 중심도 여기에 두어야 마땅합니다.

5
물 한 그릇을 준 자도

마가복음 9:38-50

³⁸ 요한이 예수께 여짜오되 선생님 우리를 따르지 않는 어떤 자가 주의 이름으로 귀신을 내어 쫓는 것을 우리가 보고 우리를 따르지 아니하므로 금하였나이다 ³⁹ 예수께서 가라사대 금하지 말라 내 이름을 의탁하여 능한 일을 행하고 즉시로 나를 비방할 자가 없느니라 ⁴⁰ 우리를 반대하지 않는 자는 우리를 위하는 자니라 ⁴¹ 누구든지 너희를 그리스도에게 속한 자라 하여 물 한 그릇을 주면 내가 진실로 너희에게 이르노니 저가 결단코 상을 잃지 않으리라 ⁴² 또 누구든지 나를 믿는 이 소자 중 하나를 실족케 하면 차라리 연자 맷돌을 그 목에 달리우고 바다에 던지움이 나으리라 ⁴³ 만일 네 손이 너를 범죄케 하거든 찍어버리라 불구자로 영생에 들어가는 것이 두 손을 가지고 지옥 꺼지지 않는 불에 들어가는 것보다 나으니라(막 9:38-43)

| 설교작성 노트 |

본문에는 작은 것 두 가지가 있다. "물 한 그릇"과 "소자"이다.

주님은 얼마나 목이 마르시기에 "물 한 그릇"을 요구하고 계시는 것일까?

주님에게는 성도들이 얼마나 귀한 존재이기에 "소자" 하나를 그토록 아끼고 계실까?

당신은 아무리 작은 자라 여겨도 주님이 아끼시는 소자다. 아무리 하는 일이 빈약하다 하여도 물 한 그릇은 대접할 수가 있지 아니한가?

"누구든지 너희를 그리스도에게 속한 자라 하여 물 한 그릇을 주면 내가 진실로 너희에게 이르노니 저가 결단코 상을 잃지 않으리라" (41).

본문은 이 말씀을 중심으로 해석해 나가면 이해에 도움이 됩니다. "그리스도에게 속한 자" 이 말씀이 본문의 핵심입니다. 아무에게나 물 한 그릇을 주었다고 상을 받게 된다는 말씀이 아닙니다. "너희를 그리스도에게 속한 자라 하여 물 한 그릇을 주면" 그 상을 주님이 갚아주시겠다는 말씀입니다.

이 점에서 대번 그리스도에게 속한 자와 속하지 아니한 자의 두 진영(陣營)을 대하게 됩니다. 지상에는 많은 나라, 많은 민족, 많은 사람이 있다 하여도 영적으로는 두 진영이 있을 뿐입니다. 그리스도에게 속한 진영과 사탄에게 속한 진영이 그것입니다.

성경은 사탄이 지배하는 진영을 "세상"이라고 말하고 있습니다. "너희가 세상에 속하였으면 세상이 자기의 것을 사랑할 터이나 너희는 세상에 속한 자가 아니요 도리어 세상에서 나의 택함을 입은 자인고로 세상이 너희를 미워하느니라"(요 15:19)고 말씀합니다. 이점에서 두 진영 사이에는 "미워함" 즉, 적대감이 있음을 알게 됩니다.

그렇다면 "그리스도에게 속한 자"란 구속사적인 관점에서 보면 어떤 의미가 있는 것일까요? 그것은 "하나님 나라건설"에 참여하는 자라고 말씀드릴 수가 있습니다. 왜냐하면 그리스도께서는 하나님 나라건설을 위하여 오셨기 때문입니다.

주님께서는 "우리를 반대하지 않는 자는 우리를 위하는 자니라"(40)고 "반대자"가 있음을 말씀하십니다. 여기에 영적 싸움이 있게 되는 것입니다. 그리스도에게 속한 자는 하나님의 나라를 건설하기 위한 싸움이요 반대하는 자란 다름 아닌 하나님의 나라건설을 반대하는 것이요 이를 저지하고 파괴하기 위한 싸움인 것입니다.

이런 맥락에서 "누구든지 너희를 그리스도에게 속한 자라 하여 물 한 그릇을 주면" 다시 말씀드리면 그들이 하나님의 나라를 건설하는데 쓰임받고 있는 그리스도의 전사(戰士)라 하여 물 한 그릇을 주면 그는 그마만치 하나님의 나라건설에 참여한 것이 된다는 것입니다.

하나님의 나라 건설에 있어서 이처럼 참여한 사람들은 많이 있었습니다. 그 중의 한 사람이 여리고의 기생 라합입니다. 그가 정탐꾼을 숨겨준 것은 어느 개인을 숨겨준 것이 아니었습니다. 그는 고백하기를 "여호와께서 이 땅을 너희에게 주신 줄을 내가 아노라"(수 2:9)고 말했습니다. 그러므로 그녀는 여호와의 전사를 숨겨준 것입니다. 하나님의 나라를 건설하는데 협력한 것입니다.

이런 관점에서 누가복음 12장에 나오는 "어리석은 부자" 비유도 이해되어야만 합니다. 그 밭에 소출이 풍성했습니다. 사업이 잘 되었습니다. 그는 말합니다. "영혼아 여러 해 쓸 물건을 많이 쌓아 두었으니 평안히 쉬고 먹고 마시고 즐거워하자"라고 합니다.

그러나 주님께서는 "어리석은 자여 오늘밤에 네 영혼을 도로 찾으리니 그러면 네 예비한 것이 뉘 것이 되겠느냐"고 말씀합니다. 그는 지옥에 떨어지게 되자 항변했을 것입니다.

"내가 무엇을 잘못했다는 말입니까? 도적질을 했습니까? 살인을 했습니까? 도대체 내 죄목이 무엇입니까?" "너는 내 곡간 내 곡식 내 영혼 등 내가 내가 하고 자기만을 위하여 살았다 너는 많은 사람들이 하나님의 나라 건설에 피와 땀을 흘리며 참여하고 있을 때 물 한 그릇이라도 내놓았느냐 그렇지 않았다면 네가 하나님의 나라와 무슨 상관이 있다는 말이냐 너는 마땅히 먼저 그 나라와 그의 의를 구했어야만 했다 네가 여기에 오게 된 것은 무엇을 했기 때문이 아니라 당연히 해야할 일을 하지 않았기 때문이다."

본문은 이렇게 이어지고 있습니다. "만일 네 손이 너를 범죄케 하거든 찍어 버리라 불구자로 영생에 들어가는 것이 두 손을 가지고 지옥 꺼지지 않는 불에 들어가는 것보다 나으니라"(43) 45절에서는 "만일 네 발이 너를 범죄케 하거든" 47절에서는 "만일 네 눈이 너를 범죄케 하거든 빼어 버리라"고 단호히 말씀합니다. 이를 대할 때에 윤리적이고 교훈적인 차원에서만 생각해서는 아니 됩니다. 문맥을 통하여 본다면 분명 두 진영간의 영적 싸움이라는 차원에서 말씀하고 있는 것입니다.

이런 뜻입니다. 만일 네 "손"이 네 "발"이 네 "눈"이 너를 범죄케 하거든 즉, 사탄에게 죄의 도구로 이용이 되거든 좀더 직선적으로 말한다면 하나님의 나라를 파괴하기 위한 불의의 병기로 이용당하느니 보다는 차라리 찍어 버리라는 단호한 말씀인 것입니다.

바울 사도는 이를 이해했기에 "또한 너희 지체를 불의의 병기로 죄에게 드리지 말고 오직 너희 자신을 죽은 자 가운데서 다시 산 자 같이 하나님께 드리며 너희 지체를 의의 병기로 하나님께 드리라"(롬 6:13)고 말씀하고 있는 것입니다.

유념하십시다. "불의의 병기" 또는 "의의 병기"라고 말씀하고 있습니다. 병기(兵器)란 전쟁에서 사용하는 무기를 의미합니다. 구원을 얻은 성도라 할지라도 그의 몸과 지체는 하나님의 나라를 파괴하는 불의의 병기로도 이용당할 수가 있다는 점을 명심해야만 합니다.

아간 한 사람의 범죄는 영적 전쟁을 수행하고 있는 하나님의 군대에 큰 타격을 주었습니다. 그는 불의의 병기로 하나님의 나라를 파괴하는데 이용당했습니다. 차라리 그 손을 찍어 버렸더라면….

그런가 하면 사소하게 보이는 일에도 귀하게 쓰임 받고 있는 모습도 대하게 됩니다. 출애굽 당시 진행할 때에 고핫 자손들은 법궤를 운반하는 직무를 맡았으나 므라리 자손들은 성막의 널판과 기둥과 말뚝들을 운반하는 직무가 주어졌습니다(민 4장). 그 중에는 말뚝 몇 개를 메고 가는 사람도 있었을 것입니다. 법궤를 메고 가는 이를 바라보았을 때에 자신이 얼마나 초라하게 보였겠습니까? 그러나 성막을 치게 될 때에 말뚝 하나가 없어졌다면 불완전한 것입니다. 매지를 못한 곳이 펄러덕거릴 것입니다.

그 사람은 하나님의 나라 건설에 없어서는 아니 될 귀하게 쓰임 받고 있는 것입니다. 그도 그 상을 잃지 않을 것입니다. 언제 주어지는 것입니까 "이루었도다 나는 알파와 오메가요 처음과 나중이라"(계 21:6) 하실 하나님의 나라가 완성되었을 때 주어지는 것입니다. "보라 내가 속히 오리니 내가 줄 상이 내게 있어 각 사람에게 그의 일한 대로 갚아 주리라 나는 알파와 오메가요 처음과 나중이요 시작과 끝이라"(계 22:12,13). 예수 그리스도께서 재림하실 때에 주어지는 것입니다.

한가지만 더 생각할 점이 있습니다. 왜 하필 "물 한 그릇"이라고 말씀하고 있느냐는 점입니다. 가장 쉽고 하찮은 것이기 때문이기도 할 것입니다. 그것이 전부이겠습니까? 아닙니다. 주님께서는 몹시 목이 마르신 것입니다. 실제로 주님께서는 십자가상에서 "내가 목마르다"(요 19:28)고 말씀하셨습니다. 그러나 주님에게 물 한 그릇 준 자가 없었습니다.

구속사의 맥락에서 볼 때에 여기 기가 막힐 예표가 있습니다. "다윗이 사모하여 가로되 베들레헴 성문 곁 우물 물을 누가 나로 마시게 할꼬"(삼하 23:15)합니다. 당시 베들레헴 성문 곁 우물 물은 블레셋 군대가 진을 치고 있는 너머에 있었습니다. "세 용사가 블레셋 사람의 군대를 충돌하고 지나가서 베들레헴 성문 곁 우물 물을 길어 가지고 다윗에게로 왔으나 다윗이 마시기를 기뻐 아니하고 그 물을 여호와께 부어 드리며 가로되 여호와여 내가 결단코 이런 일을 하지 아니하리이다 이는 생명을 돌아보지 아니하고 갔던 사람들의 피니이다"고 말합니다.

바로 이것입니다. 주님은 생명을 돌아보지 아니하고 주님께 물 한 그릇 떠 줄 그 세 용사와 같은 숨은 병사를 찾고 계시는 것입니다. 작은 일에 충성할 그 무명의 전사에 목이 말라 계시는 것입니다.

형제여 형제의 소속은 어느 진영입니까? 그리스도에게 속해 있습니까? 사탄에 속해 있습니까? 형제의 지체들은 의의 병기로 사용되고 있습니까? 부지부식간에 불의의 병기로 사용되고 있지는 아니합니까? 진정 그리스도에게 물 한 그릇을 드려서 주님을 "시원케"(고후 16:18) 해 드린 그런 적이 있습니까?

6
하나님의 나라 건설의 역꾼들

누가복음 8:1-3

¹ 이 후에 예수께서 각 성과 촌에 두루 다니시며 하나님의 나라를 반포하시며 그 복음을 전하실새 열 두 제자가 함께 하였고 ² 또한 악귀를 쫓아내심과 병 고침을 받은 어떤 여자들 곧 일곱 귀신이 나간 자 막달라인이라 하는 마리아와 ³ 또 헤롯의 청지기 구사의 아내 요안나와 또 수산나와 다른 여러 여자가 함께하여 자기들의 소유로 저희를 섬기더라
(눅 8:1-3)

| 설교작성 노트 |
예수님께서 복음을 전파하고 계시는 현장에 모친과 동생들이 찾아 왔으나 무리를 인하여 가까이 할 수가 없었다. 혹이 이 사실을 예수님께 고했다. 예수님께서는 누가 내 모친이며 내 동생들이냐 하시고 손을 내밀어 제자들을 가리켜 말씀하시기를 나의 모친과 나의 동생을 보라(마 12:46-50)고 하셨다. 어째서 그들이 예수 그리스도의 참 가족들이며 그러한 영예가 어떻게 그들에게 주어지는가. 이것이 본 설교의 주안점이다.

본문 내용은 예수님께서 행하신 갈릴리 전도의 마지막 기간에 해당됩니다. 얼마 후에 주님은 고난 당하심과 승천을 준비하시기 위해서 "예루살렘을 향하여 올라가기로 굳게 결심"(9:51)하시게 됩니다.

예수님과 열 두 제자들이 각 성과 촌에 두루 다니시며 천국 복음을 전파하였을 때에 아무래도 많은 물질적인 뒤받침과 시중드는 사람들이 필요하였을 것입니다.

본문은 이에 대한 재료를 제공해 주고 있습니다.

하나님의 나라 건설

"이 후에 예수께서 각 성과 촌에 두루 다니시며 하나님의 나라를 반포하시며 그 복음을 전하실새"①.

최우선으로 명심해야할 점은 본문의 중심 주제가 "하나님의 나라" 건설이라는 점입니다. 첫 절에서 "하나님의 나라를 반포하시며" 하고 10절에서도 "하나님의 나라의 비밀을 아는 것이 너희에게는 허락되었으나"라고 하십니다. 문맥을 좀 더 따라가 보면 9장에서는 열 두 제자를 "하나님의 나라를 전파"② 할 자로 파송하시고 10장에서는 70인을 "하나님의 나라가 너희에게 가까이 왔다"(10:9)고 전파하라는 사명을 주고 파송하시는 것을 보게 됩니다.

예수 그리스도께서는 하나님의 나라를 건설하시기 위하여 오셨습니다. 그리고 이 사역에 여러 사람들이 수종들고 있음을 ❸은 말씀하고 있습니다.

그리스도의 사역을 섬긴 사람들

"열 두 제자가 함께 하였고 또한 악귀를 쫓아내심과 병 고침을 받은 어떤 여자들 곧 일곱 귀신이 나간 자 막달라인이라 하는 마리아와 또 헤롯의 청지기 구사의 아내 요안나와 또 수산나와 다른 여러 여자

가 함께 하여 자기들의 소유로 저희를 섬겼더라"(13)

이름이 올라 있는 막달라 마리아와 구사의 아내 요안나 그리고 수산나 외에 무명의 "여러 여자가 함께 하여" 자기들의 소유로 주님과 제자들을 섬겼다고 말씀합니다. 이들은 물질과 노력으로 그리스도의 사역을 수종든 자들입니다.

주님께서 승천하신 후에 사도 바울이 전도 여행을 할 때에도 "또 참으로 나와 멍에를 같이한 네게 구하노니 복음에 나와 함께 힘쓰던 저 부녀들을 돕고 또한 글레멘드와 그 외에 나의 동역자들을 도우라 그 이름들이 생명 책에 있느니라"(빌 4:3)고 특히 부녀자들의 뒤받침과 헌신이 있었음을 볼 수가 있습니다.

분명한 것은 이들도 하나님의 나라 건설의 역군들이었으며 바울을 섬긴 것이 아니라 구속의 주가 되시는 예수 그리스도를 수종든 자들이라는 점입니다. 이점은 오늘날도 동일합니다.

복음 전파에 참여했던 그 많은 사람들의 이름이 성경에 일일이 기록되어 있지 않아 우리가 다 알 길은 없지만 그러나 분명한 것은 그들의 이름이 생명책에 기록되어 있다는 사실입니다.

하나님 나라 확장

하나님 나라 건설은 확장되어야만 합니다. 이점이 주님께서 말씀하신 "씨뿌리는 비유"(5-15)와 "등불 비유"(16-18)를 통하여 나타나고 있습니다.

씨뿌리는 비유를 통해서 말씀하고자 하는 주제는 분명합니다. 씨를 뿌리는 즉, 말씀을 전파하는 사역을 통해서 하나님의 나라가 건설되고 확장되어 나간다는데 있습니다. 두 번째로 말씀하신 "등불 비유"의 주제도 복음의 빛을 가리움이 없이 드러내고 비추라는 말씀입니다.

하나님의 나라는 씨를 뿌리듯 말씀을 전파하여 듣고 믿어 구원을 얻게 하는 이 끈질긴 사역을 통해서 확장되어 나가는 이 길, 이 방법 외에는 다른 지름길이란 없다는 사실입니다. 그러하기 때문에 주님께서도 그 사역을 하셨으며 따르는 제자들도 그 사역에 헌신하였으며 오늘날도 동일합니다.

하나님 나라 건설이 어려운 것은 "마귀가 와서 그들로 믿어 구원을 얻지 못하게 하려고 말씀을 그 마음에서 빼앗는 것이요"(12) 하신 대적자가 있기 때문입니다.

그런데 여기서 의외의 상황이 벌어집니다. "예수의 모친과 그 동생들"(19)이 찾아온 것입니다. 그것은 복음을 듣기 위해서가 아니라 마가복음 3:21의 "예수의 친족들이 듣고 붙들러 나오니 이는 그가 미쳤다 함일러라"는 말씀으로 이루어 볼 때에 가출한 자식을 찾아 나선 모성애와도 같은 것이라 하겠습니다.

예수님을 에워싼 무리를 인하여 접근이 어렵게 되자 "혹이 당신의 모친과 동생들이 당신을 보려고 밖에 섰나이다" 하고 전해 드렸습니다. 그때 하신 말씀을 명심해야만 하겠습니다. "예수께서 대답하여 가라사대 내 모친과 내 동생들은 곧 하나님의 말씀을 듣고 행하는 이 사람들이라 하시니라"(21).

내 모친과 내 동생들

그렇다면 하나님의 말씀을 듣고 행하는 "이 사람들"이란 누구를 가리키는 것이며 어찌하여 그들이 예수님의 모친이요 동생이라는 대우를 받게 되는가?

 이점에서 우리는 서두⑬에서 소개하였던 사람들을 생각하게 합니다. "열 두 제자가 함께 하였고 또한 악귀를 쫓아내심과 병 고침을 받은 어떤 여자들 곧 일곱 귀신이 나간 자 막달라인이라 하는 마리아와 또 헤롯의 청지기 구사의 아내 요안나와 또 수산나와 다른 여러 여자가 함께 하여 자기들의 소유로 저희를 섬기더라" 한 이들 말입니다.

 이들이야말로 "하나님의 말씀을 듣고 행하는 이 사람들"이라 칭하기에 합당한 자들일 것입니다. 예수 그리스도께서는 그 여자들과 열 두 제자들을 둘러보시면서 "내 모친과 내 동생들을 보라"고 말씀하셨던 것입니다.

예수 그리스도와의 만남

 일곱 귀신이 들렸던 막달라 마리아가 하나님의 아들에 의해서 "내 모친"이라는 대접을 받다니 갈리리 어부들이 만왕의 왕이시요 만주의 주가 되시는 예수 그리스도에 의하여 "내 동생"이라는 대접을 받고 있는 것입니다.

 어떻게 그토록 신분이 달라지고 지위가 바뀌게 되었습니까? 한마디로 우리 주 예수 그리스도를 만났기 때문입니다. 예수 그리스도의 구속으로 말미암아 거듭나서 하나님의 자녀가 되는 권세를 얻었기 때문입니다. 성경은 말씀합니다. "그러므로 이제부터 너희가 외인도 아니요 손(손님)도 아니요 오직 성도들과 동일한 시민이요 하나님의 권속(가족)이다"(엡 2:19).

 더 말씀드릴 것이 있습니다. 그 여인들은 무엇을 하고 있는 누구를 섬기고있는 것입니까? "하나님의 나라"를 건설하러 오신 그리스와 그의 제자들을 섬기고 있다는 점을 유의하여야만 합니다. 그 여인들도 하나님의 나라 건설에 참여하고 있는 하나님의 나라 건설의 역군들이라는 말씀입니다. 이는 주님 당시에만 국한된 말씀은 아닙니다. "볼지어다 내가 세상 끝날 까지 너희와 항상 함께 있으리라" 하신 하나님의 나라 건설이 완성되는 주님의 재림 때까지 전 역사에 걸쳐서 적용되는 말씀입니다.

"인자가 자기 영광으로 모든 천사와 함께 올 때에 자기 영광의 보좌에 앉으리니"(마 25:31).

"그때에 임금이 그 오른 편에 있는 자들에게 이르시되 내 아버지께 복 받을 자들이여 나아와 창세로부터 너희를 위하여 예비된 나라(하나님의 나라)를 상속하라 내가 주릴 때에 너희가 먹을 것을 주었고 목마를 때에 마시게 하였고 나그네 되었을 때에 영접하였고 벗었을 때에 옷을 입혔고 병들었을 때에 돌아보았고 옥에 갇혔을 때에 와서 보았느니라"(마 25:34-36).

주여 우리가 어느 때에 이렇게 하였나이까?

"내가 진실로 너희에게 이르노니 너희가 여기 내 형제 중에 지극히 작은 자 하나에게 한 것이 곧 내게 한 것이니라"(마 25:45).

형제여, 이제 결론에 이르게 되었습니다. 형제가 말씀을 전파하는 전도자입니까? 형제는 하나님의 나라 확장을 위하여 씨를 뿌리고 있는 것입니다. 어떠한 방해에도 굴하지 말고 계속하십시다.

자매가 교회를 섬기고 있는 무명의 성도입니까? 자매는 하나님의 나라 건설을 수종들고 있는 역군인 것입니다. 하나님의 나라 회복을 위하여 선한 싸움을 싸우고 있는 예수 그리스도의 전사들에게 주님의 이름으로 냉수 한 그릇 대접한 것도 그 상을 잃지 않으리라(막 9:41)고 말씀하십니다.

하나님의 말씀을 듣고 행하는 우리 모두는 예수 그리스도에 의해서 나의 모친이요 나의 동생이라고 칭함을 받는 자들입니다.

7
강한 자와 더 강한 자

누가복음 11:14-26

²¹ 강한 자가 무장을 하고 자기 집을 지킬 때에는 그 소유가 안전하되 ²² 더 강한 자가 와서 저를 이길 때에는 저의 믿던 무장을 빼앗고 저의 재물을 나누느니라 ²³ 나와 함께 아니하는 자는 나를 반대하는 자요 나와 함께 모으지 아니하는 자는 헤치는 자니라 ²⁴ 더러운 귀신이 사람에게서 나갔을 때에 물 없는 곳으로 다니며 쉬기를 구하되 얻지 못하고 이에 가로되 내가 나온 내 집으로 돌아가리라 하고 ²⁵ 와 보니 그 집이 소제되고 수리되었거늘 ²⁶ 이에 가서 저보다 더 악한 귀신 일곱을 데리고 들어가서 거하니 그 사람의 나중 형편이 전보다 더 심하게 되느니라 (눅 11:21-26)

| 설교작성 노트 |

본문의 내용은 강한 자의 포로가 된 자를 더 강한 자가 와서 구해주는 내용이다. 그런데 문제는 나중에 그가 일곱 귀신에게 다시 사로잡히게 된다는데 있다. 이는 견인교리와 배치되는 듯이 보인다. 그래서 그럴듯한 여러 가지 변명을 하려한다. 그 참 뜻이 무엇일까?

본문 말씀은 "예수께서 한 벙어리 귀신을 쫓아내시니" 무리들은 기이히 여겼으나 그 중에 더러는 "저가 귀신의 왕 바알세불을 힘입어 귀신을 쫓아낸다"(14-15)고 비방하므로 하신 말씀입니다.

본문을 관찰함에 있어서 사활을 좌우할 만큼 중요한 점은 본문을 통하여 말씀하시고자 하는 "핵심"이 무엇인가를 찾아내는 일입니다. 만일 이에 실패하거나 놓치게 되면 엉뚱한 데로 빠지게 될 것입니다. 본문의 핵심을 찾는 "키 워드"는 <나라>라는 말씀입니다. 두 번 나옵니다. 18절에는 <사탄의(저의) 나라>가 있고 20절에는 <하나님의 나라>가 있음을 보게 될 것입니다. "귀신을 쫓아냈다"는 말은 싸워서 이겼다는 말인데 영적 전쟁이란 <스스로 분쟁>(18중)하는 것이 아니요 사탄의 나라와 하나님의 나라간의 전쟁이라는 말씀입니다. 이것이 본문을 통하여 하시고자 하는 핵심적인 말씀입니다.

<강한 자가>(21)라고 말씀하고 있는데 24절과 결부시켜 보면 "강한 자"란 귀신 즉 사탄의 나라 군사들임을 알 수가 있습니다. 그들은 강한 자입니다. 강할 뿐만 아니라 무장을 하고 있다고 말씀합니다.

<자기 집을 지킬 때에는>합니다. 24절의 해석의 말씀을 보면 "자기 집"이란 사람의 심령임을 알게 됩니다.

<그 소유가 안전하되>합니다. 여기 결정적인 말씀이 있습니다. 영적 전쟁이란 다름이 아니라 사람의 심령을 <소유>하기 위한 두 세력 간의 싸움이라는 말씀입니다. 사람이 곧 영토(領土)인 것입니다. 이 영토를 <소유하기 위한, 확장해 나가기 위한, 그리고 지키기 위한> 싸움이 영적 전쟁인 것입니다.

<안전하되>합니다. 그렇습니다. 사탄의 군사들은 강할 뿐만 아니라 위협과 유혹과 가장 등 여러 가지 궤계로 무장을 하고 있는 자들입니다. 그러므로 그들이 점령하고 있는 소유들을 빼앗는다는 것은 쉬운 일이 아닙니다. 그것은 영원히 "안전"할 것처럼 보이기까지 합니다.

그러나 <더 강한 자가 와서>합니다. 문맥적으로 볼 때 "더 강한

자"란 우리 주 예수 그리스도를 가리킴이 분명합니다(참고 마 12:22-23). 앞에서 "그 소유가 안전하되" 했는데 그것은 "더 강한 자가" 오시기 전까지만 그러했다는 것입니다.

"저를 이길 때에는 저의 믿던 무장을 빼앗고 저의 재물을 나누느니라"(22)고 말씀합니다. 드디어 안전하다고 여겼던 그의 소유를 빼앗기게 되었다는 것입니다.

이점에서 고려되어야할 점은 하나님의 형상으로 지음 받은 인간이 어찌하여 사탄의 소유로 전락하게 되었는가 하는 점입니다. 물론 본문에서는 이점을 직접적으로는 언급하고 있지 아니합니다. 그러나 이 본질적인 문제를 집고 넘어가야 하는 것은 <더 강한 자>가 오신 목적이 이와 결부되어 있기 때문입니다. 성경은 말씀합니다. "나 여호와가 이같이 이르노라 내가 너희 어미를 내어보낸 이혼서가 어니 있느냐 내가 어느 채주에게 너희를 팔았느냐"고 물으십니다. 하나님이 이혼하자고 하신 것도 아니요 빚 값에 팔아먹은 것도 아니라는 것입니다. "오직 너희는 너희의 죄악을 인하여 팔렸고 너희 어미는 너희의 허물을 인하여 내어보냄을 입었느니라"(사 50:1)고 말씀합니다.

이는 하나님의 백성이 바벨론에 포로가 되게 된 연유만은 아닙니다. 인류의 시조가 왜 에덴에서 추방당하게 되었으며 사탄의 소유물로 전락하게 되었는가의 원인이기도 합니다.

그렇다면 어떤 방도로 강한 자가 무장을 하고 자기 소유를 지키고 있는 사탄의 소유가 주 하나님의 소유가 될 수가 있는가, 달리 표현하면 소유주(所有主) 즉, 주인이 바뀔 수가 있는가 하는 점입니다. 먼저 알 것은 노예로 전락한 그들에게 어떤 방도나 능력이나 결정권이 있는 것이 전혀 아니라는 점입니다. 누군가 값을 주고 사서 해방을 시켜 주어야만 비로소 가능해지는 것입니다.

성경은 말씀합니다. "너희는 너희 것이 아니라 값으로 산 것이 되었으니"(고전 6:20)합니다. "값을 주고 사셨다" 그래서 "구원"하셨다. 이것이 구속(救贖)입니다.

출애굽기 6장은 이점을 명백히 나타내고 있습니다. <너희를 구속하여 너희로 내 백성을 삼고>하십니다. 그들의 신분이 어떻게 바뀌는가를 보십시오. 전에는 <이스라엘 자손> 즉 야곱의 자손이었습니다. 그들을 애굽 사람이 종을 삼아 <바로의 종>이 되었습니다. 그들을 하나님께서 구속하여 <내 백성>을 삼으셨다는 것입니다(출 6:5-7). 그들은 이제 "너희는 열국 중에서 내 소유가 되겠고 너희가 내게 대하여 제사장 나라가 되며 거룩한 백성이 되리라"(출 19:5-6) 이것이 그들의 바뀐 신분이며 지위입니다.

여기서 인류가 사탄의 소유와 하나님의 소유, 사탄의 진영에 소속되어 있는 자와 하나님의 진영에 소속되어 있는 자의 두 부류 두 진영으로 나누어져 있음을 보게 됩니다. 주인이 없는 자는 없습니다. 동시에 두 주인을 섬기는 것도 불가능합니다. <나와 함께 아니하는 자는 나를 반대하는 자요 나와 함께 모으지 아니하는 자는 헤치는 자니라>(23) 하십니다.

인류가 이처럼 두 부류 두 진영으로 나누이게 된 비극적인 사실은 인류의 시조가 범죄함으로부터 시작되었습니다. <내가 너로 여자와 원수가 되게 하고 너의 후손도 여자의 후손과 원수가 되게 하리니 여자의 후손은 네 머리를 상하게 할 것이요 너는 그의 발꿈치를 상하게 할 것이니라>하십니다.

<더 강한 자>란 바로 뱀의 머리를 정복하기 위한 이 전쟁을 승리로 이끄시기 위하여 오신 것입니다.

"더러운 귀신이 사람에게서 나갔을 때에 물 없는 곳으로 다니며 쉬

기를 구하되 얻지를 못하고 이에 가로되 내가 나온 내 집으로 돌아가리라 하고 와 보니 그 집이 소제되고 수리되었거늘 이에 가서 저 보다 더 악한귀신 일곱을 데리고 들어가서 거하니 그 사람의 나중 형편이 전보다 더 심하게 되느니라"(24-26).

이 말씀을 근거하여 "빈집의 위험성"이라는 제목으로 전개해 나가는 것을 보는데 본문의 주제는 영적 전쟁이지 빈집의 위험성이 아닙니다. 그러므로 위의 말씀을 통해서도 악한 사탄의 속성과 인간의 거짓됨과 영적 전쟁의 극렬함 등을 보게 됩니다.

왜 하나님의 백성이 사탄의 노예가 되었습니까? 죄 때문입니다. <그 사람의 나중 형편이 전보다 더 심하게>된 원인이 어디에 있습니까 비어있기 때문이 아니라 <죄> 때문입니다. 구원 얻은 자도 타락할 수 있느냐는 견인교리 때문에 빈집이리고 설명하려 하지만 비유에서 교리를 끌어내려 한다는 것은 위험한 것입니다. 대개 비유는 한 가지 진리만을 설명하기 위해서 제시된 것입니다. 성경은 주인 없는 빈집을 인정하지 않고 있습니다.

주님께서는 38년 동안이나 병마에 결박당한 자 앞에 서셨습니다. 사탄의 사악성과 죄의 비참함을 봅니다. 결박을 풀어 고쳐주셨습니다. 더 강한 자를 봅니다. 그리고 주의를 주셨습니다. "네가 나았으니 더 심한 것이 생기지 않게 다시는 죄를 범치 말라"(요 5:14) 죄를 범하면 더 심한 것이 생기게 된다는 것입니다. 그러나 대부분의 인간은 이를 망각하고 또다시 죄를 범합니다. 인간의 거짓됨을 봅니다.

우리도 전에는 강한 자가 무장을 하고 자기 집을 지키듯 사탄의 권세에 사로잡혀서 종노릇하던 자였습니다. 이제는 더 강한 자 되시는 예수 그리스도께서 나를 자유케 하사 십자가의 군병으로 삼아주셨습니다. 그렇다면 하나님의 나라건설을 위해서 우리가 해야할 일이 무엇일까요? 하나님께서는 우리에게 무엇을 기대하시는 것일까요?

23절이 적용 구절이라 할 수가 있습니다. 첫째로 "나와 함께 아니하는 자는 나를 반대하는 자요" 하십니다. 주님은 "나와 함께 하는 자는" 이렇게 말씀을 하고 있는 것이 아니라 "나와 함께 아니하는 자는" 하십니다.

이는 대단히 단호한 이미지를 전달합니다. "나와 함께 아니하는 자"가 누구입니까? 불신자를 가리킵니다. "나를 반대하는 자요" 하십니다. 그들은 결코 방관자가 아닙니다. "강한 자" 곧 사탄과 함께 하여 하나님의 나라를 대적하는 자들이라는 것입니다.

믿는 우리는 주님과 함께 하노라고 말할 것입니다. 그러나 함께 한다는 것이 그렇게 소극적인 뜻이 아닙니다. 주님과 고락을 같이 하고 심지어 생사를 같이 한다는 전투적인 의미인 것입니다.

주님은 말씀합니다. "손에 쟁기(무기)를 잡고 뒤를 돌아보는 자는 하나님의 나라에 합당치 아니하니라"(눅 9:62) 그것은 주님과 함께 하는 것이 아닙니다.

둘째로 "나와 함께 모으지 아니하는 자는 헤치는 자니라"고 말씀합니다.

여기에 더욱 적극적인 의미가 있습니다. 모으지 않았다면 자신만이 모으지 않은 것이 아니라 결국 "헤치는" 역사에 가담한 자라는 것입니다.

나는 "모으는 자"라고 말할 것입니다. 그러나 자신만이 모으는 것으로는 부족합니다. 강한 자와 싸우기 위해서는 더욱 모아야만 하는 것입니다. 모이기를 힘쓰고 기도를 모으고 군사를 모으고 힘을 모으고 그리하여 전력을 모아야만 합니다. 만일 모으지 아니한다면 그는 헤치는 자 즉 전력을 약화시키는 자라는 말씀입니다.

이처럼 준엄하신 주님의 말씀이 또 어디 있을까 싶습니다. 이를 알았기에 사도 바울은 "미쁘다 이 말이요 우리가 주와 함께 죽었으면 또한 함께 살 것이요 참으면 또한 함께 왕 노릇 할 것이요 우리가 주를 부인하면 주도 우리를 부인하시리라"(딤후 2:11-13)고 말씀하고 있는 것입니다.

그러므로 본문의 중심점은 빈집의 위험성이 아니라 <하나님의 나라>(20)에 있습니다. 이는 본문의 중심일 뿐만 아니라 성경 전체의 중심이기도 합니다. <더 강한 자>되시는 예수 그리스도가 오심으로 하나님의 나라는 <이미 너희에게 임하였느니라>고 말씀합니다. "이미" 임하였으나 "아직"은 아닙니다. 구속함을 받은 하나님의 백성들의 모임인 교회를 통하여 하나님의 나라는 확장되어 나가고 있습니다. 주님의 재림하심으로 <이루었도다>하시고 하나님의 나라는 완성이 되는 것입니다.

이제 우리도 디두모라 하는 도마처럼 이렇게 말합시다 "우리도 주와 함께 죽으러 가자"(요 11:16).

8
잃어버린 백성을 찾으시는 하나님
누가복음 15:1-7

¹ 모든 세리와 죄인들이 말씀을 들으러 가까이 나아오니 ² 바리새인과 서기관들이 원망하여 가로되 이 사람이 죄인을 영접하고 음식을 같이 먹는다 하더라 ³ 예수께서 저희에게 이 비유로 이르시되 ⁴ 너희 중에 어느 사람이 양 일백 마리가 있는데 그 중에 하나를 잃으면 아흔 아홉 마리를 들에 두고 그 잃은 것을 찾도록 찾아 다니지 아니하느냐 ⁵ 또 찾은즉 즐거워 어깨에 메고 ⁶ 집에 와서 그 벗과 이웃을 불러 모으고 말하되 나와 함께 즐기자 나의 잃은 양을 찾았노라 하리라 ⁷ 내가 너희에게 이르노니 이와 같이 죄인 하나가 회개하면 하늘에서는 회개할 것 없는 의인 아흔 아홉을 인하여 기뻐하는 것보다 더하리라(눅 15:1-7)

| 설교작성 노트 |

본문은 잃은 양의 비유, 잃어버린 드라크마의 비유, 또는 탕자의 비유 등으로 알려져 있다. 인간 중심으로 볼 때에 그러하다. 그러나 하나 중심으로 볼 때에는 잃은 양을 찾는 목자의 비유요 자식을 잃은 아버지의 비유인 것이다.

성경은 말씀하기를 "이런 것이 없는 자는 소경이라 원시치 못하고"(벧후 1:9)라고 했다. 소경은 아니더라도 성경을 근시안적으로 보는 경향이 있다.

주어진 본문을 원시안적으로 즉, 구속사라는 긴 문맥을 통하여 볼 때에 어떤 의미로 다가오는가?

먼저 주님께서 이 비유를 말씀하게 된 동기부터 생각해 보아야만 하겠습니다.

"모든 세리와 죄인들이 말씀을 들으러 가까이 나아오니 바리새인과 서기관들이 원망하여 가로되 이 사람이 죄인을 영접하고 음식을 같이 먹는다 하더라 예수께서 저희에게 이 비유로 이르시되"(13) 하고 그 동기를 말씀하고 있습니다.

"너희 중에 어느 사람이 양 일백 마리가 있는데 그 중에 하나를 잃으면 아흔 아홉 마리를 들에 두고 그 잃은 것을 찾도록 찾아 다니지 아니하느냐"(4)고 물으십니다.

형제가 양 한 마리를 잃었다면 어떻게 하시겠습니까? 형제가 잃은 것이 양이 아니라 자식이었다면 어떻게 하시겠습니까?

본문에는 반복적으로 강조되고 있는 중심적인 단어가 몇 개 있습니다. 먼저 3-10에 "잃었다"는 단어가 몇 번이나 나오는지 관찰해 보십시오. 성경이 말씀하고자 하는 바는 누가 무엇을 잃었다는 것입니까? 양입니까? 드라크마 한 푼입니까? 아닙니다. 하나님께서 자기 백성을 잃어버리신 것입니다. 다시 3-10에서 "찾는다"는 말이 몇 번이나 나오는지 세어 보십시오. "잃었다"는 말과 "찾는다"는 말은 이 비유에 있어서 중심적인 단어들입니다. 그 중에서 어느 편에 더 강조점이 주어진 것 같습니까? 말할 것도 없이 "찾는다"에 있습니다. 뉘라서 잃어버리는 것을 좋아할 이가 있겠습니까? "찾도록 찾아" 다니지 아니 하겠느냐?

하나님께서 천지 만물을 다 창조하시고 맨 나중에 인간을 지으심은 그들이 살아갈 환경을 먼저 조성하시고 그 후에 인간을 지으셨음을 뜻합니다. 그러나 인류의 시조는 그토록 선하신 하나님을 배신하고 사탄의 유혹을 쫓음으로 하나님은 자기 백성을 잃어버리신 것입니다.

하나님께서 잃어버린 자기 백성을 찾도록 찾아 다니시는 것이 성경 역사입니다. 누가복음 19:10을 보십시오 "인자의 온 것은 잃어버린 자를 찾아 구원하려 함이니라"고 말씀합니다. 하나님께서는 잃어버린 자기 백성을 찾으시기 위해서 독생자를 보내셨던 것입니다.

그렇다면 무엇이 하나님의 백성을 하나님의 존전에서 추방하게 하였는가? 그것은 "한 사람으로 말미암아 죄가 세상에 들어오고 죄로 말미맘아 사망이 왔나니"(롬 5:12) 한 대로 (죄)때문이었습니다. 그러므로 "죄"란 본 비유에 있어서 또 하나의 중심단어 중 하나입니다. (1, 7, 10, 18, 21) "내가 너희에게 이르노니 이와 같이 죄인 하나가 회개하면" 하십니다.

그러므로 주님은 말씀하십니다. "내가 의인을 부르러 온 것이 아니요 죄인을 부르러 왔노라"(마 9:13).

그렇다면 죄 값에 팔려 사탄의 노예가 된 그들을 찾아 구원하려면 어떤 조치가 필요한 것입니까? 그것은 죄의 값을 대신 갚아주는 "대속"이 필수적인 것입니다. 왜냐하면 하나님께서 죄 값은 사망이라고 선언하셨으므로 자기를 부인하실 수 없으시기 때문입니다. 그러므로 주님은 말씀하십니다. "인자의 온 것은…자기 목숨을 많은 사람의 대속물로 주려 함이니라"(마 20:28). 하나님이시라도 아니 하나님이시기 때문에 이렇게 하고야 만이 잃어버린 자기 백성을 찾으심이 가능해지는 것입니다.

하나님의 찾으심에 대한 인간의 반응은 무엇입니까? 그것은 "회개"입니다. 그러므로 회개란 단어가 본 비유에 있어서 중심적인 단어 중 하나입니다. (7, 10) "이와 같이 죄인 하나가 회개하면…"

학자들은 말합니다. 양의 비유나 드라크마의 비유에 비해서 탕자의 비유는 소극적이라고 왜냐하면 앞의 두 비유에서는 "찾도록 찾는" 적극성이 나타나 있으나 탕자의 비유에서는 집에서 기다리고 있는 모습이기 때문이라는 것입니다. 제가 보기로는 여기에 조화와 균형이 있다고 여겨집니다. 물론 구원사역이란 하나님의 주권적이고도 선수적인 사역임에 분명합니다. 그러나 그것만 강조하고 한편으로 치우쳐서는 불균형을 가져올 염려가 있습니다. 하나님의 찾으심에 대하여 인간의 반응인 회개가 뒤따라야하는 것입니다. "이에 일어나서 아버지께로 돌아가니라"(20). 탕자의 비유에서는 회개에 강조점이 주어진 듯 싶습니다.

이제 우리가 주목하게 되는 것은 찾으심이 끝이 아니라는 점입니다. "나와 함께 즐기자" "…인하여 기뻐하는 것보다 더하리라" "그리고 살진 송아지를 끌어다가 잡으라 우리가 먹고 즐기자" 거기에는 기쁨이 있습니다. 즐거워함이 있습니다. 잔치가 있습니다.

잃은 양 한 마리를 찾았을 때에도 그렇다면 하물며 하나님께서 잃어버렸던 자기 백성을 찾으셨을 때이겠습니까?

형제여, 하나님은 형제를 낳으시고 심히 기뻐하셨습니다. 그 하나님께서 형제를 잃어버리신 후에는 얼마나 형제를 찾으셨는지 짐작이 갑니까? "찾도록 부지런히 찾으"셨습니다.

그리고 형제를 다시 찾으신 날 "내 자식은 죽었다가 다시 살아났다"고 하늘의 사자들을 모으시고 잔치를 하시며 기뻐하셨습니다. "이와 같이 죄인 하나가 회개하면 하늘에서는 회개할 것 없는 의인 아흔 아홉을 인하여 기뻐하는 것보다 더하리라."

이제 우리가 명심해야할 말씀이 있습니다. 하나님께서는 잃어버린 자기 백성을 찾으시기 위해서 자기 아들을 보내셨습니다. 그리고 주님께서는 십자가 상에서 "다 이루었다"고 선언하셨습니다. 그 주님께

서 승천하시기 전에 부탁하신 말씀이 무엇인지 아시겠습니까

"아버지께서 나를 보내신 것같이 나도 너희를 보내노라"(요 20:21). 이제 하나님께서는 잃어버린 자기 백성을 찾으시는 일에 우리를 보내신다는 이 사명을 명심해야만 하겠습니다.

형제여 한가지만 묻겠습니다. "지금부터는 나를 품꾼의 하나로 보소서 하리라 하고" 돌아온 탕자가 그 후부터는 아버지의 집에서 어떤 마음으로 어떤 자식노릇을 하였겠습니까? 우리도 그렇게 하십시다.

이제 끝으로 중대한 요점을 말씀드려야만 하겠습니다. 그것은 하나님께서 이렇게 찾으심의 첫째 목적이 인간을 위함이 아니라는 점입니다. 그것은 하나님의 거룩하신 이름을 위해서입니다. 간악한 사탄은 하나님이 보시기에 심히 좋았더라 하신 하나님의 나라를 엉망 진창으로 만들었습니다 하나님의 명예를 손상시킨 것입니다. 하나님은 말씀하십니다. "내가 이렇게 행함은 너희를 위함이 아니요 너희가 들어간 그 열국에서 더럽힌 나의 거룩한 이름을 위함이라"(겔 36:22). 구속사역을 이해함에 있어서 이 점은 대단히 중요한 요점입니다. 구속사역에는 하나님의 거룩하신 이름 곧 명예가 걸려 있는 것입니다. 전쟁은 여호와께 속한 것이라고 성경은 말씀합니다. 인간의 싸움이 아닙니다.

모세도 여호수아도 다윗도 그리고 바울도 이 싸움을 싸운 것입니다. 그들은 자신의 임무를 훌륭하게 완수하고 안식하는 교회에 속해 있습니다. 지금 형제는 전투하는 교회에 속해서 이 하나님의 싸움을 싸우고 있는 것입니다. 그러면 무엇입니까 하나님의 전쟁은 반드시 승리한다는 것입니다. 반드시 완성하시고야 맙니다. 왜냐하면 하나님의 명예가 걸려있기 때문입니다. 예수 그리스도께서 재림하시는 날에 완성될 것입니다. 잃어버린 하나님의 백성을 한 사람 또 한 사람 찾을

때마다 하나님의 나라는 확장되어 나가는 것이며 하늘에서는 즐거워하며 기뻐하며 잔치가 벌어지는 것입니다.

형제여 하나님의 명예와 그 거룩하신 이름을 위하여 이 선한 싸움의 선봉에 서지 않으시렵니까?

9
내 아버지께서 이제까지 일하시니 나도 일한다

요한복음 5:14-18

¹⁴ 그 후에 예수께서 성전에서 그 사람을 만나 이르시되 보라 네가 나았으니 더 심한 것이 생기지 않게 다시는 죄를 범치 말라 하시니 ¹⁵ 그 사람이 유대인들에게 가서 자기를 고친 이는 예수라 하니라 ¹⁶ 그러므로 안식일에 이러한 일을 행하신다 하여 유대인들이 예수를 핍박하게 된지라 ¹⁷ 예수께서 저희에게 이르시되 내 아버지께서 이제까지 일하시니 나도 일한다 하시매 ¹⁸ 유대인들이 이를 인하여 더욱 예수를 죽이고자 하니 이는 안식일만 범할 뿐 아니라 하나님을 자기의 친아버지라 하여 자기를 하나님과 동등으로 삼으심이러라(요 5:14-18)

| 설교작성 노트 |

본문은 베데스다 못 가에 누어있던 38년 된 병자를 고치신 표적이다. 이 표적은 무엇을 증거하기 위한 표적으로 사용되었는가를 고찰하는 것이 본 설교 작성의 주안점이다. 본문을 관찰해 보면 두 가지를 들 수가 있다. "너더러 자리를 들고 걸어가라 한 사람이 누구냐"(12) 그 사람이 〈누구냐〉를 증거하기 위한 것이 첫째요, 둘째는 "내 아버지께서 이제까지 일하시니 나도 일한다"(17) 하신 그분이 하시러 온 〈일이〉 무엇이냐를 증거하는 것이다. 그 구속사적 의미가 무엇인가?

요한복음서는 그대로 기록 목적을 분명히 밝혀 두고 있습니다. "예수께서 제자들 앞에서 이 책에 기록되지 아니한 다른 표적도 많이 행하셨으나 오직 이것(요한복음)을 기록함은 너희로 예수께서 하나님의 아들 그리스도이심을 믿게 하려 함이요 또 너희로 믿고 그 이름을 힘입어 생명을 얻게 하려 함이니라"(20:30-31) 이것이 요한복음을 기록한 목적입니다. 주어진 본문에서는 그 목적이 어떻게 나타나고 있는가?

요한 복음은 앞에서 말씀드린 두 가지 목적을 위하여 주님께서 행하신 많은 표적들 중에서 7가지 표적만을 선별적으로 기록하고 있는데 본문은 세 번째 표적입니다.

예수님께서는 예루살렘 양문 곁에 있는 베데스다라 하는 연못을 방문하셨습니다. 그곳에는 각색 병자들이 모여 있었는데 그것은 천사가 가끔 내려와 물을 동하게 하는데 동한 후에 먼저 들어가는 자는 어떤 병에 걸렸든지 낫게 된다는 전설이 퍼져 있었기 때문입니다.

성경이 이 소문을 인정하고 있다고 여겨서는 아니 됩니다. 그것은 소망 없는 자들이 지푸라기라도 잡으려는 몸부림이었던 것입니다. 주님께서는 그곳에 모인 병자들의 대표(고참이므로)라고 할 만한 38년 된 병자를 고쳐 주셨습니다. 그런데 그날이 공교롭게도 (의도적으로 그렇게 하셨는지도 모른다) 안식일이었습니다. 그러므로 유대인들은 안식일에 이런 일을 행한다 하여 핍박하게 되었다고 성경은 말씀하고 있습니다.

그렇다면 기록 목적에서 이미 밝힌 바대로 이 표적을 통해서도 첫째는 예수가 누구이신가를 들어내고 둘째는 그를 믿음으로 영생을 얻게 하시려는 목적으로 기록한 것이 성경의 의도일진대 우리도 여기에 초점을 맞추어 해석해야만 하는 것입니다. 먼저 본문은 예수를 누구로 증거하고 있는가를 상고해 보겠습니다.

본문은 12절에서 "저희가 묻되 너더러 자리를 들고 걸어가라 한 사람이 누구냐" 하고 이 점에 주의를 집중시키고 있습니다.

하나님의 아들이 오시다

1-16은 표적을 행하신 기록입니다. 그런 후에 17절 이하에서는 그가 누구인가를 명백히 증거해 주고 있습니다. "예수께서 저희에게 이르시되 내 아버지께서 이제까지 일하시니 나도 일한다"(17)고 대답하심으로 자신이 누구인가를 분명히 밝히시고 있습니다. 하나님의 "아들"이시라는 것입니다.

그러므로 17-23의 일곱 절 속에 "아버지"와 "아들"이라는 말이 여덟 번이나 강조되어 있습니다. "이는 모든 사람으로 아버지를 공경하는 것 같이 아들을 공경하게 하심이라 아들을 공경치 아니하는 자는 그를 보내신 아버지를 공경치 아니하느니라"(23)고 말씀합니다.

또 주목하게 되는 것은 31-39의 아홉 절 속에는 "증거"라는 말이 무려 12번이나 강조되어 있다는 점입니다. "내게는 요한의 증거보다 더 큰 증거가 있으니 아버지께서 내게 주사 이루게 하시는 역사 곧 나의 하는 그 역사가 아버지께서 나를 보내신 것을 나를 위하여 증거하는 것이요"(36)하십니다.

자신이 하나님께서 보내신 아버지의 아들이심을 증거하기 위하여 이 표적을 행하셨음을 말씀하십니다.

이 점은 히브리서 2:4에서도 "하나님도 표적들과 기사들과 여러 가지 능력과 및 자기 뜻을 따라 성령의 나눠 주신 것으로써 저희와 함께 증거하셨느니라"고 말씀해 주고 있습니다.

그러므로 이제 더욱 심각한 쟁점이 된 것은 예수님께서 안식일을 범했다는 단순한 율법적인 문제가 아니라 "이는 안식일만 범할 뿐 아니라 하나님을 자기의 친아버지라 하여 자기를 하나님과 동등으로 삼으심이러라"(18)고 신성모독 죄를 범했다는데 있게 된 것입니다.

예수님은 하나님의 아들이시요 하나님과 동등이신 성자 하나님이십니다. 이것이 표적을 통하여 들어내고자 하는 첫째 증거입니다.

영생을 주러 오신 하나님의 아들 예수

이제 두 번째 기록 목적인 영생을 얻게 하려 하심을 관찰해 보겠습니다. 24절에서 이를 밝히 말씀해 주고 있습니다. "내가 진실로 진실로 너희에게 이르노니 내 말을 듣고 또 나 보내신 이를 믿는 자는 영생을 얻었고 심판에 이르지 아니하나니 사망에서 생명으로 옮겼느니라"고 말씀합니다.

이점은 기록 목적에서도 밝힌 바대로 요한복음의 일관된 증거입니다. "하나님이 세상을 이처럼 사랑하사 독생자를 주셨으니 이는 저를 믿는 자마다 멸망치 않고 영생을 얻게 하려 하심이니라"(3:16), "아들을 믿는 자는 영생이 있고"(3:36), "믿는 자는 영생을 얻었고"(5:24), "믿는 자는 영생을 가졌나니"(6:47) 하고 강화시켜 주고 있습니다.

예수를 하나님의 아들로 믿는 자는 "영생이 있고 영생을 얻었고 영생을 가졌다"고 성경은 증거하고 있습니다. 이 보다 어떻게 더 증거해 줄 수가 있겠습니까 "그러나 너희가 영생을 얻기 위하여 내게 오기를 원하지 아니하는 도다"(40)고 책망하십니다. 이것이 이 표적을 통하여 증거코자 하는 두 번째 목적입니다.

안식을 주시려 오신 하나님의 아들 예수

"이 날은 안식일이니 유대인들이 병 나은 사람에게 이르되 안식일인데 네가 자리를 들고 가는 것이 옳지 아니하니라"(9-10)고 힐난을 합니다.

이것이 율법이요 "종교인"의 관점입니다. 그러나 복음은 "일어나 네 자리를 들고 걸어가라"고 말합니다. 그리고 "그 사람이 곧 나아서 자리를 들고 걸어가니라." 이것이 "신앙인"입니다.

생각해 봅시다. 38년이나 자리에 누어 있는 이 병자에게 안식이 있습니까? 그에게 안식일이 무슨 의미가 있는 것입니까. 생각해 보십시오. "죽기를 무서워하므로 일생 동안 매어 종노릇하는 자"(히 2:15)에게 무슨 안식이 있겠습니까? 430년 동안 애굽에서 종노릇하고 있던 이스라엘 민족에게 안식이 있었습니까? 안식일을 지켰다는 기록이 있습니까. 그들에게 "안식일"을 명한 것은 유월절 양의 피로 구속함을 받아 해방된 이후에 주어졌습니다.

성경은 그들이 가나안에 정착하게 된 것을 "안식"(安息)을 주셨다(수 21:44)고 말씀하고 있습니다.

예수 그리스도는 우리에게 안식을 주시려고 오셨다는 말은 두 번째 대지에서 상고한 "영생을 주시려 오신 예수"라는 주제 속에 함축되어 있는 뜻입니다. 영생을 얻음으로만이 진정한 안식이 있고 안식이란 영생에 들어감으로만이 취할 수 있기 때문입니다.

그럼에도 불구하고 "안식"이라는 주제가 성경의 중심 주제 중 하나이기에 항을 달리하여 살펴볼 필요가 있습니다.

주님께서는 38년 된 병자 앞에 걸음을 멈추셨습니다. 성경은 "예수께서 누운 것을 보시고 병이 벌써 오랜 줄을 아시고 이르시되 네가 낫고자 하느냐"(6)고 물으셨다고 말씀합니다.

주님의 말씀은 질문다운 질문이 아니라고 여겨집니다. 낫고 싶지 않은 병자가 어디 있으며 오직 낫겠다는 희망 하나를 품고 여기 이토록 오래 누워 있는 것이 아닙니까?

주님의 말씀은 몰라서 묻는 질문이 아니었습니다. 잘못된 데서 안식을 찾고 있는 그에게 바른 안식을 주시고자 하는 전도(傳道)였던 것입니다. 이곳에 38년이 아니라 380년을 누워 있다고 해도 그에게 진정한 안식은 주어지지 않음을 일깨워 주는 말씀이었던 것입니다.

달리 말씀드리면 그는 헛된데서 안식을 찾으려고 했던 셈입니다.

"일어나 네 자리를 들고 걸어가라."

안식을 주시려 오신 예수 그리스도께서는 38년이나 병마에 매여 있던 이 사람을 병에서 놓여 자유케 하셨습니다. 그에게 안식을 주신 것입니다. 그러니까 안식일에 그에게 안식을 주셨다는 뜻이 됩니다.

그러므로 예수 그리스도께서는 초청하십니다. "수고하고 무거운 짐진 자들아 다 내게로 오라 내가 너희를 쉬게(안식) 하리라"(마 11:28).

주님은 말씀하십니다. "외식하는 자들아 너희가 각각 안식일에 자기의 소나 나귀나 마구에서 풀어내어 이끌고 가서 물을 먹이지 아니하느냐 그러면 18년 동안 사탄에게 매인 바된 이 아브라함의 딸을 안식일에 이 매임에서 푸는 것이 합당치 아니하냐"(눅 13:15-16).

38년 동안 사탄에게 매인 바 된 하나님의 딸을 안식일에 매임에서 풀어 안식을 주는 것이 잘못한 일이라는 말이냐.

하나님의 아들 예수 그리스도는 선포합니다. "안식일은 사람을 위하여 있는 것이요 사람이 안식일을 위하여 있는 것이 아니니"(막 2:27). 이는 가히 혁명적인 선언인 것입니다. 지금까지의 고정관념을 뒤집어 놓는 말씀입니다. 이제까지의 안식일에 대한 관념은 사람을 위하여 있는 것이 아니라 사람이 안식일을 위하여 있는 것이라고 여겨 왔습니다.

38년 동안 매여 있다가 고침 받고 자리를 들고 걸어가고 있는 사람을 향하여 안식일인데 네가 자리를 들고 가는 것이 옳지 아니 하다고 비난하는 이것이 하나님께서 인간에게 안식일을 제정하여 주신 진정한 정신입니까? 하나님의 아들은 말씀합니다. "너희는 가서 내가 긍휼을 원하고 제사를 원치 아니하노라 하신 뜻이 무엇인지 배우라"(마 9:13).

하나님의 아들 예수 그리스도께서는 또 선포하십니다. "이러므로 인자는 안식일에도 주인이니라"(막 2:28).

무슨 뜻입니까? 주님은 안식일을 제정하여 주신 분이요 안식일에 경배를 받으셔야 할 분이시라는 뜻이 내포되어 있으면서 안식일은 그리스도에 대한 예표요, 그러므로 인자는 안식을 주러 오신 분이시다는 강력한 뜻인 것입니다.

안식일의 주인이신 그리스도

다시 말씀드리면 안식일을 지키라고 명하심은 안식을 주시러 오실 안식일의 주인되시는 그리스도를 대망(待望)하라는 또 하나의 그리스도에 대한 예표였던 것입니다.

이 점을 히브리서에서는 "만일 여호수아가 저희에게 안식을 주었다면 그 후에 다른 날을 말씀하시지 아니하셨으리라 그런즉 안식할 때가 하나님의 백성에게 남아 있도다"(히 4:8-9)고 말씀합니다. 여호수아가 가나안을 정복하여 정착하게 한 안식은 영원한 안식에 대한 예표였다는 것입니다.

본문을 보십시오 예수님께서는 비난하는 유대인들에게 "내 아버지께서 이제까지 일하시니 나도 일한다"(요 5:17)고 말씀하고 계십니다. 하나님은 안식하고 계시는 하나님이 아니라 "일을 행하는 여호와 그것을 지어 성취하는 여호와"(렘 33:2)로 계시하고 있습니다.

만일 인류의 시조가 범죄 하지 않았다면 하나님은 첫 창조의 안식을 취하고 계셨을 것입니다. 그러나 첫 창조의 안식은 하나님의 백성이 사탄의 노예가 됨과 동시에 깨졌던 것입니다. 적절한 비유는 아닙니다만 여러분의 자녀가 폭도들에 의하여 납치되었다면 여러분의 가정에 안식이 유지되겠습니까? 아니 탕자의 가정이 아무 일도 없었던 것처럼 평온할 수가 있었겠습니까?

하나님 아버지께서 이제까지 성취해 오신 <일>이 무엇입니까? 구속사역입니다. 하나님의 나라 건설입니다. 잃어버린 자를 찾아 구원하시는 일입니다. 달리 표현하면 잃었던 안식을 회복하는 일이었던 것입니다. 하나님의 나라가 완성 될 때에야 하나님의 백성들에게는 안식이 회복되게 될 것이요. 하나님께서도 안식에 들어가시게 될 것입니다.

모세도 이를 알았기에 안식일에 대한 개념을 새롭게 해석하여 주고 있는 것을 보게 됩니다. "너는 기억하라 네가 애굽 땅에서 종이 되었더니 너의 하나님 여호와가 강한 손과 편 팔로 너를 거기서 인도하여 내었나니 그러므로 너의 하나님 여호와가 너를 명하여 안식일을 지키라 하느니라"(신 5:15).

안식일을 지켜야 하는 것이 창조원리(이레 되는 날 쉬셨기 때문에)에 의해서가 아닌 구속원리(출애굽)에 근거하고 있는 것입니다. 그러니까 구약시대란 안식일을 지킴으로 안식일의 주인 되시는 그리스도를 기다리게 하신 시대요, 안식일의 주인이 오셔서 회복하여 주실 영원한 안식을 바라보게 하셨던 것입니다.

그러므로 안식일의 주인이 오셔서 "사망으로 말미암아 사망의 세력을 잡은 자 곧 마귀를 없이 하시며 또 죽기를 무서워하므로 일생에 매여 종노릇하는 모든 자를 놓아주심"(히 2:14-15)이 가능하여진 "안식 후 첫날" 즉, 부활하신 날(주일)에 모여서 외양간에서 나온 송아지같이 기뻐하며 하나님께 예배를 드리게 되었다는 것은 너무나 합당한 일이었던 것입니다(행 20:7).

예수 그리스도는 사탄에게 매여 일생 동안 종노릇하는 우리들에게 안식을 주시러 오신 안식일의 주인이 되십니다.

그리스도와의 만남

그러므로 이제 성도들은 절기나 월삭이나 안식일을 인하여 폄론을 받을 필요가 없습니다. 이것들은 장래 일의 그림자였을 뿐입니다(골 2:16-17). 우리는 그림자가 아닌 실체를 붙들고 있는 것이며 의문이 아니라 주인을 모시고 있기 때문입니다.

골로새서 2:14은 "머리를 붙들지 아니하는지라"고 그 어리석고 헛됨을 지적하고 있습니다. 안식일이 토요일이냐 주일이냐로 논쟁하면서 거기에 마치 영생이 있는 것같이 열을 올리는 것은 "머리"가 아닌 "꼬리"를 붙잡고 있는 일입니다.

안식일의 주인이 오셔서 진정한 안식의 문을 열어 주셨는데도 머리되시는 그리스도는 붙들지 아니하고 안식일이라는 겉껍데기만 붙들고 있다는 것입니다. 중요한 것은 내 심령 속에 "평안을 너희에게 끼치노니 곧 나의 평안을 너희에게 주노라"(요 14:27) 하신 평안의 안식이 있느냐 하는 점입니다. "너희 기쁨을 빼앗을 자가 없느니라"(요 16:22) 하신 대로 기쁨을 빼앗기지 아니하였느냐가 중요합니다.

예수가 누구이신가를 증거하십시다.

하나님의 아들이 무슨 일을 하시러 오셨는가를 알려 주십시다.

그래서 수고하고 무거운 짐진 자들로 하여금 예수 그리스도를 만나 잃었던 안식을 회복하도록 하십시다.

가정은 작은 교회입니다. 그 가정에 심신의 피곤함을 쉴 수 있는 안식이 있습니까?

주님의 몸된 교회에 영혼의 쉼을 얻을 수 있는 안식이 있습니까?

이 안식이 파괴당하지 아니 하도록 하나님의 전신갑주를 입고 지켜야 함은 우리가 해야 할 일입니다.

10
하늘로서 내려온 떡

요한복음 6:28-35

²⁸ 저희가 묻되 우리가 어떻게 하여야 하나님의 일을 하오리이까 ²⁹ 예수께서 대답하여 가라사대 하나님의 보내신 자를 믿는 것이 하나님의 일이니라 하시니 ³⁰ 저희가 묻되 그러면 우리로 보고 당신을 믿게 행하시는 표적이 무엇이니이까 하시는 일이 무엇이니이까 ³¹ 기록된 바 하늘에서 저희에게 떡을 주어 먹게 하였다 함과 같이 우리 조상들은 광야에서 만나를 먹었나이다 ³² 예수께서 이르시되 내가 진실로 진실로 너희에게 이르노니 하늘에서 내린 떡은 모세가 준 것이 아니라 오직 내 아버지가 하늘에서 내린 참 떡을 너희에게 주시나니 ³³ 하나님의 떡은 하늘에서 내려 세상에게 생명을 주는 것이니라 ³⁴ 저희가 가로되 주여 이 떡을 항상 우리에게 주소서 ³⁵ 예수께서 가라사대 내가 곧 생명의 떡이니 내게 오는 자는 결코 주리지 아니할 터이요 나를 믿는 자는 영원히 목마르지 아니하리라(요 6:28-35)

| 설교작성 노트 |

주님께서 행하신 최고 최대의 설교는 가버나움 회당에서 행하신 본문의 설교라고 말할 수가 있다. 설교 내용을 볼 때 그렇게 확언할 수 있다. 예수님께서는 나는 하늘로써 내려온 참 떡이다. 이 떡을 먹으면 영생한다. 나의 줄 떡은 내 살이라고 설교하고 계시기 때문이다. 이 보다 더 큰 설교가 어디 있겠는가? 이 보다 더 은혜로운 설교가 무엇이겠는가? 없다. 그러므로 요한복음 6장에 수록된 본 설교는 최고 최대의 설교인 것이다.

> 〈나는 하늘로써 내려온 참 떡이다 이 떡을 먹으면 영생한다〉
> 이는 요한복음서에서 불쑥 나온 말씀이 아니다. 구속사의 관점에서 보면 구약시대에도 있었고 주님 당시도 있었으며 오늘날도 있다.
> 그런데 이 설교를 들은 주님 당시의 청중들은 어떠한 반응을 보였는가? 구약시대의 청중들은 어떠한 반응을 보였노라고 성경은 증언하고 있는가? 나아가 주님 이후의 회중들은 어떠한 반응을 보이리라고 성경은 경계하고 있는가? 이것이 본 설교가 추적해 보고자 하는 바이다.

성경의 모든 말씀은 그 내용을 따라 크게 두 부류로 나눌 수가 있습니다. 첫째는 하나님의 주권에 속한 것이고 둘째는 인간의 책임에 속한 것입니다. 달리 표현하면 하나님이 해 주신 일과 사람이 해야 할 일로 나눌 수가 있다는 말씀입니다. 하나님께서 주권적으로 이루어 나오신 것이 구속의 역사요 이에 대한 인간의 책임은 믿음의 순종입니다. 이를 다른 말로 표현하면 교리와 윤리라고 말합니다.

"설교를 듣고 은혜 많이 받았습니다"라고 말하는데 은혜란 하나님께서 인간을 위하여 해주신 일을 듣고 깨달아 믿음으로 받게 될 때에 〈은혜〉를 받은 것입니다. 인간이 해야 할 일을 듣고 깨달아 실천에 옮기게 될 때에는 그것은 "교훈"을 받은 것입니다.

그런데 성경적인 순서를 보면 은혜를 먼저 주시고 교훈이 뒤따라옵니다. 이것이 바른 순서입니다. 또 명심해야 할 것은 복음과 윤리, 은혜와 교훈은 떼어놓을 수 없는 합하여 하나이어야 한다는 점입니다. 그렇다면 본문을 통하여 먼저 하나님께서 해주신 일이 무엇인가를 살펴보겠습니다.

만나를 주신 하나님

본문에서는 하나님께서 해주신 일이 무엇이라고 말씀하고 있습니까?

"내가 진실로 너희에게 이르노니 하늘에서 내린 떡은 모세가 준 것이 아니라"(32)고 말씀합니다. "하늘에서 내린 떡"이란 출애굽 당시 광야 생활 40년간 하늘에서 만나를 내려 먹여 주신 일을 가리킵니다. 이것은 모세가 준 것이 아니라 하나님이 주신 것이라고 말씀합니다.

이 점을 시편 기자는 "사람이 권세 있는 자의 떡을 먹음이여 하나님이 식물을 충족히 주셨도다"(시 78:25)고 찬양하고 있습니다.

이를 예사 일로 생각하거나 당연시해서는 아니 됩니다. 참으로 티끌과 같은 사람이 권세 있는 자의 떡을 먹은 것입니다. 만국 백성 중에 이러한 대접을 받은 민족이 달리 없었습니다. 감사하고 감격스럽고 기뻐하며 찬양하여야 마땅한 하나님께서 해 주신 일입니다. 인간이 해야 할 것은 감사함으로 받아 먹는 것뿐입니다. 그들은 은혜를 받은 것입니다.

그런데 49절에서는 "너희 조상들은 광야에서 만나를 먹었어도 죽었거니와" 하고 말씀합니다.

참 떡을 주신 하나님

무슨 뜻입니까? 모세 때에 내린 떡 즉, 만나는 참 떡에 대한 예표요 그림자로 주어졌다는 뜻입니다. 그러므로 "오직 내 아버지가 하늘에서 내린 참 떡을 너희에게 주시나니"(32하) 하십니다.

이 "참 떡"이 누구를 통하여 어떻게 주어지는가? 예수님께서는 "내가 곧 생명의 떡"(35)이라고 말씀합니다. 48절에서도 "내가 곧 생명의 떡이로라"고 거듭 말씀하고 있습니다. 51절에서도 "나는 하늘로서 내려온 산 떡이니" 하고 강조하고 있습니다.

"이는 하늘로서 내려오는 떡이니 사람으로 하여금 먹고 죽지 아니하게 하는 것이니라"(50) 하고 예표로 주어진 떡과 참 떡을 대조해서 말씀하고 있습니다. 58절에서도 "이것은 하늘로서 내려온 떡이니 조상들이 먹고도 죽은 그것과 같지 아니하여 이 떡을 먹는 자는 영원히 살리라"고 참 것과 그림자로 주어진 것을 대조하고 있습니다.

그러니까 모세 때 하늘에서 만나를 내려 주신 것은 하나님이 세상을 이처럼 사랑 하사 독생자를 주실 것에 대한 명백한 예표였던 것입니다.

그러므로 본문에는 <하늘에서 내려 왔다>는 말이 강조되어 있음을 보게 됩니다.

33절에 "하나님의 떡은 하늘에서 내려왔다"고 말씀합니다. 38절은 "내가 하늘로서 내려온 것은"이라고 말씀합니다. 50절에 "이는 하늘로서 내려온 떡이니" 하십니다. 51절에서도 "나는 하늘로서 내려온 산 떡이니" 하십니다. 예수 그리스도는 하늘로서 내려온 산 떡 이십니다. 이 참 떡은 인간들을 위하여 하늘로부터 내려 주신 하나님께서 해 주신 일입니다.

모세 때 내린 떡은 먹어도 죽었으나 하나님이 주신 참 떡 진짜 떡은 누구든지 먹기만 하면 영생하는 떡이라고 주님은 말씀하십니다. 하나님께서 참 떡을 주셨다면 "사람이 이 떡을 먹으면"(51) 하신 대로 먹어야 생명이 되는 것입니다. 이것은 사람이 해야 할 일입니다. 먹는다는 뜻은 그를 믿는 것을 의미합니다.

인간이 해야 할 일은 오직 <믿음>뿐입니다. 그러므로 "저희가 묻되 우리가 어떻게 하여야 하나님의 일을 하오리까" 했을 때에 주님은 "하나님이 보내신 자를 믿는 것이 하나님의 일이니라"(요 6:28-29)고 대답하셨던 것입니다.

그렇다면 인간은 하나님께서 값없이 주시는 은혜를 감사히 받았습니까? 출애굽 당시는요 주님 당시는요 그리고 오늘날은 어떠합니까?

육적 출애굽 때의 반응

우리는 이 점에서 육적 출애굽 당시에 하나님께서 내려 주신 만나에 대한 반응이 어떠했는가를 살펴 볼 필요가 있습니다. 왜냐하면 영적 출애굽 때의 반응과 결부시켜서 심각한 경각심을 갖게 하기 위해서입니다

민수기 11:6에 보면 "이제는 우리 정력이 쇠약하되 이 만나 외에는 보이는 것이 아무것도 없도다"고 불평하는 것을 보게 됩니다. 처음 만나를 거두게 되었을 때의 감사와 감격은 다 살아지고 이제는 만나에 대한 실증과 투덜거림만이 남았음을 봅니다.

그들은 불평합니다. "누가 우리에게 고기를 주어 먹게 할꼬 우리가 애굽에 있을 때에는 값없이 생선과 외와 수박과 부추와 파와 마늘들을 먹은 것이 생각나거늘"(4-5) 하고 어처구니없게도 애굽 시절을 동경하고 있습니다. 여기 거론되고 있는 품목들에 대하여 일일이 어떤 의미를 부여할 필요는 없습니다만 그들이 요구하고 있는 것들을 대별해 보면 "생선과 외와 수박"들은 기호식품에 해당하고 "부추와 파와 마늘"들은 조미료임을 알 수가 있습니다. 그들은 자신들의 입맛을 돋구어 줄 먹거리들을 요구하고 있는 것입니다.

다시 말씀드리면 순수한 맛이었을 만나에다가 부추와 파와 마늘

같은 조미료를 넣어주기를 요구하고 있는 것입니다.

참으로 기가 막힐 노릇입니다. 아침마다 이슬이 진에 내릴 때에 같이 내린 "만나는 깟씨와 같고 모양은 진주와 같은 것이라 백성이 두루 다니며 그것을 거두어 맷돌에 갈기도하며 절구에 찧기도 하고 가마에 삶기도 하며 과자를 만들었으니 그 맛이 기름 섞은 과자 맛 같았더라"(7-8)한 만나를 어찌 "생선과 외와 수박과 부추와 파와 마늘들"에 비할 수가 있겠습니까?

여기 주목해야할 점이 있습니다. 그들은 "누가 우리에게 고기를 주어 먹게 할꼬" 하고 <누군가를> 찾고 있다는 점입니다. 그들은 매일같이 하늘로부터 만나를 내려주시는 하나님은 배척하고 <누가>하고 다른 공급자를 구하고 있는 것입니다. 그들은 만나라는 양식을 배척한 것이 아니라 생명되시는 하나님을 배척한 것입니다.

더 나아가 이 사건을 구속사라는 관점에서 보면 어떤 의미가 됩니까?

육적 출애굽 당시의 군중들은 하늘로부터 내려 주신 만나를 거부하므로 만나에 대한 실체이신 참 떡 예수 그리스도를 배척하는 죄를 범하고 말았다는 결론에 이르게 되는 것입니다. 그러하기 때문에 "이러므로 여호와의 진노가 심히 크고"(10)라고 말씀하고 있는 것입니다. 이는 단순한 "음식 투정"이 아니었던 것입니다.

영적 출애굽 때의 반응

본문으로 돌아와서 요한복음 6장은 앞부분에 오병이어로 오천 명을 먹이신 표적을 기술하고 있습니다. 그들은 이튿날에도 떡 얻어먹을 것을 기대하고 예수님을 찾아 왔습니다. 그들을 향하여 "썩는 양식을 위하여 일하지 말고 영생하도록 있는 양식을 위하여 하라"(27)고 말씀합니다.

이런 문맥에서 예수 그리스도께서는 "내가 곧 생명의 떡"(35)이라고 선포하시는 것입니다. 48절에서도 "내가 곧 생명의 떡이로라"고 재차 강조하시면서 "너희 조상들은 광야에서 만나를 먹었어도 죽었거니와 이는 하늘로서 내려오는 떡이니 사람으로 하여금 먹고 죽지 아니하게 하는 것이니라 나는 하늘로서 내려온 산 떡이니 사람이 이 떡을 먹으면 영생하리라 나의 줄 떡은 곧 세상의 생명을 위한 내 살이로라"(49-51)고 하늘로부터 이 땅에 내려오신 목적을 말씀하십니다.

예수 그리스도께서 오신 목적은 오병이어로 오 천명을 먹이러 오신 것이 아닙니다. 영생하는 생명의 떡을 주시기 위해서 오셨습니다. 그것은 곧 대속의 죽으심을 의미합니다. 그러므로 "인자의 살을 먹지 아니하고 인자의 피를 마시지 아니하면 너희 속에 생명이 없느니라"(53)고 말씀하셨던 것입니다.

이 생명의 떡 영생의 떡을 어찌 오병이어에 비할 수가 있겠습니까 그러나 주님 당시의 군중들의 반응은 "이 말씀은 어렵도다 누가 들을 수 있느냐"(60) 하고 불평하면서 "이러므로 제자 중에 많이 물러가고 다시 그와 함께 다니지 아니하더라"(66)는 어처구니없는 반응을 보였던 것입니다. 그들은 땅에서 난 것을 요구하고 하늘로부터 임한 것을 싫어 버렸습니다. 한마디로 오병이어는 환영하고 참 떡 이신 예수 그리스도는 배척하였습니다. 그들은 하나님이 해 주신 하나님의 은혜를 발로 차 버렸습니다.

그 이후 시대의 반응

하나님께서는 참 떡이 되시는 예수 그리스도를 보내주시기 전에 예표적으로 만나를 내려주셨습니다. 이렇게 하신 것은 참 것이 왔을 때에 깨닫고 영접하게 하시려는 것이었습니다.

그러나 출애굽 당시의 회중이나 예수님 당시의 회중들이 공통적으로 하나님의 참 은혜를 거부하고 있는 것을 보았습니다. 그렇다면 그 이후 시대 즉 우리들은 어떠하리라고 성경은 경계하고 있는가를 간단하게나마 살펴보아야만 하겠습니다. 이 점을 목회서신을 통해서 엿볼 수가 있습니다.

바울 사도는 선한 싸움을 싸우고 달려갈 길을 마치고 그 바톤을 디모데에게 물려주고 있습니다. "하나님 앞과 산자와 죽은 자를 심판하실 그리스도 예수 앞에서 그의 나타나실 것과 그의 나라를 두고 엄히 명하노니"(4:1)합니다.

그것이 무엇입니까 "너는 말씀을 전파하라" 하십니다.

중요한 것은 그 다음에 나오는 "경계의 말씀"입니다. "때가 이르리니" 합니다. 그러한 때가 앞으로 있을 것이라는 예언적인 말씀입니다. "사람이 바른 교훈을 받지 아니하며 귀가 가려워서 자기의 사욕을 좇을 스승을 많이 두고 또 그 귀를 진리에서 돌이켜 허탄한 이야기를 좇으리라"(3-4)고 경계하고 있습니다. 이는 불신자들을 두고 하는 말씀이 아닙니다. 신약 교회가 이처럼 변질될 것을 가리키는 말씀입니다. 풀어서 말씀드리면 너는 회중의 귀나 간지러 주고 그들의 사욕이나 만족시켜 주려고 회중에게 영합하는 그러한 설교자가 되지 말라고 경계하고 있는 것입니다.

바울 사도는 일찍이 "우리는 수다한 사람과 같이 하나님의 말씀을 혼잡하게 하지 아니하고 곧 순전함으로 하나님께 받은 것 같이 하나님 앞에서와 그리스도 안에서 말하노라"(고후 2:17)고 자신의 설교관을 밝힌 바가 있습니다. 또한 "이제 내가 사람들에게 좋게 하랴 하나님께 좋게 하랴 사람에게 기쁨을 구하랴 내가 지금까지 사람의 기쁨을 구하는 것이었더면 그리스도의 종이 아니니라"(갈 1:10)고 자신의 목회관을 피력한 바가 있습니다.

성령의 감동으로 "때가 이르리니" 하고 앞으로 다가올 세대를 내다보면서 경계하신 경계가 무엇입니까 바울 이후 신약교회 회중들의 반응도 이 만나 외에는 보이는 것이 아무 것도 없도다 하고 불평한 구약교회 회중들처럼 "진리에서 돌이켜"(딤후 4:4) 생선과 외와 수박과 부추와 파와 마늘들과 같은 기호식품과 조미료와 같은 사욕을 좇아 구하리라는 것입니다. "때가 이르리니"한 그때는 아직 이르지 아니하였다고 낙관적인 생각을 하고 계십니까? 아니면 이미 때가 이르렀고 지금이, 바로 이 세대가 그때라는 경각심이 드십니까?

그리스와의 만남

우리 한 번 생각에 날개를 달아보십시다. 예수 그리스도께서 여의도 고수부지에서 "심령 대부흥회"를 개최하신다고 상상해 보십시다. 그 현장에서 오병이어의 기적을 행하셨다고 상상해 보십시오. 한국의 성도들이 어떤 반응을 보였을까요?

자 이튿날 주님께서 내가 하늘로써 내려온 생명의 떡이다. 이 떡을 먹으면 영생하리라고 외치셨다면 반응은 어떻게 달라졌을까요? 상상하기에 어렵지 않습니다. 기사 이적을 행하며 귀신을 쫓아낸다는 강사가 인도하는 집회와 십자가의 도만을 증거하는 강사가 인도하는 집회의 양상이 어떻게 다른가만 생각하면 됩니다. 그것은 우리 주변에서 많이 보는 일이 아닙니까? 형제가 오병이어의 이적을 행할 수는 없을 것입니다.

그러나 형제가 설교할 때마다 만나는 내리게 할 수가 있습니다. 그러한 직책이 말씀의 사역자들에게는 주어졌습니다. 예수 그리스도만을 증거하면 됩니다. 신명기 8:3을 보십시오 "너를 낮추시며 너로 주리게 하시며 또 너도 알지 못하며 네 열조도 알지 못하던 만나를 네게 먹이신 것은 사람이 떡으로만 사는 것이 아니요 여호와의 입에서 나오는 모든 말씀으로 사는 줄을 너로 알게 하려 하심이니라"고 말씀합니다.

하나님의 말씀이 곧 만나 생명의 양식이라는 것입니다. 그리고 그 말씀은 말씀이 육신이 되어서 이 땅에 오시어 우리에게 생명을 주시기 위하여 죽으시고 부활하신 십자가의 도를 증거하는 말씀이어야만 합니다.

그 생명의 떡은 말씀으로 우리에게 공급되고 있습니다. 그럼에도 불구하고 우리들도 "이 만나 외에는 보이는 것이 아무것도 없도다" 하고 싫어 버리고 있지는 아니합니까? 말씀의 사역자들은 회중에 영합하여 그들에게 생선과 외와 수박과 같은 기호식품이나 나누어주고 입맛에 맞추기 위해서 부추와 파와 마늘 같은 조미료를 가미하여 말씀을 혼잡하게 하고 있지는 아니합니까?

이미 말씀은 혼잡 되어 있고 그 정도가 심각한 상태에 이른 것은 아닙니까? 성경은 말씀합니다. "무릇 너희가 여호와께 드리는 소제물에는 모두 누룩을 넣지 말지니 너희가 누룩이나 꿀을 여호와께 화제로 드려 사르지 못할지니라"(레 2:11).

"또 귀를 진리에서 돌이켜"라고 말씀하고 있는데 진리가 누구입니까? 회중들의 귀는 이미 진리 되시는 예수 그리스도에게서 돌아선 것은 아닙니까?

주님께서는 묻고 계십니다. "너희도 가려느냐"(67).

우리도 베드로처럼 고백합시다. "주여 영생의 말씀이 계시매 우리가 뉘게로 가오리까"(68).

11
나도 너를 정죄하지 아니하노니

요한복음 8:1-11

¹ 예수는 감람 산으로 가시다 ² 아침에 다시 성전으로 들어오시니 백성이 다 나아오는지라 앉으사 저희를 가르치시더니 ³ 서기관들과 바리새인들이 간음 중에 잡힌 여자를 끌고 와서 가운데 세우고 ⁴ 예수께 말하되 선생이여 이 여자가 간음하다가 현장에서 잡혔나이다 ⁵ 모세는 율법에 이러한 여자를 돌로 치라 명하였거니와 선생은 어떻게 말하겠나이까 ⁶ 저희가 이렇게 말함은 고소할 조건을 얻고자하여 예수를 시험함이러라 예수께서 몸을 굽히사 손가락으로 땅에 쓰시니 ⁷ 저희가 묻기를 마지 아니하는지라 이에 일어나 가라사대 너희 중에 죄 없는 자가 먼저 돌로 치라 하시고 ⁸ 다시 몸을 굽히사 손가락으로 땅에 쓰시니 ⁹ 저희가 이 말씀을 듣고 양심의 가책을 받아 어른으로 시작하여 젊은이까지 하나씩 하나씩 나가고 오직 예수와 그 가운데 섰는 여자만 남았더라 ¹⁰ 예수께서 일어나사 여자 외에 아무도 없는 것을 보시고 이르시되 여자여 너를 고소하던 그들이 어디 있느냐 너를 정죄한 자가 없느냐 ¹¹ 대답하되 주여 없나이다 예수께서 가라사대 나도 너를 정죄하지 아니하노니 가서 다시는 죄를 범치 말라 하시니라(요 8:1-11)

| 설교작성 노트 |

본문을 다룰 때에 통상적으로 강조점을 두게 되는 요절은 7절이다. "너희 중에 죄 없는 자가 먼저 돌로 치라"하신 말씀을 받아서 당신은 돌로 칠 수가 있는가 돌을

> 던질 자가 누구인가 육박한다. 그것은 사실이요 진리이다. 그러나 이렇게 하는 것
> 은 본문을 교훈적인 관점에서 접근하기 때문이다. 본문 속에는 이보다 엄청난 진리
> 가 내포되어 있다. 인자가 온 것은 교육자로써 온 것이 아니라 "자기 목숨을 많은
> 사람의 대속물로 주려" 오셨기 때문이다. 본문을 구속사의 맥락에서 관찰해 보자.

예수님께서 성전에서 가르치고 계실 때에 서기관과 바리새인들이 간음 중에 잡힌 여자를 끌고 와서 가운데 세우고 주님께 송사했습니다. "선생은 어떻게 말하겠나이까?" 저희가 이렇게 말함은 고소할 조건을 얻고자 하여 예수를 시험함이러라고 말씀합니다.

본문의 구도는 재판정의 모습입니다. 간음 현장에서 끌려온 여인을 피고석에 세우고 한 쪽에는 검사격인 모세가 율법책을 펴들고 서 있고 다른 한 편에는 변호사격인 예수께서 복음을 들고서 있습니다.

무리들은 "이 여자가 간음하다가 현장에서 잡혔나이다"(5)고 송사합니다. 모세는 율법책을 뒤져서 신명기 22장을 찾습니다. 그리고 "남자가 유부녀와 통간함을 보거든 그 통간한 남자와 여자를 둘 다 죽여 이스라엘 중에 악을 제할지니라 너희는 그들을 둘 다 성읍문으로 끌어내고 그들을 돌로 쳐죽일 것이니"(22:24) 하고 선고합니다.

이것이 율법이 할 수 있는 일입니다. 율법의 기능은 정죄(定罪)의 기능이요 모세의 직분은 정죄의 직분(고후 3:9)입니다. 모세의 율법은 죄를 드러나게 할 뿐 죄를 없이 하지는 못합니다. 이것은 무엇을 의미하느냐 하면 간음 현장에서 끌려온 여인을 죽이는 일을 할뿐 살리지를 못한다는 말씀입니다. 이것이 율법의 한계입니다.

이제 예수께 향하여 "선생은 어떻게 말하겠나이까" 하고 묻습니다.

복음이 할 수 있는 것

이제 복음이 말을 해야 할 차례입니다. 그런데 예수님께서는 몸을 굽히사 손가락으로 땅에 무엇인가 쓰고 계십니다. 8절에서도 "다시 몸을 굽히사 손가락으로 땅에 쓰시니" 합니다.

무엇을 쓰셨을까요? 어떤 분은 송사하는 무리들의 죄의 목록들을 쓰셨을 것이라고 추측합니다. 그러나 확실한 것은 알 길도 확인할 방법도 없습니다. 이럴 경우 우리는 땅에 쓰여진 말씀이 아니라 경에 "기록된" 말씀을 상고해야만 합니다.

돌로 치라 말한다면 예수께서 모세보다 즉, 복음이 율법보다 나은 것이 없게 되고 치지 말라고 한다면 율법을 폐하는 자가 되고 말 것입니다. 이를 달리 표현하면 "사랑"과 "공의"의 충돌이라고 말씀드릴 수가 있습니다.

"너희 중에 죄 없는 자가 먼저 돌로 치라"는 말씀이 떨어졌습니다. 다른 길 다른 방법이 없었던 것입니다. 왜냐하면 죄 값은 사망이요 그리고 하나님이 세우신 (율)법은 폐할 수가 없기 때문입니다.

이점에서 유념해야 할 중요한 요점이 있습니다. 주님은 그 여인을 옹호하거나 "죄가 없다"고 하신 것이 아니라는 점입니다. 그러하기는 커녕 이 여인은 말할 것도 없이 "너희는 죄인이 아니라는 말이냐"고 묻고 있다는 점입니다. 그러므로 이제 중요한 점은 "먼저" 칠 자가 누구냐에 있습니다. 그는 증인이 되어야 할 자입니다(신 17:7). 그는 양심에 가책이 없는 자여야 했습니다.

누구도 먼저 치려 들지를 못하고 하나씩 하나씩 물러가고 예수와 여자만 남게 되었습니다. 모두 다 죄인임을 인정한 셈입니다. 그들이 이처럼 가책을 느끼게 된 것은 빛 되신 그리스도 앞에 있었기 때문으로 여겨집니다.

"여자여 너를 고소하던 그들이 어디 있느냐 너를 정죄한 자가 없느냐."

"주여 없나이다."

"나도 너를 정죄하지 아니하노니 가서 다시는 죄를 범치 말라."

재판은 끝이 났습니다. 그러나 몇 가지 중요한 문제를 남겼습니다. 첫째는 예수님께서는 이 사건에서 율법을 준수하셨느냐 아니면 폐하였느냐는 문제입니다. 둘째는 변명도 의문의 여지도 없는 간음하다가 현장에서 잡힌 이 여인에게 "나도 너를 정죄하지 아니하노니" 하고 말씀할 수가 있느냐는 신정론(神正論)이 대두됩니다. 이는 분명 죄를 옹호하고 두둔하는 의롭지 못한 처사가 아니냐는 문제가 제기 됩니다.

인간은 그 여인에게 돌을 던질 수가 없었다해도 의로우신 주님께서도 정죄치 아니하시다니.

율법을 온전케 하러 오신 예수

시내 산의 지경은 엄중하게 통제되었습니다. 왜냐하면 거룩하신 하나님의 임재를 범하는 자는 "정녕 죽임을 당할 것"(출 19:12)이기 때문입니다. 같은 원리로 성막의 지성소에 이르는 길은 굳게 닫혀져 있었습니다. 그것은 의와 불법이 빛과 어두움이 사귐을 가질 수가 없었기 때문입니다. 그러한 하나님께서 간음 현장에서 끌려온 여인을 정죄(定罪)하지 아니하시다니

그 여인이 그리스도께서 도성인신(道成人身)하시기 이전에 그런 죄를 범하였다면 피할 길이 없이 돌에 맞아 죽었을 것입니다. 또한 이 여인이 예수 그리스도를 만나지 못하였다 하여도 그는 죽임을 당했을

것입니다. 그것은 억울한 일이 아니라 당연한 죄의 대가이었습니다.

그런데 하나님의 아들이 이 땅에 찾아오셨고 그 여인은 예수 그리스도를 만난 것입니다. 예수님께서 간음죄를 범한 중죄인을 정죄하지 아니하실 수 있으셨던 것은 죄를 옹호해서가 아니라 대신 정죄를 받으러 오셨기 때문이었습니다.

"율법이 육신으로 말미암아 연약하여 할 수 없는 그것을"(롬 8:3상) 하고 성경은 율법이 할 수 없는 것이 있다고 말씀합니다. 율법이 할 수 없는 것이 무엇일까요?

첫째로 율법은 인간을 의롭게 해 줄 수가 없었습니다. 의롭게 해줄 수가 없었다는 말은 인간을 하나님 앞에 나아가게 해 줄 수가 없었다는 뜻입니다. 그것은 율법에 결함이 있어서라기 보다는 "육신으로 말미암아 연약하여" 율법을 온전히 지킬 수 없는 인간의 연약함에 그 책임이 있었던 것입니다. "그러므로 율법의 행위로 그의 앞에 의롭다 하심을 얻을 육체가 없나니"(롬 3:20)하십니다.

율법은 우리를 의롭게 해줄 수가 없었습니다.

그러므로 둘째로 율법은 범죄한 여인을 살려 줄 방도가 없는 것입니다. 법대로 집행할 뿐입니다.

그러나 "하나님은 하시나니"(롬 8:3중)합니다. 하나님은 어떻게 해 주셨습니까? 하나님이 선포하신 (율)법을 폐하시고 해주셨습니까 아닙니다. "곧 죄를 인하여 자기 아들을 죄 있는 육신의 모양으로 보내어 육신에 죄를 정하사"(롬 8:3하)해 주셨다고 말씀합니다.

(율)법대로 정죄하시되 자기 아들에게 대신 정죄하심으로 해주셨다는 것입니다. "죄를 정하사" 해 주셨다고 말씀하고 있는데 이를 붙여서 말하면 "죄정"(罪定)이 되는데 그것이 곧 "정죄"(定罪)입니다.

여인을 향하여 "나도 너를 정죄하지 아니하노니" 하실 수 있으셨던 한 가지 방도는 자신이 그 여인 대신 정죄를 받으시는 방법 외에 다른 길은 없었던 것입니다. 주님은 이를 위하여 오셨으므로 가능했던 것입니다.

율법의 요구

로마서 8:4은 "율법의 요구를 이루어지게 하려 하심이니라"고 율법이 요구하고 있다는 것입니다. 율법이 무엇이라고 요구하고 있습니까? 그것은 분명합니다. 율법은 "이러한 여자를 돌로 치라"(요 8:5)고 요구하고 있는 것입니다.

복음이란 율법의 요구를 묵살하거나 폐하고 주신 것이 아닙니다. 절대로 아닙니다. 하나님은 그러하실 수가 없으신 분이 십니다. 율법 자체는 선하고 의로운 것입니다. 그리고 그 율법을 주신 분은 하나님이십니다. 그런데 그 율법을 폐하고 복음을 주셨다면 하나님은 스스로 모순을 범하시는 분이 되고 맙니다. 그것은 하나님의 공의에 손상을 입히는 일이 되고 마는 것입니다.

로마서 3:31을 보십시오. "그런즉 우리가 믿음으로 말미암아 율법을 폐하느뇨 그럴 수 없느니라 도리어 율법을 굳게 세우느니라"고 말씀합니다. 폐하기는커녕 "도리어 굳게 세우느니라"는 뜻이 무엇일까요. 율법은 죄인을 끌어내라고 요구합니다. 그리고 어서 죽이라고 요구합니다. 왜 그렇습니까 (율)법에 그렇게 되어 있기 때문입니다. "죄의 삯은 사망"(롬 6:23)이라고 선언하신 분은 하나님이십니다(참고, 창 2:17).

그러하기 때문에 율법은 법대로 시행해 달라고 요구하고 있는 것입니다. 율법에 이러한 여자는 돌로 치라 명하였다고 재촉하고 있는 것입니다. 그런데 하나님께서는 그 여자 대신 자기 아들을 내어주셨던 것입니다. 율법은 기절초풍을 했을 것입니다. 율법은 7계를 범한 저 여인을 요구하였으나 하나님께서는 자기 아들을 대신 내어주셨습니다. 이것이 도리어 율법을 굳게 세우느니라는 뜻입니다. 이 보다 어떻게 더 세워줍니까 하나님은 이렇게 하시려고 자기 아들을 인간의 몸으로 보내주셨습니다.

예수 그리스도께서 이 땅에 오신 것은 섬김을 받으려 하심이 아니요 자기 목숨을 대속제물로 주시기 위하여 오셨습니다. 그래서 그분만이 "나도 너를 정죄하지 아니하노니" 하고 말씀하실 수가 있으셨던 것입니다. 이 방법만이 하나님도 의로우시고 또한 간음 현장에서 끌려온 그 여인을 정죄하지 않고 사해 주실 수 있는 유일한 길이었습니다.

예수 그리스도와의 만남

이 여인이 예수 그리스도를 만나지 못하였다면 분명히 죽었을 것입니다. 당신도 예수 그리스도를 만나지 못한다면 피할 수 없이 죽게 됩니다.

그것은 돌에 맞아 죽을 것이라는 뜻이 아닙니다. 성경은 말씀합니다. "한 번 죽는 것은 사람에게 정하신 것이요 그 후에는 심판이 있으리니"(히 9:27). 심판이란 영생과 영벌로 갈라지게 됨을 의미합니다. <영벌> 이것이 <둘째 사망>(계 20:14)입니다. 어서 예수 그리스도를 만나십시오.

주님께서는 "죄인을 부르러" 오셨다고 말씀하십니다. 본문에 등장하는 여인은 이에 대한 모델로 제시되었을 뿐입니다. 간음 현장에서 끌려온 저 여인에게 "나도 너를 정죄하지 아니하노니" 하셨다면 나 같은 죄인에게도 "나도 너를 정죄하지 아니하노니" 하고 말씀하실 수 있으시다 저 여인이 구원을 얻었다면 나도 구원을 얻을 수 있다. 저 여인이 새로운 삶을 시작했다면 형제도 새로운 삶을 시작할 수가 있습니다.

"가서" 주님은 가라고 말씀합니다. 공치사를 하시거나 대가를 요구치도 아니하십니다. 말씀합니다. "다시는 죄를 범치 말라" 새로운 삶을 시작하라고 당부하십니다.

형제여 그 후에 이 여인이 어떤 변화된 모습의 삶을 살았을까요? 우리도 그러한 삶을 사십시다.

12
이를 위하여 이때에 왔나이다

요한복음 12:20-28

²⁰ 명절에 예배하러 올라온 사람 중에 헬라인 몇이 있는데 ²¹ 저희가 갈릴리 벳새다 사람 빌립에게 가서 청하여 가로되 선생이여 우리가 예수를 뵈옵고자 하나이다 하니 ²² 빌립이 안드레에게 가서 말하고 안드레와 빌립이 예수께 가서 여짜온대 ²³ 예수께서 대답하여 가라사대 인자의 영광을 얻을 때가 왔도다 ²⁴ 내가 진실로 진실로 너희에게 이르노니 한 알의 밀이 땅에 떨어져 죽지 아니하면 한 알 그대로 있고 죽으면 많은 열매를 맺느니라 ²⁵ 자기 생명을 사랑하는 자는 잃어버릴 것이요 이 세상에서 자기 생명을 미워하는 자는 영생하도록 보존하리라 ²⁶ 사람이 나를 섬기려면 나를 따르라 나 있는 곳에 나를 섬기는 자도 거기 있으리니 사람이 나를 섬기면 내 아버지께서 저를 귀히 여기시리라 ²⁷ 지금 내 마음이 민망하니 무슨 말을 하리요 아버지여 나를 구원하여 이때를 면하게 하여 주옵소서 그러나 내가 이를 위하여 이때에 왔나이다 ²⁸ 아버지여 아버지의 이름을 영광스럽게 하옵소서 하시니 이에 하늘에서 소리가 나서 가로되 내가 이미 영광스럽게 하였고 또 다시 영광스럽게 하리라 하신대(요 12:20-28)

| 설교작성 노트 |

27절에는 〈이때〉라는 말이 두 번 나온다. "이때"를 면하게 해달라고 말씀하고 있는가 하면 내가 이를 위하여 "이때"에 왔나이다고 말씀한다. 여기에 심각성이 있다.
　요한복음의 내용은 〈이때〉에 집중되어 있다. 그러므로 여기에 중대한 의미가 있는 것이다.
　〈이때〉에 함의된 구속사적 의미는 무엇인가?

　예수님의 지상 생애를 대략 33년으로 보고 그 중에서 3년을 공생애 기간이라고 말합니다. 복음서의 기록들을 살펴보면 예수 그리스도의 탄생 기사를 제외 하면 모두가 공생애 동안 사역하신 기사들입니다. 마가복음과 요한복음은 탄생 기사마저도 생략하고 곧 바로 공생애로 뛰어 들고 있습니다.

　그런데 중요한 것은 공생애 3년 동안의 행적 중에서도 복음서들은 한결 같이 최후의 한 주간에 초점을 맞추고 있음을 유념할 필요가 있습니다. 더욱이 요한복음은 고난주간에 전체 분량의 2분의 1을 할애하고 있으며 그 한 주간 중에서도 최후의 만찬으로부터 시작하여 무덤에 장사되기까지의 마지막 하루에 지면의 3분의 1(13-19장)을 할애하고 있음을 보게 됩니다.

　다시 말씀드리면 요한복음(다른 복음도 마찬가지이지만)은 하나님의 아들 되시는 예수 그리스도의 십자가 사건에 전체의 초점을 맞추고 있다는 것입니다. 그렇게 하고 있는 것은 예수님의 생애는 최후의 한 주간 그것도 최후의 하루를 위하여 준비되었으며 이루어오셨기 때문입니다.

이를 위하여

예수님의 지상생애 중 최후의 한 주간은 나귀 타시고 예루살렘에 입성하심으로부터 시작이 됩니다. 입성하신 후 잡히시기까지의 몇 일 동안 무슨 일을 하셨는가? 요한복음에서는 공관복음서에서 다루고 있는 많은 사건들을 생략한 채 몇 명의 헬라인의 내방사건만을 다루고 있습니다.

"우리가 예수를 뵈옵고자 하나이다"(21). 그런데 주님께서는 "인자의 영광을 얻을 때가 왔도다"하시고 "내가 진실로 진실로 너희에게 이르노니 한 알의 밀이 땅에 떨어져 죽지 아니하면 할 알 그대로 있고 죽으면 많은 열매를 맺느니라"(23-24)고 죽음의 고난받으실 것을 말씀하심으로 답변을 대신하고 있습니다.

예수님께서는 "지금 내 마음이 민망하니 무슨 말을 하리요 아버지여 나를 구원하여 이때를 면하게 하여 주옵소서" 하고 기도하십니다. 이는 공관복음서가 겟세마네 동산의 기도로 다루고 있는 것과 병행하고 있습니다. 예수님의 기도는 여기서 끝이신 것이 아니라 "그러나 내가 이를 위하여 이때에 왔나이다 아버지여 아버지의 이름을 영화롭게 하옵소서" 하고 전적으로 의탁하시는 것을 봅니다.

그렇다면 "이를 위하여"란 무엇을 의미하는 것일까요 이미 밝히 드러난 대로 "인자의 온 것은 자기 목숨을 많은 사람의 대속물로 주려 함이니라"(마 20:28) 하신 대속제물로의 죽음을 의미합니다. 주님의 지상생애는 이를 위하여 점점 다가가신 발걸음이었던 것입니다. 이는 아기 예수 때에 이미 시므온의 입을 통하여 "보라 이 아이는 이스라엘 중 많은 사람의 패하고 흥함을 위하며…또 칼이 네 마음을 찌르듯 하리라"(눅 2:34,35)고 주님의 수난이 예고된 바입니다.

성경 전체는 창세기에서 아벨이 드린 "양의 첫 새끼"로부터 시작하여 세상 죄를 지고 가는 하나님의 어린 양에 이르기까지 "이를 위하여"에 집중하고 있는 것입니다.

내가 땅에서 들리면

요한복음은 헬라인의 면회 요청에 대한 직접적인 답변을 생략한 체 대신 주님께서 받으실 죽음을 말씀하고 있습니다. 왜 그렇게 하고 있을까? 그 이유를 33절은 말씀해 주고 있다 하겠습니다.
"내가 땅에서 들리면 모든 사람을 내게로 이끌겠노라 하시니 이렇게 말씀하심은 자기가 어떠한 죽음으로 죽을 것을 보이심이러라" "내가 땅에서 들리면"이란 "모세가 광야에서 뱀을 든 것 같이 인자도 들려야 하리니"(요 3:14) 하신 대로 십자가에 달리실 것을 의미합니다. 그렇게 하심으로 "모든 사람을 내게로 이끌겠노라"고 말씀하십니다.
주님의 수난을 앞두고 등장한 헬라인들은 모든 이방인을 대표하는 상징성이 있습니다. 그들이 명절에 예배하러 성전을 찾아왔다 하여도 그들은 이방인의 뜰을 넘을 수는 없었던 것입니다. 이러한 이방인들에게 어떻게 해서 "내게로 이끌겠노라"가 가능해지는 것입니까?
예수 그리스도께서 대속제물이 되어 주심으로 말미암아 유대인과 이방인 사이에 막혀 있던 담이 제거됨으로만이 가능해지는 것입니다(엡 2:14). 이 점을 고려할 때 "내가 땅에서 들리면 모든 사람을 내게로 이끌겠노라"는 말씀은 예수님을 뵈옵고자 요청한 헬라인들에게 주시는 근본적인 답변이 된다 하겠습니다. 헬라인들이 예수님을 만나 뵈었는지는 알 수가 없습니다. 그러나 여기에는 이런 뜻이 함의되어 있습니다. "그때에 만나자."

이때에

본문에는 "이때"를 면하게 하여 주옵소서 하시고 그러나 이를 위하여 "이때"에 왔나이다 하고 "때"가 강조되어 있습니다. 그렇습니다. 요한복음을 유의해 보면 주님의 모든 시간은 "이때"를 위해 모아지고 집중되어 왔음을 보게 됩니다.

8:20은 주님께서 성전 연보궤 앞에서 공개적으로 가르치셨으나 "잡는 사람이 없으니 이는 그의 <때>가 아직 이르지 아니하였음이더라"고 말씀합니다. 이러한 말씀은 7:3에서도 볼 수가 있습니다. "저희가 예수를 잡고자 하나 손을 대는 자가 없으니 이는 그의 <때>가 아직 이르지 아니하였음이더라"

그렇다면 가나 혼인 잔치 집에서 마리아가 저희에게 포도주가 떨어졌다고 주님께 말하였을 때에 여자여 나와 무슨 상관이 있나이까 "내 <때>가 아직 이르지 못하였나이다"(요 2:4)고 말씀하신 <때>도 이때를 염두에 두고 하신 말씀임을 깨닫게 됩니다. 주님의 의중에는 "포도주"라는 말을 최후 만찬 석상에서 잔을 가지시고 "이것은 죄 사함을 얻게 하려고 많은 사람을 위하여 흘리는 바 나의 피 곧 언약의 피니라"(마 26:28) 하실 수난의 <때>와 결부시켜 생각하고 계셨음이 분명합니다.

13:1에서는 드디어 "예수께서 자기가 세상을 떠나 아버지께로 돌아가실 <때>가 이른 줄 아시고" 합니다. 그리고 주님께서는 대제사장적인 기도에서 "아버지여 <때>가 이르렀사오니"(17:1) 하고 결정적인 그때가 이르렀음을 고(告)합니다.

이상에서 살펴본 대로 요한복음서에 나타난 <때>는 예수 그리스도께서 십자가에 달려 죽으시는 때로 모아지고 있는 것입니다.

이것은 무엇을 의미하느냐 하면 인류 구원의 결정적인 시간은 세상 죄를 지고 가는 하나님의 어린 양께서 십자가로 나아가는 "이때"에 있는 것이며 인류 구원의 결정적인 사건은 십자가에 달려 죽으신 죽음에 있음을 성경은 강조하고 있으며 증거하고 있으며 알기를 바라고 있으며 이를 믿기를 촉구하고 있음을 의미합니다.

이 인자는 누구냐

예수님께서 "내가 땅에서 들리면 모든 사람을 내게로 이끌겠노라" 말씀하시니까 유대인들은 말하기를 우리는 율법에서 그리스도가 영원히 계신다 함을 들었거늘 너는 어찌하여 인자가 들려야 하리라 하느냐 "이 인자는 누구냐"(34)고 물었습니다.

그렇습니다. 문제는 "이를 위하여" "이때에" 오신 "이 인자가 누구냐"를 아는데 실패하고 있기 때문에 구원에 이르지 못하고 있는 것입니다.

그러므로 복음진리란 "이 인자는 누구냐" "이를 위하여"란 무엇을 의미하느냐 "이때"란 어느 때를 가르키느냐를 알고 믿는 것이다라 고 말해도 과언이 아닙니다.

그러므로 복음서들은 한결같이 앞부분에서는 예수가 누구인가를 증거하는데 집중하고 있고 뒤부분에서는 "이를 위하여 이때에 왔나이다"를 증거하는데 집중하고 있는 것입니다.

그리고 선언합니다. "다 이루었다"(19:30).

이 점에서 부언하지 않을 수 없는 것은 성경은 또 다른 하나의 <때>를 말씀하고 있다는 점입니다.

"우리가 아직 연약할 <때>"에 "우리가 아직 죄인 되었을 <때>에"

"곧 우리가 원수 되었을 <때>에"(롬 5:6-10) 그러한 때에 "이 일"은 일어났다는 것입니다.

여기에 하나님의 선수적이고 무조건적인 사랑과 은혜가 더욱 빛을 발합니다. 이러한 상태에 있었을 때에 "그리스도께서 우리를 위하여 죽으심으로 하나님께서 우리에게 대한 자기의 사랑을 확증하여" 주셨기 때문입니다. 우리가 원수 되었을 때에 그 아들의 죽으심으로 말미암아 하나님으로 더불어 화목하게 되었노라고 성경은 말씀해 주고 있습니다. 원수를 위하여 자기 아들을 내어 주시고 그 원수를 자기 아들들로 삼아 주셨다는 말씀입니다.

주님께서 당하신 "이 일"은 우리가 그러했던 <때>에 일어난 일이었습니다.

밤이 깊을수록 별빛이 더욱 영롱히게 빛을 발하듯이 우리늘의 처지나 상태가 죽은지 나흘이나 된 나사로의 시체처럼 절망적이고 최악의 상태에 있었을 때에 "이를 위하여 이때에 오셔서" 죽기까지 복종하여 주셨기 때문에 그 사랑은 더욱더 위대하고 거룩하고 망극하기 이를 데가 없는 것입니다. "그런즉 자랑할 데가 어디뇨 있을 수 없느니라."

그리스도와의 만남

"우리가 예수를 뵈옵고자 하나이다" 형제는 어떤 예수를 뵈옵기를 원하고 있습니까? 주님은 대답하십니다. "내가 땅에서 들리면 너를 만날 것이다."

예수 그리스도께서는 "우리 범죄함을 위하여 내어 줌이 되고 또한 우리를 의롭다 하심을 위하여 살아나셨습니다"(롬 4:25). 구원이란 이 사실을 입으로 시인하여 마음에 믿으면 얻게 되는 것입니다. 그러므로 말씀의 사역자들(또는 전도자들)은 성경이 "이를 위하여 이때에 왔나이다"에 집중하고 있는 그 의도하심 그대로 그 방법 그대로 이점에 집중하여야만 합니다. "성경대로 그리스도께서 우리 죄를 위하여 죽으시고 장사지낸 바 되었다가 성경대로 사흘만에 다시 살아나셨음을"(고전 15:3-4) 증거하는데 집중하여야 마땅한 것입니다.

끝으로 "이를 위하여 이때에 왔나이다"라는 명제는 모든 그리스도인들에게도 적용이 됩니다. 성경은 이제 "너희는 너희의 것이 아니라"고 말씀합니다. 그렇다면 형제의 삶의 초점은 어느 곳으로 모아지고 있습니까? 하나님께서는 형제도 "이를 위하여 이때에" 보내셨음이 분명할진대 형제의 "이를 위하여"는 무엇이며 "이때"란 어느 때입니까?

13
복음서와 사도행전에 나타난 표적의 차이점

사도행전 3:1-10

¹ 제 구시 기도 시간에 베드로와 요한이 성전에 올라갈새 ² 나면서 앉은 뱅이 된 자를 사람들이 메고 오니 이는 성전에 들어가는 사람들에게 구걸하기 위하여 날마다 미문이라는 성전 문에 두는 자라 ³ 그가 베드로와 요한이 성전에 들어 가려함을 보고 구걸하거늘 ⁴ 베드로가 요한으로 더불어 주목하여 가로되 우리를 보라 하니 ⁵ 그가 저희에게 무엇을 얻을까 하여 바라보거늘 ⁶ 베드로가 가로되 은과 금은 내게 없거니와 내게 있는 것으로 네게 주노니 곧 나사렛 예수 그리스도의 이름으로 걸으라 하고 ⁷ 오른손을 잡아 일으키니 발과 발목이 곧 힘을 얻고 ⁸ 뛰어서서 걸으며 그들과 함께 성전으로 들어 가면서 걷기도 하고 뛰기도 하며 하나님을 찬미하니 ⁹ 모든 백성이 그 걷는 것과 및 하나님을 찬미함을 보고 ¹⁰ 그 본래 성전 미문에 앉아 구걸하던 사람인줄 알고 그의 당한 일을 인하여 심히 기이히 여기며 놀라니라(행 3:1-10)

| 설교작성 노트 |

한국교회는 기사와 이적을 좋아한다. 성도들이 좋아하다 보니까 설교자는 이에 영합하여 강조한다. 그러나 기사와 이적은 인간의 뜻이나 필요에 의하여 아무 때나 덮어놓고 일어나는 것은 아니다.

구약시대에도 출애굽 당시와 엘리야, 엘리사 선지자가 활동하던 시대와 바벨론 포수 시대에 집중되어 있다. 신약시대에는 예수님의 공생애와 교회창설 당시에 집중되어 있음을 본다.

기사 이적을 가리켜 하나님의 비상섭리라고 말한다. 비상섭리란 말 그대로 비상사태에서 섭리하시는 방편이시다. 그러므로 천지만물을 창조하시고 일반섭리로 주관하시는 하나님께서 기사 이적이라는 비상섭리를 행하시는 것은 비상한 뜻과 목적이 있을 때에 행하시는 것이다.

그렇다면 주님의 공생애에 행하신 이적과 (복음서) 사도들을 통하여 나타난 이적(사도행전)의 의미가 어떻게 다른가를 살펴봄으로써 기사, 이적에 대한 바른 깨달음을 받고자 한다.

성령님의 사명

주어진 본문에 바르게 접근하기 위해서는 먼저 문맥을 더듬어 보는 것이 도움이 됩니다. 1장에서 주님께서는 사도들에게 하나님의 약속하신 성령을 기다리라는 분부를 남기시고 승천하십니다. 2장에서는 기다리고 있던 제자들에게 약속하신 대로 성령께서 강림하십니다. 예수 그리스도께서는 자신의 사명을 완수하시고 올라가셨으며 성령께서는 새로운 사명을 수행하시기 위하여 내려오신 것입니다. 그렇다면 성령님의 사명이 무엇일까요? "내가 아버지께로서 너희에게 보낼 보혜사 곧 아버지께로서 나오시는 진리의 성령이 오실 때에 그가 나를 증거하실 것이요"(요 15:26) 하신 대로 예수 그리스도를 증거하시러 오시는 것입니다. 그렇다면 성령께서는 어떤 방도로 예수 그리스도를 증거하시는 것입니까?

성경을 들어 증거하심

성령강림 후에 나타난 첫 표적은 2장 다음인 3장에서 나타났음을 유념할 필요가 있습니다. 그렇다면 2장의 내용은 무엇입니까?

2장의 전반부는 성령강림의 내용이고 후반부는 베드로가 행한 첫 번 설교입니다. 베드로의 설교를 베드로의 말로 받아서는 아니 됩니다. 이는 오순절에 성령께서 베드로 위에 강림하사 그를 사용하셔서 행하신 성령님의 사역이었던 것입니다. 성령께서 임하셔서 행한 첫 사역은 표적이 아니라 "말씀" 즉, 설교였습니다.

성령께서 강림하시어 행케 하신 설교의 핵심은 예수 그리스도께서 부활하셨다는 데 있습니다. "너희가 법 없는 자들의 손을 빌어 못 박아 죽였으나 하나님께서 사망의 고통을 풀어 살리셨으니"(2:23-24) 합니다.

이 점에서 우리는 성령님이 행하시는 일을 예의 주시해야만 합니다. 성령께서 예수님의 부활을 증명(證明)하시는데 있어서 어떤 증거를 제시하고 있느냐 하는 점입니다. 그것은 첫째가 성경을 들어 증거하십니다. 그런데 성경은 성령님의 감동으로 기록되었다는 것입니다.

그렇다면 이렇게 말씀드릴 수가 있습니다. 성령께서는 예수 그리스도를 증거하시기 위하여 구약성경에 여러 부분, 여러 모양으로 미리 말씀하여 두셨다가 때가 되매 이를(구약성경) 증거로 제시하여 예수가 바로 구약에서 약속하셨던 메시야, 즉 그리스도시다 라고 증명하신다.

구약성경의 기록 목적이 여기에 있습니다. 성경은 이렇게 사용하라고 주신 것입니다.

그렇습니다. 성령께서는 구약시대에 다윗을 들어서 시편을 기록케 하셨습니다. 부활하신 주님께서는 "시편에 나를 가리켜 기록된 모든 것"(눅 24:44)이라고 시편도 그리스도를 증거하고 있음을 말씀하셨습니다.

성령께서는 이제 베드로를 통하여 시편 두 편을 들어 예수 그리스도를 증거하시는 것입니다. 얼마나 자상합니까? 얼마나 용의주도하십니까? 얼마나 빈틈이 없습니까?

먼저 "이는 내 영혼을 음부에 버리지 아니하시며 주의 거룩한 자로 썩음을 당치 않게 하실 것임이로다" 한 시편 16:10을 증거로 제시합니다.(27).

"형제들아 내가 조상에 대하여 담대히 말할 수 있노니 다윗이 죽어 장사되어 그 묘가 오늘날까지 우리 중에 있도다"(2:29)고 말합니다. 왜 다윗의 묘를 거론하고 있느냐하면 다윗은 죽어서 썩음을 당하였다(13:36)는 것을 주지시키기 위해서인 것입니다.

그러므로 "내 영혼을 음부에 버리지 아니하시며 주의 거룩한 자로 썩음을 당치 않게 하실 것임이로다" 한 말씀이 다윗 자신에 대한 말이 아니라 그의 자손으로 오실 그리스도께서 썩지 아니하고 부활하실 것에 대한 명백한 예언이요 증거임을 확신시켜 나갑니다(31,32).

기록된 성경을 증거로 제시함은 부인하거나 변명의 여지를 남기지 않는 최종적인 증거요, 권위인 것입니다. 베드로 사도는 왜 자신이 부활하신 주님을 보았다는 경험을 먼저 내세우지 않고 있을까요. 그것은 우리가 생각하고 있는 것처럼 확증(確證)할 수 있는 최상의 증거는 되지 못합니다.

왜냐하면 그것은 주관적인 경험이기 때문에 객관성을 요구하는 증거로써는 불충분한 것입니다. 또한 주관적인 경험을 하나님의 말씀보다 우위에 놓는다는 것은 어불성설입니다. 그래서 베드로는 변화산상의 경험을 간증하면서도 "또 우리에게 더 확실한 예언(구약성경을 가리킴)이 있어"(벧후 1:19) 하고 성경만이 최종적인 권위임을 말씀하였던 것입니다.

성경의 부인할 수 없는 증거를 제시하면서 "그는(다윗) 선지자라 하나님이 이미 맹세 하사 그 자손 중에서 한 사람을 그 위에 앉게 하리라 하심을 알고 미리 보는 고로 그리스도의 부활하심을 말하되." 이 점에서도 우리는 놀라움을 금할 수가 없습니다. 다윗은 그리스도가 자기 자손으로 오실 것을 미리 보고 알았다는 것입니다.

그리고 증거하기를 "저가 음부에 버림이 되지 않고 육신이 썩음을 당하지 아니하시리라 하더니 이 예수를 하나님이 살리신지라 우리가 다 이 일에 증인이로다"(30,31)고 먼저 성경을 들어 증명하고 나서 하나님의 예언하신 대로 그리스도께서 부활하셨음을 자신들이 목격한 증인임을 내세웁니다.

대언의 영

이 말씀을 대하게 될 때에 놀라지 아니할 수 없는 것은 베드로가 언제부터 이처럼 성경에 능통하고 변증가가 되었는가, 그는 어부가 아니었던가, 예수를 세 번이나 부인한자가 아니던가, 유대인들이 두려워서 안으로 문을 잠그고 있던 그가 아니던가. 그렇습니다. 오순절의 성령 강림이 아니었다면 도저히 불가능한 일인 것입니다.

앞에서 성경은 성령님의 저작이라는 것과 성령의 주사역은 예수 그리스도를 증거하는 것인데 미리 기록케 하신 성경을 들어서 증명하신다고 말씀드렸습니다. 그렇다면 성령께서는 이 사역을 어떤 방도로 수행하시는가 입니다. 이 점을 성경은 "예수의 증거는 대언의 영"(계 19:10)이라고 말씀해 줍니다.

이제 성령께서는 베드로에게 "대언의 영"으로 역사하고 계시는 것입니다. 이것이 말씀의 사역자들의 임무입니다. 또 하나 성령께서 증거로 제시하신 성구는 "주께서 내 주에게 말씀하시기를 내가 네 원수로 네 발등상 되게 하기까지 너는 내 우편에 앉으라 하셨도다"는 시편 110:1입니다.

이 성구를 인용하면서도 "다윗은 하늘에 올라가지 못하였으나 친히 말하여 가로되"(34) 하고 이 말씀이 다윗을 가리켜 말씀한 것이 아니라 그리스도에 대한 예언적인 말씀임을 주지시키고 있습니다.

그렇다면 필연적으로 이러한 결론에 이르게 됩니다. 십자가에 못박아 죽인 예수가 부활하였고 승천하여 하나님 우편에 앉아 계시는 것이 성경적인 증거로 증명(9:22; 17:3)이 되었다면 "그런즉 이스라엘 온 집이 정녕히 알지니 너희가 십자가에 못박은 이 예수를 하나님이 주와 그리스도가 되게 하셨느니라"(36).

성령께서 강림하셔서 하신 첫 사역은 (베드로의 입을 의탁하사) 성경 말씀을 증거로 제시하여 예수께서 부활하셨음을 증명하신 일입니다. 이것이 사도행전 2장의 내용입니다.

표적을 통하여 증거함

이제 3장의 내용을 살펴보게 되었습니다. 3장의 전반부는 베드로와 요한이 제 9시 기도시간에 성전에 올라가다가 나면서 앉은뱅이 된 자를 일으킨 내용이고 후반부는 이를 계기로 행한 베드로의 두 번째 설교입니다.

40년 간이나 앉은뱅이로 구걸하던 그가 걷기도 하고 뛰기도 하며 하나님을 찬미하는 것을 보고 군중들은 베드로 주위에 몰려들었습니다. 그들을 향하여 베드로는 앉은뱅이의 치유를 표적으로 삼아서 설교를 합니다.

"이스라엘 사람들아 이일을 왜 기이히 여기느냐 우리 개인의 권능과 경건으로 이 사람을 걷게한 것처럼 왜 우리를 주목하느냐 너희가 생명의 주를 죽였도다. 그러나 하나님이 죽은 자 가운데서 살리셨으니 우리가 이 일에 증인이로다. 그 이름을 믿음으로 그 이름이 너희보고 아는 이 사람을 성하게 하였나니 예수로 말미암아 난 믿음이 너희 모든 사람 앞에서 이 같이 완전히 낫게 하였느니라"(12-16).

부활하신 예수 그리스도께서 완전히 낫게 해 주셨다고 증거하고 있습니다. 이 사건을 베드로 "개인의 권능과 경건"으로 여겨서는 아니 됩니다. 오직 성령께서 베드로를 의의 병기로 사용하셔서 행하신 성령의 역사였던 것입니다. 그렇다면 이 표적을 통하여 나타내기를 원하신 것은 분명합니다. 그에 대한 답변이 15-16입니다. "생명의 주를 죽였도다 그러나 하나님이 죽은 자 가운데서 살리셨으니 그 이름을 믿음으로 그 믿음이 이같이 완전히 낫게 하셨다"고 예수 그리스도께서 죽은 자 가운데서 부활하셨음을 증거하기 위한 표적이었던 것입니다. 성령께서 강림하셔서 예수 그리스도의 부활을 2장에서는 성경을 들어서 증거하고 3장에서는 표적을 통하여 증거하고 있는 것입니다.

그러므로 "예수를 들어 죽은 자 가운데서 부활하는 도(道)전함을 싫어하여"(4:2) 사도들을 체포한 제사장들이라 하여도 "이 사람들을 어떻게 할꼬 저희를 인하여 유명한 표적 나타난 것이 예루살렘에 사는 모든 사람에게 알려졌으니 우리도 부인할 수 없는지라"(4:16) 하고 난감해 했던 것입니다.

복음서와 사도행전의 차이

사도행전을 상고해보면 사도 베드로는 이 밖에도 다른 이적들을 행하였고 사도 바울을 통해서도 이적은 나타났습니다. 또한 복음서에 보면 예수님께서도 많은 이적을 행하셨음이 기록되어 있습니다. 그러나 사도들이 행한 기사 이적과 예수 그리스도께서 행하신 기사 이적의 의미 다시 말씀드리면 그 표적을 통하여 증거하시고자 한 목적은 다른 것입니다. 이 점이 본 설교의 주안점입니다.

먼저 복음서에 나타난 주님께서 행하신 이적들은 무엇에 대한 표적이었을까요? 그것은 나사렛 예수가 하나님의 아들이요, 그리스도 이심을 증거하기 위한 표적이었습니다. 요한복음 20:30 31은 "예수께서 제자들 앞에서 이 책에 기록되지 아니한 다른 표적도 많이 행하셨으나 오직 이것을 기록함은 너희로 예수께서 하나님의 아들 그리스도이심을 믿게 하려함이요 또 너희로 믿고 그 이름을 힘입어 생명을 얻게 하려함이니라"고 이 점을 명백히 설명해 주고 있습니다.

한가지만 예로 들어보겠습니다. 나사로의 무덤에서 주님은 이렇게 기도하셨습니다. "이 말씀 하옵는 것은 둘러선 무리를 위함이니 곧 아버지께서 나를 보내신 것을 저희로 믿게 하려 함이니이다"

요약해서 말씀드리면 주님께서 행하신 이적들은 예수가 하나님께서 구약성경을 통하여 언약하시고 예언하셨던 하나님의 아들 그리스도이심을 증거 하기 위한 표적으로 제시된 것입니다.

그렇다면 사도들을 통하여 행케 하신 이적들은 무엇을 증거하기 위한 표적이었을까요? 그것은 분명합니다. "너희가 법 없는 자들의 손을 빌어 못박아 죽였으나 하나님께서 사망의 고통을 풀어 살리셨다"(2:24) "생명의 주를 죽였도다 그러나 하나님이 죽은 자 가운데서 살리셨다"(3:15)는 <그리스도의 부활>을 증거하시기 위한 "비상섭리"였던 것입니다.

성령께서 강림하셔서 2장에서는 성경을 근거로 제시하여 그리스도의 부활을 증거하시고 3장에서는 나면서 앉은뱅이 된 자의 치유를 근거로 제시하여 그리스도의 부활을 증거하고 있는 것입니다.

사도들은 "예수의 부활하심을 증거할"(1:22) 부활의 증인입니다.

그러므로 이러한 기록들을 다룰 때에 주님께서도 이적을 행하셨고 사도들도 행하였으니 우리도 행할 수 있다고 직선적으로 적용해서는 아니 됩니다. 왜냐하면 그렇게 하는 것은 창세기에서 시작하여 계시록에서 완성되는 구속사역의 역사성을 무시하는 것입니다. 예수 그리스도께서 사역하신 시대와 사도들이 사역한 시대와 우리에게 맡겨진 이 시대는 같은 시대가 아니며 임무도 섭리하심도 다르기 때문입니다. 사도들이 기사 이적을 행했으니 우리도 행할 수 있고 사도들이 성경을 기록하였으니 우리도 기록할 수 있는 것은 아닙니다. 우리는 그 시대에 살고 있지 아니할 뿐더러 교회의 기초를 놓은 사도들도 아닌 것입니다.

예수 그리스도와의 만남

우리나라 성도들은 잘 가르치는 지혜의 말씀 지식의 말씀보다 기사와 이적을 선호하는 편입니다. 그래서 기적을 체험했다는 간증들을 좋아하고 자신도 그러한 기적을 체험하게 되기를 갈망합니다. 그러나 이것은 도마와 같은 믿음입니다. 주님께서는 도마를 똑똑하다고 칭찬하신 것이 아니라 "너는 나를 본고로 믿느냐 보지 못하고 믿는 자들은 복 되도다"고 책망어린 말씀을 하셨습니다.

사실 보고 믿는 믿음은 믿음이 아닐 수가 있습니다. "보지 못하고 믿는 것"이 진정한 믿음입니다. "예수를 너희가 보지 못하였으나 사랑하는 도다 이제도 보지 못하나 믿고 말 할 수 없는 영광스러운 즐거움으로 기뻐하니 믿음의 결국 곧 영혼의 구원을 받음이라"(벧전 1:8-9). 이것이 주님께서 복되다고 칭찬하신 믿음입니다.

그렇다면 주님께서는 덮어놓고 믿으라고 말씀하고 있습니까? 그렇지가 않습니다.

천지는 변하고 없어질지라도 영원히 변치 아니할 하나님의 말씀을 우리에게 주셨습니다. 성령께서는 사도들을 통하여 표적만 행하게 하신 것이 아닙니다. 말씀도 주셔서 기록하게 하셨습니다. 베드로는 말로 전하였지만 지금 우리에게는 기록된 말씀으로 주어졌습니다. 기록된 성경 안에는 예수가 그리스도이심을 증명한 말씀과 이를 입증하기 위하여 제시된 표적이 다 들어 있습니다.

그리고 이 말씀은 더 첨부할 것이 없는 충족(充足)된 계시인 것입니다. 이것이 성경입니다. 이 성경은 모자람이 없습니다. 믿기에 충분합니다. 보지 못하고 믿는 자가 복이 있다는 뜻은 이 충족된 계시인 하나님의 말씀에 근거하여 믿는 "믿음"을 의미합니다. 우리가 믿는 하나님은 한 번 약속하신 것은 반드시 지켜주시고 성취하시는 하나님이십니다.

하나님의 말씀은 '완전' 합니다. 하나님의 증거는 '확실' 합니다. '정직' 하며 '순결' 합니다. 영혼을 소성케 합니다(시 19:7-11). 자상하시고 모자람이 없고 진실하신 충족된 계시입니다.

그럼에도 불구하고 양무리들이 성경만으로는 만족하지 못하고 이리저리 기사와 이적을 찾아 헤맨다면 그것은 말씀을 맡은 자들의 책임입니다. 왜냐하면 하나님께서 한 번 하신 언약은 반드시 지켜 주셨음을 성경을 들어서 증명해 보여 주는데 소홀히 하였기 때문입니다.

결국 말씀을 맡은 자들이 성경의 권위를 세워드리지 못한 결과라고 말할 수밖에 없습니다. 성경의 권위를 기사와 이적의 권위보다 못하게 취급해서는 아니 됩니다. 복음서와 사도행전에 나타난 이적들을 설교할 때에 현재에도 일어 날 수 있고 나도 행할 수 있고 우리도 경험할 수 있다는 식으로 말하는 것보다는 그 기록된 말씀에 근거하여 예수가 하나님의 아들 그리스도이심을 증거하는 것이 중요합니다.

그리고 예수 그리스도께서 우리 죄를 위하여 죽으시고 우리를 의롭다 하심을 위하여 다시 살아나셨음을 증거하는 것이 기사와 이적을 행하는 것보다 더 중요한 사명인 것입니다.

이것이 성경을 옳게 사용하는 것이요 바르게 증거하는 것입니다.

이러한 말씀중심의 믿음이 가장 바른 믿음입니다. 건강한 믿음입니다. 구원에 이르는 확신있는 믿음입니다.

14
사도행전에 나타난 설교의 모범
-그리스도의 초림, 수난, 부활, 승천, 재림-

사도행전 3:11-26

¹¹ 나은 사람이 베드로와 요한을 붙잡으니 모든 백성이 크게 놀라며 달려 나아가 솔로몬의 행각이라 칭하는 행각에 모이거늘 ¹² 베드로가 이것을 보고 백성에게 말하되 이스라엘 사람들아 이 일을 왜 기이히 여기느냐 우리 개인의 권능과 경건으로 이 사람을 걷게 한 것처럼 왜 우리를 주목하느냐 ¹³ 아브라함과 이삭과 야곱의 하나님 곧 우리 조상의 하나님이 그 종 예수를 영화롭게 하셨느니라 너희가 저를 넘겨주고 빌라도가 놓아 주기로 결안한 것을 너희가 그 앞에서 부인하였으니 ¹⁴ 너희가 거룩하고 의로운 자를 부인하고 도리어 살인한 사람을 놓아 주기를 구하여 ¹⁵ 생명의 주를 죽였도다 그러나 하나님이 죽은자 가운데서 살리셨으니 우리가 이 일에 증인이로라 ¹⁶ 그 이름을 믿으므로 그 이름이 너희 보고 아는 이 사람을 성하게 하였나니 예수로 말미암아 난 믿음이 너희 모든 사람 앞에서 이같이 완전히 낫게 하였느니라(행 3:11-26)

> **| 설교작성 노트 |**
> 앞의 설교에서는 〈이적〉을 행케 하신 의도에 초점을 맞추었고 본 설교는 그에 따른 〈설교〉에 초점을 맞추어 작성되었다. 앞의 설교에서 문제 제기는 "우리도 기사 이적을 행해야만 능력 있는 목회자인가"이고 본 설교의 문제는 "우리는 설교를 바르게 하고 있는가"이다.

> 사도행전에는 베드로, 스데반, 바울 등이 행한 설교가 수록되어있다. 이는 설교의 모델이 될 수 있다. 왜냐하면 그들이 행한 설교는 구두로 전하였다. 그것은 단회적일 수밖에 없었다. 성령께서는 그것을 기록케 하셔서 후대에 전해 주심으로 본으로 제시하여주셨기 때문이다. 우리는 이를 관찰함으로 설교는 어떻게 해야만 하는가를 배울 수가 있다.

설교의 모범

사도행전에는 사도 베드로, 스데반 집사, 바울 사도 등이 행한 설교가 기록되어있습니다. 이는 그들 좋을 대로 행한 설교가 아니라 성령께서 그들을 들어서 증거케 하신 내용입니다. 성령께서는 이를 기록케 하셔서 후대를 살아가는 우리들에게 귀중한 유산으로 물려주셨습니다. 이는 특별히 설교자들에게 있어서는 참으로 감사하기 이를 데가 없는 배려인 것입니다.

하나님께서 우둔하기 그지없는 저희들을 설교자로 세우시고 하나님의 말씀(성경)을 맡겨 주셨습니다. 그러나 한 성경을 가졌으면서도 성경관의 차이에 따라 전연 다른 해석이 나오게 되는 것입니다. 그래서 혼란을 겪게 됩니다. 그런데 사도행전에 기록된 설교들은 우리의 모범이 될 수가 있습니다.

본문은 사도행전에 나타난 베드로의 두 번째 설교입니다. 첫번 설교는 오순절 성령강림 직후에 행한 것으로 2장에 기록되어 있습니다. 두 번째 설교는 나면서 앉은뱅이 된 자를 완전히 낫게 해주고 행해졌습니다.

4복음서에 나타난 기사 이적은 예수가 하나님의 아들 그리스도이심을 증거하는 표적으로 제시되었습니다. 같은 기사 이적이지만 베드로를 통하여 역사 하신 앉은뱅이의 치유는 십자가에 달려 죽으신 그리스도께서 다시 살아나셨음을 증거하는 표적으로 제시된 것입니다. 그렇게 하신 후에 베드로의 입을 의탁하여 증거케 하신 말씀이 오늘 본문입니다.

베드로가 제시한 증거는 너무나 완벽한 증명(證明)이기 때문에 부인하려야 부인할 수가 없고 듣는 자들로 하여금 믿음을 격발케 하고 확신을 주고 있습니다. 베드로는 이적 행한 것을 자랑하고 있는 것이 아니라 예수 그리스도의 "증인" 노릇을 하고 있는 것입니다.

그리스도의 초림

설교의 강조점은 "생명의 주를 죽였도다. 그러나 하나님이 죽은 자 가운데서 살리셨으니 우리가 이일에 증인이로다"(15)고 <그리스도의 부활>에 초점을 맞추고 있음을 보게 됩니다.

그런데 내용을 관찰해 보면 베드로의 설교는 그리스도의 탄생과 수난, 부활과 승귀 그리고 재림까지를 포함하고 있음을 보게 됩니다. 왜 이렇게 하고 있느냐 하면 일련의 사건들은 불가분의 연관을 맺고 있기 때문입니다. 십자가 없는 탄생만으로 구원이 가능한 것이 아니요. 부활 없는 십자가만으로 온전한 것도 아니며 재림 없는 부활만으로 그리스도의 왕국은 완성되지 않기 때문입니다.

우리에게도 이러한 넓은 안목과 역사의식이 요청됩니다. 이해에 도움을 드리기 위해서 발생한 순서를 따라 살펴보기로 하겠습니다. 주님의 초림을 언급하는 대목은 22-26인데 먼저 25-26을 보겠습니다.

"너희는 선지자들의 자손이요 또 하나님이 너희 조상으로 더불어 세우신 언약의 자손"임을 일깨워 줍니다. "언약의 자손"이란 참으로 귀하고 복스러운 말씀입니다. 그것이 귀한 것은 자손이 아니라 하나님께서 세워주신 "언약"이 귀하기 때문입니다. 사도는 저들을 하나님의 존전으로 인도하여 언약(말씀)앞에 세우고 있는 것입니다. 이처럼 설교자는 성도들로 하여금 말씀을 통하여 하나님을 만나게 해 주어야만 합니다.

하나님께서 아브라함에게 세워주신 언약의 핵심이 무엇입니까? "아브라함에게 이르시기를 땅위의 모든 족속이 너희 <씨>를 인하여 복을 받으리라 하셨으니"(25) 하고 하나님께서 아브라함에게 세워 주신 언약의 핵심이 <씨>에 있음을 상기시킵니다. 그리고 언약하신 대로 "하나님이 그 종<씨>을 세워 복 주시려고 너희에게 먼저 보내"(26) 주셨다고 그 언약이 성취되었음을 증거합니다. 이것이 <그리스도의 초림>으로 나타난 것입니다.

베드로는 아브라함 다음으로 모세를 들어 "그리스도의 초림"을 증거합니다. "모세가 말하되 주 하나님이 너희를 위하여 너희 형제 가운데서 나 같은 선지자 하나를 세울 것이니 너희가 무엇이든지 그 모든 말씀을 들을 것이라."(22,23)한 귀절을 인용하고 있는데 이는 신명기 18:15의 말씀입니다.

사도 베드로는 모세를 통하여 주신 예언을 상기시키면서 바로 그분이 이분임을 증거합니다. "누구든지 그 선지자의 말을 듣지 아니하는 자는 백성 중에서 멸망 받으리라"고 경고하셨음을 전해줍니다.

"또한 사무엘 때부터 옴으로 말한 모든 선지자도 이때를 가리켜 말하였느니라"(24)고 모든 선지자를 들어서 증거합니다.

베드로는 아브라함, 모세, 사무엘, 모든 선지자를 거론하고 있습니다. 실로 구약성경의 초점이 "이때"와 "이분"에게로 집중되고 있는 것입니다.

이처럼 베드로는 구약성경을 들어서 예수가 하나님의 언약과 예언의 성취로 오신 그리스도이심을 증거하고 있습니다.

예수 그리스도는 창세기에서부터 베들레헴 마구간을 향하여 걸어오신 분이십니다. 이것이 "그리스도의 초림"입니다.

그리스도의 고난과 부활

그리스도의 고난과 부활을 증거하고 있는 대목은 13-18까지 입니다. 베드로의 설교는 그리스도께서 당하신 죽으심과 다시 살아나심을 증거하는 것으로 시작하고 있습니다. 이렇게 하고 있는 것은 이 점이 복음의 핵심이요, 또한 그때 당시 직면한 상황이었기 때문입니다.

베드로의 설교는 십자가 사건이 일어 난지 두 달쯤 되었을 때였을 것입니다. "너희가 넘겨주고" "너희가 부인하고" "너희가 살인한 자는 놓아주기를 구하고" "너희가 생명의 주는 죽였도다"(13-15)고 "너희가 너희가" 무슨 짓을 저질렀는지 알고 있느냐 육박합니다.

그런 후에 "그러나"(15) 하고 뒤집습니다. "하나님이 죽은 자 가운데서 살리셨다"고 외칩니다. "우리가 이 일에 증인이로다"(15)고 죽을 각오를 하고 증인으로 나섭니다. 그리고 그 증거를 제시합니다. "그 이름을 믿음으로 그 이름이 너희보고 아는 이 사람을…이같이 완전히 낫게 하였느니라"(16).

"형제들아 너희가 알지 못하여서 그리하였으며 너희 관원들도 그리한 줄을 아노라"(17)합니다. 이는 그들의 죄가 사함 받지 못할 고범죄(故犯罪)가 아니라 부지중(不知中)에 지은 죄로써 용서함을 받을 수 있음을 암시해 주는 말입니다.

그리고 나서 그들 앞에 다시 한번 "그러나" 하고 성경(구약)의 증거를 들이댑니다. "그러나 하나님이 모든 선지자의 입을 의탁하사 자기의 그리스도의 해 받으실 일을 미리 알게 하신 것을 이와 같이 이루셨느라"(18)이는 최종적인 권위요 증거입니다.

여기 주목해야 할 점이 있습니다. 15절의 "그러나"는 너희가 죽였으나 하나님이 살리셨다는 그러나 입니다. 그런데 18절의 그러나는 의미가 전혀 다릅니다. 사도는 17절에서 너희가 알지 못하여서 그리한 줄을 아노라고 말했습니다.

만일 설교를 여기서 멈추었다면 주님의 죽으심은 "실수사"(失手死)가 되고 말 것입니다. "그러나" 하고 부인합니다. "하나님께서는 모든 선지자의 입을 의탁하사 그리스도의 해 받으실 일을 미리 알게하신 것을 이와 같이 이루셨느니라"고 하나님의 뜻과 계획대로 이루심임을 증거하고 있는 것입니다. 다시 말하면 하나님의 주권을 세워드리고 있는 것입니다.

이제 그들의 회개를 촉구합니다. "그러므로 너희가 회개하고 돌이켜 너희 죄 없이 함을 받으라"(19)합니다. 그래도 회개하지 않을 것입니까?

그리스도의 승귀와 재림

"하나님이 영원 전부터 거룩한 선지자의 입을 의탁하여 말씀하신 바" 하고 "그리스도의 승귀"를 증거함에 있어서도 성경을 들어서 증거합니다. "만유를 회복하실 때까지는 하늘이 마땅히 그를 받아 두리라"(21). 이는 예수 그리스도께서 승천하셔서 하나님의 우편 재위하심을 의미하는 말씀입니다. 저들 속에는 의아심이 있었을 것입니다.

주께서 다시 살아나셨다면 그리고 그 이름으로 이렇게 완전히 고쳐주셨다면 그분은 지금 어디 계신단 말이냐? 이점에 관하여 베드로 사도는 첫번 설교에서 "다윗은 하늘에 올라가지 못하였으나 친히 말하여 가로되 주께서 내 주에게 말씀하시기를 내가 네 원수로 네 발등상 되게 하기까지 너는 내 우편에 앉았으라 하셨도다"(2:34,35)고 증거한 바 있습니다.

이는 시편 110편의 인용인데 하나님께서는 다윗을 선지자로 사용하셔서 장차 그리스도께서 부활 승천하셔서 하나님 우편에 앉아 계실 것을 예언케 한 말씀입니다. 만유를 회복하실 때까지는 즉, 원수 마귀를 발등상 되게 하실 때까지는 하나님 우편에 앉아 계시다가 저리로써 산 자와 죽은 자를 심판하러 다시 오시리라는 말씀입니다.

그러므로 20절에서는 "또 주께서 너희를 위하여 예정하신 그리스도 곧 예수를 보내시리니" 하고 말씀하는 것입니다.

26절에 "보내사"는 초림을 가리킵니다만 20절의 "보내시리니"는 다시 오실 재림을 의미합니다.

이처럼 베드로의 두 번째 설교에는 하나님께서 우리에게 복 주시려고 보내주신 그리스도의 초림과 수난과 부활과 승귀와 재림까지가 다 포함되어있습니다. 베드로는 이를 입증하기 위하여 구약성경을 증거로 제시하고 있습니다. 구약성경은 이를 입증하기 위하여 미리 기록되었으며 믿을만한 증거로 제시된 것입니다.

그리스도와의 만남

어떤 분은 이렇게 말할 것입니다. 베드로의 설교는 불신자들을 상대로 한 것이다. 신자들에게는 보다 더 실천윤리가 중요하다. 아닙니다. 예수가 구약성경을 통하여 미리 말씀하신 언약과 예언의 성취자로 오신 그리스도이심을 믿지 못하거나 더디 믿는 사람들은 교회 밖에만 있는 것은 아닙니다. 교회 안에도 많이 있습니다.

평신도들만이 그러한 것이 아니라 신학교 교수들이나 설교자들 가운데도 많이 있습니다. 또는 중생한 성도라 하여도 언제까지 젖으로만 먹여서는 안됩니다. 장성한 분량까지 자라가야만 합니다.

이 시대의 위기는 하나님의 말씀(성경)의 권위가 의심받고 있다는 데 있습니다. 설교자는 성경의 권위를 옹호하는 자가 되어야 합니다. 어떻게 하는 것이 성경의 권위를 세워나가는 것일까요 "천지는 없어지겠으나 내 말은 없어지지 아니하리라"(마 24:35)하신 대로 "내 언약을 파하지 아니하며 내 입술에서 낸 것도 변치 아니하리로다 내가 나의 거룩함으로 한번 맹세하였은즉 다윗에게 거짓을 아니할 것이라"(시 89:34,35)하신 하나님은 약속하신 바를 반드시 지켜주셨음을 성경을 들어서 귀에 못이 박히도록 증명해 보여주어야만 하는 것입니다. 그렇게 한다면 윤리는 교리 뒤에 따라오게 됩니다.

이것이 사도행전에 나타난 설교의 모범입니다.

몰라서 실천하지 않는 것이 아닙니다. 말씀을 믿지 못하는 불신앙이 문제입니다. 기독교 윤리란 하나님께서 선수적으로 행해주신 교리에 수반하는 윤리여야 합니다. 이를 등한히 한 체 너 축복 받기 위해서 이렇게 하라 그래서 움직이는 것이라면 그것은 이미 기독교 윤리는 아닙니다. 이제 베드로 사도가 행한 설교의 머리말을(12,13) 결론으로 삼아야 하겠습니다.

"베드로가 이것을 보고 백성에게 말하되 이스라엘 사람들아 이 일을 왜 기이히 여기느냐 우리 개인의 권능과 경건으로 이 사람을 걷게 한 것처럼 왜 우리를 주목하느냐.""왜 우리를 주목하느냐"이것이 첫

마디입니다. 나를 바라보지 마시요. 나면서 앉은뱅이 된 자를 완전히 낫게 한 것은 자신의 권능도 경건도 아님을 말씀합니다. 그렇다고 병 나은 사람을 바라보라는 말은 더욱 아닙니다.

"아브라함과 이삭과 야곱의 하나님 곧 우리조상의 하나님이 그 종 예수를 영화롭게 하셨느니라." 합니다. 이런 뜻입니다. "하나님이 그를 지극히 높여 모든 이름 위에 뛰어난 이름을 주셨으니"(빌 2:9) 그분을 바라 보시요. "하늘에 있는 자들과 땅에 있는 자들과 땅 아래 있는 자들로 모든 무릎을 예수의 이름에 꿇게 하시고 모든 입으로 예수 그리스도를 주라 시인하여 하나님 아버지께 영광을 돌리게 하셨느니라"(빌 2:10-11). 그분 앞에 무릎을 꿇고 어서 나의 주라 시인하시요.

베드로에게는 변화산상에서 본 경험이 있습니다. 모세와 엘리야가 나다나 예수님과 너불어 말씀하고 있었습니다. 초막 셋을 지어 세 분이 사시게 하자고 말합니다. 마침 구름이 저희를 덮으면서 음성이 들려왔습니다. "이는 내 사랑하는 아들이니 너희는 저희 말을 들으라", "문득 둘러보니" 모세도 엘리야도 보이지 아니하고 "오직 예수"님 뿐이었습니다(막 9:8).

모세도 아닙니다. 엘리야도 아닙니다. 베드로도 아닙니다. 그렇다고 병 나은 사람을 모셔다가 간증집회를 해야 되는 것도 아닙니다. 오직 예수 그리스도를 바라보아야만 합니다. 이를 위하여 "모세가 광야에서 뱀을 든 것 같이 인자도 들려야하리니"(요 3:14). 그래서 높이 달리셨습니다.

"이는 저를 믿는 자마다 영생을 얻게 하려하심이니라." 모든 선지자는 "이때"를 가리키고 있으며 모든 성경은 "이분"에게 집중하고 있습니다. 이분을 바라보십시요. "이같이 하면 유쾌하게 되는 날이 주 앞으로부터 이를 것입니다"(19).

15
복음의 진수

로마서 3:25-26

²⁵ 이 예수를 하나님이 그의 피로 인하여 믿음으로 말미암는 화목 제물로 세우셨으니 이는 하나님께서 길이 참으시는 중에 전에 지은 죄를 간과하심으로 자기의 의로우심을 나타내려 하심이니 ²⁶ 곧 이때에 자기의 의로우심을 나타내사 자기도 의로우시며 또한 예수 믿는 자를 의롭다 하려 하심이니라(롬 3:25-26)

| 설교작성 노트 |

본문을 가리켜 "신학의 진수"라고 말한다. 이 복음의 진수를 믿음의 형제들이 알게 되기를 열망하는 마음 간절하다. 필자는 노종(老從)이다. 이런 늙은이의 마음을 일컬어 노파심(老婆心)이라고 말한다. 믿노라하는 형제 중에 본문이 말씀하고 있는 복음의 진수를 알고 믿는 형제가 얼마나 될까? 그것이 걱정이다. 여보시오 당신은 위탁받은 성도들에게 복음의 진수를 말해 주지 않고(그것도 뇌리에 박히도록-루터) 무엇에 열을 올리고 있단 말이요. 노파심에서 하는 말이다.

하나님의 공의

성경의 어느 말씀이 귀하지 않겠습니까마는 본문은 "신학의 진수"라고 불리울 만큼 귀하고도 뜻이 깊은 말씀입니다. 이 뜻을 알아야 할 만큼 알지를 못한다면 아직도 복음을 제대로 안다고는 말할 수가 없을 것입니다. 질문을 제기하므로 말씀을 시작하겠습니다.

하나님은 우리의 죄를 그냥 용서해 주시면 될 터인데 어째서 그의 아들 예수 그리스도를 십자가에 내어주시고야 용서해 주실 수가 있으셨는가 하는 점입니다.

예를 들어서 설명해 보겠습니다. 어느 판사가 있습니다. 그런데 자기 아들이 중한 죄를 범하고 법정에 서게 되었습니다. 아버지 판사가 자기 아들이라 하여 그냥 용서해 주고 무죄 석방한다는 것이 가능한 일입니까? 만일 그렇게 한다면 그는 불의한 재판관이라는 비난을 받게 될 것입니다. 하물며 거룩하시고 의로우신 재판장되시는 하나님이시겠습니까? 그것은 하나님의 공의가 용납하실 수가 없으신 것입니다.

세우신 이는 하나님

"이 예수를 하나님이 그의 피로 인하여 믿음으로 말미암은 화목 제물로 세우셨으니"(25상)합니다. 자기 아들을 화목 제물로 갈보리 언덕 십자가에 세우신 분은 아버지 하나님이셨습니다. 십자가 사건을 힘이 부족하셔서 당하신 것처럼 여겨서는 아니 됩니다. 하나님이시라도 아니 하나님이시기 때문에 인류의 죄를 해결하기 위해서는 이 길 밖에는 없으셨습니다.

그것은 임기응변 식으로 되어진 일이 아니었습니다. 사도행전 2:23에서는 "그가 하나님의 정하신 뜻과 미리 아신 대로 내어준 바 되었다"고 말씀합니다.

"하나님의 모든 선지자의 입을 의탁하사 자기의 그리스도의 해받으실 일을 미리 알게 하신 것을 이와 같이 이루셨느니라"(행 3:18)고 성경은 말씀합니다.

"그의 피로 인하여 믿음으로 말미암는 화목제물"(25중)이라고 말씀하고 있는데 이는 구약시대 제물들이 흘린 피는 하나님의 어린 양이 흘리실 피의 그림자였음을 들어내는 말씀인 것입니다.

그러므로 히브리서에서는 "염소와 송아지의 피로 아니하고 오직 자기 피로 영원한 속죄를 이루사 단번에 성소에 들어가셨느니라"(히 9:12)고 말씀하시는 것입니다.

이점을 명심 또 명심했으면 좋겠습니다. 아벨이 드린 양의 첫 새끼(창 4:4)로부터 시작하여 노아가 드린 정결한 짐승이나(창 8:20) 아브라함이 드린 수양이나(창 22:13) 구약시대 내내 죽임을 당하고 피를 흘린 제물들은 오직 "이 예수를 하나님이 그의 피로 인하여 화목제물로 세우실" 것에 대한 예표라는 점입니다

이를 떠나서라면 아무런 의미가 없는 것입니다. 그것은 하나님을 공경하기는 커녕 사신 우상을 섬기듯 하는 모독이 될 수밖에는 없는 것입니다.

그렇다면 하나님은 어째서 이렇게 하시고야 인간의 죄를 사하시고 화목하실 수가 있으셨을까요?

전에 지은 죄를 간과하심

성경은 말씀합니다. "이는 하나님께서 길이 참으시는 중에 전에 지은 죄를 간과하심으로 자기의 의로우심을 나타내려 하심이니"(25)합니다. 이런 뜻입니다. 하나님께서는 전에 지은 죄를 간과하셨다고 했는데 전에 지은 죄란 구약시대를 의미합니다. "간과"(看過)란 보고도 지나치셨다 즉, 눈감아 주셨다는 뜻입니다.

"주께서는 눈이 정결하시므로 악을 참아보지 못하시며 패역을 참아 보지 못하시거늘"(합 1:13) 그토록 거룩하시고 의로우신 하나님께서 어떻게 명명백백한 죄악을 보시고도 못 보신 척 눈감아 주실 수가 있으셨단 말인가. 그것은 은혜로우시고 자비로우신 하나님의 사랑이 그렇게 하셨던 것입니다.

그러나 그때에 하나님의 의로우심(공의)은 나타내시지를 못하셨다고 말씀입니다. 그 기간은 "길이 참으시는" 기간이었습니다. 참으심을 뜻하는 헬라어 아노겐은 무거운 짐을 들고 참고 있는 모습을 나타내는 말이라고 합니다. 우리의 무거운 죄짐을 들고 길이참고 계셨던 기간이 구약시대였던 것입니다.

만일 하나님께서 이렇게 해주심이 아니었다면 우리는 소돔과 같고 고모라와 같이 되었을 것입니다. 하나님께서는 구약시대에 범한 죄를 짐승의 피를 통하여 유보하시면서 간과 하셨던 것입니다.

그러나 언제까지 간과만 하실 수는 없는 것입니다. 그래서 "자기의 의로우심을 나타내려 하심이니"(25하) 하십니다. 언제 말입니까? "곧 이때에"(26)합니다. 이때란 "이 예수를 하나님이 그의 피를 인하여 믿음으로 말미암는 화목 제물로 세우신" 때, 즉 자기 아들을 십자가에 내어주실 때를 가리킵니다.

"곧 이때에 자기의 의로우심을 나타내사" 합니다. 구약시대에 나타내시지 아니하시고 유보하셨던 그 의(공의)를 자기 아들을 내어주시고 갈보리 언덕 십자가에 세우셨을 때에 나타내셨다는 말씀입니다. 하나님께서 불의를 보시고도 길이 참으시는 동안 마치 저수지에 물이 고이듯 쌓여만 가던 진노를 "곧 이때에" 즉, 자기 아들에게 남김없이 쏟으셨다는 말씀입니다. 이것이 "곧 이때에 자기의 이로우심을 나타내사"의 뜻입니다.

자기의 의로움을 나타내려 하심

그렇다면 예수 그리스도의 죽으심이 어떻게 해서 하나님의 의를 나타내심이 되는가 하는 점입니다. 그것은 "의를 나타내심"이란 곧 심판을 의미하는 것인데 하나님께서 죄 값은 사망이라 선언하신 그 형벌을 예수 그리스도께서 대신 받으심으로 참으로 하나님은 의로우시다함을 나타내셨던 것입니다. 하나님의 공의를 예시적으로 계시하여 주는 사건이 구약성경에는 많이 있습니다.

아간이 하나님의 금령(禁令)을 어기고 시날산 외투와 금덩어리를 장막 땅 속에 감추었으나 하나님께서는 이를 적발해 내시고 심판을 가하셨습니다.

이때 여호수아기 힌말이 중요힙니다.

"내 아들아 이스라엘의 하나님 여호와께 영광을 돌려 그 앞에 자복하고…숨기지 말라"(수 7:19)고 말씀합니다. 아간 더러 하나님께 영광을 돌리라니 이상하게 들리지 않습니까? 아간이 하나님께 영광을 돌릴 수 있는 유일한 방법이 무엇입니까? 그것은 죄 값인 사망을 당함으로 하나님의 의를 나타내는 것뿐입니다. 그와 그의 가족은 돌로 침을 당하고 불사름을 당했습니다.

"여호와께서 그 극렬한 분노를 그치셨다"고 성경은 말씀합니다. 주님은 말씀합니다. "내가 이를 위하여 이때에 왔나이다. 아버지여 아버지의 이름을 영광스럽게 하옵소서"(요 12:27). 예수 그리스도께서는 우리의 죄값을 대신 담당하시므로 하나님의 의로우심을 나타내시고 하나님 그대로 것입니다.

그리 하시고야 여호와께서는 우리에 대한 그 극렬한 분노를 그치실 수가 있으셨습니다. 이제 좀더 구약시대에 범한 죄가 어떻게 해결이 되었는가를 생각해 보겠습니다.

히브리서는 증거합니다. "이는 첫 언약 때에 범한 죄를 속하려고 죽으사"(히 9:15) 아시겠습니까? 예수 그리스도께서는 구약시대에 범한 죄까지도 담당하시기 위하여 죽으셨다고 성경은 말씀합니다. 이는 첫 언약 하에서는 죄를 해결하는 길이 없었음을 나타내는 말씀입니다.

어떤 분은 말하기를 "그때에는 짐승을 제물로 드리지 않았습니까" 하고 말할 것입니다. 그러나 그것은 참 것이 오기까지의 그림자로 주어진 것뿐입니다. 만일 짐승의 피로 죄가 속하여지고 하나님의 공의가 만족하실 수가 있다면 예수님께서는 헛되이 죽으신 것이 된다고 성경은 말씀합니다(갈 2:21).

구약시대에 범한 죄도 예수 그리스도의 대속의 피로 말미암아 속함을 얻을 수가 있었습니다. 다윗이 우리아의 아내를 범한 죄를 자복하였을 때 나단 선지자는 하나님께서도 "당신의 죄를 사하셨다"(삼하 12:13)고 말해 줍니다. 이로써 그 죄는 완결이 된 줄로 알았으나 실은 하나님께서 길이 참으시는 중에 미결함에 보류되어 있었던 것입니다. 예수 그리스도께서 다윗 대신 그 진노를 받으셨을 때에야 그 죄는 완결이 되었던 것입니다.

우리의 죄를 우리에게 돌리지 아니하시고 "하나님이 죄를 알지도 못하신 자로 우리를 대신하여 죄를 삼으신"(고후 5:21) 것은 첫째가 "자기의 의로우심을 나타내사 자기도 의로우시며"(롬 3:26)를 위해서였습니다. "자기도 의로우시며"란 하나님이 불의하신 때가 있으셨다든가 비로소 의롭게 되셨다는 뜻이 아닙니다. 자기의 의로우심에 손상을 입으심이 없이 그 의를 보존하셨다는 뜻입니다.

예수 믿는 자를 의롭다 하려 하심

예수 그리스도께서 도성인신(道成人身)하셔서 화목제물이 되심은 첫째가 하나님의 의로우심을 나타내시기 위한 것임을 깨달았습니다. 그런데 성경은 여기서 멈추고 있지 않습니다. "또한 예수 믿는 자를 의롭다 하려 하심이니라"(롬 3:26하)고 말씀합니다. 만일 "예수 믿는 자를 의롭다 하려 하심"이 아니라면 하나님께서 "길이 참으시는 중에 전에 지은 죄를 간과하심"은 아무런 의미가 없게 되는 것입니다.

이런 뜻입니다. 어떻게 하면 하나님의 공의에 손상을 입힘이 없이 멸망 받아야할 처지에 있는 죄인들을 의롭다고 여겨 주실 수가 있겠는가? 이 두가지 조건을 충족시켜 준 사건이 하나님의 아들 예수 그리스도께서 우리 대신 정죄를 받으신 십자가 사건이었던 것입니다. 이 방법을 하나님이 세우신 것입니다. 하나님이시라도 다른 방법이란 없으셨습니다.

범죄하므로 하나님의 존전에서 추방당한 인간이 가장 긴급하게 해결하여야할 난제(難題)는 의롭게 되는 일입니다. 그래야만 의로우신 하나님과의 관계가 회복될 수가 있기 때문입니다. 그러나 성경은 "율법의 행위로 그의 앞에 의롭다 하심을 얻을 육체가 없나니"(20) "하나도 없도다"(12)고 말씀합니다.

그러므로 하나님께서 해결해 주신 것입니다. 인간의 자력으로 해결할 수 있는데도 하나님께서 해주신 것이 절대로 아닙니다. 복음은 이것을 인정하는 것으로부터 시작합니다.

"그러므로 율법의 행위로 그의 앞에 의롭다 하심을 얻을 육체가 없나니 율법으로는 죄를 깨달음이니라"(3:20)는 이 말씀을 인정하십니까? 그리고 자신이 하나님 앞에 죄인임을 깨달았습니까?

하나님의 의가 나타났습니다

성경은 말씀합니다. "이제는 율법 외에 하나님의 한 의가 나타났으니"(21).

이것이 복음입니다. 누군가 형제에게 "복음이 뭐요" 하고 묻는다면 무엇이라 대답하겠습니까? 여러 가지 답변이 가능하겠습니다. 마는 "복음이란 하나님의 의가 나타났다는 기쁜 소식입니다"라는 대답을 들을 수만 있다면 얼마나 감격스러울까요?

"하나님의 의가 나타났다"는 말은 절망에 빠졌던 인간이 하나님 앞에 의롭다 함을 얻을 수 있는 길이 열렸다는 말입니다. 또한 인간의 노력으로 된 것이 아니요 전적으로 하나님께서 마련하여주신 "의"이기 때문에 "하나님의 의"인 것입니다.

그렇다면 이 의를 어떻게 받을 수가 있다고 말씀합니까? "곧 예수 그리스도를 믿음으로 말미암아 모든 믿는 자에게 미치는 하나님의 의"(22)라고 말씀합니다. "믿음"으로 받습니다. "차별이 없느니라"고 말씀합니다. 무슨 차별이나 다른 조건 같은 것은 전연 없다고 말씀합니다. 다만 믿느냐 믿지 않느냐는 차별이 있을 뿐입니다.

그러면 나 자신이 보기에도 의롭지 못한 나를 하나님께서 의롭다고 여겨주시는 것이 어떻게 가능하다는 말인가?

성경은 "그리스도 예수 안에 있는 구속으로 말미암아"(24)라고 말씀합니다. 구속이란 노예로 팔린 자의 값을 대신 지불하고 자유케 함을 의미하는 말인데 예수 그리스도께서는 우리의 죄 값을 대신 지불하여 주신 것입니다.

그러므로 이를 인정하고 믿는 자가 아니면 하나님의 의가 나타났다 하여도 주실 수가 없는 것입니다. "믿음"이란 손에다 비유할 수가 있습니다. 하나님이 주시는 의를 두 손을 내밀어 감사합니다. 하고 받으면 내 것이 되는 것입니다. 이제 그리스도 예수 안에 있는 구속을 믿느냐 믿지 않느냐 여기에 사활이 걸려 있는 것입니다.

하나 더 말씀드릴 것이 있습니다. "그리스도 예수 안에 있는 구속으로 말미암아 하나님의 은혜로 값없이 의롭다 하심을 얻은 자 되었느니라"한 <값없이>라는 말씀입니다. 차별이 없을 뿐만 아니라 값없이 주십니다. 왜냐하면 예수 그리스도께서 이미 값을 다 지불하셨기 때문입니다. 만일 값을 지불해야만 받을 수 있는 구원이라면 우리 중에는 한 사람도 없을 것입니다.

그런즉 자랑할 데가 어디뇨

바울 사도는 마치 청중을 둘러보기라도 하듯이 "그런 즉 자랑할 데가 어디뇨" 하고 묻습니다. "있을 수가 없느니라"(27)고 잘라 말씀합니다. "그런즉" 합니다. 내가 지금까지 진술한 복음의 진수를 알아들었는가 이해가 되는가 "그런즉" 자랑할 데가 어디뇨. 그래도 자랑할 것이 있고 내 놓을 공로라도 있는 줄로 생각하는 사람은 말해 보시요. 있을 수 없느니라고 단언합니다.

신앙생활에 있어서 "자랑"이라는 문제가 대수롭지 않게 여겨질 수도 있습니다마는 제가 깨닫기로는 치명적인 문제로 여겨집니다. 기도 많이 한다고 자랑하고, 금식한 것 자랑하고, 헌금 많이 했노라고 자랑하고 은사 학식 등등 자랑이 머리를 들게 되면 이미 교만해진 것입니다. 그리고 교회 내에 교만이 싹트면 불화가 생기게 됩니다. 그러므로 하나님이 "자랑치 못하게 하려 하심이라"(고전 1:29)고 말씀합니다.

그리스도와의 만남

하나님께서 일한 것도 없고 더구나 경건치도 못한(4:5)나 같은 죄인을 의롭다고 여겨주신 것은 비공식적으로 떳떳하지 못한 방법으로 해주신 것이 절대로 아닙니다.

자기 아들을 "대속제물"로 세우셔서 "하나님도 의로우시고 또한 예수 믿는 자를 의롭다"고 하시기에 추호의 하자도 없는 정정당당한 행사였습니다. 이 점을 구약성경에서도 만날 수 있다는 것은 경이롭고 감사한 일입니다.

시편 111편은 "여호와의 행사" 즉, 여호와께서 인간에게 행하여 주신 <행사>를 감사하는 시입니다. "여호와의 행사가 크시니 이를 즐거워하는 자가 다 연구하는 도다"(2)고 말씀합니다.

우리도 지금 하나님께서 우리를 위하여 행해주신 "행사"를 로마서를 통해서 "연구"하고 있는 중입니다. "그 행사가 존귀하고 엄위하며 그 의가 영원히 있도다"(3)고 말씀합니다. 4절에서는 여호와의 행사를 "기이한 일"이라고 말씀하면서 "여호와는 은혜로우시고 자비하시도다"고 감격해 합니다.

그렇다면 이처럼 크시고 존귀하고 엄위하며 기이한 여호와의 행사가 무엇일까요. 천지 창조의 행사입니까? 이스라엘의 출애굽 행사입니까? 바벨론 포수로부터의 귀환입니까? 이러한 일들은 크시고도 기이한 행사임에는 틀림이 없습니다. 그러나 이 모두를 다 합친다 하여도 9절에서 "여호와께서 그 백성에게 구속을 베푸시며 그 언약을 영원히 세우셨으니" 한 "구속"하여 주심에 비할 것은 아무 것도 없습니다.

물론 시편기자는 출애굽이나 바벨론 포수로부터의 귀환을 염두에 두고 찬양하며 감사하고 있을 것입니다. 이것이 일차적인 동기라 하여도 "여호와께서 그 백성에게 구속을 베푸신"⑨ 행사는 자기 아들을 대속제물로 내어주시고 구속하여 주신 십자가 사건으로 귀결이 되는 것입니다.

그러므로 시편 기자는 여호와의 행사가 "진실과 공의"⑺며 "진실과 정의로 행하신 바로다"⑻고 정정당당한 행사임을 말씀하고 있습니다.

그렇습니다. 나 같은 죄인을 의롭다고 여겨주셔서 하나님과 화목하게 하여 주신 행사는 우리 대신 자기 아들을 대속제물로 내어주시고 행하여 주신 "진실과 정의로 행하신" 정정당당한 행사였던 것입니다.

형제여 이제 복음의 진수를 깨달으셨습니까?

"의인을 위하여 죽는 자가 쉽지 않고 선인을 위하여 용감히 죽는 자가 혹 있거니와"(롬 5:7).

"우리가 원수 되었을 때에 그 아들의 죽으심으로 말미암아 하나님으로 더불어 화목"(롬 5:10)하게 하여주신 여호와의 행사야말로

얼마나 크신 행사입니까?

얼마나 존귀하고 엄위한 행사입니까?

얼마나 은혜롭고 자비하신 행사입니까?

얼마나 진실과 정의로 행하신 행사입니까?

무엇보다 얼마나 "기이한"④ 행사입니까?

16
내 맘에 부어진 하나님의 사랑

로마서 5:5-11

⁵ 소망이 부끄럽게 아니함은 우리에게 주신 성령으로 말미암아 하나님의 사랑이 우리 마음에 부은바 됨이니 ⁶ 우리가 아직 연약할 때에 기약대로 그리스도께서 경건치 않은 자를 위하여 죽으셨도다 ⁷ 의인을 위하여 죽는 자가 쉽지 않고 선인을 위하여 용감히 죽는 자가 혹 있거니와 ⁸ 우리가 아직 죄인되었을 때에 그리스도께서 우리를 위하여 죽으심으로 하나님께서 우리에게 대한 자기의 사랑을 확증하셨느니라 ⁹ 그러면 이제 우리가 그 피를 인하여 의롭다 하심을 얻었은즉 더욱 그로 말미암아 진노하심에서 구원을 얻을 것이니 ¹⁰ 곧 우리가 원수 되었을 때에 그 아들의 죽으심으로 말미암아 하나님으로 더불어 화목되었은즉 화목된 자로서는 더욱 그의 살으심을 인하여 구원을 얻을 것이니라 ¹¹ 이뿐 아니라 이제 우리로 화목을 얻게 하신 우리 주 예수 그리스도로 말미암아 하나님 안에서 또한 즐거워하느니라(롬 5:5-11)

| 설교작성 노트 |

하나님을 믿는다는 성도들 중에도 하나님께서 나를 버리셨는가(사 49:14) 나를 사랑하시지 않는가 보다 라는 의구심을 가지고 있는 사람들이 의외로 많은 듯 하다. 말하자면 하나님의 사랑을 받고 싶어하면서도 의심하고 있다는 말이다.

인류의 시조가 그러했다. 그들은 먹음직도 하고 보암직도 한 선악과를 바라보면서 하나님께서 자기들을 사랑하시지 않기 때문에 저 좋은 것을 주시지 않고 먹지

> 못하도록 금했다고 생각했다. 이제도 그 후손들은 하나님의 사랑을 의심하고 있다. 그래서 그 좋은 그것을(자신이 구하고 있는) 주시지 않는 것이라고 생각한다. 문제는 하나님의 사랑을 잘못 구하고 있다는 점이다. 그들은 보암직 하고 먹음직한 그것을 달라고 요구하고 있다. 그런 나머지 사랑에 굶주려 측은하게 손을 펴고 사랑 받기를 원하고 있다.

성경은 "하나님의 사랑이 우리 마음에 부은 바 되었다"고 말씀합니다. 똑똑 떨어지는 물방울처럼 주신 것도 아니요 졸졸 흐르는 샘물처럼 사랑하시는 것이 아니라 장마비처럼 부어졌다고 말씀합니다. 실은 그 이상입니다. 하나님은 사랑을 조금도 남기시지를 않고 몽땅 다 부어주셨습니다. 이 말씀을 믿으십시요.

이렇게 말씀드리다 보니까 에서의 말이 생각이 납니다. 야곱에게 축복을 빼앗기고 난 후에 에서가 방송 대곡을 하면서 "아버지께서 나를 위하여 빌 복을 남기지 아니하셨나이까?…내 아버지여 내게 축복하소서 내게도 그리 하소서" 하고 소리를 높여 울었다(창 27:38)고 말씀합니다. 그렇습니다.

하나님은 다른데 쓰실 양으로 사랑을 조금도 남기시지를 않으셨습니다. 통째로 형제에게 부어주셨습니다. 남김없이 쏟으셨습니다. 그러함에도 하나님은 나를 사랑하시지 않는가 보다고 말한다면 하나님의 마음이 어떠하시겠습니까 하나님의 사랑을 의심하는 것보다 더 그분을 슬프시게 하는 것은 없습니다.

하나님의 사랑이 이렇게 나타난 바

그렇다면 하나님의 사랑이 어떻게 부어졌는가 본문 6, 8, 10절에 보면 <죽으셨다>는 말씀이 다 들어 있습니다. 저희 교회에서 하는 방식대로 그곳에 붉은 색으로 둘레 씌우기를 하십시오 그리고 붉은 선으로 세 곳을 연결합니다.

다음으로 누가 죽었다는 말씀인가를 관찰해 보겠습니다. 위 세 절을 <그리스도께서>라고 말씀합니다. 그런데 10절에서는 <그 아들의 죽으심으로>로 되어있습니다. 뜻은 같습니다마는 왜 표현을 달리하고 있는가에 대해서는 나중에 설명하도록 하고 이곳에 이번에는 초록색으로 둘레 씌우기를 하고 선으로 연결을 합니다.

여러분의 성경에는 <그리스도께서> <죽으셨도다>가 부각되어 있을 것입니다.

자 그렇다면 그리스도께서 누구를 위하여 죽으셨다는 말씀인가 다시 세 절을 관찰해 보겠습니다. 세 절 서두에는 한결같이<우리가>로 되어 있습니다. 이번에는 파란색으로 둘레 씌우기를 합니다. 8절에는 "우리가" 외에 <우리를 위하여> <우리에게 대한>이라는 말씀도 있습니다.

이제까지 관찰한 것을 보면 "그리스도께서 우리를 위하여 죽으셨다"고 요약이 됩니다.

우리는 좀 더 나아가야만 합니다. 6절에서는 <우리가 아직 연약할 때에>라고 말씀하고 있고 8절에서는 <우리가 아직 죄인 되었을 때에>라고 말씀하고 10절에서는 <곧 우리가 원수 되었을 때에>라고 말씀합니다.

무슨 뜻입니까? 우리들은 어떤 자들이며 우리가 어떤 상태에 있을 때에 "그리스도께서 우리를 위하여 죽으셨는가"를 보여주고 있습니다.

하나님께서는 경건치 않은 자 죄인 나아가 원수들을 위하여 자기 아들을 죽음에 내어주셨으며 예수 그리스도께서는 "연약한 자 죄인 심지어 원수"를 위하여 죽어주신 것입니다. 그러므로 7절에서는 "의인을 위하여 죽는 자가 쉽지 않고 선인을 위하여 용감히 죽는 자가 혹 있거니와" 하고 이치에 호소합니다. 생각해 보아라 죄인을 위하여 원수를 위하여 죽어줄 자가 있단 말이냐 그런데 성경은 말씀합니다. "하나님의 사랑이 우리에게 이렇게 나타난 바 되었으니 하나님이 자기의 독생자를 세상에 보내심은 저로 말미암아 우리를 살리려 하심이니라"(요일 4:9).

뿐만 아니라 이 말씀은 우리에게 용기와 확신을 주는 말씀입니다. 왜냐하면 성경은 연약할 <때에> 죄인 되었을 <때에> 원수 되었을 <때에>하고 한결같이 어떤 시점(時點)을 말씀하고 있기 때문입니다.

연약, 죄인, 원수 되었을 때에

이는 예수 그리스도께서 우리를 위하여 죽어주신 시점이 언제인가를 환기시키는 말씀입니다. <연약에서 죄인으로 죄인에서 원수>되었을 때에 하고 상황이 점점 악화되어가고 있음을 봅니다. 하나님에 대하여 원수 되었을 때라면 더 내려가고 더 떨어 질려야 떨어질 곳이 없는 것이 아니겠습니까 우리가 그런 상태에 떨어져있던 그 시점 그때에 그리스도께서 그런 우리를 위하여 죽어주셨다는 것입니다. 무엇을 말씀하기 위함입니까?

성도들이 하나님께서 나를 버리셨는가 보다고 하나님의 사랑을 의심하게 되는 시점이 언제이냐 하면 신앙의 상승기류를 탔을 때가 아니라 떨어지고 넘어지고 실패하였을 때인 것입니다.

그래서 성경은 아니다. 네가 내려갈려야 내려갈 곳이 없고 떨어질려야 더 떨어질 곳이 없던 그때에 하나님은 너를 사랑하셔서 자기 아들을 네 대신 죽음에 내어주셨다고 말씀하고 있는 것입니다.

10절에서는 우리를 위하여 죽으신 분이 "그리스도"라고 말씀하지 않고 <그 아들의 죽으심으로 말미암아>라고 표현을 달리한 이유가 여기에 있는 것입니다. 그 이유는 분명합니다. <원수>라는 말 때문입니다. 원수를 구원하시기 위하여 대신 죽으신 분은 <그 아들>곧 하나님의 아들이셨다는 말씀입니다.

그렇다면 누가 왜 이렇게 해주셨다는 말씀인가 5절에 <하나님의 사랑이>라고 말씀합니다. 여기에는 붉은 색으로 네모(박스)로 묶으십시다. <하나님의 사랑> 이 말씀이 본문의 핵심입니다.

8절에서는 "우리가 아직 죄인 되었을 때에 그리스도께서 우리를 위하여 죽으심으로 하나님께서 우리에게 대한 자기의 사랑을 확증하셨느니라"고 말씀합니다. 확증(確證)이란 확실히 증명하셨다는 뜻입니다. 거짓된 인간들은 하나님의 사랑을 믿을 수가 없다고 하나님을 향하여 나를 사랑하신다면 증거를 보여달라고 항변하고 있지만 성경은 "그리스도께서 우리를 위하여 죽으심으로 하나님께서 우리에게 대한 자기의 사랑을 확증하셨느니라"⑧고 대답합니다.

이만하면 내가 너를 얼마나 어디까지 사랑하는지 믿겠느냐는 말씀입니다. 더 보여줄 하나님의 사랑이란 달리는 없습니다.

왜 이렇게까지 해주셨습니까? 우리를 <사랑>하시기 때문이라고 말씀합니다. 달리는 대답할 말도 설명할 수도 없습니다. 오직 사랑하시기 때문이라고 말할 것 밖에는 없습니다.

성령으로 말미암아

형제여 이 사실을 믿으십니까? 믿어지십니까? 그렇다면 다시 5절을 보십시오 "우리에게 주신 성령으로 말미암아 하나님의 사랑이 우리 마음에 부은 바 됨이니" 하십니다. 성령께서 형제에게 이 믿음을 주셨다는 말씀입니다.

성령께서 이상 말씀드린 하나님의 사랑을 운반해다가 형제의 마음에 부어주셨다는 것입니다. 그렇게 해주시지 않는다면 하나님의 사랑을 알 자가 없습니다. 믿을 수 있는 자란 아무도 없습니다.

다시 말씀드립니다. 성령께서 하나님의 사랑을 형제의 마음에 부어주셨습니다.

여기에 성삼위 하나님의 사역이 있습니다. 자기 아들을 내어주신 하나님과 우리 죄를 위하여 죽어주신 그리스도와 이 사랑을 우리 마음에 부어주신 성령님, 형제를 구원하시기 위하여 성부 성자 성령께서 역사하심을 알게 된 형제의 마음은 어떠하십니까?

형제여 여기 까지 말씀드린 것을 믿으십니까 믿으시는 줄로 압니다. 그렇다면 형제의 마음에는 이미<하나님의 사랑이 부은 바 된 것입니다.> 이렇게 찬양을 합시다.

내게 성령 임하고 그 크신 사랑
나의 맘에 가득 채우며
모든 공포 내게서 물리치시니
내 맘 항상 주 안에 있도다

그리스도와의 만남

한 걸음만 더 나아가십시다 그리스도께서 나를 위하여 죽으심으로 나에게 어떤 변화가 일어났는가 하는 점입니다. 성경은 말씀합니다. "그러면 이제 우리가 그 피를 인하여 의롭다 하심을 얻었은즉"(9)합니다. 의롭다 함을 얻었다는 것입니다. 우리가 의롭다 함을 얻을 수가 있었던 것은 예수 그리스도께서 나의 죄 값인 사망을 대신 지불하셨기 때문에 가능해진 것입니다. <그 피를 인하여>란 십자가상에서 흘리신 피 곧 죽음을 뜻합니다.

그렇다면 의롭다함이 무엇이기에 우리를 위하여 죽으심으로 나에게 주셨는가 그렇습니다. 만일 의롭다 함을 얻지를 못한다면 의로우신 하나님과 화목할 수가 없기 때문입니다. 그러므로 10절에서는 <곧 우리가 원수 되었을 때에 그 아들의 죽으심으로 말미암아 하나님으로 더불어 화목>되었다고 말씀하고 있는 것입니다. 이를 도표로 나타내면

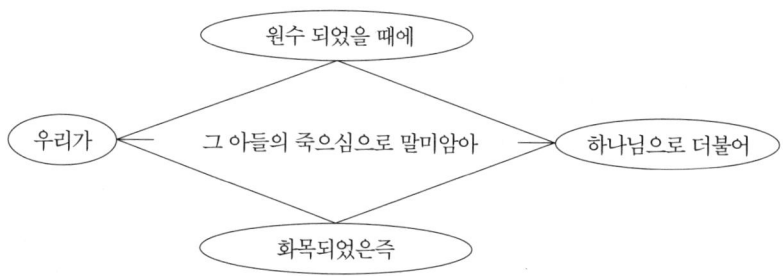

우리와 하나님과의 관계가 원수 되었을 때에 그 아들이 죽으심으로 연결시켜주셔서(화목제물이 되셔서) 하나님과 화목하게 되었습니다. 다이아몬드를 연상하십시오.

형제는 하나님과 화목한 것입니다. 하나님은 아버지가 되시고 형

제는 그분의 자녀가 된 것입니다. 아버지의 유업을 이을 자요 후사가 된 것입니다. 이것도 믿으시는 줄로 압니다. 그렇다면 형제의 마음에서는 하나님의 사랑이 넘치고도 넘치고 있는 것입니다.

이제 우리 자신들을 살펴볼 차례입니다. 하나님의 사랑이 어디에 부은 바 되었다고 말씀하고 있는가를 살펴보십시오. <마음>입니다. 마음에 부은 바 되었다는 것은 마음에 그분을 영접하고 마음으로 믿음을 의미합니다.

그러므로 신앙에 있어서 마음이 중요합니다. 또한 마음이 문제이기도 합니다. 우리의 마음은 하나님을 향하여 어떤 상태에 있습니까? 활짝 열려져 있습니까? 어찌하여 이 엄청난 하나님의 사랑을 많은 그리스도인들이 누리지를 못하고 있는가 마음이 문제라고 성경은 말씀합니다.

"고린도인들이여 너희를 향하여 우리의 입이 열리고 우리의 마음이 넓었으니 너희가 우리 안에서 좁아진 것이 아니라 오직 너희 심정에서 좁아진 것이라 내가 자녀에게 말하듯 하노니 보답하는 양으로 너희도 마음을 넓히라"(고후 6:11-13)고 호소합니다.

하나님 안에서 좁아진 것이 절대로 아닙니다. 형제의 "마음"에서 좁아진 것입니다. 요한계시록 3:20을 보십시오 "볼지어다 내가 문 밖에 서서 두드리노니 누구든지 내 음성을 듣고 문을 열면"하십니다. 성령께서 하나님의 사랑을 운반하여 부어주시려 해도 마음을 닫고 있다면 부을 수가 없겠지요 좁아졌다면 조금 밖에는 부어지지 않을 것입니다.

오늘날 성도들은 하나님의 사랑을 다른 곳에서 다른 방법으로 찾고 있습니다. 축복에서 만사형통에서…보답하는 양으로 너희도 마음을 넓히라"하십니다. 하나님은 이 사랑을 너에게 부어주시려고 하시는데 너에게 값없이 주시려고 하시는데 이를 알았다면 네가 진정 자녀라면 보답하는 양으로…

아시겠습니까? 다른 것은 더 요구하시지 않겠다는 것입니다. 넓힌다는 것은 어떻게 하는 것일까요 믿는 것입니다. 확신하는 것입니다.

형제여 형제가 이러 저러한 형편에 처할 수가 있습니다. 그러나 어떠한 경우 어떠한 형편을 만난다 하여도 하나님의 사랑만은 의심하지 마십시오 <하나님은 나를 사랑하신다>고 고백하십시오 하나님의 사랑을 확신하고 전적으로 <의뢰하고 의탁>(딤후 1:12)하십시오. 그 상황이 결코 끝이 아니고 과정임을 믿으시기 바랍니다. <모든 것을 합력하여 선을 이루시는> 하나님의 중단 없는 사랑을 믿으십시오.

"너희 속에 착한 일을 시작하신 이가 그리스도 예수의 날까지 이루실 줄을 확신하노라"(빌 1:6). 여기가 끝입니다. 그때가 완성입니다.

형제가 어떠한 <때에>처한다해도 예수 그리스도로 말미암아 형제의 마음에 부은 바 된 하나님의 사랑에는 변함이 없습니다. -아멘-

17
죄의 왕국과 은혜의 왕국

로마서 5:17-21

¹⁷ 한 사람의 범죄를 인하여 사망이 그 한 사람으로 말미암아 왕노릇 하였은즉 더욱 은혜와 의의 선물을 넘치게 받는 자들이 한 분 예수 그리스도로 말미암아 생명 안에서 왕노릇 하리로다 ¹⁸ 그런즉 한 범죄로 많은 사람이 정죄에 이른것 같이 의의 한 행동으로 말미암아 많은 사람이 의롭다 하심을 받아 생명에 이르렀느니라 ¹⁹ 한 사람의 순종치 아니함으로 많은 사람이 죄인 된것 같이 한 사람의 순종하심으로 많은 사람이 의인이 되리라 ²⁰ 율법이 가입한 것은 범죄를 더하게 하려 함이라 그러나 죄가 더 한 곳에 은혜가 더욱 넘쳤나니 ²¹ 이는 죄가 사망 안에서 왕 노릇 한 것 같이 은혜도 또한 의로 말미암아 왕 노릇하여 우리 주 예수 그리스도로 말미암아 영생에 이르게 하려 함이니라(롬 5:17-21)

| 설교작성 노트 |

죄를 범하고도 "얼굴도 붉어지지 않는"(렘 6:15) 사람이 있는가 하면 반대로 죄책감에서 헤어나지 못하는 사람도 있다. 전자도 문제지만 후자는 더욱 심각하다. 왜냐하면 죄책감에 자주 빠져서 고통을 당하는 사람들은 잘 믿으려는 계층의 사람들이기 때문이다. 필자도 정죄감에 사로잡혀 고통을 당하던 자였다. 그리고 명심해야 할 점은 성도들을 죄책감에 빠뜨려 무기력하게 만드는 배후에는 성도들을 참소하는 사탄의 궤계가 있다는 것이다. 사탄은 하나님의 군대들을 송사 하여 정죄감에 빠지게 하고 무력화(無力化)시키려고 한다. 이는 결코 하나님이 원하시는 바가 아니다. 이에 대한 치료책이 무엇인가?

본문은 저에게 큰 안위를 주었으며 이제도 계속적으로 용기를 얻고 있는 말씀입니다. 본문 중에서도 "그러나 죄가 더한 곳에 은혜가 더욱 넘쳤나니"(20하)라는 말씀은 지금도 굳게 붙잡고 있는 말씀중 하나입니다.

질문을 드려보겠습니다. 죄인의 반대는 무엇입니까?(19) 그렇다면 21절을 보십시오. "죄"를 무엇과 대결을 시키고 있습니까? 죄의 반대는 분명히 의로움이 되겠지요. 그러나 하나님께서는 "이는 죄가 사망 안에서 왕 노릇 한 것 같이 은혜도 또한…" 하고 죄를 "은혜"로 하여금 대결하도록 하고 있습니다.

죄를 자기 의로 대항할 자란 한 사람도 없습니다. 그러므로 하나님께서는 죄를 은혜로 대항케 하여주셨습니다. 여기에 감복하지 않을 수 없는 복음의 능력이 있는 것입니다.

죄가 세상에 들어 옴

본문은 "한 사람으로 말미암아 죄가 세상에 들어오고"(12) 하고 "죄가 들어옴"으로 시작되고 있습니다. 그리고 "죄로 말미암아 사망이 왔나니" 하고 죄의 결과로 "사망"이 왔다고 말씀합니다. 그런데 사망이 "한 사람"에게만 온 것이 아니라 "사망이 모든 사람에게 이르렀느니라"고 말씀하고 있습니다.

이점에서 유념해야할 점은 왜 한 사람의 죄의 결과가 "모든 사람"에게로 확산이 되었느냐는 점입니다. 그 "한 사람"은 인류의 시조였으며 대표자였기 때문입니다.

그래서 "아담으로 말미암아 죄가 세상에 들어오고"하지 않고 "한 사람으로 말미암아" 이렇게 말씀하고 있는 것입니다. 이 대표성을 강조하기 위하여 본문은 계속적으로 "한 사람 한 사람"이라고 말씀하고 있는 것입니다. 15-19절까지의 다섯 절 속에 무려 11번이나 나옵니다.

"한 사람으로 말미암아" 세상에 들어온 죄는 14절에 보시면 그때부터 사망의 권세를 가지고 "왕노릇" 하고 있음을 봅니다. 그리고 아담의 후예들은 "죽기를 무서워하므로 일생에 매어 종노릇"(히 2:15) 하고 있는 것입니다. 이것이 하나님을 배신한 인류의 비참한 모습이었습니다.

하나님께서는 이를 방관하고 계시는가요 그에 대한 방비책이 무엇입니까? 죄는 무엇으로 해결해 주며 왕노릇하고 있는 사망은 무엇으로 정복케 할 수가 있단 말입니까?

율법이 세상에 들어옴

20절에서 "율법이 가입한 것은" 합니다. 죄가 들어온 세상에 하나님께서는 율법을 주셨다고 말씀합니다. 왜 율법을 주셨을까요? 세상에 들어온 죄를 없이 하시기 위하여 주셨습니까? 사망권세를 가진 마귀를 대항케 하기 위하여 주셨습니까? 아닙니다. 그 반대입니다. "범죄를 더하게 하려 함이라"(20중)고 말씀합니다.

이 점을 13절에서는 "죄가 율법 있기 전에도 세상에 있었으나 율법이 없을 때에는 죄를 죄로 여기지 아니하느니라"고 말씀하고 있습니다. 나라에 법(法)이 없다고 생각해 보십시오 그야말로 무법천지가 되고 말 것입니다. 죄를 범해도 처벌할 근거가 없기 때문입니다.

그런데 하나님이 (율)법을 주신 것입니다. 죄를 처벌하기 위하여 그리하여 율법으로 인간을 결박하고 감금하고 정죄하라고 주신 것입니다(갈 3:23; 고후 3:6).

그렇다면 이제 어떻게 되는 것입니까? 죄가 세상에 들어왔고 죄로 말미암아 사망이 왔다면 해결책과 치료책을 주셔야지 어찌하여 율법을 주셔서 죄로 드러나게 하고 죄를 깨닫게 하시어서 사람들의 고통을 더욱 가중되게 하시는 것입니까?

이에 대한 답변을 "건강한 자에게는 의원이 쓸데없고 병든 자에게라야 쓸데 있느니라 내가 의인을 부르러 온 것이 아니요 죄인을 부르러 왔노라"(마 9:12-13)하신 주님의 말씀에서 찾을 수가 있습니다. 즉 하나님께서는 율법을 통하여 자신이 죄인이며 절망적인 병든 자임을 깨닫기를 원하셨던 것입니다.

죄가 들어오고 율법이 들어온 세상에 은혜가 들어 옴

이때 은혜가 들어옵니다. 성경은 "죄가 더한 곳에 은혜가 더욱 넘쳤나니"라고 말씀합니다. 이 말씀을 고기를 씹듯이 음미해 보십시오 이는 그럴만한 가치와 무게가 있고도 남음이 있는 말씀입니다. 어디에 어느 곳에 "은혜가 넘친다"고 말씀합니까? 아무 데나 넘치는 것이 아닙니다. "죄가 더한 곳에" 넘치고 있다고 말씀합니다. 그렇다면 죄는 무엇을 통해서 "더해지게" 되었습니까? 율법을 통해서입니다.

그렇습니다. 율법을 통하여 자신이 죄인 괴수임을 깨달은 그곳에 비로소 은혜는 죄보다 "더욱 넘치게" 되는 것입니다. 명심하십시오. "죄가 더한 곳에만 은혜가 더욱 넘친다"는 불변의 진리를.

그렇다면 이제는 은혜가 어떻게 해서 주어졌는가를 깨달아야만 하겠습니다. 성경은 말씀합니다. "율법은 모세로 말미암아 주신 것이요 은혜와 진리는 예수 그리스도로 말미암아 온 것이라"(요 1:17).

한 사람으로 말미암아 죄가 세상에 들어왔듯이 또 다른 한 사람으로 말미암아 은혜가 세상에 들어온 것입니다. 성경은 말씀합니다. "한 사람의 범죄를 인하여 많은 사람이 죽었은 즉 더욱 하나님의 은혜와 또는 한 사람 예수 그리스도의 은혜로 말미암은 선물이 많은 사람에게 넘쳤으리라"(15).

아담 한 사람이 범한 죄가 모든 사람에게로 확산된 것은 그가 인류의 대표자였기 때문이요 예수 그리스도 한 사람이 십자가에 달려죽으심으로 말미암은 은혜가 "많은 삶에게 넘치게"(15하)될 수 있었던 것은 그분이 우리의 새로운 대표자로 세움을 입었기 때문입니다.

이 점을 본문에서는 반복적으로 강조하여 보여주고 있습니다. "그런즉 한 범죄로 많은 사람이 정죄에 이른 것 같이 의의 한 행동으로 말미암아 많은 사람이 의롭다 하심을 받아 생명에 이르렀느니라 한 사람의 순종치 아니힘으로 많은 사람이 죄인 된 것같이 한 사람의 순종하심으로 많은 사람이 의인이 되리라"(18-19).

율법은 가입한 것

이점에서 분명히 집고 넘어 가야할 문제가 있습니다. 그것은 "율법의 위치"입니다. 성경은 "율법이 가입"된 것(5:20상)이라고 말씀합니다. 무슨 뜻입니까?

많은 그리스도인들은 구약성경에서 율법을 주시고 신약성경에서 복음을 주셨다. 이것이 "율법의 위치"인양 생각합니다. 그러니까 율법을 먼저 주셨다가 안되니까 나중에 복음을 주셨다고 생각하고 있습니다. 통상적으로 말할 때에는 그러하기도 합니다만 그러나 구속사적으로 성경을 바라본다면 그렇지가 않습니다. 한사람으로 말미암아 죄가 세상에 들어오자 하나님께서는 율법을 주신 것이 아니었습니다.

"여자의 후손은 네 머리를 상하게 할 것이요" 하신 원복음(창 3:15)은 율법이 아니라 은혜였던 것입니다. 구약성경도 먼저는 "은혜"로 시작하고 있고 신약성경도 "은혜"로 시작하고 있는 것입니다. 그러므로 율법은 그 중간에 가입(加入)된 것(20) 다시 말씀드리면 끼여든 것 이것이 "율법의 위치"라고 말씀합니다.

갈라디아서 3:19에서도 "그런즉 율법이 무엇이뇨? 범법함을 인하여 더한 것이라"고 부가(附加)되었음을 말씀하고 있습니다. 그렇다면 하나님께서 율법을 왜 가입하셨는가? 그 의도가 무엇인가? 율법을 가입하시자 어떤 일이 벌어졌는가를 살펴본다는 것은 영적 논리를 이해하는데 있어서 매우 중요합니다.

사탄은 하나님께서 율법을 주시자 "옳다, 됐다" 하고 기회를 만났다는 듯이 율법으로 인간을 송사하고 정죄하며 결박하고 결국 죽게 만들었습니다. 이 점을 7:11에서는 "죄가 기회를 타서 계명으로 말미암아 나를 속이고 그것으로 나를 죽였는지라"고 말씀하고 있습니다.

율법이 주어졌다는 것은 사탄에게는 인간을 결박하고 정죄할 호기(好機)를 만난 셈입니다. 왜냐하면 "율법이 없는 곳에는 범함도 없기"(4:15) 때문입니다. 그래서 고린도전서 15:55은 "죄의 권능은 율법이라"고 말씀하고 있는 것입니다.

그러나 명심해야할 점은 사탄이 율법을 악용하여 인간을 정죄하고 죽게 만든 것은 율법 자체에 잘못이 있었다기보다는 율법을 준행할 힘이 없는 전적으로 무능(無能)한 인간에게 그 책임이 있다는 점입니다.

그렇다면 이런 질문을 가능케 합니다. 하나님께서는 사탄이 이렇게 악용할 것을 모르시고 율법을 주셨다는 말인가 하나님은 사탄에게 이용당하셨는가 성경은 "그럴 수 없느니라"고 부정합니다.

"오직 죄가 죄로 드러나기 위하여…죄로 심히 죄 되게 하려 함이라"(7:13)고 말씀합니다. 이런 뜻입니다. 인간으로 하여금 자신이 자력으로는 구원 얻을 가망이 없는 죄인임을 깨닫게하여 "은혜가 더욱 넘치고 있는" 그리스도에게로 인도하시려는 의도였다는 것이 성경의 증거입니다. 병든 자만이 의원을 찾게 되는 것입니다.

이제 율법의 위치와 율법을 주신 의도가 분명해졌습니다. 죄가 세상에 들어오자 하나님께서는 즉시 은혜를 주셨습니다. 그러나 미련한 인간은 은혜의 필요성을 알지를 못했습니다. 그러므로 하나님은 율법을 가입하셔서 죄를 깨닫게 해주신 것입니다. 이것이 "율법이 가입한 것은 범죄를 더하게 하려 함이라"(20상)의 뜻입니다.

죄의 권세 은혜의 권세

죄가 세상에 들어오자 즉시 은혜를 주셔서 대항케 하셨다면 '죄' 와 '은혜' 는 적대관계일 수밖에 없습니다. 그렇습니다. 성경역사는 은혜가 죄를 대항하여 싸운 여호와의 전쟁인 것입니다. 만일 그렇지 아니하고 인류역사에 침입한 죄를 인간이 대항하여 싸워야 하는 인간의 전쟁이었다면 영적 전쟁은 오래 전에 사탄의 일방적인 승리로 끝이 나고 말았을 것입니다.

21절을 보시면 두 "왕국"이 있음을 알 것입니다 "죄가 사망 안에서 왕 노릇" 하고 있습니다. 은혜도 또한 의로 말미암아 "왕 노릇" 하고 있습니다. 왕 노릇한다는 말은 권세가 있기 때문에 가능한 것입니다. 그렇다면 죄의 권세와 은혜의 권세는 무엇일까요?

본문에서 말씀하고 있는 죄란 '죄들'(sins)이 아니고 '죄'(sin)입니다. 은혜가 예수 그리스도를 의미하듯이 죄도 죄의 권세자 사탄을 의미하는 말씀입니다.

먼저 "사탄의 권세"가 무엇인가부터 생각해 보겠습니다. "이는 죄가 사망 안에서 왕 노릇"(21상)한다고 말씀합니다.

히브리서는 "사망의 세력을 잡은 자 곧 마귀"(히 2:14)라고 말씀하고 있습니다. 사탄에게는 사망의 권세가 있습니다. 만일 죄에게 사망 권세가 없다면 이빨 빠진 호랑이입니다. 두려울 것이 없을 것입니다. 죄는 사망 안에서 왕 노릇합니다. 그러므로 모든 사람들이 죽기를 무서워하므로 일생에 매여 종노릇하고 있는 것입니다.

그렇다면 은혜가 가지고 있는 권세는 무엇일까요? "은혜도 또한 의로 말미암아 왕 노릇하여"(21하)합니다. "의로 말미암아 왕 노릇"한다는 뜻이 무엇일까요? 은혜는 어떠한 죄인이라도 "의롭다"고 여겨줄 수 있는 권세를 가지고 있다는 뜻입니다. 어떤 사람이 실수하고 넘어져서 정죄감에 빠집니다. 그 사람이 자신의 행위로는 벗어날 길이 없지만 은혜 되시는 예수 그리스도를 믿고 의지하면 그 사람에게 "의롭다고 여겨주는 권세"가 은혜에게는 있다는 말씀입니다.

만일 은혜에게 의롭다고 여겨주는 권세가 없다면 자기 행위로는 의롭다 함을 얻을 가망이 없는 죄인들에게는 은혜도 별 도움이 되지 못할 것입니다. 아닙니다. 죄가 사망 권세를 가지고 있듯이 은혜에게는 의롭다고 여겨 줄 수 있는 권세가 있습니다. 이것이 복음입니다.

더욱 넘치는 은혜

뿐만 아니라 성경은 "은혜가 더욱 넘쳤나니" 합니다.

다시 한 번 정리해 봅니다. 서두에서 죄는 무엇과 대조되고 있는가 하고 물은 바가 있습니다. 죄의 반대는 의로움임이 분명합니다. 그렇다면 죄가 세상에 침입했을 때에 사람들은 자신의 의로움으로 이를 격퇴시켰어야만 했습니다. 그러나 "내가 죄악 중에 출생하였음이여 모친이 죄 중에 나를 잉태하였나이다"(시 51:5) 함과 같이 전적타락한 인간으로써는 죄를 대항할 만한 의로움이 불가능하였던 것입니다 (롬 3:20).

이 불가능성을 아시는 하나님께서는 은혜를 세상에 보내주신 것입니다. "죄를 대항해 줄 수 있는 것은 오직 은혜이다" 이를 인식한다는 것은 사활을 좌우할 만큼 중요한 요점입니다.

그런데 다시 한 번 20절을 음미해 보면 은혜는 "죄"를 상쇄만 해주는 것이 아니라 "더욱" 넘친다고 말씀하시는 것입니다.

하지(Hodge) 박사는 이를 주석하기를 "은혜가 죄에 대하여 승리함을 여기에서 가장 밝게 표시했다"고 밀했습니다. 은혜가 얼마나 넘치고 있는가를 보십시오. "곧 한 사람의 범죄를 인하여 많은 사람이 죽었은즉 더욱 하나님의 은혜와 또는 한 사람 예수 그리스도의 은혜로 말미암은 선물이 많은 사람에게 넘쳤으리라"(15)고 말씀합니다.

"한 사람의 범죄를 인하여 사망이 그 한 사람으로 말미암아 왕 노릇 하였은즉 더욱 은혜와 의의 선물을 넘치게 받는 자들이 한 분 예수 그리스도로 말미암아 생명 안에서 왕 노릇하리로다"(17)고 말씀합니다. "더욱"이라는 말과 "넘친다"는 말씀을 간직하시기를 바랍니다.

주님 우편에 못 박힌 강도라 할지라도 의롭다고 여겨주시고 "오늘 네가 나와 함께 낙원에 있으리라"를 가능케 해 주는 "더욱 넘치는" 권세인 것입니다.

구속으로 말미암아

그렇다면 어떻게 해서 은혜가 의로 말미암아 왕 노릇하는 것이 가능하게 되었는가 하는 점입니다. 그것은 한마디로 우리의 죄를 대신 담당하신 예수 그리스도의 구속으로 말미암아 가능하게 된 것입니다.

성경은 말씀합니다. "그리스도 예수 안에 있는 구속으로 말미암아 하나님의 은혜로 값없이 의롭다 하심을 얻은 자 되었느니라"(롬 3:24) "하나님이 죄를 알지도 못하신 자로 우리를 대신하여 죄를 삼으신 것은 우리로 하여금 저의(예수 그리스도)안에서 하나님의 의(義)가 되게 하려 하심이니라"(고후 5:21).

복음이란 우리의 죄만 용서해 주셨다는 것이 아닙니다. 그것은 반만의 복음입니다. 의롭다고 여겨 주셨다는 데까지 나아가야만 합니다. 지옥만 면하여 주신 것이 아니요 의롭다 하심을 얻고 의로우신 하나님과 화목하여 하나님은 나의 아버지가 되고 나는 하나님의 자녀가 되는 권세를 얻게 해 주는 것이 복음입니다.

또 있습니다. 사탄은 하나님의 아들을 십자가에 못 박아 죽이고 무덤에 장사지냄으로 승리하는 줄로 알았으나 하나님의 지혜는 이 "대속"의 죽으심으로 말미암아 정죄 하에 있던 죄인을 의롭다고 여겨주시는 것이 가능하게 되었으며 또한 "사망으로 말미암아 사망의 세력을 잡은 자 곧 마귀를 없이 하시며"(시 2:14)한 대로 사망 권세를 이기시고 승리하셨습니다. 만일 사망을 이김이 없다면 사탄에 대한 완전한 승리는 못될 것입니다. "맨 나중에 멸망받을 원수는 사망"(고전 15:26)입니다.

이것이 은혜의 왕 노릇이며 "우리 주 예수 그리스도로 말미암아 영생에 이르게 하려 함이니라"(21하)입니다.

그리스도와의 만남

지구상에 많은 나라 많은 민족이 있다 하여도 영적 논리로 말한다면 "죄의 왕국"과 "은혜의 왕국"이 있을 뿐입니다. 모든 사람들은 원하든 원하지 않든, 알든 모르든 간에 두 왕국 중 어느 한 왕국에 속해 있는 것입니다. 우리도 전에는 죄의 왕국에 속해 있었으나 은혜의 왕국으로 옮겨진 것입니다. 그러므로 이제는 "죄가 너희를 주관치 못하리니"(6:14) 하십니다. 그렇습니다. 은혜가 주관하고 있는 은혜 아래 있는 것입니다.

"그러나 죄가 더한 곳에 은혜가 더욱 넘쳤나니"(20하)라는 말씀은 죄책감에서 헤어날 길이 없는 연약한 인간들에게는 유일한 소망이요 크나큰 안위일 수밖에 없습니다.

"그러나 죄가 더한 곳에 은혜가 더욱 넘쳤나니" 하고 선언한다는 것은 넘어졌다가도 벌떡 일어나게 하는 말씀이요 죄의 쇠사슬을 끊고 자유 할수 있는 말씀인 것입니다. 간악한 사탄이 우리를 대적하고 송사해 오는 위기일발의 순간에서도 '그러나' 하고 이를 반전(反轉) 시키고 뒤집을 수가 있는 사람은 예수 그리스도로 말미암은 은혜가 더욱 넘치고 있음을 믿고 있는 그리스도인 밖에는 없습니다.

이것은 신약시대만 그러했던 것은 아닙니다. 어느 때 어느 시대를 막론하고 성경역사는 죄에 대하여 은혜의 넘침으로 이어져 내려 왔습니다. 만일 죄가 더한 곳에 은혜가 더욱 넘치게 해 주심이 아니었다면 구속 역사는 이미 실패로 끝나고 우리는 벌써 죄의 권세자 사탄에게 삼킨 바가 되었을 것이요 이사야 선지자의 고백대로 "우리가 소돔 같고 고모라 같았을" 것입니다(사 1:9).

형제여, 이제 "죄가 더한 곳에 은혜가 더욱 넘치고" 있습니다. "내가 원하는 바 선을 하지 아니하고 도리어 원치 아니하는 바 악을 행하는도다"(7:19). 그래서 "오호라 나는 곤고한 사람이로다" 하고 가슴을 치는 자에게 있어서 이 말씀보다 더 위력이 있고 감격스러운 말씀이란 달리 없습니다. 죄가 더한 곳에 은혜가 더욱 넘칠 수 있는 것은 순전히 은혜가 의로 말미암아 왕 노릇 하고 있기 때문입니다.

형제여 사탄이 송사하거든 "누가 능히 하나님의 택하신 자들을 송사하리요"(8:33) 하고 말해주십시오. 그래도 양심이 정죄감에 빠지거든 "의롭다 하신 이는 하나님이시니 누가 정죄하리요"(8:35) 하고 외치십시오.

형제의 죄의 목록들을 조목조목 대면서 논고하거든 "그러나 죄가 더한 곳에 은혜가 더욱 넘쳤나니"라는 말씀으로 방패를 삼으십시오. 그리고 한가지 그런 연후에 은혜의 보좌 앞에 나아가 감사와 찬양을 드릴 것을 잊지 마십시오.

불신자들은 "죄가 사망 안에서 왕 노릇" 하고 있는 사망의 왕국에 속해 있으나 그리스도인들이란 "은혜도 또한 의로 말미암아 왕 노릇" 하고 있는 은혜의 왕국 시민들입니다.

뿐만이 아닙니다. "더욱 은혜와 의의 선물을 넘치게 받는 자들이 한 분 예수 그리스도로 말미암아 생명 안에서 왕 노릇"(17) 하게 될 왕 같은 제사장들입니다.

18
사망의 법과 생명의 법

로마서 7:1-25

⁵ 우리가 육신에 있을 때에는 율법으로 말미암는 죄의 정욕이 우리 지체 중에 역사하여 우리로 사망을 위하여 열매를 맺게 하였더니 ⁶ 이제는 우리가 얽매였던 것에 대하여 죽었으므로 율법에서 벗어났으니 이러므로 우리가 영의 새로운 것으로 섬길 것이요 의문의 묵은 것으로 아니할찌니라 ⁷ 그런즉 우리가 무슨 말 하리요 율법이 죄냐 그럴 수 없느니라 율법으로 말미암지 않고는 내가 죄를 알지 못하였니 곧 율법이 탐내지 말라 하지 아니하였더면 내가 탐심을 알지 못하였으리라 ⁸ 그러나 죄가 기회를 타서 계명으로 말미암아 내 속에서 각양 탐심을 이루었나니 이는 법이 없으면 죄가 죽은 것임이니라 ⁹ 전에 법을 깨닫지 못할 때에는 내가 살았더니 계명이 이르매 죄는 살아나고 나는 죽었도다 ¹⁰ 생명에 이르게 할 그 계명이 내게 대하여 도리어 사망에 이르게 하는 것이 되었도다 ¹¹ 죄가 기회를 타서 계명으로 말미암아 나를 속이고 그것으로 나를 죽였는지라(롬 7:5-11)

| 설교작성 노트 |

로마서 7장은 논란이 많고 해석이 구구한 장이기도 하다. 그런데 이 7장이 확연하게 해석되지 않고는 복음의 환희와 참 자유를 누릴 수는 없다 하겠다.

   7장 중에서도 14절 이하의 사람 즉, "나는 육신에 속하여 죄 아래 팔렸도다"고 탄식하고 있는 이 사람이 누구냐 하는 문제이다. 바울 자신이냐 바울 이라면 회심 전 바울이냐 후냐 도대체 이 사람은 거듭 난 사람이냐 아니냐.

하나님께서는 복음 보다 율법을 먼저 주셨습니다. 그것은 율법으로 구원하시려다가 불가능하니까 복음을 주신 것이 절대로 아닙니다. 그렇다면 율법을 먼저 주신 의도가 무엇인가 그것은 율법을 통하여 죄를 깨닫고 복음을 통하여 구원하시기 위해서인 것입니다. 율법을 통하여 자신이 중병에 걸렸음을 진단 받고 의원 되시는 예수 그리스도를 찾아와서 치료받게 하시려는 이유에서였습니다. 이것이 성경이 제시하고 있는 바른 순서입니다.

"죄가 율법 있기 전에도 세상에 있었으나 율법이 없을 때에는 죄를 죄로 여기지 아니하느니라"(롬 5:13) 법이 없으면 죄를 깨달을 길이 없다는 것입니다. 그러므로 율법을 주셨습니다. "율법의 행위로 그의 앞에 의롭다 하심을 얻을 육체가 없나니 율법으로는 죄를 깨달음이니라"(롬 3:20) 하십니다.

탐내지 말라

형제가 "나는 형편없는 죄인 곧 전적으로 타락하고 전적으로 무능한 죄인이구나" 하고 깨닫게 된 것은 언제 어떻게 해서입니까?

바울은 "율법의 의로는 흠이 없는 자로라"고 자부하던 사람이었습니다. 자신은 완전한 줄로 알았습니다. 내가 구원을 받지 못하면 누가 구원을 받겠느냐는 식이지요. 그러했던 그가 율법의 어느 계명을 통하여 자신이 죄인임을 깨닫게 되고 죄인 중에서도 "괴수"라고 고백하기에 이르렀을까요.

"그런즉 우리가 무슨 말하리요 율법이 죄냐 그럴 수 없느니라 율법으로 말미암지 않고는 내가 죄를 알지 못하였으니 곧 율법이 탐내지 말라 하지 아니하였더면 내가 탐심을 알지 못하였으리라"(7)합니다.

그는 율법을 통하여 율법 중에서도 <탐내지 말라>는 계명을 통하여 죄를 깨닫게 되었다고 말씀합니다. 십계명 중에서 <탐내지 말라>는 계명이 몇 번째 계명인지 아십니까 마지막 계명입니다.

"전에 법을 깨닫지 못할 때에는"(9) 이 계명을 쉬운 계명 대수롭지 않은 계명쯤으로 여겼을 것입니다. 그러던 중 이 "계명이 이르는" 날이 왔다는 것입니다. 그것은 다메섹 도상에서 해 보다 더 밝은 빛에 비췸을 받은 그 이후였을 것입니다. 그는 "탐내지 말라"는 계명을 통하여 <탐심>을 깨닫게 되었노라고 말씀합니다. <탐심>(貪心)은 결국 마음의 문제임을 깨닫게 된 것입니다.

그 후로부터 바울은 큰 번민과 갈등을 겪게 됩니다. 살인하지 않았노라 자부하던 자신이 얼마나 마음으로 형제를 미워했으며 도적질하지 않았노라 자부하던 자신이 마음으로 이웃의 것을 얼마나 탐하였으며 간음하지 않았노라 자부하던 자신의 마음 속으로는 얼마나 누추한 생각을 품었던가?

그로부터 그는 마음으로나 생각으로도 죄를 범하지 않으려고 몸부림을 칩니다. 그러나 "나의 행하는 것을 내가 알지 못하노니 곧 원하는 이것은 행치 아니하고 도리어 미워하는 그것을 함이라 만일 내가 원치 아니하는 그것을 하면 내가 이로 율법의 선한 것을 시인하노니 이제는 이것을 행하는 자가 내가 아니요 내 속의 죄니라"(15-17)고 고백하기에 이릅니다. 울면서 몸부림쳐봐도 가슴을 두드리며 탄식해도 외식적으로가 아니라 중심에서 생각으로나 마음으로는 원하는 선을 이룰 수가 없었습니다. 오히려 점점 더 깊이 빠져들어가는 자신을 발견하기에 이른 것입니다.

"탐내지 말라" 하신 율법 자체는 "거룩하며 의로우며 선하다"(12)고 시인을 합니다. 그렇습니다. 율법은 거룩하신 하나님께서 주신 법입니다. "그런즉 선한 것이 내게 사망이 되었느뇨"(13) 그것은 율법의 책임이 아니라 이를 행하지 못하는 자신에게 책임이 있다는 것입니다.

그런데 자신은 이를 행하기를 간절히 원하고 있다는 것입니다. 그렇지만 이를 행할 수가 없다는 것입니다. "내 속 곧 내 육신에 선한 것이 거하지 아니하는 줄을 아노니 원함은 내게 있으나 선을 행하는 것은 없도다 만일 내가 원치 아니하는 그것을 하면 이를 행하는 자가 내가 아니요 내 속에 죄니라"(18-20).

여기서 그는 "내가 한 법을 깨달았노니"(21)합니다. 그것은 나는 선을 행하고자 하지만 내 속에는 <선은 없고 죄만 있다>(17-18)는 사실입니다. "내 속에 거하는 죄니라"는 고백이 17절과 20절에서 반복하고 있어서 강조적입니다. 이것은 무엇을 말하는 것입니까 자신은 전적타락 전적부패 하여 선을 행하기에 전적무능 하다는 것을 깨달았다는 것입니다.

오호라 나는 곤고한 사람이로다

그러므로 "오호라 나는 곤고한 사람이로다 이 사망의 몸에서 누가 나를 건져내랴"(24)고 비명을 지르기에 이릅니다.

이점에서 집고 넘어가야할 점은 이것이 바울 자신을 놓고 하는 말이냐 아니냐 바울 이라면 바리새인 당시냐 아니냐 도대체 이 7장의 사람은 거듭난 사람이냐 아니냐로 논쟁한다는 것은 무익한 일이거니와 성경이 말씀하고자 하는 의도와는 거리가 멀다는 사실입니다. 끝에 가서 이점을 보여드릴 것입니다.

그러므로 7장을 바르게 해석하는 것과 이러한 궁금증을 풀어줄 수 있는 열쇠가 6절이라 할 수 있습니다. <이러므로 우리가 영의 새로운

것으로 섬길 것이요 의문의 묵은 것으로 아니할찌니라>

그가 거듭난 이후라 하더라도 만일 의문(儀文)의 묵은 것으로 섬기는 단계와 상태에 머물러있다면 필연적으로 7장의 사람과 같이 될 수밖에 없는 것입니다. 그렇다면 <영의 새로운 것으로 섬기는 것>은 어떠한 것입니까?

사도 바울은 8:1에서 "그러므로 이제 그리스도 예수 안에 있는 자에게는 결코 정죄함이 없나니" 하고 선언합니다. 이 말씀은 원자폭탄보다도 더 위력이 있는 말씀입니다. 왜냐하면 7장의 사람이란 한마디로 표현한다면 <정죄감>에 사로잡혀서 마치 수렁에 빠진 사람이 움직일수록 더욱 빠져들어가듯 하는 사람, 그래서 사람 살려 하고 비명을 지르고 있는 사람이기 때문입니다. 그런데 이제 정죄함이 없다는 것입니다. 거기서 해방되었으며 자유함을 얻게 되었다는 말씀입니다.

생명의 성령의 법

어떻게 그것이 가능해졌습니까? "이는 그리스도 예수 안에 있는 생명의 성령의 법이 죄와 사망의 법에서 너를 해방하였"기 때문이라는 것입니다. 여기 두 <법>이 있습니다. "생명의 성령의 법"과 "죄와 사망의 법"이 그것입니다.

그렇다면 <죄와 사망의 법>이 무엇이냐 하는 점입니다. 7:10에서 "생명에 이르게 할 그 계명이 내게 대하여 도리어 사망에 이르게 하는 것이 되었도다"고 말씀하고 있습니다. 곧 율법을 가리킵니다. 율법 자체는 거룩하며 의로우며 선한 것이 분명한데 그 율법이 내게 주어졌을 때 온전히 행한다면 <생명>에 이르게 하는 법이 되었을 것입니다. 그러나 전적부패로 행할 수 없게 되자 도리어 <죄와 사망의 법>이 되고 만 것입니다.

그러므로 7장의 사람은 <죄와 사망의 법>에 얽매어 정죄감에 사로잡혀 있었는데 "해방" 되었다는 것입니다. 명심합시다. 그냥 해방이 아니라 <그리스도 예수 안에 있는 생명의 성령의 법>이 해방시켜 주었다고 말씀합니다. 분명히 집고 넘어가야할 점은 "해방"된 것이 자력에 의한 것이 아니라 타력 즉 "생명의 성령의 법"에 의해서라는 점입니다.

그렇다면 "그리스도 예수 안에 있는 생명의 성령의 법"이란 무엇인가 그 설명이 8:3입니다. "율법이 육신으로 말미암아 연약하여 할 수 없는 그것을" 합니다. 율법이 할 수 없는 것이 있다는 것입니다. 그것이 무엇입니까 한마디로 7장의 사람을 구원해 주지를 못한다는 것입니다. 정죄감에서 해방시켜 주지를 못합니다. 다시 말씀드리면 우리를 의롭다고 여겨주지를 못하는 것입니다. 그것은 율법의 책임이 아니라 인간의 <연약함> 때문이라는 것입니다.

"그것을 하나님은 하시나니" 합니다. 하나님이 어떻게 해주셨습니까? "곧 죄를 인하여 자기 아들을 죄 있는 육신의 모양으로 보내어 육신에 죄를 정하사" 해 주셨다는 것입니다. "죄를 정하사"의 준말이 무엇입니까? "죄정" 곧 <정죄>인 것입니다. 자기 아들에게 대신 정죄하심으로 해주셨다는 말씀입니다.

이것이 <그리스도 예수 안에 있는 생명의 성령의 법>인 것입니다. 그 법(진리)이 7장의 사람을 해방하여 자유케 해주신 것입니다. 할렐루야

그리스도와의 만남

"그러므로 이제 그리스도 예수 안에 있는 자에게는 결코(그렇습니다 결코입니다) 정죄함이 없나니 하십니다.

이것이 7:6에서 말씀하고 있는 <영의 새로운 것으로 섬기는>것입니다. 이를 알았기에 사도 바울은 7:25에서 "우리 주 예수 그리스도로 말미암아 하나님께 감사하리로다"고 <감사>를 드리고 있는 것입니다. 주목해 보십시오 24절에서는 비명을 지릅니다. 왜 비명을 지릅니까 자기 힘으로 자기 노력으로 죄에서 벗어나 의롭다 함을 얻으려하나 불가능하기 때문에 비명을 지르는 것입니다.

그런데 25절에서는 감사가 나옵니다. 어떻게 이것이 가능합니까 오직 <우리 주 예수 그리스도로 말미암아>서 뿐입니다. 울어도 못하고 힘써도 못하던 그 죄를 주님께서 대신 정죄를 받으심으로 나를 해방시켜주셨음을 믿기 때문입니다.

자 이제 7장의 사람이 누구인가를 말씀드려야 하겠습니다. 7장에서 <죄와 사망의 법>에 묶여서 지하 감방에 갇혀 비명을 지르던 사람이 누구인가를 알려면(그때는 볼 수 없어서 몰랐지만) 해방되어 감옥에서 나오는 모습을 보면 알 수 있을 것이 아닙니까. 그렇다면 8:2을 보십시오. "이는 그리스도 예수 안에 있는 생명의 성령의 법이 죄와 사망의 법에서 <너를>해방하였음이라" 7장에서 비명을 지르던 사람은 바로 <너> 당신입니다.

19
시작과 중간과 끝이 다릅니다

로마서 11:33-36

³³ 깊도다 하나님의 지혜와 지식의 부요함이여 그의 판단은 측량치 못할 것이며 그의 길은 찾지 못할 것이로다 ³⁴ 누가 주의 마음을 알았느뇨 누가 그의 모사가 되었느뇨 ³⁵ 누가 주께 먼저 드려서 갚으심을 받겠느뇨 ³⁶ 이는 만물이 주에게서 나오고 주로 말미암고 주에게로 돌아감이라 영광이 그에게 세세에 있으리로다 아멘(롬 11:33-36)

| 설교작성 노트 |

본 설교의 주제는 관점(觀點)의 중요성에 있다. 인생관, 세계관, 물질관, 신앙관, 성경관 등이 어떠하냐에 따라 사람 됨됨이 달라지고 목적이 달라지기 때문이다. 중요한 것은 이 시대를 살아가는 그리스도인의 "관" 그것도 설교자의 성경관이다.

같은 성경을 해석하고 설교한다 하여도 그 관점에 따라서 전연 다른 해석 다른 의미 다른 적용에 이를 수가 있기 때문이다. 그리고 그 영향력은 천국 문을 열 수도 있고 닫을 수도 있는 것이다.

그러므로 나는 성경중심, 말씀중심이라고 말하는 것만으로는 족한 것이 아니다. 실로 나의 "성경관"은 바른 것인가 이것이 문제이다.

성경적인 세계관

세계관(世界觀)하면 철학적인 용어라고 생각하기가 쉽습니다. 그렇지가 않습니다. 세계관이란 어려운 것도 아닙니다. 천지만물을 어떻게 보고 있는가 저절로 생겼다고 생각하는가 아니면 창조되었다고 보고 있는가 여기서부터 출발합니다. 이것이 세계관입니다.

"이는 만물이 주에게서 나오고 주로 말미암고 주에게로 돌아감이라"(36). 이는 성경적인 세계관의 요약이라고 말씀드릴 수가 있습니다.

만물이 주에게서 "나오고" "말미암고" "돌아감이라"는 말씀은 만물의 근원(根源)과 과정과 귀결이 주 하나님에게 있음을 엄숙히 선언하는 말씀입니다.

창조와 섭리와 심판이 주 하나님에게 있다는 선포입니다. 만물을 지으시고 주관하시며 완성하신다는 고백입니다. 시작도 중간도 그리고 끝도 하나님의 장중에 있다는 믿음입니다. 그것은 첫 창조사역에만 국한되는 것은 아닙니다. 재창조인 구속사역에도 동일하게 적용되는 원리입니다. 복음을 계획하신 이는 하나님이십니다. 이루어 나오신 분도 하나님이시며 완성하실 분도 하나님이십니다.

복음도 주에게서 나오고 주로 말미암고 주에게로 돌아감이니라 인 것입니다. 성경의 마지막 책이요, 마지막 장에서는 "나는 알파와 오메가요 처음과 나중이요 시작과 끝이라"(계 22:13)고 말씀합니다. "이루었도다 나는 알파와 오메가요 처음과 나중이라"(계 21:6) 하십니다.

예수 그리스도에게는 초림만 있는 것이 아닙니다. 죄를 담당하시기 위한 죽으심과 부활이 있습니다. 그리고 여기가 전부는 아닙니다. 만일 여기서 멈춘다면 시작과 중간은 있는데 끝이 없는 격입니다. 심판 주로 다시 오십니다. 완성하시려고 재림하십니다. 여기가 끝입니다. 그때가 역사적인 종말입니다.

"이는 만물이 주에게서 나오고 주로 말미암고 주에게로 돌아감이라 영광이 그에게 세세에 있으리로다. 아멘."

이것이 성경적인 세계관입니다. 또한 절대 주권을 하나님께 돌리고 있는 개혁주의 세계관이기도 합니다. 이것이 형제의 세계관입니다.

신본주의 인생관

세계관이 어떠하냐에 따라 인생관이 달라집니다. 세계관은 천지만물이 어떻게 생겨났느냐 거기서 멈추게 되질 않습니다. 필연적으로 나 자신도 저절로 생긴 것인가 아니면 창조주가 계셔서 지음을 받은 것인가로 나아가게 되는 것입니다.

이렇게 말씀을 드려 보겠습니다. 우리가 살고 있는 이 거대한 지구가 하루에 한바퀴씩 자전을 하고 있는데 그것은 축(軸)을 중심해서 돌아가고 있습니다. 그렇다면 당신은 무엇을 축으로 하여 살아가고 있는가 그것을 가리켜 인생관이라고 말합니다.

형제는 어떠한 인생관을 중심으로 살아가고 있느냐고 묻고 있는 것입니다. 본문은 이 질문에 가장 명백한 답변을 해주고 있는 구절 중의 하나입니다.

"이는 만물이 주에게서 나오고 주로 말미암고 주에게로 돌아감이라. 영광이 그에게 세세토록 있으리로다. 아멘"(36).

"나 자신도 주에게서 나오고 주로 말미암고 주에게로 돌아감이라. 영광이 그에게 세세에 있으리로다. 아멘."

이것이 성경 적인 세계관이요 인생관입니다. 사도 바울에게는 이러한 인생관 내지는 세계관이 있었기에 일생동안 주께 헌신할 수가 있었던 것입니다.

바울 사도는 고린도 교회에 보낸 서신에서도 같은 사상을 말씀하고 있습니다. "우리에게는 한 하나님 곧 아버지가 계시니 만물이 그에게서 났고 우리도 그를 위하여 또한 한 주 예수 그리스도께서 계시니 만물이 그로 말미암고 우리도 그로 말미암았느니라"(고전 8:6).

하나님을 믿고 예수를 나의 주로 고백한다는 것은 달리 말하면 인본주의 인생관 내지 세계관이 신본주의 세계관 인생관으로 바뀌었음을 의미합니다. 만일 이것이 바뀌지 아니하였다면 그는 거짓말하는 자가 되고 말 것입니다. 형제의 인생관도 바뀌었습니다.

인본주의 세계관

만물(인간을 포함하여)을 바라보는 세계관은 실로 다양합니다. 인류가 추구해 나온 학문이란 이를 규명하기 위한 노력이었다고 해도 과언은 아닙니다. 그러므로 다양한 주장과 시도가 있어 왔습니다. 그렇다고 해도 앞에서 살펴본 성경적인 세계관 즉, 신본주의(神本主義) 세계관과 인본주의(人本主義) 세계관으로 대별된다고 말씀드릴 수가 있습니다.

다시 말씀드리면 아무리 많은 세계관이 있다하여도 하나님중심의 세계관을 거부하는 사상들은 인간중심의 세계관의 틀 속에 하나로 묶을 수가 있다는 말씀입니다. 그러니까 인본주의라는 틀 속에 윤회설 진화론 유물사관 인도주의등 모든 사상체계를 한데 묶는 다해도 무리가 없다는 말씀입니다. 그것들은 상통하고 있으며 뿌리는 하나에서 나온 것입니다.

그러므로 인본주의 세계관은 신본주의와는 시작도 중간도 끝도 다릅니다. 상통하기는커녕 정반대 입장을 취합니다.

바울 사도는 본문에서 "깊도다 하나님의 지혜와 지식의 부요함이여"(롬 11:33) 하고 창조주 하나님의 지혜에 감탄해 하고 있는데 인본주의 사상체계에서는 "지혜와 지식의 부요함"이란 전연 생각할 수조차 없습니다. 무계획 무의미 무목적만이 있을 뿐입니다. 당신이 태어난 것도 무계획 무의미 무목적이란 말입니다. 근원적으로 당신이나 저 개나 돼지나 다를 바가 없다는 것이 됩니다. 삶의 의미나 목적은 고사하고 인간의 존엄마저도 붕괴되고 마는 것입니다.

그러므로 인본주의 사상을 나타내는 문자들 중에는 "무"(無), "공"(空), "허"(虛) 등이 빈번히 등장할 수밖에 없습니다. 그들은 만물이 주에게서 나오고 주로 말미암고 주에게로 돌아감이라를 인정하지 않습니다. 그들은 만물이 물질에서 나오고 물질로 말미암고 물질로 돌아감이라고 말합니다. 이를 생성(生成)과 진화와 소멸로 보고 있는 것입니다.

자연이란 말의 뜻은 스스로 자(自) 그럴 연(然), 즉 스스로 그렇게 되었다는 뜻입니다. 내가 이 땅에 태어나 살아가고 있는 것이 아무런 계획도 의미도 목적도 없다고 생각해 보십시오. 얼마나 어리석은 생각입니까? 이를 가리켜 성경은 "악인은 그 교만한 얼굴로 말하기를… 그 모든 사상에 하나님이 없다 하나이다"(시 10:4)라고 말씀합니다.

신본주의의 세속화

이런 세계관 인생관으로 살아가다가 심판을 받은 본이 성경에는 기록되어 있습니다. 노아 홍수심판입니다. 그리고 주님께서 인자의 임함은 노아의 때와 같다하심으로 이것이 우리에게 거울이 되고 경계가 되는 것입니다.

노아 당시 상황을 "때에 온 땅이 하나님 앞에 패괴하여 강포가 땅에 충만한 지라." "사람의 죄악이 세상에 관영함과 그 마음의 생각의 모든 계획이 항상 악할 뿐"(창 6:5)이었다고 말씀합니다. 그것은 "죄들"로 충만했음을 의미합니다만 그보다 앞서 하나님을 인정치 아니하는 근본적인 "죄" 즉 인본주의 사상으로 충만해 있었음을 뜻합니다.

"그 마음의 생각의 모든 계획이 항상 악했다"는 것은 저들의 사상(思想)이 잘못되었음을 말씀하는 명백한 표현입니다. 하나님께서는 그들을 홍수로 심판하셨습니다. 바벨탑 사건도 근원은 맥을 같이 합니다.

그들이 바벨 문명을 이루어 놓았다 해도 "자 성과 대를 쌓아 대 꼭대기를 하늘에 닿게 하여 우리 이름을 내고"(창 11:4)한 것은 명백한 인본주의사상을 엿보게 합니다. 오늘의 문명은 바벨의 문명이라하여도 과언이 아닙니다.

여기 우리가 추적해보아야할 말씀이 있는데 성경은 홍수심판으로 말미암은 "멸망"을 말씀하기 전에 먼저 "사람이 땅위에 번성하기 시작할 때에"(6:1) 하고 "번성"을 말씀하고 있다는 점입니다. 이는 주목해 보아야만할 말씀입니다.

가인의 후손도 번성하고 셋의 후손도 번성했을 것입니다. 셋의 후손은 "여호와의 이름을 불렀더라"(4:26)한 신본주의자들이었습니다. 그들 자손 중에는 300년이나 하나님과 동행하다가 죽음을 보지 않고 데려감을 입은 에녹도 있으며 성경상 최장수한 므두셀라도 있습니다. 그 뿐만 아니라 5:30에 의하면 노아의 친형제들도 다수가 있었음을 알 수가 있습니다.

그런데 말입니다. 여호와의 이름을 부르던 이들 자손들은 다 어디

가고 홍수심판에서 구원된 자가 겨우 여덟 명만이 남았다는 말씀입니까? 그러니까 이런 추론을 할 수가 있습니다.

전에는 신본주의 신앙으로 살아가던 사람들이 그래도 많이 있었는데 다 세속화가 되어버렸고 이제 남은 자는 "겨우 여덟 명이라"

이점에서 우리는 주님께서 "인자의 임함은 노아의 때와 같다" 하신 말씀을 상기하게 됩니다. 그리고 주님은 말씀하십니다. "그러나 인자가 올 때에 세상에서 믿음을 보겠느냐"(눅 18:8). 홍수심판으로 멸망당한 인본주의 자의 수가 얼마나 되었을까요 우리는 모릅니다.

다만 아는 것은 신본주의 신앙으로 살아가던 자는 "겨우 여덟 명" 뿐이었다는 점입니다. 형제의 지금의 심정이 어떠합니까?

인본주의 문화

창세기 4:16이하에는 가인(인본주의자)의 후예가 나오는데 그 후손들을 통해서 "육축치는 자의 조상"(20) "수금과 퉁소를 잡는 모든 자의 조상"(21) "동철로 각양 날카로운 기계를 만드는 자"(22)의 조상이 되었다고 말씀합니다.

그러니까 인류가 이룩한 물질문명과 세속문화는 신본주의자들에 의해서 발달한 것이 아니라 인본주의자의 사상에서 비롯되었음을 말씀해 주고 있습니다. 그리고 여자의 후손 즉, 신본주의자들은 그 문화와 문명에 휩싸여 한사람 한 사람 맥없이 세속화되어 갔던 것입니다. 그리고 겨우 "여덟 명"만이 남았습니다.

창세기 36:31에는 이러한 말씀이 있습니다. "이스라엘을 다스리는 왕이 있기 전에 에돔 땅을 다스리는 왕이 이러하니라." 이 말은 이스라엘(신본주의자), 즉 야곱 자손에게 왕이 있기 전에 에돔(인본주의

자) 즉, 에서의 자손에게는 왕이 이러하니라 하고 여러 왕의 이름이 열거되고 있습니다.

그러면 야곱의 자손은 무엇을 하고 있었는가? 그들은 애굽에서 430년 동안 종살이를 하고 있었습니다. 그 기간에 에서의 자손들은 왕 노릇하며 떵떵거리며 살았습니다.

출애굽 과정에서도 모세가 에돔 왕에게 사람을 보내어 그 땅을 통과하도록 허락해 줄 것을 간청하였으나 "너는 지나가지 못하리라 하고 에돔 왕이 많은 백성을 거느리고 나와서 강한 손으로 막으니…이스라엘이 그들에게서 돌이키니라"(민 20:14-21)고 말씀합니다. 에돔 족속에게는 왕이 있었으나 이스라엘 백성은 종으로 살았습니다.

그러나 낙망할 필요는 없습니다. 저들은 인간이 왕 노릇하고 있었으나 선민 이스라엘은 하나님이 왕이시었습니다. 저들은 인본주의자들이었고 이스라엘은 신본주의자들이었습니다. 그들은 땅에서 영화를 누렸으나 이들은 애굽에서 종살이를 했습니다. 육신 적으로는 고달픈 삶을 살았으나 세속에 물들지 않도록 구별된 땅 고센에 모여 살았습니다.

저들은 이 땅이 본향이었으나 이들은 영원한 본향을 찾아가는 나그네로 살았습니다. 이것이 인본주의자와 신본주의자의 차이점입니다.

예수 그리스도와의 만남

오늘의 현실은 어떠합니까? 오늘의 상황은 노아의 때와 너무나도 흡사합니다. 죄악이 관영할 뿐만 아니라 인본주의사상으로 충만해 있습니다. 장년들은 물론 우리의 청소년들이 어떠한 상황에 처해 있는가를 잠시만이라도 생각해 보십시요. 그들은 창조론이 아닌 진화론을 철칙으로 여기는 학교에 보내지고 있습니다.

존 두이의 계몽주의 내지는 인본주의사상에 바탕을 둔 교육을 받고 있습니다. TV, 비디오, 컴퓨터, 프로그램, 신문, 잡지 등에서 토해내며 그래서 넘쳐나고 있는 내용물들은 한결같이 인본주의 문화들입니다. 우리들은 그것들을 보고 듣고 호흡하며 먹고 마시면서 살아가고 있습니다. 그러므로 자신도 모르는 사이에 우리들의 잠재의식 속에는 인본주의 사상이 도사리고 있는 것입니다.

우리의 청소년들이 신본주의 신앙을 지켜나간다는 것이 얼마나 절망적인 상황인가를 생각해 보십시오. 노아 당시는 단시간에 이토록 넓고 많은 사람에게 은밀히 영향을 미칠 수 있는 이러한 매체들이 등장하기 이전에 살았던 사람들이었습니다.

그런데도 "하나님이 아들들이 사람의 딸들의 아름다움을 보고 자기들의 좋아하는 모든 자로 아내를 삼았는지라"(창 6:2)고 성적인 문화에 의하여 세속화 되어갔음을 전해주고 있습니다. 다시 말씀드리면 청소년들이 성문화에 의해서 타락하여 갔음을 보여주고 있습니다.

이점에서 우리들이 착각하지 말아야할 것은 "광명의 천사"(고후 11:14)의 의상을 입고 있는 인본주의 사상입니다. 이 휴메니즘 이라는 사상은 악하게 보이지 않을 뿐만 아니라 그렇게 말하고 있지도 않습니다. 그러기는커녕 가장 아름답고 매력적으로 보이기까지 합니다.

왜 그렇습니까? 그것은 분명합니다. 인본주의사상이 인간적인 훈훈함과 따스함과 감정에 호소하고 있기 때문입니다. 그 사상 안에는 윤리가 있습니다. 도덕이 있습니다. 자선이 있습니다. 감동이 있습니다. 감격의 눈물이 있습니다. 모든 것이 있는 듯이 보입니다.

그러나 딱 한가지 "만물이 주에게서 나오고 주로 말미암고 주에게로 돌아감이라 영광이 그에게 세세에 있으리로다"는 없습니다.

왜 그렇습니까? "저희가 마음에 하나님을 두기를 싫어"(롬 1:28)하기 때문입니다. 천상천하에 유아독존(天上天下唯我獨尊)이라는 말을 상기시켜드립니다. 이보다 더 인본주의사상을 나타낸 말은 달리 없습니다. 하늘 위나 하늘 아래나 오직 나(인간)만이 홀로 높은 자라는 말입니다. 그러므로 불교의 근본사상은 무신론입니다.

성경은 말씀합니다. 우리도 전에는 "그 가운데서 행하여 이 세상 풍조를 좇고 공중권세 잡은 자를 따랐으니 곧 지금 불순종의 아들들 가운데 역사하는 영이라"(엡 2:2). 인본주의사상에 의해서 지배를 받는다는 것은 불순종의 아들들 가운데서 역사하는 영 곧 공중의 권세 잡은 자를 따르는 것입니다. 이것이 인본주의 사상의 정체입니다.

얼마 전 베스트셀러가 되어 많은 사람의 심금을 울려주었다는 "아버지"라는 소설을 생각해 보십시오. 주인공은 시한부 인생을 선고받고 방황하던 중 요정에서 접대부와의 사이에 피차간 "사람 냄새"를 맡게 됩니다. 오염되지 않고 찌들지 아니 한 순수한 사람 냄새를 말입니다.

그들은 제주도 호텔로 날아가 둘만의 사람 냄새에 도취됩니다. 그는 장기를 기증하고 안락사의 길을 택합니다. 독자들은 이를 읽으면서 눈물을 흘립니다. 그들에게 돌을 던질 수가 없습니다. 왜냐하면 언제부터인가 잃어버리고 공허해 하던 "사람 냄새"를 그리워하고 있는 자신을 발견하게 되기 때문입니다. 이것이 휴머니즘의 유혹입니다. 시한부 인생을 살아가고 있는 것은 그 소설의 주인공만은 아닙니다.

죄의 삯을 지불해야만 하는 아담의 후손들은 모두가 시한부 인생이 주어졌을 뿐입니다. 그 기간은 부패한 사람의 냄새가 아니라 하나님의 냄새 곧 하나님의 선하심을 맛보아 알라고 주어진 긍휼의 시간들입니다. 그 소설 속에 주인공은 사람 냄새를 풍기는 그 여인이 아니라 참 의원이신 예수 그리스도를 만났어야만 했습니다.

그러나 인본주의사상은 그렇게 인도하지 않습니다. 만물이 사람에게서 나오고 사람으로 말미암고 사람에게로 돌아감이니라로 인도합니다. 그리고 현대인들은 그 사람 냄새를 그리워하고 있습니다. 이제 우리는 신본주의의 보루라고 할 수 있는 교회의 오늘의 모습을 돌아보아야만 합니다. 신본주의 사상에 흔들림이 없이 굳게 서 있습니까?

성도들의 마음과 생각(사상)은 여호와의 율법을 주야로 묵상하며 위엣 것을 생각하는 것으로 지배를 당하고 있습니까? 예배는 하나님 중심으로 드려지고 있습니까? 찬송가의 가사와 곡조는 신본주의적으로 되어있습니까? 기도의 내용은 먼저 그 나라와 그 의를 주로 우선적으로 구하고 있습니까? 무엇보다도 선포되고 있는 설교의 내용은 신본주의적이며 예수 그리스도가 중심에 있고 하나님의 나라를 지향하고 있습니까? 복음 진리를 사수해야할 목회자들의 성경관은 흔들림 없이 신본주의에 굳게 서있습니까?

다원주의라는 것이 있습니다. 구원은 하나인데 길은 여럿이 있다는 주장입니다. 어느 신학교 학장이 "불교에도 구원이 있다"는 주장을 폈습니다. 그리고 장래 목회자가 될 신학생들은 그 교수를 옹호하고 나섰습니다. 이는 인간의 이성적인 사고에서 나온 인본주의 사상이지 성경을 유일한 표준으로 삼는 신본주의 신앙은 아닌 것입니다.

바울 사도는 "우리는 수다한 사람과 같이 하나님의 말씀을 혼잡하게 하지 아니하고 곧 순전함으로 하나님께 받은 것같이 하나님 앞에 서와 그리스도안에서 말하노라"(고후 2:17)고 말씀했습니다. 우리도 그렇게 하기를 열망하고 있습니까?

이 세상은 말할 것도 없고 교회 내에까지도 인본주의 사상이 침투하여있기 때문에 자신들만을 좋게 해달라고 요구합니다. 모든 주권을 하나님께 돌리는 신본주의적인 설교를 환영하고 있지 않습니다. 매력적이지 못합니다. "공중의 권세를 잡은 자" 곧 마귀에 관한 설교에는 거부감을 일으키기까지 합니다.

그래서 설교자들은 회중에게 영합하여 "의로우신 하나님"보다 "좋으신 하나님"을 말합니다. 회개보다는 축복을 역설합니다. "지혜의 아름다운 것"으로 하려는 유혹을 받게 됩니다.

사도 바울은 나는 그렇게 하지 않았노라(고전 2:15)고 단언합니다. 이를 가리켜 "세상의 초등 학문이요, 철학과 헛된 속임수"(골 2:8)라고 질책합니다. 그리고 경고합니다.

"때가 이르리니 사람이 바른 교훈을 받지 아니하며 귀가 가려워서 자기의 사욕을 좇을 스승을 많이 두고 또 그 귀를 진리에서 돌이켜 허탄한 이야기를 좇으리라"(딤후 4:3-4), "그러나 너는" 하고 디모데에게 너만은 그들에게 혼잡 되지 말고 "모든 일에 근신하여 고난을 받으며 전도인의 일을 하며 네 직무를 다 하라"고 명합니다.

왜냐하면 이렇게 하는 이 길만이 진리를 보수하는 신본주의의 마지막 보루이기 때문입니다. 믿음은 들음에서 생깁니다. 인본주의에 혼잡 된 설교를 듣게 되면 들을 때에는 달콤할지 모르지만 인본주의사상 다시 말씀드리면 "자기를 사랑하고 돈을 사랑하는"(딤후 3:2) 자기 중심적이고도 이기적인 신앙인이 될 것은 필연적인 귀결입니다. 여기에 모범적 설교(성경 인물을 내세워서 모범으로 삼는 설교)의 위험이 도사리고 있습니다.

형제여, 노아의 때와 같이 인본주의의 물결이 범람하는 오늘을 살아가면서 형제의 세계관과 인생관은 신본주의에 확고하게 서 있습니까 형제의 가정에는 하나님의 주권이 세워져 있습니까? 이 시대의 최후의 보루인 교회는 세속에 물들어 있지 아니합니까?

이것들을 누가 무엇으로 세워줍니까 지켜나갑니까 주님께서는 목회자들에게 자신의 양무리를 위임하여주셨습니다. 그리고 성경을 주셨습니다.

그러므로 마지막으로 묻습니다. 목회자의 성경관은 바로 서 있습니까?

인본주의와 신본주의는 처음과 중간과 끝이 다릅니다.

20
스승과 아비

고린도전서 4:14-16

¹⁴ 내가 너희를 부끄럽게 하려고 이것을 쓰는 것이 아니라 오직 너희를 내 사랑하는 자녀 같이 권하려 하는 것이라 ¹⁵ 그리스도 안에서 일만 스승이 있으되 아비는 많지 아니하니 그리스도 예수 안에서 복음으로써 내가 너희를 낳았음이라 ¹⁶ 그러므로 내가 너희에게 권하노니 너희는 나를 본받는 자 되라(고전 4:14-16)

| 설교작성 노트 |

그리스도인들에게는 교회란 축소하면 가정이 되고 확대하면 하나님의 나라가 된다. 그러므로 가정, 교회, 천국은 불가분의 관계이다. 그리스도인들은 가정생활을 통해서 교회생활을 배우고 천국생활을 바라보게 된다.

사도는 "내가 너희를 낳았음이라"고 말씀한다. 자녀가 탄생하는 것은 가정에만 있는 것이 아니다. 교회에서도 탄생하여야 한다. 자녀를 양육하는 것은 가정에만 있는 것은 아니다. 목회사역을 "유모가 자기 자녀를 기름과 같이 하였다"라고 말씀한다.

그러나 최우선적인 것은 태어나야만 가르칠 수가 있다는 사실이다. 그렇다면 스승과 아비는 어떻게 다른가?

최초의 가정은 아담을 잠들게 하시고 몸의 일부분으로 여자를 만드사 짝지어 주심으로 세워졌습니다. 이는 최초의 가정일 뿐만 아니라 교회였으며 그들은 부부일 뿐만 아니라, 하나님의 백성이었다는 깨달음은 대단히 중요합니다. 구약의 교회는 이렇게 시작이 된 것입니다.

하나님께서는 두 명으로 시작된 구약의 교회에게 "생육하고 번성하여 땅에 충만하라"(창 1:28)고 명하셨습니다.

신약의 교회는 예수 그리스도를 십자가에 잠들게 하시고 탄생하게 되었습니다. 이렇게 세워진 하나님의 큰 가정(권속)이자 교회는 어떤 방도로 생육하고 번성하게 될까요?

스승과 아비

바울 사도는 자신을 "아비"라고 말합니다. "그리스도 안에서 일만 스승이 있으되 아비는 많지 아니하니 그리스도 예수 안에서 복음으로써 내가 너희를 낳았음이라"(15)고 말씀합니다.

스승과 아비는 어떻게 다릅니까? 스승이란 가정교사 또는 학교에 갈 때 되면 데리고 다니는 몽학선생을 가리키는 말입니다. 그러나 아비는 아이를 낳은 자입니다. 스승은 일만 명이 있다하여도 자신을 낳아준 아비는 오직 한 분 뿐이라고 말씀합니다. 자신이 아비라는 말은 고린도교회의 개척자임을 나타내는 말입니다.

고린도교회를 개척했다는 말은 단순히 어떤 예배 처소를 마련했다는 뜻이 아닙니다. 복음의 씨를 뿌려 구원얻은 하나님의 자녀들이 태어나게 하였다는 의미합니다.

고린도교회가 어떻게 해서 세워졌습니까? 바울이 제 2차 전도 여행시에 1년 6개월을 머물면서 복음을 전파하여 세워졌습니다. 안식일마다 회당에서 복음을 전했습니다. 박해로 인하여 회당에서 전할 수 없게 되자 디도 유스도라 하는 사람의 집으로 옮겨 계속 복음을 전했습니다.

"밤에 주께서 환상 가운데 바울에게 말씀하시되 두려워하지 말며 잠잠하지 말고 말하라 내가 너와 함께 있으매 아무 사람도 너를 대적하여 해롭게 할 자가 없을 것이니 이는 이 성 중에 내 백성이 많음이라"(행 18:9-10)고 격려해 주셨습니다.

"이 성중에 내 백성이 많음이라" 말씀합니다. 그런데 바울이 고린도에 당도하였을 때에 많다고 하신 하나님의 백성들은 어떠한 상태에 있었습니까?

"허물과 죄로 죽은 상태"(엡 2:1)에 있었다는 것입니다. 이를 인식한다는 것이 중요합니다. 그들이 어떤 과정을 거쳐서 하나님의 백성이 되는 것일까요?

당시 고린도는 영적으로는 죽은 도시여서 마치 에스겔 선지자에게 환상으로 보여 주신 "골짜기에 뼈가 심히 많고 아주 말랐더라" 한 그런 상태였습니다. 그들을 향해서 생명의 말씀을 대언 합니다. "생기가 그들에게 들어가매 그들이 곧 살아 일어나서 서는데 극히 큰 군대더라"(겔 37:10)는 그런 과정을 통해서 한 심령 한 심령이 거듭나기 시작하고 그들이 모여서 교회가 형성되는 것입니다. 이것이 "개척"입니다.

고린도교회는 이렇게 해서 세워진 것입니다. 그러므로 이들을 향하여 "그리스도 예수 안에서 복음으로써 내가 너희를 낳았음이라"고 말씀할 수가 있었던 것입니다. 여기 저기서 이사 온 성도들이 모여서 이루어진 교회와 복음의 불모지에 들어가서 해산의 수고를 하여 세워진 교회와는 성격이 다르듯이 스승과 아비는 그 개념이 다를 수밖에 없습니다.

심는 자와 물을 주는 자

아버지와 자녀의 관계로 설명한 사도는 3장에서는 농부의 원리로 설명합니다. "나는 심었고 아볼로는 물을 주었으되"(3:6) 하고 씨를 심는 자와 싹이 돋아나자 물을 주어 가꾸는 자의 역할이 각각 다름을 말씀합니다. 이는 표현만 다를 뿐이지 아비와 스승의 역할이 다르다는 말과 같은 의미입니다. 씨를 뿌림이 없이 싹이 날 수가 없습니다. 또한 싹이 남이 없이 물을 준다는 것은 무의미합니다.

그러므로 사도 베드로는 "너희가 거듭난 것이 썩어질 씨로 된 것이 아니요 썩지 아니할 씨로 된 것이니"(벧전 1:23) 하고 말씀했던 것입니다. 주님께서도 "좋은 씨를 뿌리는 이는 인자요 밭은 세상이요 좋은 씨는 천국의 아들들이요"(마 13:37) 하고 말씀하셨습니다.

사도 바울은 복음의 미개척지인 고린도에 들어가서 복음으로써 그들을 거듭나게 해 준 아비 노릇을 하였으며 복음의 불모지인 고린도에 복음의 씨를 뿌려서 30배 60배 100배로 결실하게 하였습니다.

여기서 우리는 심각하게 물어야만 합니다. 같은 목회자요 다같이 설교를 하는데도 어찌하여 바울은 심었고 아볼로는 물을 주는 자인가 하는 점입니다. 그 이유는 단순하게 자신이 개척자라는 의미만은 아닌 것입니다. 그에 대한 답변은 문맥을 더듬어 보면 어렵지 않게 발견하게 됩니다.

"예수 그리스도와 그의 십자가에 못박히신 것 외에는 아무 것도 알지 아니하기로 작정하였음이라"(2:2)한 대로 설교의 중심을 <십자가의 도>에 역점을 두고 증거할 때에 그는 씨를 심는 목회자라 말할 수 있을 것입니다.

사도는 거듭 "내 말과 내 전도함이 지혜의 권하는 말로 하지 아니하고 다만 성령의 나타남과 능력으로 하여 너희 믿음이 사람의 지혜에 있지 아니하고 다만 하나님의 능력에 있게 하려하였노라"(2:5)고 강조합니다. 씨를 심어 싹이 나는 <거듭남>은 "성령의 나타남과 능력"에 속한 사역입니다.

아무리 유능한 목회자라 할지라도 제 힘으로는 비천한 한 심령도 거듭나게 해 줄 수는 없는 것입니다. 그렇다면 언제 "성령의 나타남과 능력"으로 거듭나는 역사가 일어납니까? 오직 "십자가의 도"(고전 1:18) 즉, 복음을 증거할 때뿐입니다. 모든 설교가 복음 자체는 아닌 것입니다.

그렇다면 물을 주는 설교란 어떤 유의 설교입니까? 거듭난 생명을 양육하는 설교 즉, 젖을 먹이고 교훈하는 설교라고 말할 수가 있겠습니다. 이 점을 바울과 아볼로를 놓고 볼 때에 그러합니다. 바울은 고린도 지방에 복음의 씨를 뿌렸습니다. 아볼로는 그 후에 내려가 양육했습니다. 저는 지금 씨를 뿌리는 설교, 거듭나게 하는 설교가 물을 주는 설교, 교훈하는 설교보다 우선적으로 중요하다는 점을 말씀드리고 있는 것입니다.

허물과 죄로 죽었던 그리하여 세세토록 하나님과 분리된 상태에서 괴로움을 당하여야 할 한 심령의 거듭남을 작은 일로 여겨서는 아니 됩니다. 그것은 천하보다 귀한 한 영혼을 얻는 생명 운동인 것입니다. 물을 주는 것도 중요한 사역임이 분명합니다.

그러나 씨를 뿌리는 것이 먼저입니다. 싹이 나고 돋아야 물을 줄 것이 아닙니까? 가르치는 스승도 중요한 역할임이 분명합니다. 그러나 태어나야 유치원도 초등학교에도 보낼 것이 아닙니까?

교회에 출석한 횟수만 쌓이면 자동적으로 거듭나게 되는 것이 아닙니다.

"그 안에서 너희도 진리의 말씀 곧 너희의 구원의 복음을 듣고 그 안에서 또한 믿어 약속의 성령으로 인치심을 받았으니"(엡 1:13) 합니다. "진리의 말씀 곧 구원의 복음"을 들어야만 합니다. 믿음은 들음에서 납니다. 문제는 "듣지도 못한 이를 어찌 믿으리요 전파하는 자가 없이 어찌 들으리요"(롬 10:14)에 있는 것입니다.

나는 아비인가 스승인가 나의 설교는 아비와 스승 어느 편에 더 치중하여 있는가 나의 전파를 통하여 거듭난 심령은 얼마나 될 것인가 나에게 맡겨주신 회중들은 모두 다 거듭났는가?

한 영혼이 거듭나지 못하고 얼굴에 생기가 없이 졸고 있다면 아흔 아홉 마리를 기다리게 해 놓고라도 그 잃어버린 한 마리 양을 찾도록 찾아야 하지 않겠습니까? 성령께서 그 영혼도 거듭나게 빛을 비추어 주십시오. 울부짖는 심정으로 십자가의 도를 전해야 하지 않겠습니까? 이렇게 하는 것이 아비 노릇을 하는 것입니다.

터를 닦는 자와 세우는 자

사도는 아비와 스승, 심는 자와 물을 주는 자의 비유에서 건축자의 비유로 전환합니다(고전 3:10). 건축자의 비유에서도 세우는 것보다는 터를 닦는 것이 우선함은 말할 것도 없습니다.

"이 닦아 둔 것 외에 능히 다른 터를 닦아 둘 자가 없으니 이 터는 예수 그리스도라"(고전 3:11)고 말씀합니다. 주님께서도 친히 "내가 이 반석 위에 내 교회를 세우리니"(마 16:18) 하고 터의 중요성을 말씀하셨습니다. 고린도교회는 바울 사도가 닦아 놓은 터 위에 건축된 교회입니다.

그렇다면 바울이 그 터를 어디다가 어떻게 닦아놓았다는 말인가 이점이 중요합니다. 바울은 고린도에 예배당 대지를 몇 백평 마련한 자가 아니었습니다. 바울은 "내가 너희 중에서 예수 그리스도와 그의 십자가에 못박히신 것 외에는 아무것도 알지 아니하기로 작정하였음이라"(고전 2:2)하신 대로 십자가의 도를 증거하여 성도들의 심령에 터를 닦아놓았다는 것을 인식한다는 것은 목회자들에게는 사활을 좌우할 만한 요점입니다.

그러한 심령의 터가 닦여진 성도들의 모임, 이것이 바울이 닦아놓은 고린도교회의 터였던 것입니다.

그러므로 이점에 관하여 좀 더 생각해 보아야 할 중요한 요점이 있습니다. 그것은 교회의 구성원들인 성도 개개인의 터에 관한 문제입니다. 각자 자신의 신앙의 기초는 언제 어디서 누구에 의하여 닦아놓은 터인가 하는 점은 참으로 중요합니다.

교회마다 또는 교역자마다 은사가 다르고 신학적인 흐름이 다르다고 말할 수도 있습니다.

그것은 순전히 다른 것만이 아니라 성경적으로 볼 때에 명백히 틀린 것도 많은 것이 사실입니다. 한마디로 현대는 신학적으로 혼돈기라고 해도 과언이 아닙니다. 이런 시대에 살아가고 있는 신자들이 처음 기독교에 입문할 때에 어떤 흐름과 어느 목회자에 의하여 터를 닦았느냐 하는 점은 목회 경험을 통하여 볼 때에 그 사람의 평생을 좌우한다 하여도 과언이 아닙니다.

그러므로 한 교회 내에도 각각 다른 터를 가진 회중들이 모여있을 수 있다는 것은 현대교회의 비극이라고 말씀드릴 수가 있겠습니다.

이 점에서 목회자들은 사도가 "내가 지혜로운 건축자와 같이 터를 닦아 두매" 한 말씀을 깊이 명심해야 할 것입니다.

그러므로 목회자는 "지혜로운 건축자"가 되어야만 합니다. 이 지혜는 "이 세상의 없어질 관원의 지혜도 아니요 오직 비밀한 가운데 있는 하나님의 지혜"(2:7)를 말하는 것입니다. 왜 그렇게 조심해야만 합니까? 한 번 닦아 놓은 터는 평생의 고질이요, 그 영혼을 파멸로 끝맺을 수도 있기 때문입니다.

그리스도와의 만남

사도 바울은 그냥 "내가 너희를 낳았음이라"고 말씀하고 있지 아니합니다. 말할 것도 없이 사도 바울은 "해산하는 수고"를 한 것은 분명합니다. 그렇다 해도 바울의 <씨>로 태어난 것은 절대로 아닙니다. 그래서 사도는 "복음으로써" 내가 너희를 낳았음이라고 말씀하는 것입니다. 그뿐입니까 "그리스도 예수 안에서" 복음으로써 내가 하고 말씀하고 있습니다.

형제가 하나님의 자녀로 태어나게 된 것은 한 알의 밀이 땅에 떨어져 죽음으로 많은 열매를 맺듯이 예수 그리스도의 십자가의 공로로 말미암아서입니다. 태어나면 출생신고를 하듯이 생명책에 녹명이 됩니다. 이제 형제는 외인(外人)도 아니요 손도 아니요 오직 성도들과 동일한 시민이요 하나님의 권속(가족)입니다.

또 있습니다. "자녀이면 후사 곧 하나님의 후사"입니다. 후사란 대를 이을 자손을 의미하는 것으로 유업을 이을 자라는 말씀입니다. 이를 위해서는 최우선으로 태어남이 있어야만 합니다. 태어남은 성령님의 능력에 속합니다. 성령님은 선포되는 복음과 함께 역사하십니다. 형제는 씨를 심는 설교와 물을 주는 설교 어느 편에 더 중점을 두고 있습니까?

섬기는 교회와의 관계는 스승입니까? 아비입니까?

21
복음에 장애가 없게 하려함

고린도전서 9:1-27

¹ 내가 자유자가 아니냐 사도가 아니냐 예수 우리 주를 보지 못하였느냐 주 안에서 행한 나의 일이 너희가 아니냐 ² 다른 사람들에게는 내가 사도가 아닐지라도 너희에게는 사도니 나의 사도 됨을 주 안에서 인친 것이 너희라 ³ 나를 힐문하는 자들에게 발명할 것이 이것이니 ⁴ 우리가 먹고 마시는 권이 없겠느냐 ⁵ 우리가 다른 사도들과 주의 형제들과 게바와 같이 자매 된 아내를 데리고 다닐 권이 없겠느냐 ⁶ 어찌 나와 바나바만 일하지 아니할 권이 없겠느냐 ⁷ 누가 자비량하고 병정을 다니겠느냐 누가 포도를 심고 그 실과를 먹지 않겠느냐 누가 양떼를 기르고 그 양떼의 젖을 먹지 않겠느냐(고전 9:1-7)

| 설교작성 노트 |

본문은 바울 사도를 연구하는데 귀중한 자료로 취급되고 있다. 문맥은 고린도교회 내에서 야기되고 있었던 "우상의 제물"(8:1)에 대하여 언급하고 있는 문맥이다. 8장에서 언급하기 시작한 우상의 제물에 대한 진술은 10:14에 "우상 숭배하는 일을 피하라"고 연결되고 있다. 본문 9장은 그 사이에 끼어 있는 것이다.

그런데 내용으로 볼 때에 잘 조화가 되지 않는 듯이 보인다. 그래서 학자들 중에는 다른 곳에서 삽입된 것이 아니냐는 주장을 하는 학자도 있다. 아니다. 수박 겉 핥기 식으로 보지말고 이면을 보라. 은혜로 가득하고 우리로 도전을 받게 한다.

본문의 전후 문맥

고린도교회 내에는 우상의 제물 문제로 불협화음이 있었던 듯 싶습니다. 즉 시장에서 파는 고기를 먹어도 되느냐 안되느냐 왜냐하면 우상의 제물을 시장에 내다 파는 일이 있었기 때문입니다.

이에 대하여 사도는 지식으로 행하지 말고 사랑으로 행하라(8:1)고 권면합니다. 지식적(성경 진리)으로 생각한다면 그런 하찮은 것에 구애받을 필요가 없으나 모든 사람에게 이와 같은 지식이나 믿음이 있는 것은 아닙니다. 믿음이 약한 자들에게는 "거치는"(8:9) 것이 되고 "실족"(8:13)시키는 요인으로 작용했던 것입니다. 그러므로 사랑으로 행하며 덕(德)을 세우라고 권면하는 것입니다.

이런 문맥에서 본문은 주어졌습니다. 언뜻 볼 때에 앞의 문맥과 본문 사이에는 잘 맞지 않는 듯한 감이 듭니다만 자세히 살펴보면 은혜가 되고 많은 깨달음을 얻게 합니다.

고린도전서 9장은 세 부분(1-11, 12-18, 19-27)으로 나누어 관찰하면 이해에 도움이 됩니다.

첫 부분(1-11)의 핵심 단어는 "권"(權)이라는 말입니다. 세 번 나오는데 모두 다 "권이 없겠느냐"(4, 5, 6)고 묻고 있습니다. "먹고 마시는 권이 없겠느냐"(4), "아내를 데리고 다닐 권이 없겠느냐"(5), "일하지 아니할 권이 없겠느냐"(6)는 것입니다. 그러니까 그러할 "권", 즉 권리가 자신에게 있다는 주장입니다.

첫 절에서 "내가 자유자가 아니냐 사도가 아니냐 예수 우리 주를 보지 못하였느냐"고 반어법(反語法)을 써서 자신의 신분과 지위가 어떠함을 내세웁니다. 즉 이런 뜻입니다. 예수 그리스도께서 친히 자신을 사도로 택하시고 부르셔서 세워주셨다는 것입니다. 그런 자신에게 이러한 권이 없겠느냐는 것입니다.

"누가 자비량하고 병정을 다니겠느냐 누가 포도를 심고 그 실과를 먹지 않겠느냐 누가 양떼를 기르고 그 양떼의 젖을 먹지 않겠느냐"(7)고 이치에 호소합니다. 모든 복음 전도자에게는 물론이요 더욱이나 사도인 자신에게는 이러한 권이 없겠느냐는 것입니다(14).

성경에도 "곡식을 밟아 떠는 소에게 망을 씌우지 말라 기록하였으니 하나님께서 어찌 소들을 위하여 염려하심이냐 전혀 우리를 위하여 말씀하심이 아니냐"(9-10)고 하나님께서도 보장하여 주신 권리임을 주장합니다.

첫 부분의 제목을 붙인다면 "내게 그러한 권이 있다"는 것이 될 것입니다.

첫째 부분에서 자신에게 이러한 권이 있음을 주장한 시도는 둘째 부분에서는 이러한 권을 하나도 쓰지 아니하였다고 주장하고 있습니다. 사도는 천막 만드는 일을 해가면서 자급전도를 하였습니다(6). 그는 주의 일에만 몰두하기 위해서 독신으로 지냈습니다. 사도는 당연한 권을 하나도 쓰지 아니하고 범사에 참았다고 말씀합니다. 그러므로 둘째 부분의 제목을 붙인다면 "권을 하나도 쓰지 아니하였다"가 될 수 있습니다.

스스로 종이 되었다

이제 셋째 부분(19-27)을 상고해 보겠습니다. 핵심은 "종"이라는 말씀입니다. "내가 모든 사람에게 자유하였으나 스스로 모든 사람에게 종이 된 것은"(19)합니다. "종"이라는 단어가 문자적으로는 한 번밖에는 나타나지 않고 있지만 말씀의 바탕에는 종의 정신이 계속적으로 깔려 있는 것입니다.

유대인들에게는 "내가 유대인과 같이 된 것은 유대인들을 얻고 자 함이요"(20)합니다. 율법 있는 자들에게는 율법 있는 자 같이 율법이 없는 자들에게는 율법 없는 자 같이 약한 자들에게는 약한 자와 같이 된 것은 그러한 자들을 얻고자 함에서였다는 것입니다. "여러 사람에게 내가 여러 모양이 된 것은 아무쪼록 몇몇 사람들을 구원코자 함이니"(22) 합니다. 이는 남들이 자신 같기를 바라는 자기 중심적인 주인 정신이 아니라 자기가 그 사람들처럼 되려는 종의 정신으로 섬기는 자세로 사역을 하였음을 의미합니다.

그러므로 첫째 부분에서 권이 있음을 주장하고 둘째 부분에서 이 권을 하나도 쓰지 아니한 것을 말씀한 사도는 마지막 부분에서는 이 권을 쓰지 아니한 것만이 아니라 보다 더 적극적으로 "스스로 모든 사람에게 종이 되었다"고 말씀하고 있는 것입니다. 이것이 셋째 부분의 제목이 될 수가 있습니다.

이제 본문이 앞 뒤 문맥과 어떻게 조화를 이루고 있는 가를 살펴보아야 하겠습니다. 사도는 9장 첫 머리에서 "내가 자유자(自由者)가 아니냐"고 자유자임을 선언합니다. 중간 부분에서 "내가 모든 사람에게 자유하였으나"(19) 하고 자유인임을 재차 강조합니다. 그 위에 그는 사도였으며 부활하신 주님을 만나 본 사람입니다. 그런 그가 모든 사람의 <종>이 되었다는 것입니다.

사도 바울이 자유자요 특권이 있음에도 불구하고 그 권을 하나도 쓰지 아니하고 몇몇 사람들을 구원코자하여 도리어 모든 사람의 <종>으로 섬겼다면 너희가 자유자라 하여도 약한 자들에게 거치는 것이 되고(8:9), 심지어 실족시키는(8:13) 것이 되는 우상의 제물을 먹는 것쯤이야 포기할 수 있지 않느냐는 것입니다. 이는 비단 우상의 제물에 국한된 문제만은 아닙니다.

교회란 여러 계층의 사람들이 모인 공동체입니다. 똑같은 두 얼굴이 없듯이 성격과 믿음도 각양입니다. 이러한 공동체의 일원이 된다는 것은 섬김을 받고자 하는 자세가 아니라 섬기고자 하는 종의 정신이 필요하다는 말씀입니다.

나는 이를 감당할 만한 지식이 또는 믿음이 있노라고 자기 좋을 대로 행하여 다른 사람에게 거치는 것이 되고 상처를 입힐 일을 해서는 아니 된다는 것입니다. 지식보다 사랑으로 행하여 교회의 덕을 세워야 한다는 교훈입니다(10:23).

그리스도와의 만남

우리는 여기서 멈추어서는 아니 됩니다. 기독교 윤리는 언제나 더 나아가고 있습니다. 사도가 어찌하여 권을 행사하지 아니하고 도리어 종의 자세로 섬긴 것입니까 "그리스도의 복음에 아무 장애가 없게 하려 함이로라"(12)고 말씀합니다.

본문에는 <복음>이라는 말이 9번이나 나옵니다. 좀 더 살펴보면 복음이라는 말이 자신에게 주어진 당연한 권을 포기하였다는 둘째 부분(12-18)에 집중되어 있음을 보게 됩니다. "복음에 아무 장애가 없게 하려"(12)하여 권을 쓰지 아니하였고 "복음을 인하여 내게 있는 권을 다 쓰지 아니하는 이것이로라"(18)고 권을 쓰지 아니한 이유를 말씀합니다.

사도는 복음에 장애가 될 듯한 일을 하지 않았을 뿐만 아니라 적극적으로 복음을 위하는 일이라면 모든 것을 행했다(23)고 말씀하고 있습니다. 이렇게 말씀하고 있는 바울 사도는 누구를 생각하였을까요?

서두에서 "예수 우리 주를 보지 못하였느냐"⑴고 말씀하고 있는 대로 주님을 생각하고 주님을 바라보고 그렇게 하였을 것이 분명합니다.

본문은 표면적으로 보면 자신을 자랑하고 본(本)으로 내세우고 있는 듯이 보입니다. 그러나 좀더 문맥을 따라가 보면 "내가 그리스도를 본받은 자 된 것 같이 너희는 나를 본받는 자 되라"(11:1)고 표본은 바울이 아니라 그리스도임을 발견하게 됩니다. 우리 주님은 어떠한 권세가 있으신 분이십니까(첫째 부분의 주제) "그는 근본 하나님의 본체"이셨습니다.

그러한 주님께서 어디까지 그 권을 비우셨습니까(둘째 부분의 주제) "하나님과 동등됨을 취할 것으로 여기지 아니하시고 오히려 자기를 비어 종의 형체를 가져 사람들과 같이" 되었습니다. 우리 주님께서는 사람같이 되어 주신 것만이 아니라 "자기를 낮추시고 죽기까지 복종하셨으니 곧 십자가에 죽으심이라"(빌 2:6-8)고 낮아지려야 더 낮아질 곳이 없고 내려갈려야 더 내려 갈곳이 없는 음부에까지 내려가신 분은 우리 주님이셨습니다(셋째 부분의 주제).

로마 옥중에서 빌립보교회에 보낸 편지를 통하여 이처럼 주님의 높으심과 낮아지심을 말씀하면서 "너희 안에 이 마음을 품으라 곧 그리스도 예수의 마음이니" 하고 권면하고 있는 분은 사도 바울입니다. 사도는 동일한 마음으로 고린도교회에 편지를 쓰고 있는 것입니다.

그렇습니다. 하나님의 본체이신 예수 그리스도께서 사람의 몸을 입으시고 이 땅에 내려오신 목적은 섬김을 받으시기 위해서가 아니었습니다. 잡히시던 날 밤에 수건을 허리에 동이시고 자신을 팔 유다를 비롯한 제자들의 발을 씻기신 분은 하나님의 아들이신 예수 그리스도 우리 주님이셨습니다.

우리 스승이시며 주가 되시는 예수 그리스도께서는 오히려 섬기려

오셨고 자신의 목숨을 많은 사람의 대속제물로 주시려고 오셨습니다.

바울 사도가 장애를 줄까 보아서 그토록 조심하고 있는 "그리스도의 복음"(12)은 이렇게 하시고야 이루신 복음입니다. 그렇게 하시고야 주신 복음임을 진정 알았다면 그리스도의 복음에 아무 장애가 없게 하려하여 권을 쓰지 않는 다는 것은 그의 제자된 자의 너무나 당연한 일이 아니겠습니까?

사도는 더 나아갑니다. "그런즉 내 상이 무엇이냐 내가 복음을 전할 때에 값없이 전하고 복음을 인하여 내게 있는 권을 다 쓰지 아니하는 이것이로라"(18)고 <상> 받을 것을 말씀합니다. 복음을 인하여 죽기까지 복종하신 그리스도 예수를 하나님이 모든 이름 위에 뛰어난 이름을 주심을 바라보면서 "너희도 얻도록 이와 같이 달음질하라"(24)고 격려합니다.

형제여, 우리에게 "하나님의 자녀가 되는 권세"를 주셨으나 지금은 자녀로서의 권리를 주장하기보다는 주께서 하심같이 "스스로 모든 사람에게 종"이 되어 섬김의 삶을 살아야할 때입니다.

그 누구보다도 목회자들이 주님의 자취를 따름으로 본을 보여야 할 때입니다.

고전 9장 분석 도표
복음에 장애가 없게 하려함

권이 없겠느냐	(고전 9:1) 내가 자유자가 아니냐 사도가 아니냐 예수 우리 주를 보지 못하였느냐 주 안에서 행한 나의 일이 너희가 아니냐. 행 9:3 (고전 9:2) 다른 사람들에게는 내가 사도가 아닐지라도 너희에게는 사도니 나의 사도 됨을 주 안에서 인친 것이 너희라. 고전 4:14; 고후 3:2 (고전 9:3) 나를 힐문하는 자들에게 발명할 것이 이것이니 (고전 9:4) 우리가 먹고 마시는 권이 없겠느냐 (고전 9:5) 우리가 다른 사도들과 주의 형제들과 게바와 같이 자매 된 아내를 데리고 다닐 권이 없겠느냐. 살후 3:9 (고전 9:6) 어찌 나와 바나바만 일하지 아니할 권이 없겠느냐 (고전 9:7) 누가 자비량하고 병정을 다니겠느냐 누가 포도를 심고 그 실과를 먹지 않겠느냐 누가 양떼를 기르고 그 양떼의 젖을 먹지 않겠느냐. 잠 27:18 (고전 9:8) 내가 사람의 예대로 이것을 말하느냐 율법도 이것을 말하지 아니하느냐 (고전 9:9) 모세 율법에 곡식을 밟아 떠는 소에게 망을 씌우지 말라 기록하였으니 하나님께서 어찌 소들을 위하여 염려하심이냐. 신 25:4 (고전 9:10) 전혀 우리를 위하여 말씀하심이 아니냐 과연 우리를 위하여 기록된 것이니 밭 가는 자는 소망을 가지고 갈며 곡식 떠는 자는 함께 얻을 소망을 가지고 떠는 것이라. 딤후 2:6 (고전 9:11) 우리가 너희에게 신령한 것을 뿌렸은즉 너희 육신의 것을 거두기로 과하다 하겠느냐
권을 쓰지 아니함	(고전 9:12) 다른이들도 너희에게 이런 권을 가졌거든 하물며 우리일까보냐 그러나 우리가 이 권을 쓰지 아니하고 범사에 참는 것은 그리스도의 복음에 아무 장애가 없게 하려 함이로다 (고전 9:13) 성전의 일을 하는 이들은 성전에서 나는 것을 먹으며 제단을 모시는 이들은 제단과 함께 나누는 것을 너희가 알지 못하느냐 (고전 9:14) 이와 같이 주께서도 복음 전하는 자들이 복음으로 말미암아 살리라 명하셨느니라. 눅 10:7 (고전 9:15) 그러나 내가 이것을 하나도 쓰지 아니하였고 또 이 말을 쓰는 것은 내게 이같이 하여 달라는 것이 아니라 내가 차라리 죽을지언정…누구든지 내 자랑하는 것을 헛된 데로 돌리지 못하게 하리라 (고전 9:16) 내가 복음을 전하지라도 자랑할 것이 없음은 내가 부득불 할 일임이라 만일 복음을 전하지 아니하면 내게 화가 있을 것임이로다. 롬 4:2 (고전 9:17) 내가 내 임의로 이것을 행하면 상을 얻으려니와 임의로 아니한다 할지라도 나는 직분을 맡았노라 (고전 9:18) 그런즉 내 상이 무엇이냐 내가 복음을 전할 때에 값 없이 전하고 복음으로 인하여 내게 있는 권을 다 쓰지 아니하는 이것이로라

오히려 종이 됨

(고전 9:19) 내가 모든 사람에게 자유하였으나 스스로 모든 사람에게 종이 된 것은 더 많은 사람을 얻고자 함이라

(고전 9:20) 유대인들에게는 내가 유대인과 같이 된 것은 유대인들을 얻고자 함이요 율법 아래 있는 자들에게는 내가 율법 아래 있지 아니하나 율법 아래 있는 자 같이 된 것은 율법 아래 있는 자들을 얻고자 함이요. 행 16:3; 행 21:26; 롬 3:19

(고전 9:21) 율법 없는 자에게는 내가 하나님께는 율법 없는 자가 아니요 도리어 그리스도의 율법 아래 있는 자나 율법 없는 자와 같이 된 것은 율법 없는 자들을 얻고자 함이라.
갈 2:3; 갈 3:2

(고전 9:22) 약한 자들에게는 내가 약한 자와 같이 된 것은 약한 자들을 얻고자 함이요 여러 사람에게 내가 여러 모양이 된 것은 아무쪼록 몇몇 사람들을 구원코자 함이니

(고전 9:23) 내가 복음을 위하여 모든 것을 행함은 복음에 참예하고자 함이라. 막 8:35

(고전 9:24) 운동장에서 달음질하는 자들이 다 달아날지라도 오직 상 얻는 자는 하나인줄을 너희가 알지 못하느냐 너희도 얻도록 이와 같이 달음질하라

(고전 9:25) 이기기를 다투는 자마다 모든 일에 절제하나니 저희는 썩을 면류관을 얻고자 하되 우리는 썩지 아니할 것을 얻고자 하노라

(고전 9:26) 그러므로 내가 달음질하기를 향방 없는것 같이 아니하고 싸우기를 허공을 치는 것 같이 아니하여

(고전 9:27) 내가 내 몸을 쳐 복종하게 함은 내가 남에게 전파한 후에 자기가 도리어 버림이 될까 두려워함이로라

22
하나님과 화목하라

고린도후서 5:18-21

¹⁸ 모든 것이 하나님께로 났나니 저가 그리스도로 말미암아 우리를 자기와 화목하게 하시고 또 우리에게 화목하게 하는 직책을 주셨으니 ¹⁹ 이는 하나님께서 그리스도 안에 계시사 세상을 자기와 화목하게 하시며 저희의 죄를 저희에게 돌리지 아니하시고 화목하게 하는 말씀을 우리에게 부탁하셨느니라 ²⁰ 이러므로 우리가 그리스도를 대신하여 사신이 되어 하나님이 우리로 너희를 권면하시는 것 같이 그리스도를 대신하여 간구하노니 너희는 하나님과 화목하라 ²¹ 하나님이 죄를 알지도 못하신 자로 우리를 대신하여 죄를 삼으신 것은 우리로 하여금 저의 안에서 하나님의 의가 되게 하려 하심이니(고후 5:18-21)

| 설교작성 노트 |

단 한 번의 설교 기회만이 주어진다면 무슨 말씀을 전하겠는가? 이것이 나의 마지막 설교라고 한다면 어느 본문을 택할 것인가?
　본문은 설교의 황제라 불리우는 스펄죤 목사님이 어디 가서든 첫 설교 때에는 이 말씀을 증거 했다고 전한다. 필자도 그렇게 하기를 사모한다 이는 설교자라면 누구나 마음에 새겨 두어야 할 점이다. 그 말씀이 무엇인가?

본문 중에서 핵심적인 말씀은 "그리스도를 대신하여 간구하노니 너희는 하나님과 화목하라"(20하)는 말씀입니다. "하나님과 화목하시오" 이 보다 더 긴급하고 절실한 말씀이란 달리는 없습니다.

저는 개인전도를 할 때에 이렇게 접근을 합니다. 형제와 하나님과의 관계가 연결되어 있습니까? 끊어져 있습니까? 하면 끊어져 있는 것 같아요 합니다. 하나님과의 관계가 끊어져 있는 상태 이것이 아담 안에 있는 자들의 실상입니다. 하나님과 끊어져 있다면 그것은 절망적인 상태를 의미합니다.

하나님과 화목한 관계가 아니라 불화한 관계에 있는 것입니다. 그리고 하나님과 불화한 상태라면 위험천만한 상태인 것입니다.

죄로 말미암아 단절됨

그렇다면 어찌하여 하나님과 단절이 되고 불화한 상태에 처하게 되었습니까?

인류의 시조가 하나님께서 "네가 먹는 날에는 정녕 죽으리라"고 선언하신 금단의 과실을 범했을 때에 그들은 하나님과 분리되었습니다. "정녕 죽으리라"하신 <죽음>이란 나무 가지가 원줄기에서 끊어짐과 같이 생명의 원천 되시는 하나님에게서 분리됨을 의미합니다. 육체와 영혼의 분리가 육신의 죽음이라고 말한다면 하나님과의 분리는 영적인 죽음이라고 말할 수가 있습니다.

성경은 말씀합니다. "여호와의 손이 짧아 구원치 못하심도 아니요 귀가 둔하여 듣지 못하심도 아니라 오직 너희 죄악이 너희와 너희 하나님 사이를 내었다"(사 59:1-2).

"사이를 내었다"는 끊어짐은 중도에 어쩌다 그렇게 된 것이 아닙니다. 인류의 시조 아담의 후예들은 태어날 때부터 하나님과 끊어져 있는 상태에서 태어났다는 것입니다. 이것이 "아담 안에서 모든 사람이 죽은 것 같이"(고전 15:22)의 뜻입니다. 이것을 원죄라고 말합니다. 모든 인간은 원죄 하에서 태어납니다. 하나님과 불화한 상태에서 태어나는 것입니다.

대신하여 죄를 삼으심

그렇다면 하나님과 화목하기 위해서는 무엇이 선행되어야만 하는가를 생각하게 합니다. 우리의 죄악이 하나님과 우리 사이를 내었다면 죄 문제가 해결되어야만 하나님과 화목 즉 관계가 정상적으로 회복될 수 있음을 알게 됩니다.

그러나 인간의 입장에서는 죄 문제를 해결할 길도 없고 자기 행위로 하나님 앞에 의롭다 하심을 얻을 자도 전무한 것입니다. 그러므로 하나님께서 해 주셨습니다. "저희의 죄를 저희에게 돌리지 아니하셨다"(19중)고 말씀합니다. 이 말씀을 이렇게 말해보면 어떻겠습니까 "우리의 죄를 우리에게 돌리지 아니하시고" 더 나아가 "나의 죄를 나에게 돌리지 아니하시고."

그렇습니다. 만일 하나님께서 "네 죄는 네가 책임을 져라"고 말씀한다면 하나님과 화목할 수 있는 길은 완전히 차단이 되고 말 것입니다. 세상 법리(法理)는 그러합니다.

네 죄는 네가 책임져야지 왜 남에게 전가시키려고 하느냐고 다그칩니다. 그러나 긍휼에 풍성하신 하나님께서는 그렇게 하시지 아니하셨습니다. 나의 죄를 나에게 돌리지 아니하셨다면 그 죄 짐을 어떻게 하셨을까요 "하나님이 죄를 알지도 못하신 자로 우리를 대신하여 죄를 삼으셨다"(21상)고 말씀합니다.

여기에 중재자가 등장합니다. 그분은 "죄를 알지도 못하신자"입니다. 그러나 우리의 죄를 대신 담당하시기 위하여 자원하여 오셨습니다. 하나님과 우리 사이를 화목시키기 위한 "화목제물"이 되어 주셨습니다.

로마서 8:3에서도 "하나님은 하시나니 곧 죄를 인하여 자기 아들을 죄 있는 육신의 모양으로 보내어 육신에 죄를 정하셨다"고 말씀합니다. 하나님께서는 우리의 죄를 우리에게 돌리지 아니하시고 자기 아들에게 대신 "죄를 정하사" 해결해 주셨던 것입니다. 우리의 죄를 그냥 용서해 주신 것도 그냥 묵인하신 것도 아니었습니다. 자기 아들에게 대신 담당케 하시므로 해결해 주셨습니다.

하나님의 의

성경은 여기서 멈추고 있지 아니합니다. 우리를 대신하여 죄를 삼으신 것은 "우리로 하여금 저의(그리스도) 안에서 하나님의 의가 되게 하려 하심이니라"(21하)고 더 나아가고 있습니다. "하나님의 의가 되게 하려 하심"이란 하나님 보시기에 의롭다고 여겨주시게 되었다는 뜻입니다. 어떻게 해서 이것이 가능하단 말입니까?

구원 사역에 있어서 가장 난제(難題)는 어떻게 하면 인간이 의로워 질 수가 있느냐 하는 문제입니다. 이 문제만 해결되면 그 다음은 자연스럽게 해결이 됩니다. 이 문제를 하나님께서 해결해 주신 것입니다. 그래서 "하나님의 의"요 "하나님의 복음"(롬 1:1)인 것입니다. 인간이 할 수 있는데도 하나님께서 대신 해 주신 것이 절대로 아닙니다.

그러므로 18절은 "모든 것이 하나님께로 났나니" 하고 하나님께서 마련해 주셨음을 말씀하고 있는 것입니다. 복음이란 다름 아닌 "하나님의 의가 나타났다"는 소식인 것입니다. 사람이 의롭다 함을 얻을 수 있는 길이 나타났다 이것이 기쁜 소식입니다.

로마서 1:17을 보십시오. "복음에는 하나님의 의가 나타나서" 하고 말씀하고 있고 3:21에서도 "이제는 율법 외에 하나님의 한 의가 나타났으니" 하고 이 점을 말씀해주고 있습니다.

의인은 없나니 하나도 없다는 것이 성경의 선언입니다. 그러한 인간에게 우리의 죄를 자기 아들에게 대신 담당케 하시고 자기 아들의 의를 우리에게 덧입혀 주셔서 의롭다고 여겨주신다는 소식보다 더 기쁜 소식이 무엇이 있겠습니까? 이 보다 더 큰 은혜가 무엇이겠습니까?

하나님께서는 어찌하여 이러한 방법을 취하셨는가 하는 점입니다. 성경은 말씀합니다 "곧 이때에 자기의 의로우심을 나타내사 자기도 의로우시며 또한 예수 믿는 자를 의롭다 하려 하심이니라"(롬 3:26).

여기 한 재판관이 있다 합시다. 자기 자식이라하여 그가 범한 죄를 덮어준다면 그는 불의한 재판관이 되고 말것입니다.

하물며 의로우신 재판장되시는 하나님이시겠습니까?

여기에 자기 아들을 화목제물 또는 대속제물로 내세우실 수밖에 없으셨던 것입니다. 인간을 의롭다고 여겨주셔서 화목케 하여 주시는데 있어서 하나님의 의로우심에 손상을 입으시면서 해주신 일이 아님을 인식한다는 것은 중요한 요점입니다.

이러한 방법으로 죄 문제를 처리해 주심으로 "자기(하나님)도 의로우시며 또한 예수 믿는 자들을 의롭다 하심"(롬 3:26)이 하나님의 공의에 손상됨이 없이 가능하게 된 것입니다.

하나님과 화목하라

그렇다면 하나님께서 마련하여 주신 하나님의 의는 어떻게 받을 수가 있는가 오직 믿음으로 받을 수가 있다고 말씀합니다. "또한 예수 믿는 자를 의롭다 하려 하심"이라고 말씀합니다. "곧 예수 그리스도를 믿음으로 말미암아 모든 믿는 자에게 미치는 하나님의 의니 차별이 없느니라"(롬 3:22)고 말씀합니다. 다른 조건도 아무 차별도 없습니다. 다만 "믿느냐 믿지 않느냐"는 차별이 있을 뿐입니다.

이제 하나님께서 제공하여 주신 '하나님의 의'를 믿음으로 받아 의롭다 함을 얻었다면 의로우신 하나님과 화목하는데 있어 아무런 장애가 없게 된 것입니다. 이를 실물을 통하여 보여주신 것이 성전 휘장의 찢어짐입니다. 전에는 출입금지를 당할 뿐만 아니라 이를 범하면 죽임을 당하리라는 경고를 받았으나 이제는 하나님께 나아가는 길이 활짝 열린 것입니다.

"이러므로 우리가 그리스도를 대신하여 사신이 되어 하나님이 우리로 너희를 권면하신 것같이 그리스도를 대신하여 간구하노니 너희는 하나님과 화목하라"(20)고 간절히 구하고 있는 것입니다. 이 점에 있어서 심각하게 물어야 할 말이 있습니다. 형제가 교통사고를 일으켜 사람을 다치게 했다고 합시다. 이때 법적으로 필요한 것이 합의서입니다.

그러면 가해자와 피해자 어느 쪽에서 화해하기를 애원하게 됩니까? 말할 것도 없이 애원하는 것은 가해자 쪽입니다. 그렇다면 하나님과 인간이 불화하게 된 데에는 누가 가해자인가 하는 점입니다. 배은망덕한 인간입니다. 그러면 어느 쪽에서 화해해 주시기를 애원하고 간구해야만 마땅합니까 대인관계에 있어서도 그러하거든 하물며 창조주 하나님 앞에서 피조물에 불과한 인간이겠습니까?

그러나 인간은 하나님과 화해하기를 원하지 않고 있는데 하나님 쪽에서 자기 아들을 보내서서 죄 값을 대신 보상해 놓으시고 이제 다 해결되었으니 화해하자고 간절히 구하고 있는 것입니다. 형제여 이래도 되는 것입니까 이것을 당연시하거나 예사 일로 여겨서는 아니 됩니다.

주님께서는 "너를 송사하는 자와 함께 길에 있을 때에 급히 사화하라"(마 5:25)고 말씀하십니다. 지금 당신은 재판 받으러 가는 도상에 있는 거요 "급히 사화" 해야 할 시점입니다.

그래도 "너희는 하나님과 화목하라"는 말씀에 대하여 무관심하거나 "나는 하나님과 화목할만한 자격이 없어요" 하고 주저하고 있다면 그것은 겸손이 아니라 불신앙의 소치입니다.

반드시 심판대 앞에 서리라

그렇다면 하나님과 화목하는 것이 왜 그다지도 중요하고 시급한 문제인가 하는 점입니다. 문맥을 통해서 좀 더 살펴보고자 합니다. "만일 땅에 있는 우리의 장막 집이 무너지면"(5:1) 하고 육신의 장막이 무너질 날이 오기 때문입니다. 하나님과 화목하지 않은 체 육신적으로 살아가는데는 별로 지장이 없을는지도 모릅니다.

그러나 하나님과 화목하지 못한 체 죽어서는 아니 됩니다. 왜냐하면 "이는 우리가 다 반드시 그리스도의 심판대 앞에 드러나 각각 선악간에 그 몸으로 행한 것을 따라 받으려 함이라"(10)고 말씀하고 있는 심판이 있기 때문입니다. 히브리서 9:27에서도 "한 번 죽는 것은 사람에게 정하신 것이요 그 후에는 심판이 있으리니"하십니다. 심판이란 영생과 영벌로 갈라지게 됨을 의미합니다.

만일 하나님께서 마련해 주시는 "하나님의 의"를 거절하고 하나님과 화목하지 않는다면 당신은 "하나님의 영광에 이르지 못하게"(롬 3:23) 될 것입니다. 그것은 지옥가게 된다는 말입니다. 만일 "하나님의 의"로 형제의 허물을 가리움을 받지 못한다면 "산과 바위에게 이르되 우리 위에 떨어져 보좌에 앉으신 이의 낯에서와 어린 양의 진노에서 우리를 가리우라"(계 6:16)고 절규하게 될 날이 이르고야 말 것입니다.

성경은 말씀합니다. "혹 네가 하나님의 인자하심이 너를 인도하여 회개케 하심을 알지 못하여 그의 인자하심과 용납하심과 길이 참으심의 풍성함을 멸시하느뇨 다만 네 고집과 회개치 아니한 마음을 따라 진노의 날 곧 하나님의 의로우신 판단이 나타나는 그날에 임할 진노를 네게 쌓는도다"(롬 2:45).

그리스도와의 만남

본문을 대할 때에 의아한 점이 있는데 그것은 사도가 어째서 고린도 성도들을 향해서 "그리스도를 대신하여 간구하노니 너희는 하나님과 화목하라"고 말씀하고 있느냐 하는 점입니다. 고린도 성도들은 이미 하나님과 화목한 관계가 아닙니까 그들은 "구변과 모든 지식에 풍족"하고 "모든 은사에 부족함이 없는"(고전 1:5-6) 자들이 아닙니까?

그럼에도 불구하고 이렇게 말씀하고 있는 것은 그들 상호간에 분쟁이 있을 뿐만 아니라 그리스도의 사신으로 보내심을 받은 사도 바울과의 관계가 불편한 관계였기 때문으로 여겨집니다. 주님의 비유중에 일만 달란트를 탕감받은 자가 자신에게 백 데나리온 빚진 동관 하나를 만나 붙들어 목을 잡고 옥에 가뒀다는 예화가 있습니다.

어떻게 해서 하나님과 나와의 관계가 화목하게 됨이 가능하게 되었는가를 진정으로 알았다면 그리고 믿는 자라면 이웃과의 관계에서도 화평의 관계를 이루게 될 것이 아닙니까? 사도 바울은 고린도 성도들이 화목의 교리를 깨달았는가? 진정 믿고 있는가? 이를 재점검할 필요를 느꼈던 것 같습니다.

"누구든지 하나님을 사랑하노라 하고 그 형제를 미워하면 이는 거짓말하는 자니 보는 바 그 형제를 사랑치 아니하는 자가 보지 못하는 바 하나님을 사랑할 수가 없느니라"(요일 4:20)고 성경은 말씀합니다. 이 점에서 본 설교말씀은 나와 하나님과의 관계에서 나와 이웃과의 관계로 연결을 시켜줍니다. 나 자신과 목회자와의 관계 형제와의 관계 이웃과의 관계 가족과의 관계가 어떠한가를 점검하게 합니다.

하나님과 진정으로 화목한 자는 이웃과의 관계에서도 화복하는 자입니다. 또한 화목하도록 그리스도를 대신하여 간구하는 자입니다. 본문에 보시면 "우리를 자기와 화목하게 하시고 또 우리에게 화목하게 하는 직책을 주시고"(18), "화목하게 하는 말씀을 우리에게 부탁하셨느니라"(19)고 말씀합니다.

교회 내에는 여러 가지 직분이 있다 하여도 우리 모두에게 공통적으로 주신 직책은 화목하게 하는 직책임을 잊지 마십시다. 말씀을 맡은 사역자들에게 최우선적으로 부탁하신 말씀이 "화목하게 하는 말씀을 우리에게 부탁하셨느니라"고 말씀합니다.

그럼에도 불구하고 강단에서 이 말씀이 희귀하여 졌으며 심지어 심령 부흥회 기간에도 "너희는 하나님과 화목하라"고 외치는 소리를 들을 수 없는 이 시대는 진정 복음의 위기가 아닐 수 없습니다.

"우리가 그리스도를 대신하여 사신이 되어…간구하노니 너희는 하나님과 화목하라."

23
참 복음과 변질된 복음

갈라디아서 2:11-21

¹⁵우리는 본래 유대인이요 이방 죄인이 아니로되 ¹⁶사람이 의롭게 되는 것은 율법의 행위에서 난 것이 아니요 오직 예수 그리스도를 믿음으로 말미암는 줄 아는 고로 우리도 그리스도 예수를 믿나니 이는 우리가 율법의 행위에서 아니고 그리스도를 믿음으로서 의롭다 함을 얻으려 함이라 율법의 행위로서는 의롭다 함을 얻을 육체가 없느니라
(갈 2:15-16)

| 설교작성 노트 |

갈라디아서는 복음에 대한 변증서라고 말할 수가 있다. 그러므로 논조는 격렬하고 단호하다. "우리가 너희에게 전한 복음 외에 다른 복음을 전하면 저주를 받을 지어다"고 서슴없이 단정한다. 그러면 바울이 전한 참 복음은 무엇이며 다른 복음은 무엇인가? 아니다. 다른 복음이 아니라 변질(變質)된 복음이었다. 왜냐하면 다른 복음이란 없기 때문이다(1:7). 그렇다면 오늘의 시대에는 참 복음을 위협하고 있는 변질된 복음은 없단 말인가?

변질된 복음

갈라디아서를 기록하고 있는 사도 바울의 마음은 "큰 근심과 고통"(롬 9:2)으로 짓눌려 있었을 것입니다. 왜냐하면 사도 바울이 복음의

좋은 씨를 뿌려놓은 갈라디아 지방에 거짓 전도자들이 가서 "다른 복음"(1:6-9)이라는 가라지를 뿌리고 있었기 때문입니다.

그들이 전한 복음이란 실상은 "다른 복음"이 아니라 변질된 거짓 복음이었던 것입니다. 왜냐하면 성경은 다른 복음은 없나니"(7) 하고 말씀하고 있기 때문입니다.

이로 말미암아 갈라디아 성도들은 큰 혼란에 빠졌고 그 중의 어떤 사람들은 귀가 솔깃하여 거짓 교사들의 말을 좇았습니다. "이같이 속히 떠나 다른 복음을 좇는 것을 내가 이상히 여기노라"(1:6)고 탄식합니다. 그렇다면 거짓 전도자들은 참 복음을 어떻게 변질시켰을까요?

그들은 "이방인에게 할례 주고 모세의 율법을 지키라 명하는 것이 마땅하다"(행 15:5)고 주장했습니다. 그들은 예수를 믿어야 구원 얻는다 함을 부인하지 않았습니다. 다만 그것만으로는 부족하고 그 위에 할례도 받아야 하고 모세 율법도 지켜야한다고 첨부했던 것입니다. 그러니까 예수그리스도께서 이루어주신 것에다 무엇인가 "첨부"하려고 했던 것입니다.

다시 말씀드리면 모세율법이 할 수 없는 그것을 예수 그리스도께서 이루어주신 것이 복음인데 거짓 선생들은 마치 그리스도의 복음이 못다한 것을 모세율법이 완성하는 냥 "그리스도의 복음을 뒤바꾸어 놓으려했던 것"입니다.

사도 바울은 단호하게 거부합니다. "너희가 만일 할례를 받으면 그리스도께서 너희에게 아무 유익이 없으리라"(5:2) "율법 안에서 의롭다 함을 얻으려 하는 너희는 그리스도에게서 끊어지고 은혜에서 떨어진 자로다"(5:4).

참 복음의 핵심

사도 바울이 전한 "참 복음의 핵심"은 사람이 어떻게 하나님 앞에 의롭다 함을 얻을 수가 있느냐에 있는 것입니다. "사람이 의롭게 되는 것은"(16상) 이렇게 문제를 제기합니다.

범죄함으로 말미암아 하나님 존전에서 추방당한 인간이 해결하여야 할 최대의 난제(難題)는 어떻게 하나님 앞에 의로울 수가 있느냐 하는 문제인 것입니다. 하나님 앞에 의롭다 함을 얻을 수만 있다면 의로우신 하나님의 존전에 나아갈 수도 있고 하나님과 교제도 회복되게 되는 것입니다.

"그런즉 하나님 앞에서 사람이 어찌 의롭다 하며 부녀에게서 난 자가 어찌 깨끗하다 하랴"(욥 25:4) 하고 의롭다 함의 문제는 이미 욥기에서 제기된 가장 중대하고도 긴급한 난제였던 것입니다.

그런데 복음이란 다름 아닌 이 난제를 해결해 주는 것입니다.

갈라디아서 2:16은 바울이 "나의 복음"이라고 말씀한 바울 복음의 핵심이라고 말할 수가 있습니다. 바울은 이 복음을 증거하는데 목숨을 걸었습니다. 16절 한 절 속에는 "의롭다 함"이란 말이 세 번이나 강조하고 있어서 이를 얼마나 중요시하고 강조했는가를 말씀해 줍니다.

1. "사람이 의롭게 되는 것은 율법의 행위에서 난 것이 아니요" 하고 문제를 제기합니다.
2. "오직 예수 그리스도를 믿음으로 말미암는 줄 아는 고로 우리도 그리스도 예수를 믿나니" 하고 예수 믿는 목적을 말씀합니다.
3. "이는 우리가 율법의 행위에서 아니고 그리스도를 믿음으로서 의롭다 함을 얻으려 함이라"고 의롭게 되는 방법을 밝히고 있습

니다.
4. "율법의 행위로서는 의롭다 함을 얻을 육체가 없느니라"고 그 이유를 말씀합니다.

그러므로 "복음이 무엇이냐"고 묻는다면 "하나님 앞에 의롭다 함을 얻는 길이 나타났습니다."가 답변이 될 수가 있습니다.

로마서 1:17은 말씀합니다. "복음에는 하나님의 의가 나타나서" 3:21에서는 "이제는 율법 외에 하나님의 한 의가 나타났으니" 이것이 복음이요 이것이 복음의 핵심입니다. "하나님의 의"가 나타났습니다. 이 의를 받아 입기만 하면 하나님 앞에 나아갈 수가 있습니다. 이 의는 값없이(롬 3:24), 거저 (엡 1:6)주십니다. 이것이 기쁜 소식 곧 바울이 전한 복음의 핵심입니다.

"하나님의 의"라고 말씀합니다. 인간이 이룩한 것이 아니라 하나님께서 이루어주셨기 때문에 하나님의 의입니다. 어찌해서 하나님께서 이루어주셨습니까? "주의 목전에는 의로운 인생이 하나도 없나이다" (시 143:2)고 이미 다윗은 고백하고 있습니다. "율법의 행위로 그의 앞에 의롭다 하심을 얻을 육체가 없나니"(롬 3:20) "하나도 없도다" (롬 3:12)이기 때문입니다.

그런데 바울 되기 전 사울은 자신이 "율법의 의로는 흠이 없는 자" (빌 3:6)인줄로 알고 있었습니다. 그러던 그가 해보다 더 밝은 빛 앞에 서게 되었을 때 "죄는 살아나고 나는 죽었도다"(롬 7:9)고 고백하기에 이릅니다. 그는 비로소 "오호라 나는 곤고한 사람이로다. 이 사망의 몸에서 누가 나를 건져내랴"고 절규하게 됩니다.

"누가 누가 누가" 나를 건져내랴 그때에 그를 건져주실 예수 그리스도를 만나게 됩니다. 전적타락 전적부패 전적무능한 인간이 의롭다 함을 얻는 길, 참 복음을 듣게 됩니다. 이 후로부터 사울은 바울이 되었으며 복음에 미친 사람이 되었던 것입니다. 이것이 사도 바울이 목숨을 걸고 "내 복음"(롬 2:16; 16:25; 딤후 2:8)이라 말하면서 전파하였던 참 복음의 핵심인 것입니다.

타협할 수 없는 복음진리

본문 11절 이하를 보면 참으로 놀랍다고 말할 수밖에 없는 사건이 전개됩니다. 바울이 베드로를 "면책"(免責)했다는 것입니다. 베드로는 누구고 바울은 누구입니까? 베드로는 주께서 "너는 베드로라 내가 이 반석위에 내 교회를 세우리라" 하신 자요 바울은 자신의 말대로 "훼방자요 핍박자요 포행자"였습니다.

그런데 바울이 베드로를 면책한 것입니다. 베드로가 바울을 면책했다면 혹 있을 수도 있는 일로 여길 것입니다만 바울이 베드로를 면책하다니 왜 이런 일이 일어났을까요? 그것은 베드로가 안디옥에서 이방인 형제들과 함께 교제의 식탁에 앉았다가 예루살렘에서 내려온 유대인 형제들이 이르자 할례자들을 두려워하여 얼른 피하여 물러갔기 때문입니다. 베드로가 그렇게 행동을 하매 남은 유대인과 심지어 바나바 까지도 저희의 외식에 유혹이 되었다고 말씀합니다.

"그러므로 나는 저희가 복음의 진리를 따라 바로 행하지 아니함을 보고 모든 자 앞에서"(14) 면책했노라고 말씀합니다.

베드로가 진리 자체에서 잘못된 것은 아니었습니다. 베드로는 "하나님께서 깨끗케 하신 것을 네가 속되다 하지 말라"(행 10:15) 하신 하나님의 말씀을 친히 들은 바가 있습니다. 진리에는 바르게 섰으나 "복음의 진리를 따라 바로 행하지"(14) 못했을 뿐입니다.

계집종의 말에 주님을 부인했던 베드로는 할례자를 두려워하여 복음을 부인하는 과오를 범하였던 것입니다.

이런 경우 형제가 바울이라면 어떻게 했을 것 같습니까? 사도 바울은 당돌하다 하리 만치 단호했습니다. 베드로를 "면책"한 것입니다. 왜 그러했습니까? 그 일은 결코 사소한 일이 아니었기 때문입니다. 적당히 눈감아 줄 일이 아니었던 것입니다. 그것은 복음의 핵심인 칭의 교리와 관련된 사안이었기 때문입니다.

베드로를 면책한 말씀에 이어서 "우리는 본래 유대인이요 이방 죄인이 아니로되"(15) 하고 베드로나 자신이 유대임을 말씀합니다. 그리고 저 유명한 16절 말씀이 나옵니다. 즉 유대인이라고 해서 율법의 행위로 의롭다 함을 받을 수 있었던 것이 아니요 "오직 예수 그리스도를 믿음으로 말미암는 줄 아는 고로 우리도(유대인) 그리스도를 믿나니" 합니다.

그러므로 성경은 말씀합니다. "할례자도 믿음으로 말미암아 또는 무할례자도 믿음으로 말미암아 의롭다 하실 하나님은 한 분이시니라"(롬 3:30) 그렇다면 "저희나(무할례자) 우리나 분간치 아니 하셨느니라"(행 15:9)가 되는 것입니다.

베드로의 행동은 다름 아닌 복음의 핵심을 부정하는 행동이었던 것입니다. "둘로 하나를 만드사 중간에 막힌 담을 허신"(엡 2:14) 주님의 사역을 부인하는 처사였던 것입니다.

주님께서 둘로 하나를 만드시기 위하여 (하나님과 인간, 유대인과 이방인) 목숨을 버려주신 "복음의 진리"를 옹호하기 위하여 바울은 목숨을 걸고 보수하였던 것입니다. 베드로가 문제가 아니었습니다. "우리나 혹 하늘로부터 온 천사라도 우리가 너희에게 전한 복음 외에 다른 복음을 전하면 저주를 받을 지어다"(1:8)고 서슴없이 갈파합니다.

형제여 오늘날 사도 바울 처럼 행동했다면 교계에서는 무엇이라 말들 할까요?

구속사의 맥락에서 본 칭의 교리

이상에서 상고한 대로 사람이 하나님 앞에 의롭다 함을 얻는다는 것은 사활을 좌우하는 문제인 것입니다. 그런데 성경은 참으로 경이로운 사실을 증거해 주고 있습니다. 아벨이 하나님께 "의로운 자라"(히 11:4) 하시는 증거를 얻었다고 말씀합니다.

아브라함을 "의로 여기셨다"(갈 3:6; 약 2:23)고 말씀합니다. 더욱 놀라운 일은 기생 라합이 "의롭다 하심을 받았다"(약 2:25)고 말씀하고 있는 것입니다. 다윗이 의롭다 함을 얻었다고 말씀합니다. 이런 기사를 대할 때 혹시나 예사로 보아 넘기지는 아니하였던가요? 이제는 놀란 눈을 하고 경이로운 마음으로 보게 되었습니까? 이로 보건대 구약시대에도 의롭게 되는 길이 있었음을 깨닫게 됩니다.

그렇다면 구약시대에 있어서 의롭게 되는 길과 방도는 무엇이었을까요? 그것은 분명합니다. 구약시대 성도들도 예수그리스도의 대속의 은혜를 믿고 의롭다 함을 얻었다는 것입니다. 신약 성도들은 이미 오신 예수 그리스도를 믿고 구약의 성도들은 장차 오실 메시아 그리스도를 믿었다는 차이가 있을 뿐입니다.

본문 21절을 보십시오. "만일 의롭게 되는 것이 율법으로 말미암으면 그리스도께서 헛되이 죽으셨느니라" 아벨 그리고 아브라함과 라합과 다윗이 다른 길 다른 방도로 하나님 앞에 의롭다 함을 얻었다면 예수 그리스도께서 헛된 죽음을 죽으신 것이 된다는 말씀입니다.

왜 그렇습니까? 주님께서 죽으시지 않으셔도 의롭다 함을 얻는 길이 (그것이 무엇이든)있는데 왜 헛수고를 하시느냐는 것이지요. 아닙니다. 없습니다. "내가 길이요 진리요 생명이니 나로 말미암지 않고는 아버지께로 올 자가 없느니라."

성경은 "먼저 아브라함에게 복음을 전했다"(갈 3:8)고 말씀합니다. 아벨은 어린 양을 번제로 드림으로 장차 세상 죄를 지고 가실 하나님의 어린 양을 멀리서 바라보며(물론 희미한 중에) 믿었던 것입니다. 그러므로 칭의 교리는 신구약에 걸쳐서 일관된 복음진리의 핵심인 것입니다.

그리스도와의 만남

복음에는 본질(本質)과 기원(起源)이 있기 마련입니다. 본질이란 복음은 도대체 무엇이냐 하는 문제입니다. 기원이란 이것이 누구로 말미암아 가능해졌느냐 하는 점입니다. 복음의 본질은 분명합니다. 범죄함으로 하나님 존전에서 추방당한 인간이 하나님께로 돌아가고 영접하심을 얻기 위해서는 "의롭다 함을 얻는 길" 외에는 다른 길이 없다는 것 이것이 복음의 본질입니다.

복음의 기원이란 인간의 행위로는 하나님앞에 의롭다 함을 얻는다는 것은 불가능한 일이라는 것을 인정하면서 "그리스도안에 있는 구속으로 말미암아 하나님의 은혜로 값없이 의롭다 하심을 얻는다"(롬 3:24)는 "그리스도 예수 안에 있는 구속으로 말미암아" 이것이 복음의 유일한 기원입니다. 복음은 이 "말미암아"에 연결되어 있는 것입니다.

그렇다면 이러한 의문을 제기하는 사람들이 있을 수가 있습니다. 율법을 행함으로가 아니라 믿음으로 의롭다 함을 얻는다면 행함은 필요 없단 말이냐? 의롭다 함을 얻었으니 죄를 지어도 괜찮다는 말이냐? 복음은 죄를 조장하고 있지 아니한가?

그렇습니다. 이러한 비난은 복음을 복음대로 전하는 자들에게 바울 당시부터 어느 시대에나 있어 왔습니다. "그럴 수 없느니라. 죄에 대하여 죽은 우리가 어찌 그 가운데 더 살리요"(롬 6:1-2) 하고 단호하게 거부합니다.

복음이란 나 같은 죄인을 의롭다고 여겨주셔서 하나님의 자녀로 영접하여 주셨으니 하나님 아버지의 이름에 누를 깨치지 않기 위하여 의롭게 살기를 열망하게 만듭니다.

아벨도 아브라함도 라합도 다윗도 그러한 삶을 살았습니다. 일곱 귀신이 나간 남편을 다섯이나 두었던 막달라 마리아도 사마리아 여인도 간음현장에서 잡혀온 여인도 세리 삭개오도 의에 주리고 목말라 하는 삶을 살았습니다 혹시라도 그러한 삶을 살지 못하고 실수하고 넘어짐으로 사회의 지탄을 받게 된다면 그것은 우리들 자신의 잘못이지 복음에 잘못이 있는 것은 아니라고 말씀합니다.

이것이 본문 17-18의 의미입니다.

이제 한가지 요점이 남았습니다. "참 복음과 변질된 복음"이라는 명제가 오늘을 살아가는 현대교회에 어떻게 적용이 되느냐 하는 점입니다. 물론 지금은 할례를 받아야 구원을 얻는다고 말하는 사람은 아무도 없습니다.

이 시대의 변질된 복음이 무엇인가? 누구도 나는 변질된 복음을 전하고 있지 않다고 말할 것입니다.

그렇다면 이점을 다른 각도에서 생각해 보기로 하겠습니다. 설사 변질된 복음을 말하지 아니 하였다 하더라도 당연히 말하여야 할 복음의 핵심을 "말해 주지 아니 하였다"면 이는 변명의 여지없는 직무유기요, "다른 복음"으로 빠질 가능성이 있다 하겠습니다.

루터가 지적한대로 당신이 섬기는 교회가 칭의 교리에 서 있지 못하다면 "넘어지는 교회"일 수밖에 없습니다. 왜냐하면 "칭의"외에는 죄인을 하나님 앞에 세울 수 있는 것이란 전무하기 때문입니다. 그러므로 루터는 복음의 핵심인 칭의 교리를 "귀에 못이 박이도록"말해 주라고 역설했던 것입니다.

설사 칭의 교리를 말해 준다 하여도 그것은 일 년에 한 두 번 설교할 뿐 다른 주제들(그것이 축복이든 은사든 교훈이든)을 보다 더 중요한 교리인 양 설교의 강조점을 그것에 두고 있다면 이것도 피할 수 없이 다른 복음으로 빠질 요인이 된다 하겠습니다.

왜냐하면 이러한 설교는 필연적으로 회중의 눈과 관심을 복음의 핵심이 아닌 다른 곳으로 유인하고 있기 때문입니다. 이와 같이 복음의 핵심에서 이탈해 있는 설교자가 베드로와 같은 교계의 큰 어른이거나 소위 말하는 성공적인 목회자일 수도 있습니다. 그래서 바나바까지 유혹됨과 같이 성장하기를 갈망하고 있는 보다 "작은 설교자들"까지 그 유혹의 물결을 쫓아갈 가능성은 얼마든지 있는 것입니다. 또한 그것이 현실이기도 합니다.

오늘날은 초대교회 때와는 다른 양상으로 복음은 많이 변질되어있고 혼잡되어 있다 하겠습니다. 이점에 있어서만은 단호해야만 합니다. 예수 그리스도께서는 죄인 된 우리를 의롭다 함을 얻게 하시기 위하여 십자가에 죽어주셨습니다. 죽어주신 목적도 여기에 있고 예수 믿는 목적도 여기에 있습니다.

그러함에도 불구하고 이 복음의 핵심을 대수롭지 않은 것인 양 침묵하고 있거나 강조하고 있지 않다면 그분의 죽으심을 헛된 죽음처럼 여기는 것에서 그리 먼 것은 아닐 것입니다.

성경은 "이 땅에 기괴하고 놀라운 일이 있도다"(렘 5:30)고 말씀합니다. 그것이 무엇입니까 "선지자들은 거짓을 예언하며 제사장들은 자기 권력으로 다스리며 내 백성은 그것을 좋게 여기니 그 결국에는 너희가 어찌 하겠느냐."

24
대신 저주를 받으신 그리스도

갈라디아서 3:10-14

¹⁰ 무릇 율법 행위에 속한 자들은 저주 아래 있나니 기록된바 누구든지 율법 책에 기록된대로 온갖 일을 항상 행하지 아니하는 자는 저주 아래 있는 자라 하였음이라 ¹¹ 또 하나님 앞에서 아무나 율법으로 말미암아 의롭게 되지 못할 것이 분명하니 이는 의인이 믿음으로 살리라 하였음이니라 ¹² 율법은 믿음에서 난 것이 아니라 이를 행하는 자는 그 가운데서 살리라 하였느니라 ¹³ 그리스도께서 우리를 위하여 저주를 받은 바 되사 율법의 저주에서 우리를 속량하셨으니 기록된바 나무에 달린 자마다 저주 아래 있는 자라 하였음이라 ¹⁴ 이는 그리스도 예수 안에서 아브라함의 복이 이방인에게 미치게 하고 또 우리로 하여금 믿음으로 말미암아 성령의 약속을 받게 하려 함이니라 (갈 3:10-14)

| 설교작성 노트 |

괌에는 요코이 동굴이라는 것이 있다. 전쟁이 끝난 줄도 모르고 28년 동안이나 이 동굴에서 숨어 지냈다. 그는 밖으로 나오기를 두려워하였다. 그 중 두 명은 굶어 죽었다고 했다.

이러한 그리스도인들이 얼마나 많은가. 전쟁이 끝이 난 것은 아니지만 승리하셨다. 당신은 모든 속박에서 해방되었다. 완전한 자유인이다.

본문을 관찰해 보면 "살리라"는 말씀이 두 번(11, 12) 나옵니다. 두 가지 살 길이 있다는 것입니다.

이는 어디에 살 길이 있는 가고 길을 찾아 헤매는 구도자(求道者)에게 있어서는 눈이 번쩍 띄는 말씀이 아닐 수가 없습니다. 생각건대 모든 학문이란 어떻게 하면 살 수가 있는가를 탐구하는 것이라 말해도 과언은 아닐 것입니다. 어디에 사는 길이 있다는 말인가?

11절은 "이는 의인이 믿음으로 살리라"고 말씀합니다.

12절은 "이를 행하는 자는 그 가운데서 살리라"고 말씀합니다.

성경은 믿음으로 사는 길과 행함으로 사는 두 길을 제시하고 있습니다.

그렇다면 "믿음"과 "행함" 어느 길이 우리가 살 수 있는 길인가 두 가지 사는 길에 대하여 관찰해 보겠습니다. 먼저 행함으로 사는 길입니다.

"무릇 율법 행위에 속한 자들은 저주 아래 있나니 기록된바 누구든지 율법책에 기록된 대로 온갖 일을 항상 행하지 아니하는 자는 저주 아래 있는 자라 하였음이라"(10)

무슨 뜻입니까? 율법책에 기록된 대로 온갖 일을 항상 행하기만 하면 살 수가 있는데 만일 그대로 행하지 않으면 저주를 받는다는 뜻입니다.

어떻습니까? 형제는 기록된 대로 온갖 일을 항상 행할 자신이 있습니까?

다음은 믿음으로 사는 길입니다. "이는 의인이 <믿음으로 살리라> 하였음이니라" 그리고 믿음으로 사는 길에 관하여는

"또 하나님이 이방을 믿음으로 말미암아 의로 정하실 것을 성경이 미리 알고 먼저 아브라함에게 복음을 전하되 모든 이방이 너를 인하

여 복을 받으리라 하였으니(8)

"그러므로 믿음으로 말미암은 자는 믿음이 있는 아브라함과 함께 복을 받느니라"(9)고 저주가 아닌 복을 말씀하고 있습니다.

형제 앞에 두 가지 사는 길이 제시되어 있습니다. 그런데 이상의 말씀을 살펴보면 행함으로 사는 길은 "저주"로 떨어지고 믿음으로 사는 길은 "복"을 받느니라고 말씀합니다.

어찌하여 율법을 행함으로 살려는 자는 저주 아래 있게 된다는 것입니까? "율법책에 기록된 대로 온갖 일을 항상 행하지" 못하기 때문이라는 것입니다.

그렇다면 모든 사람들은 그리고 다른 종교들은 어느 길을 가고 있습니까? 어떻게 하므로 살고자 몸부림을 치고 있습니까? 말할 것도 없이 "행함"으로 살고자 하고 있는 것입니다. 우리들도 전에는 그 길을 가고 있었습니다. 그런데 그 마지막은 <저주>라는 것입니다.

성경은 저주 아래 있는 자를 향하여 "믿음으로 살라" 말씀하고 있는 것입니다.

그렇다면 저주 아래 있는 자가 도대체 무엇을 "믿음"으로 살리라는 말씀입니까

성경은 말씀합니다.

"그리스도께서 우리를 위하여 저주를 받은 바 되사 율법의 저주에서 우리를 속량하셨으니"(13) 이것입니다.

이를 믿으면 살리라는 말씀입니다. 다시 말씀드리면 예수 그리스도께서 우리 대신 저주를 받으셨다는 이를 믿기만 하면 "저주에서 속량"되어 살 수 있다는 것입니다. 이것이 복음입니다. 주께서 우리를 위하여 십자가를 지셨다는 말은 많이 듣습니다. 이제 예수 그리스도께서 벌레 같은 나를 위하여 대신 저주를 받으셨다는 말씀을 듣습니

다. 이는 전혀 새로운 느낌으로 다가옵니다.

이는 블런트 감독이 말한 대로 "전률을 느껴야" 마땅한 말씀인 것입니다. 예수 그리스도께서 우리의 죄를 인하여 십자가에 달리셨다는 것은 다름 아닌 우리 대신 "저주를 받으신" 사건이었던 것입니다. 기록된 바 나무에 달린 자마다 저주 아래 있는 자라 하였음이라.

나무에 달린 자마다 저주 아래 있다는 뜻은 나무에 달렸기 때문이라는 의미보다는 그 시체를 나무에 높이 달아 저주받은 자의 표적으로 삼았다는 의미일 것입니다.

초대교회 때 전도에 가장 큰 걸림돌은 십자가였으리라는 것을 상상하기에 어렵지 않습니다. 예수께서 십자가에 높이 달려 죽었다는 것은 다름 아닌 저주를 받아 죽은 것이 되기 때문입니다. "그렇다 예수께서는 저주를 받아서 죽으셨다 그러나 명심하라 그가 받으신 저주는 너를 위하여 너 대신 받은 저주이니라" 바울은 이렇게 증거하고 있는 셈입니다.

그러므로 바울 사도는 "어리석도다 갈라디아 사람들아 예수 그리스도께서 십자가에 못박히신 (우리를 위하여 저주를 받으신) 것이 너희 눈앞에 밝히 보이거늘 누가 너희를 꾀더냐"[1]고 호소하고 있는 것입니다.

그러나 갈라디아 교회 성도 중 일부는 할례를 받아야 한다는 거짓 교사들의 꾀임에 빠졌던 것입니다. 할례를 받아드린다는 것은 율법 전체를 지켜야 한다는 의무의 멍에를 메는 것이 되는 것입니다.

"보라 나 바울은 너희에게 말하노니 너희가 만일 할례를 받으면 그리스도께서 너희에게 아무 유익이 없으리라 내가 할례를 받는 각 사람에게 다시 증거하노니 그는 율법 전체를 행할 의무를 가진 자라" (5:2-3).

그러면 어떻게 되는 것입니까? "율법 안에서 의롭다 함을 얻으려 하는 너희는 그리스도에게서 끊어지고 은혜에서 떨어진 자로다" 그렇습니다. 그는 은혜에서는 떨어지고 다시 저주 아래 있게 되는 것입니다.

오늘 말씀이 우리에게 어떻게 적용이 됩니까? 그 점이 5-6장에 있습니다. 몇 가지만 들어서 말씀드리려 합니다. 첫째는 그리스도께서 우리를 자유케 하려고 자유를 주셨으니 그러므로 굳세게 서서 다시는 종의 멍에를 메지 말라"(5:1) 하십니다. 오늘날은 할례의 멍에를 메우려는 자는 없을 것입니다. 그러나 교회는 다른 여러 가지 멍에로 성도들을 붙잡아 매어 두려는 유혹에 직면해 있습니다. 대표적인 사례를 하나 말씀드린다면 "가계에 흐르는 저주의 멍에를 끊어라"는 식의 멍에입니다. 그럴듯한 성경 예화를 듭니다. 그러면 머리를 끄떡이며 딘복합니다.

아닙니다. 가계에 흐르는 저주가 정말 있다 하여도 예수 그리스도께서 우리를 위하여 저주를 받으셨을 때에 가계에 흐르는 저주는 제외되었다는 말입니까? 성경은 말씀합니다. "너희가 알거니와 너희 조상의 유전한 망령된 행실에서 구속된 것은 은이나 금같이 없어질 것으로 한 것이 아니요 오직 흠 없고 점 없는 어린 양 같은 그리스도의 보배로운 피로 한 것이라"(벧전 1:18-19)

형제가 예수 그리스도를 구주로 믿고 영접하였을 때에 모든 저주에서 속량하여 주셨음을 굳게 믿으시기를 바랍니다. 자유하십시오

둘째는 "그러나 그 자유로 육체의 기회를 삼지 말고 오직 사랑으로 서로 종노릇하라"(5:13) 하십니다. 여기에 절묘한 조화와 균형이 있습니다. 명심하십시오 자유하다고 내 맘대로 나 좋을 대로해도 되는 것은 아닙니다. 종노릇하십시오. 단 "사랑의 종"뿐입니다.

셋째는 "너희가 짐을 서로 지라 그리하여 그리스도의 법을 성취하라"(6:2) 하십니다. 그리스도께서 우리를 위하여 저주의 짐을 져 주셨다면 우리도 형제를 위하여 짐을 지는 것이 마땅하지 않겠습니까 단 어느 일방만이 아니라 "서로 서로" 말입니다. "그리하여 그리스도의 법을 성취하라" 하십니다.

"다시 저주가 없으며 하나님과 어린 양의 보좌가 그 가운데 있으리니 그의 종들이 그를 섬기며"(계 22:3) 하신 메시아 왕국의 성취를 위해서 말입니다.

형제여 사랑하는 형제여 무엇이 형제를 다시 결박하려 한다면 "어리석도다 예수 그리스도께서 십자가에 못박히신 것이 너희 눈앞에 밝히 보이거늘 누가 너희를 꾀더냐" 하신 말씀을 생각하면서 자유하십시오.

형제가 너무 풀어졌다 생각이 들거들랑 "어리석도다…예수 그리스도께서 십자가에 못박히신 것이 너희 눈앞에 밝히 보이거늘" 하신 말씀을 묵상하면서 자신을 쳐서 복종시키십시오. 그리고 형제여 선을 행하다가 낙심이 되고 피곤하거든 "예수 그리스도께서 십자가에 못박히신 것"을 눈앞에 그리어 보면서 다시 한번 용기를 내십시오.

25
비밀의 경륜

에베소서 1장

²⁰그 능력이 그리스도 안에서 역사하사 죽은 자들 가운데서 다시 살리시고 하늘에서 자기의 오른 편에 앉히사 ²¹모든 정사와 권세와 능력과 주관하는 자와 이 세상뿐 아니라 오는 세상에 일컫는 모든 이름 위에 뛰어나게 하시고 ²²또 만물을 그 발 아래 복종하게 하시고 그를 만물 위에 교회의 머리로 주셨느니라 ²³교회는 그의 몸이니 만물 안에서 만물을 충만케 하시는 자의 충만이니라(엡 1:20-23)

| 설교작성 노트 |

성경에 수록되어 있는 역사적인 본문은 그 자체가 구속사(救贖史)이다. 성경역사가 무슨 역사인가. 하나님께서 계획하시고 성취해 나오신 구속의 역사인 것이다. 그러므로 구속사라는 큰 맥락에서 해석되어야만 한다.

뿐만 아니라 구약에 나오는 시가서나 신약에 있는 서신서들도 창세기에서 시작하여 계시록에서 완성되는 구속사라는 원줄기를 수식하고 있는 가지들 격이다. 그러므로 성경의 어느 곳을 대하든지 구속사라는 큰 그림이 밑그림처럼 깔려 있어야만 한다. 이제 에베소서에 나타난 구속사의 밑그림을 보도록 하자.

성삼위 하나님의 사역

바울 사도는 지금 로마 옥중에서 에베소서를 기록하고 있습니다. 그의 몸은 지하감방에 갇힌바 되었으나 그가 펼쳐 보여주고 있는 "하나님 속에 감추었던 비밀의 경륜"(3:9)은 얼마나 장엄한 지요.

"찬송하리로다 하나님"(3) 하고 하나님을 찬양함으로 시작합니다. "곧 창세 전에 그리스도 안에서 우리를 택하사"(4) 하고 창세 전으로 거슬러 올라갑니다. 이는 하나님의 구원계획이 창세 전에 수립이 되었음을 의미합니다.

형제는 하나님께서 창세 전에 구원 얻을 자로 형제를 택해 놓으셨다는 이 말씀을 감당할 수가 있으십니까? 하나님께서 어떤 기준에 의해서 우리를 택하여 주셨습니까? 사도 바울은 이 점을 "그 기쁘신 뜻대로 우리를 예정하사"(5)합니다. "모든 일을 그 마음의 원대로 역사하시는 자의 뜻을 따라 우리가 예정을 입었다"(11)고 말씀합니다.

하나님께서 나를 왜 택하셔서 하나님의 구원계획 가운데 포함시켜 주셨는지 우리는 모릅니다. 다만 성경은 "그 기쁘신 뜻대로" "그 마음의 원대로"라고 말씀하고 있을 뿐입니다.

우리는 여기서 거역할 수 없는 하나님의 주권을 만나게 됩니다.

<택하심>을 말씀한 사도는 "우리가 그리스도 안에서 그의 은혜의 풍성함을 따라 그의 피로 말미암아 구속 곧 죄 사함을 받았으니"(7) 하고 <구속>을 말씀합니다. "그의 피"로 구속하여 주셨다고 말씀합니다. 이는 십자가 사건을 가리키는 말씀입니다. 어찌하여 하나님의 독생자가 이 땅에 강림하셔서 십자가에 달리셔야만 했습니까? 우리의 죄 값을 대신 지불하시기 위해서였습니다.

하나님은 택하시고 그리스도께서는 구속하여 주셨다고 말씀합니

다. 누구를 구속하여 주셨을까요? 그렇습니다. 하나님께서 택하여 놓으신 자들을 예수 그리스도께서 구속하여 주신 것입니다.

주님께서도 대제사장 적인 기도를 통하여 "내가 비옵는 것은 세상을 위함이 아니요 내게 주신 자들을 위함이니이다. 저희는 아버지의 것이로소이다"(요 17:9) 또는 "저희는 아버지의 것이었는데 내게 주셨으며"(요 17:6)라고 말씀하셨던 것입니다. 하나님께서 택하사 아버지의 소유로 삼으신 자들을 그의 아들에게 주셔서 구속하게 하신 것입니다.

이제 질문을 던져야 하겠습니다. 하나님께서 창세 전에 택하여 놓으신 자들을 그리스도께서 구속하여 주시기까지의 기간이 얼마나 걸리었을까요? 그 기간동안 즉 택하심으로부터 구속하시기까지의 사역을 누가 주도적으로 추진해 나오셨을까요? 택하심으로부터 구속하시기까지의 기간을 무슨 시대라고 부릅니까?

우리는 그 기간이 얼마나 흘렀는지 정확히 말할 수는 없습니다. 그 기간동안 하나님께서 그 계획하신 바를 추진해 나오셨다는 것과 그리고 그 기간을 통칭해서 구약시대라고 부르고 있음을 말씀드릴 수 있을 뿐입니다.

사도 바울은 이를 "때가 찬 경륜"(9)이라고 부르고 있습니다. "경륜"(經綸)이란 무슨 일을 계획하고 그것을 조직적으로 추진해 나가는 것을 말합니다. "때가 찬 경륜" 가운데 하나님께서는 메시아를 보내셔서 구속하게 하셨습니다. "때가 차매 하나님이 그 아들을 보내사 여자에게 나게"(갈 4:4)하셨다고 말씀합니다.

구속의 경륜은 여기가 끝이 아닙니다.

"그 안에서 너희도 진리의 말씀 곧 너희의 구원의 복음을 듣고 그 안에서 또한 믿어 약속의 성령으로 인치심을 받았다"(13)고 <성령>의 사역을 말씀하고 있기 때문입니다.

이제 4절과 7절과 13절을 연결하여 생각해 보아야만 하겠습니다.

성부 하나님께서 그 기쁘신 뜻대로 택하여 놓으신 자들을 성자 그리스도께서 십자가의 피를 통해 구속하여 주셨으며 성자께서 구속하여 놓으신 자들에게 성령께서 복음을 전하여 믿음을 주시고 거듭나게 하사 하나님의 소유로 인을 치셨다고 말씀합니다.

이상에서 보는 바대로 구속사역은 성삼위 하나님의 작품입니다. 형제를 구원하시기 위하여 성부 성자 성령께서 일하셨다는 데 대하여 형제의 느낌은 어떠하십니까?

성자 그리스도께서 "그의 피로 말미암아 구속"하시고 승천하시면서 성령님을 보내주셨습니다. 그리고 성령님은 그리스도께서 다시 오시는 날까지 "구원의 복음을 듣고 또한 믿어 약속의 성령으로 인치시는" 일을 계속하실 것입니다. 하나님께서 주도적으로 일하신 구약시대와 주님께서 주도적으로 일하신 신약시대와 그리고 성령께서 주도적으로 일하시는 교회시대 이 모든 것이 하나님의 "때가 찬 경륜"가운데 이루어지고 있는 구속사역인 것입니다.

그러나 구속사역의 목표는 여기도 끝은 아닙니다. "하늘에 있는 것이나 땅에 있는 것이 다 그리스도안에서 통일되게 하려하심이라"(10)고 더 나아가고 있기 때문입니다. 하늘에 있는 것과 땅에 있는 것이 <통일>되는 날이란 언제 이루어질까요? 예수 그리스도께서 재림하시는 날입니다. 그날에는 하늘에 있는 천상교회 성도들을 주님께서 데리고 오심으로 하늘에 있는 것이나 땅에 있는 것이 다 그리스도 안에서 통일되게 될 것입니다.

주님께서 승천하신 후로부터 "통일"되는 날까지의 기간이 얼마나 될까요? 우리는 그날과 그때는 모릅니다. 이 일도 오직 하나님의 "때가 찬 경륜" 가운데 성취되고야 말 것입니다. "택하심" "구속하심" "인치심" 그리고 마침내 "통일되게 하심" 이것이 구속사의 파노라마입니다.

이때 하나님의 나라 곧 구속사역은 완성되는 것입니다. 서신서를 통해서도 이처럼 펼쳐 보여주시는 구속사의 밑그림이 있습니다.

사도는 성삼위 하나님의 영광스러운 사역을 진술한 다음에 네 가지 제목의 기도(17-19)를 합니다. 어떤 내용의 기도일 것 같습니까? "알기를 원하는" 기도입니다. 성도들이 당면하고 있는 문제는 문제가 아니라 앞에서(1-4) 말씀드린 우리에게 행하신 성삼위 하나님의 영광스러운 사역을 모르고 있는 것이 문제이기 때문입니다.

첫째가 "하나님을 알게 하시고"(1:17)합니다.

형제는 하나님을 안다고 말할 것입니다. 얼마나 알고 있습니까? "영원부터 만물을 창조하신 하나님 속에 감추었던 비밀의 경륜"(3:9)을 알고 있습니까? 우리를 사랑하신 사랑의 "그 넓이와 길이와 높이와 깊이가 어떠함"(3:19) 얼마나 알고 있느냐고 묻고 있습니다. 왜 형제를 창세 전에 택하여 놓으셨는지 그 성품을 아십니까? 왜 형제의 죄를 자기 아들로 구속하게 하셨는지 그 "은혜의 풍성"을 아십니까?

"하나님의 사랑"(롬 8:39) "그리스도의 사랑"(롬 8:35) "성령의 사랑"(롬 15:30)을 알고 있느냐는 것입니다.

"네가 먹는 날에는 정녕 죽으리라"고 선언하신 자신의 말씀을 지키시기 위하여 죄를 용서하시되 자기 아들로 대속하게 하시고야 용서해 주실 수가 있으셨던 하나님의 의로우심을 형제는 얼마나 알고 있습니까?

사도의 두 번째 기도는 "부르심의 소망"을 알게 해 주십시오(18) 합니다. 이는 하나님께서 나 같은 죄인을 택하시고 불러주셨다는 "불러 주심"에 대한 감격을 알게 해 달라는 간구입니다.

바울 사도에게는 "부르심"에 대한 남다른 감격이 있습니다. "사울아 사울아" 하고 그는 부르심을 받은 자입니다. 그런데 자신만 부르심을 받은 자라고 말씀하고 있는 것이 아닙니다. 놀라웁게도 "너희도 부르심을 입은 자니라"(롬 1:6)고 우리들도 부르심을 입은 자라고 말씀합니다. 그렇습니다. 부르심을 받지 않았는데도 그리스도인이 될 수 있는 사람이란 한 사람도 없습니다.

형제는 이 부르심의 감격과 감동을 알고 있습니까?

세 번째로 "성도 안에서 그 기업의 영광의 풍성"이 무엇인지 알게 해 주시기를 구합니다. 이는 성도들이 누리게 될 영광의 기업을 의미합니다. 사도가 3절에서 "하늘에 속한 모든 신령한 복으로 우리에게 복 주시되" 하고 말씀한 그 축복입니다.

"영접하는 자 곧 그 이름을 믿는 자들에게는 하나님의 자녀가 되는 권세를 주셨으니"(요 1:12)합니다. 그리고 "자녀이면 또한 후사 곧 하나님의 후사요"(롬 8:17) "아들이면 하나님으로 말미암아 유업을 이을 자니라"(갈 4:7)고 말씀합니다. 형제는 천지의 주재자이신 하나님의 자녀요 후사요 유업을 이을 자입니다. 그래도 부족합니까? 그래도 모자랍니까?

이 축복이 "성도 안에서 그 기업의 영광의 풍성"입니다. 형제는 이를 얼마나 알고 있습니까? 알고 있다는 분이 조그마한 시련과 고난만 닥쳐와도 낙망합니까?

사도는 네 번째로 "그의 힘의 강력으로 역사하심을 따라 우리에게 베푸신 능력의 지극히 크심"이 어떠한 것을 너희로 알게 하시기를 구하노라(19)고 기도합니다.

이는 성도 한 사람이 "사망에서 생명으로 옮겨질 때" 어떠한 능력이 베풀어졌는가를 의미합니다. 형제가 사망에서 생명으로 옮겨진 것이 슬그머니 된 것이 아닙니다. "강한 자가 무장을 하고 자기 집을 지킬 때에는 그 소유가 안전하되 더 강한 자가 와서 저를 이길 때에는"(눅 11:21-22) 이때 "그의 힘의 강력으로 역사하심을 따라 믿는 우리에게 베푸신 능력의 지극히 크심이" 역사하신 것입니다.

아 성도들이 하나님을 알고 부르심의 소망을 알고 기업의 영광스러움을 알고 능력의 지극히 크심이 어떠함을 알아야할 만큼 알기만 한다면 이것이 사도의 소원이요 기도 내용입니다. 이제 형제의 신분과 지위와 위치가 무엇인지 말해 줄 수가 있습니까?

사도는 더 나아가고 있습니다. "그 능력이 그리스도 안에서 역사하사"(20)합니다. 그래서 어떤 일이 일어났습니까? "죽은 자들 가운데서 다시 살리셨다"고 말씀합니다.

형제를 구원하신 능력은 그리스도를 다시 살리신 바로 그 능력이었다고 말씀합니다. 주님을 살리신 동일하신 능력이 "허물과 죄로 죽었던"(2:1) 형제를 살리셨습니다.

로마서 8:11을 보십시오 "예수를 죽은 자 가운데서 살리신 이의 영이 너희 안에 거하시면 그리스도 예수를 죽은 자 가운데서 살리신 이가 너희 안에 거하시는 그의 영으로 말미암아 너희 죽을 몸도 살리시리라" "죽을 몸도 살리시리라" 합니다. 영만이 아닙니다. 우리의 죽을 몸도 주님의 부활하신 영광의 몸과 같이 변화될 날이 올 것입니다. 할렐루야!

사도의 놀라운 진술을 좀 더 들어보십시오. 그것은 "머리"와 "몸"

이라는 묘사 안에 함축된 비밀입니다.

사도는 예수 그리스도를 "교회의 머리로 주셨느니라"(22)고 말씀합니다. 그리고 "교회는 그의 몸"(21)이니 합니다. 그러면 어떻게 되는 것입니까? 머리되시는 그리스도와 몸 된 교회를 연합시키고 있는 것입니다. 머리와 몸은 떼어놓고 생각할 수가 없습니다. 머리와 몸은 떨어질 수가 없습니다. 그것은 하나입니다. 머리 있는 곳에 몸도 갑니다. 머리에게 되어진 것은 필연적으로 몸에도 되어진 것입니다.

이제 머리는 부활 승천하셔서 하나님 우편에 앉아 계신다(20)는 것입니다. 그렇다면 몸은 어떻게 되는 것입니까? "허물로 죽은 우리를 그리스도와 함께 살리셨고 또 함께 일으키사 그리스도 예수 안에서 함께 하늘에 앉히시니"(2:5-6)가 성립이 되는 것입니다.

이 보다 더한 영광스러움은 달리 없습니다. 창세 전으로 거슬러 올라가 택하심으로부터 시작한 바울의 오의는 이제 우리들을 "하늘"에 앉혀놓고 있는 것입니다.

머리가 죽을 때 몸도 함께 죽었고 머리가 살아날 때 몸도 함께 살리심을 받았고 머리가 하나님 우편에 앉으실 때에 몸도 "함께 하늘에 앉히시니" 이것이 형제의 지위입니다. 이것이 형제의 신분입니다. 이것이 형제의 영광입니다. 주여 하나님을 알게 해 주십시오.

"하나님을 알아야 나를 알 수 있습니다"(칼빈).

성도들이 해야 할 일

이상은 영광스러운 삼위 하나님께서 해주신 일입니다. 그렇다면 인간이 해야할 일은 무엇일까요? 성경 본문은 말씀합니다. "이는 그의 사랑하시는 자 안에서 우리에게 거저 주시는 바 은혜의 영광을 찬미하게 하려는 것이라"(6).

13절과 14절에서도 "그의 영광을 찬미하게 하려하심이라"고 말씀합니다.

최우선적인 것이 찬미하는 일입니다. 찬미하는 일을 간단한 일로 여기지 마십시오 사도는 성도들이 해야 할 실천윤리를 4-6장을 통해서 말씀합니다. 마는 "찬미하게 하려는 것"이란 말씀 속에 다 들어 있다하여도 과언이 아닙니다.

형제는 하나님을 찬미하는 삶을 살거나 아니면 "하나님의 이름이 너희로 인하여 이방인 중에서 모독을 받는 도다"(롬 2:24)의 삶을 살게 되는 것입니다.

그리스도와의 만남

형제는 기도드릴 때에 "예수님 이름으로 기도 드립니다."합니까? 어떤 사람들처럼 "나사렛 예수의 이름으로" 합니까? 그것이 맞는 말이라 하여도 사도 바울은 주님을 그렇게 부르고 있지 아니합니다.

1:1-6에서 주님을 어떻게 부르고 있는가를 살펴 보십시요. "그리스도 예수"(1) "예수 그리스도"(5) 하고 결코 예수와 그리스도를 나누고 있지 아니합니다. 초대 사도들은 예수가 그리스도이심을 증거 하는데 목숨을 던졌습니다(행 2:36).

더 좋은 호칭은 "주 예수 그리스도"(3)입니다. 그런데 6절에 와서는 주님의 호칭을 "그의 사랑하시는 자"로 바꾸어 부르고 있습니다. 왜 그러했을까요? 그것은 적당히 한 것이 아닙니다. 뒤이어 나오는 "우리에게 거저 주시는 바"라는 표현 때문입니다. 앞에서 살펴본 "은혜의 영광"(6) "은혜의 풍성"(7)을 하나님께서는 우리에게 "거저" 주셨습니다.

그러나 한 가지 잊지는 말아라. 하나님께서는 "그의 사랑하시는 자" 곧 자기 아들로 우리의 죄 값을 대신 지불케 (구속)하시고 <거저> 주셨다는 사실을. 그래서 "이는 그리스도 예수 안에서 우리에게 거저 주시는 바"라고 해도 되는 것을 "이는 그의 사랑하시는 자 안에서 우리에게 거저 주시는 바 그의 은혜의 영광을 찬미하게 하려는 것이라"고 말씀했던 것입니다.

형제의 지금 심정이 어떠하십니까? "그의 은혜의 영광을 찬미" 하고 싶은 열망이 있습니까? 사도는 "모든 성도 중에 지극히 작은 자보다 더 작은 나에게 이 은혜를 주신 것은 측량할 수 없는 그리스도의 풍성을 이방인에게 전하게 하시고 영원부터 만물을 창조하신 하나님 속에 감추었던 비밀의 경륜이 어떠한 것을 드러내게 하려 하심이라" (3:8-9)고 말씀합니다.

형제도 이 "은혜의 풍성"을 전파하고 나누어주고자 하는 열망이 치솟습니까?

말씀의 사역자란 "하나님 속에 감추었던 비밀의 경륜이 어떠한 것을 드러내게"(3:9) 하시기 위해서 세움 받은 자들입니다. 창세기에서 시작하여 계시록에서 완성되는 구속사역을 이루어 오신 "비밀의 경륜"이 어떠한 것을 성도들에게 알게 하여 하나님을 경외하고 찬양케 하여야할 사명이 설교자들에게는 있는 것입니다.

26
주는 일향 미쁘시니

디모데후서 2:8-13

¹¹ 미쁘다 이 말이여 우리가 주와 함께 죽었으면 또한 함께 살 것이요 ¹² 참으면 또한 함께 왕 노릇할 것이요 우리가 주를 부인하면 주도 우리를 부인하실 것이라 ¹³ 우리는 미쁨이 없을지라도 주는 일향 미쁘시니 자기를 부인하실 수 없으시리라(딤후 2:11-13)

| 설교작성 노트 |

디모데후서는 바울이 순교 직전에 믿음의 아들 디모데에게 보낸 마지막 서신이다. 사도 바울은 많은 사람들에게 말씀을 전해주었으며 또 말씀을 기록하여 교회들을 격려하였다.

이제 우리가 주목하고자 하는 바는 정작 그는 순교를 눈앞에 두고 무슨 말씀을 묵상했으며 순교 형장으로 걸어가면서 무슨 말씀을 붙잡고 있었을까 하는 점이다. 그로 하여금 장엄한 순교를 하도록 지탱시켜 준 힘은 어느 말씀에서 온 것일까? 그것은 우리들에게도 원동력이 될 수 있는 말씀임에 분명한 것이다.

디모데후서는 바울 사도가 순교 직전에 사랑하는 믿음의 아들 디모데에게 보낸 그의 마지막 서신입니다. "관제와 같이 벌써 내가 부음이 되고 나의 떠날 기약이 가까왔도다"(4:6)고 순교가 목전에 다다랐음을 말합니다. 이 서신을 기록할 당시 바울은 착고에 채인 몸으로 로마의 어느 지하 감방에 갇혀 있었을 것입니다. "내가 선한 싸움을 싸우고 나의 달려갈 길을 마치고 믿음을 지켰으니" 하고 이제까지의 사역을 한마디로 요약하고 정리합니다.

그러나 그와 함께 복음 전파에 참여하였던 자들 중에는 완주(完走)하지 못하고 그의 곁을 떠난 자들도 있었습니다. "아시아에 있는 모든 사람이 나를 버린 이 일을 네가 아나니"(1:15)합니다. 마지막 장에서는 "데마는 이 세상을 사랑하여 나를 버리고 데살로니가로 갔고 그레스게는 갈라디아로 디도는 달마디아로 갔고 누가만 나와 함께 있느니라"고 말씀합니다. "내가 처음 변명할 때에 나와 함께 한 자가 하나도 없고 다 나를 버렸으나 저희에게 허물을 돌리지 않기를 원하노라."(4:16)고 말합니다.

"너는 어서 속히 내게로 오라"고 요청합니다. 편지로는 다 말할 수 없는 마지막 권면을 주기 위해서였을까요? 아니면 자신의 당당한 순교의 모습을 제자의 망막에 사진 박아 주고 싶어서였는지도 모릅니다. 아무튼 위대한 사도 바울의 만년의 모습은 너무나 초라하고 외로워 보이기까지 합니다. 이때 바울 사도는 무엇을 생각하고 있었을까? 참수 당하는 순간에 그는 무슨 말씀을 붙잡고 있었을까? 무엇을 믿고 무엇을 의지하고 있었을까? 그로 하여금 장엄한 순교를 하도록 지탱시켜 준 힘은 어디서 온 것이었을까?

이는 내일을 예측할 수 없는 오늘을 살아가고 있는 성도들에게도 큰 깨달음과 힘이 될 것입니다. 그리고 언제인가 형제가 맞이하게 될 임종 머리에서도 큰 안위가 될 것입니다.

미쁘다 이 말이여

이 점에 대하여 본문은 빛을 비춰주고 있다 하겠습니다. 11절에서 바울 사도는 "미쁘다 이 말이여" 하고 감격을 발하고 있습니다. "미쁘다"는 말은 "믿을 만하다, 신실하다, 확신하다, 진실하다"는 뜻입니다. 미쁘다는 말이 13절에서도 "우리는 미쁨이 없을지라도 주는 일향 미쁘시니" 하고 더욱 강조되어 있습니다.

상상을 초월한 극한 상황 속에서도 "미쁘다 이 말이여" 하고 바울로 하여금 감격을 폭발하게 한 미쁘신 말씀이 무엇이었을까요? "우리가 주와 함께 죽었으면 또한 함께 살 것이요 참으면 또한 함께 왕 노릇할 것이요 우리가 주를 부인하면 주도 우리를 부인하실 것이라"(11-12)고 사도는 고백하며 확신합니다.

사도가 처한 상황에 비추어 볼 때에 가장 적합한 말씀이 그에게 주어졌으며 사도는 이를 확신하고 고백하며 붙잡고 의지하며 참수의 현장으로 걸어나갔음을 상상하기에 어렵지 않습니다.

우리는 사도의 마지막 고백이요, 확신이라 해도 과언이 아닌 이 말씀을 좀 더 음미해볼 필요가 있습니다. 원문에는 "미쁘다 이 말이여" 앞에 "왜냐하면"이라는 접속사가 붙어 있습니다. 이는 본문이 앞에 문장과 연결된 말씀임을 나타내줍니다.

앞에 문장을 더듬어보면 8절에서 "나의 복음"이라는 말씀을 만나게 됩니다. 나의 복음이란 바울 자신이 창안해낸 복음이란 뜻이 아니고 "내가 전한 복음"(갈 1:11)을 의미합니다. 바울이 전한 복음이란 다윗의 씨로 오셔서 "죽은 자 가운데서 다시 살으신 예수 그리스도"(8) 였던 것입니다. 이 "복음을 인하여 내가 죄인과 같이 매이는 데까지 고난을 받았으나 하나님의 말씀은 매이지 아니하니라"(9)고 말씀합니다.

사도는 다름 아닌 이 "복음을 인하여" 매인바 되었으며 고난을 받고 있으며 순교를 당하게 된 것입니다. 만일 사도가 복음을 전하지 아니하였다면 이 모든 고난이 그에게 닥칠 이유가 없었던 것입니다. 그러나 사도는 "택하신 자를 위하여 모든 것을 참음은 저희로 그리스도 예수 안에 있는 구원을 영원한 영광과 함께 얻게"(10)하기 위해서 순교를 각오하고 복음을 전파하였던 것입니다. 그렇다면 말씀을 이렇게 정리할 수가 있습니다.

사도는 복음을 전파하다가 그로 인하여 순교를 당하게 되었다. 그는 이제까지는 다른 사람들을 구원과 영광에 참여하게 하기 위해서 복음을 증거하였으나 지금은 자신이 증거한 "나의 복음"을 "미쁘다 이 말이여" 하고 자신의 것으로 고백하고 확신하며 의지하고 붙잡고 순교에 임하고 있는 것이다 라고.

우리가 주와 함께 죽었으면 또한 함께 살 것이요
참으면
또한 함께 왕노릇할 것이요
우리가 주를 부인하면
주도 우리를 부인하실 것이라
우리는 미쁨이 없을지라도
주는 일향 미쁘시니
자기를 부인하실 수 없으시리라(딤후 2:11-13).

이는 사도 바울의 옥중 고백이요 순교 고백이라고 부를 만합니다. 바울 사도는 이 말씀을 고백하고 믿고 붙잡고 순교 당하였던 것입니다.

풀은 마르고 꽃은 떨어지되

이 점에서 우리는 심각하게 그리고 엄숙한 마음으로 생각해 보아야만 합니다. 사도는 고린도 교회에 보낸 편지에서 "내가 아무 것도 아니나 지극히 큰 사도들보다 조금도 부족하지 아니하니라 사도의 표 된 것은 내가 너희 가운데서 모든 참음과 표적과 기사와 능력을 행한 것이라"(고후 12:11-12)고 자신의 사도 됨을 옹호한 바 있습니다.

그런데 순교를 목전에 둔 바울은 "표적과 기사와 능력"을 붙잡고 있지 아니합니다. 그리고 어느 날인가 형제가 임종을 맞이하게 되었을 때에 죽음의 공포를 물리치게 해주고 소망을 주며 견고케 붙들어 줄 수 있는 것도 표적이 아닙니다. 기사와 이적이 아닙니다. 능력이 아닙니다. 지금 바울이 붙잡고 의지하고 있는 것은 하나님의 미쁘신 "말씀"입니다.

사도는 지금 "미쁘다 이 말이여" 하고 하나님의 말씀만을 붙잡고 있는 것입니다. 바울의 손을 통하여 행하던 표적도 기사도 지나갔습니다. 사도 베드로도 풀은 시들고 꽃은 떨어지되 오직 주의 말씀은 세세토록 있도다 하였으니 너희에게 전한 복음이 곧 이 말씀이니라"(벧전 1:24) 하고 말씀의 불변성을 증거했습니다.

이 말씀은 매이지 않습니다. 이 말씀은 순교를 당하지 않습니다. 이 말씀은 천지가 변하여도 "미쁘다 이 말이여"입니다. 이 말씀이 신앙의 마지막 근거요 보루요 권위입니다.

주는 일향 미쁘시니

사도는 순교를 목전에 두고 "주는 일향 미쁘시니" 하고 하나님을

"미쁘신 하나님"으로 고백하고 있습니다. "일향 미쁘시다"는 말은 항상 미쁘시고 언제나 미쁘신 즉, 신실하시다는 말입니다. 이러한 고백은 이곳에만 나타나는 것은 아닙니다.

로마서 3:3에 "어떤 자들이 믿지 아니하였으면 어찌 하리요 믿지 아니함이 하나님의 미쁘심을 폐하겠느뇨 그럴 수 없느니라 사람은 다 거짓되되 오직 하나님은 참되시다 할지어다"고 말씀합니다.

고린도전서 10:13에서 "오직 하나님은 미쁘사 너희가 감당치 못할 시험 당함을 허락지 아니하시고" 합니다. 고린도후서 1:18에서도 "하나님은 미쁘시니라"고 증거합니다. 데살로니가전서 1:24에서도 "너희를 부르신 이는 미쁘시니 그가 또한 이루시리라"고 말씀합니다. 이루시리라는 말은 그 약속을 지켜 주시리라는 뜻입니다. 주는 일향 미쁘십니다.

미쁘신 말씀

미쁘신 하나님께서 하신 말씀은 또한 "미쁘다 이 말이여"인 것입니다. 바울 사도는 디모데 전후서를 통해서 "미쁘다 이 말이여"라는 말을 5번이나 사용하고 있습니다(딤전 1:15; 3:1; 4:9; 딤후 2:11, 13). 사도는 하나님을 미쁘신 분으로 그분의 말씀을 미쁘신 말씀으로 믿고 있는 것입니다.

그러므로 그는 이렇게 확신할 수가 있었습니다. "이를 인하여 내가 또 이 고난을 받되 부끄러워하지 아니함은 나의 의뢰한 자를 내가 알고 또한 나의 의탁한 것을 그날까지 저가 능히 지키실 줄을 확신함이라"(1:12).

앞에서 표적도 기사도 능력도 다 지나가는 것이라고 말씀한 것은 그것을 작은 일로 여겨서가 아니라 그런 것들은 미쁘신 하나님과 미쁘신 말씀을 증거하기 위한 방편이기 때문입니다.

사도는 '미쁘다 이 말이여' 하면서 첫째로 꼽는 것이 "우리가 주와 함께 죽었으면 또한 함께 살 것이요"를 꼽고 있습니다. 지금 사도 바울이 처한 상황에서 가장 필요 적절한 말씀인 것입니다. 사도는 자신이 죽임을 당한다 하여도 그리스도의 부활에 근거하여 다시 살아날 것을 확신하는 부활신앙에 견고하게 서 있는 것입니다.

뿐만 아니라 "함께 죽었으면"이란 말이 과거 동사이니 만치 자신은 이미 그리스도와 함께 죽었으며 "그런즉 이제는 내가 산 것이 아니요 오직 내 안에 그리스도께서 사신 것이라"(갈 2:20)고 죽음 앞에 초연함을 나타내는 말씀이기도 합니다.

"우리는 미쁨이 없을지라도 주는 일향 미쁘시니 자기를 부인하실 수 없으시리라"고 말씀합니다. 이는 주어진 본문의 결론이요, 핵심이라고 말씀드릴 수가 있습니다. 우리 인간은 믿을만 하지 못한 반면 하나님은 "일향 미쁘시니" 즉 언제나 믿을 만한 하나님이십니다.

하나님은 사람에게만 미쁘신 것이 아닙니다.

그 보다 우선하는 것이 자신에 대해서 미쁘신 것입니다. 히브리서에서는 하나님의 약속과 맹세로 보증하여 주신 것을 가리켜 "이는 하나님이 거짓말을 하실 수 없는 이 두 가지 변치 못할 사실"(히 6:18)이라고 말씀합니다.

얼마나 신실하신가 하면 창세기 2:17에서 "네가 먹는 날에는 정녕 죽으리라" 즉, 죄 값은 사망이라고 선언하신 그 말씀에 충실하시기 위해서 우리를 용서하시되 그냥 용서하시지를 못하시고 자기 아들을 죄 있는 육신의 모양으로 보내사 우리 대신 죽음을 당케 하시고야 우리를 용납하실 수가 있으셨던 그토록 미쁘신 하나님이십니다.

이것이 주는 일향 미쁘시니 "자기를 부인하실 수 없으시리라"의 뜻입니다. 만에 하나라도 하나님께서 약속하신 것을 지키지 아니하신다면 사람에게 거짓을 하신 것보다 우선하여 "자신을 부인"하신 것이 되고야 말 것입니다. 바울은 이토록 미쁘신 하나님을 믿고 있는 것입니다.

바울 사도는 "미쁘신 하나님" 그리고 "미쁘신 말씀"을 부인할 수가 없었습니다. "우리가 주를 부인하면 주도 우리를 부인하실 것"임을 알았기 때문입니다. 나아가 "그와 함께 영광을 받기 위하여 고난도 함께 받아야 될 것이니라"(롬 8:17)고 설교하던 그였습니다.

"참으면 또한 함께 왕 노릇할 것"을 믿었습니다. 그렇다면 하나님께서 어찌 바울을 부인하실 수가 있으시겠습니까? 만일 그렇게 하신다면 바울을 부인하기에 앞서 먼저 "자기를 부인"하는 모순이 될 것입니다. "우리는 미쁨이 없을지라도 주는 일향 미쁘시니 자기를 부인하실 수 없으시리라."

바로 이것입니다. 바울 사도는 순교 마당에서 미쁘신 하나님과 미쁘신 말씀을 붙잡고 있는 것입니다.

그리스도와의 만남

예수 그리스도께서 죽기까지 복종하신 최우선의 목적은 하나님의 미쁘심을 위해서였습니다. "이때를 면하게 하여 주옵소서 그러나 내가 이를 위하여 이때에 왔나이다 아버지여 아버지의 이름을 영광스럽게 하옵소서"(요 12:27-28) 하고 아버지의 영광 즉 미쁘심을 위하여 대속제물이 되시기를 거절치 아니하셨습니다.

"아버지께서 내게 하라고 주신 일을 내가 이루어 아버지를 이 세상에서 영화롭게 하였사오니"(요 17:4) 하고 이 점을 거듭 말씀합니다. "이러므로 하나님이 그를 지극히 높여 모든 이름 위에 뛰어난 이름을" 주셨습니다(빌 2:9).

> 우리가 그분과 함께 죽었으니
> 그분과 함께 살 것이고
> 우리가 끝까지 참고 견디면
> 그분과 함께 다스리게 될 것이다
> 우리가 그분을 모른다고 하면
> 그분도 우리를 모른다고 하실 것이다
> 우리는 진실하지 못해도
> 그분은 언제나 진실하시어
> 약속을 어길 줄 모르시는 분이시다
> 이것은 믿을 만한 말씀입니다. (공동번역에서)

바울 사도는 자신이 증거한 복음에 진실하여 목숨을 던졌습니다. 그가 전한 복음을 듣고 믿는 형제들을 "주와 및 그 은혜의 말씀에 부탁하노니"(행 20:32) 하고 떠났습니다.

형제여 미쁘신 하나님과 그분께서 약속하신 미쁘신 말씀을 붙잡읍시다. 죽음 앞에서는 표적도 기사와 이적도 능력도 축복도 형제에게 도움을 주지 못할 것입니다. 주는 일향 미쁘시니 자기를 부인하실 수 없으시리라 그 미쁘신 말씀만이 나의 반석입니다. 나의 요새시요. 나의 방패시요. 나의 구원의 뿔이시요. 나의 산성이요. 최후의 보루입니다.

27
나를 형제라 부르시기를 부끄러워 아니하신 주님

히브리서 2:5-18

¹¹ 거룩하게 하시는 자와 거룩하게 함을 입은 자들이 다 하나에서 난지라 그러므로 형제라 부르시기를 부끄러워 아니하시고 ¹² 이르시되 내가 주의 이름을 내 형제들에게 선포하고 내가 주를 교회 중에서 찬송하리라 하셨으며 ¹³ 또 다시 내가 그를 의지하리라 하시고 또 다시 볼지어다 나와 및 하나님께서 내게 주신 자녀라 하셨으니 ¹⁴ 자녀들은 혈육에 함께 속하였으매 그도 또한 한 모양으로 혈육에 함께 속하심은 사망으로 말미암아 사망의 세력을 잡은 자 곧 마귀를 없이 하시며 ¹⁵ 또 죽기를 무서워하므로 일생에 매여 종노릇하는 모든 자들을 놓아주려 하심이니 ¹⁶ 이는 실로 천사들을 붙들어 주려 하심이 아니요 오직 아브라함의 자손을 붙들어 주려 하심이라 ¹⁷ 그러므로 저가 범사에 형제들과 같이 되심이 마땅하도다 이는 하나님의 일에 자비하고 충성된 대제사장이 되어 백성의 죄를 구속하려 하심이라 ¹⁸ 자기가 시험을 받아 고난을 당하셨은즉 시험 받는 자들을 능히 도우시느니라(히 2:11-18)

| 설교작성 노트 |

본문에는 '형제'라는 말이 3번 나온다. 주께서 우리를 형제라 부르시기를 부끄러워 아니하셨다(11). 그러므로 저가 범사에 형제들과 같이 되심이 마땅하도다(17)고 말씀한다. 형제들과 같이 되심이란 우리와 같은 인간의 몸을 입으심을 뜻한다. 그는

> 왜 우리와 같이 되셨는가? 우리를 향하여 형제라 부르시기를 부끄러워 아니하셨다는 뜻은 무엇인가? 그 교훈적 의미가 아닌 구속사적 의미가 무엇인지 알아보자.

하나님께서 인간의 몸을 입으시고 우리 가운데 찾아오셨다는 "임마누엘"사건 보다 더 경이롭고 신비스러운 일이란 달리 없습니다. 이를 본문에서는 "오직 우리가 천사들보다 잠깐 동안 못하게 하심을 입은 자"(9)라고 표현하고 있습니다. 그렇다면 왜 하나님이 인간의 몸을 입으시고 이 땅에 오셔야만 했는가 그 이유와 목적이 무엇인가를 살펴보겠습니다.

죽음을 맛보려 하심

인간의 몸을 입으신 이유가 9절 속에 분명히 보여 깨닫게 됩니다. 왜 천사들보다 잠깐동안 못하게 하심을 입으셨는가? "이를 행하심은 모든 사람을 위하여 죽음을 맛보려 하심이라"고 말씀합니다. 죽으시기 위하여 인간의 몸을 입으시고 오셨다는 말씀입니다. 죽음을 맛보려 하심이라면 몸을 입고 오셔야만 하겠지요. 영은 죽일 수도 죽을 수도 없기 때문입니다.

그러므로 본문 속에는 "죽음"이 유난히 강조되어 있습니다. "곧 죽음의 고난받으심"(9상)이라고 말씀하고 "모든 사람을 위하여 죽음을 맛보려 하심이라"(9하)고 거듭 강조되어 있습니다. 10절에서도 "저희 구원의 주를 고난으로 말미암아 온전케 하심"이라고 고난 당하심을 말씀하고 14절에서도 "사망으로 말미암아 사망의 세력을 잡은 자 곧 마귀를 없이 하시며" 하고 역시 사망 당하실 것을 말씀하고 있습니다.

"하나님의 영광의 광채시요 그 본체의 형상이신"(1:3) 예수 그리스도께서 인간의 몸을 입으시고 이 땅에 찾아오심은 한마디로 "모든 사람을 위하여 죽음을 맛보려 하심"에서였다는 기상 천외한 말씀을 듣게 됩니다.

또 한가지 이유는 "형제"가 되시기 위해서였다고 말씀합니다.

형제가 되려하심

형제라는 말이 본문 중에는 세 번 등장하는데 "형제라 부르시기를 부끄러워 아니하시고"(11) "내가 주의 이름을 내 형제들에게 선포하고" "그러므로 저가 범사에 형제들과 같이 되심이 마땅하도다"(17)고 말씀합니다 이점을 로마서 8:29에서는 "이는 그로 많은 형세 중에서 맏아들이 되게 하려 하심이니라"고 "맏아들"이라고 말씀합니다. 예수님께서는 우리들의 맏 형님이 되어 주셨습니다. 그리고 우리 같이 미천한 것들을 형제라 부르시기를 부끄러워 아니하셨다고 말씀합니다.

형제와 같이 되셨다 형제라 부르시기를 부끄러워 아니하셨다는 말을 듣게 될 때에 우선적으로 떠오르는 느낌은 체면문제와 같은 것을 느끼게 합니다.

그런 점도 배제할 수는 없을 것입니다. 말하자면 얼굴이 시커먼 연탄 배달부를 친구들 앞에서 아버지라 부르기를 부끄러워하는 어느 자식처럼 말입니다. 그러나 여기에는 기가 막힌 구속사적 의미가 담겨 있는 것입니다.

주님께서 형제라 부르시기를 부끄러워 아니하신 자들의 신분과 처지가 어떤 자들입니까 15절에서 "또 죽기를 무서워하므로 일생에 매여 종노릇하는 자"로 묘사되어 있습니다. 어찌하여 사망의 권세를 잡은 사탄에게 매여서 일생에 종노릇하게 되었습니까? 빚에 팔리듯이 죄 값에 팔렸기 때문입니다.

그러한 자들을 위해서 나는 저들의 형제요 하고 나서 줄자가 누가 있겠습니까? 성경은 말씀합니다. "가난한 자는 그 형제들에게도 미움을 받거든 하물며 친구야 그를 멀리하지 아니하겠느냐 따라가며 말하려 할지라도 그들이 없어졌으리라"(잠 19:7). 그런데 하나님의 아들께서 인간의 몸을 입으시고 일생에 매여 종노릇하는 그들을 찾아 오셔서 "내가 그들의 형제 곧 맏형이요" 하시기를 "부끄러워 아니하셨다"는 말씀입니다. 그것은 체면의 문제가 아닌 책임의 문제임을 명심해야만 합니다.

레위기 25:24-25에 "너희 기업의 온 땅에서 토지 무르기를 허락할지니 만일 너희 형제가 가난하여 그 기업 얼마를 팔았으면 그 근족이 와서 동족의 판 것을 무를 것이요" 하고 이 점을 말씀하고 있습니다. 이것이 "기업 무를 자"입니다. 기업 무를 자란 빚 값으로 넘어간 땅이나 사람을 그 값을 대신 지불하여 주고 다시 찾아주는 가까운 친척을 말합니다.

룻기서에 보면 "아무개"라는 사람은 "내 기업에 손해가 있을까하여 무르지 못하겠노라"(룻 4:6)고 거절하는 것을 봅니다. 그는 엘리멜렉을 형제라 부르기를 부끄러워 한 것입니다.

그러나 예수 그리스도께서는 죄 값에 팔려 사탄의 노예가 된 우리를 형제라 부르시기를 부끄러워 아니하시고 우리의 기업 무를 자가 되어 주셨습니다. 다시 말씀드리면 우리의 죄 값을 대신 지불해 주셨습니다. 그것은 금이나 은으로 되는 것이 아니라 죄 값은 사망이라 대신 죽음으로만이 가능하였던 것입니다.

그러므로 하나님의 독생자이신 아들께서 인간과 같은 혈육을 입고 오셔서 우리를 형제라 부르시기를 부끄러워 아니하신 목적은 "하나님의 은혜로 모든 사람을 위하여 죽음을 맛보려 하심이라"(9)는 결론에 이르게 되는 것입니다.

백성의 죄를 구속하려 하심

그렇다면 왜 죽으셔야만 했는가를 좀더 상고할 필요가 있습니다. 본문 10절은 "많은 아들을 이끌어 영광에 들어가게 하시는 일에 저희 구원의 주를 고난으로 말미암아 온전케 하심이 합당하도다"고 말씀하고 있습니다. 바꾸어 말하면 구원의 주께서 속전을 지불함이 없이 많은 아들을 이끌어 영광에 들어가게 하셨다면 그것은 "합당하지 못한" 일이라는 뜻입니다.

여기에 구속교리가 등장하게 되는 것입니다. 죄 값에 팔린 저들의 죄 값을 대신 지불하여 주는 구속함이 없이 그들을 이끌어 영광에 들어가게 하신다는 것은 하나님의 공의가 도저히 용납하실 수 없는 합당치 못한 일이었던 것입니다.

그러므로 17절에서는 "이는 하나님의 일에 자비하고 충성된 대제사장이 되어 백성의 죄를 구속하려 하심이라"고 <구속>을 말씀하고 있는 것입니다.

이점을 로마서 3장을 통해서 좀더 살펴보겠습니다. "모든 사람이 죄를 범하였으매 하나님의 영광에 이르지 못하더니"(롬 3:23)합니다. 그런 죄인 된 우리를 "이끌어 영광에 들어가게 하시는 일"(히 2:10)이 어떻게 가능하여졌습니까?

"그리스도 예수 안에 있는 구속으로 말미암아 하나님의 은혜로 값 없이 의롭다 하심을 얻은 자"(롬 3:24)가 되었기 때문입니다. 불가능함이 가능하게 되어짐은 "구속으로 말미암아" 되어진 것입니다. 우리의 구원은 오직 "구속으로 말미암아"에 연결되어 있는 것입니다.

"이 예수를 하나님이 그의 피로(죽음) 인하여 믿음으로 말미암는 화목제물로 세우셨으니" 합니다. 자기 아들을 갈보리 십자가상에 화목제물로 세우신 이는 하나님 자신이셨습니다. 왜 그렇게 하셨습니까? 왜 우리의 맏형이 되게 하셔서 우리 대신 죽음을 맛보게 하셨습니까? "곧 이때에 자기도 의로우시며 또한 예수 믿는 자를 의롭다 하려 하심이니라"(롬 3:26)고 말씀합니다.

이제 분명합니까? 하나님께서 나 같은 죄인을 구원하여 주심은 한편 구석에서 적당히 하신 일이 아니었습니다. 자기 아들로 나의 죄 값을 대속하게 하시고 구원하여 주신 하나님도 의로우시고 또한 예수 믿는 나도 의롭다고 여겨 주신 너무나 합당한 은혜와 진리로 하신 일이었습니다.

그리스도와의 만남

본문을 통해서 예수 그리스도는 하나님의 일에 "자비하고" "충성된" <대제사장>으로 계시되어 있습니다. 하나님 앞에 충성된 대제사장으로 인간에게는 자비한 대제사장이 되어 우리의 죄를 구속하여 주셨습니다. 죄만 구속하여 주신 것이 아닙니다. 일생에 매여 종노릇하는 자들을 놓아주셨습니다. 놓아만 주신 것이 아니었습니다. 많은 아들을 이끌어 "영광에 들어가게" 해 주셨습니다.

이를 위하여 예수 그리스도께서는 우리를 형제라 부르시기를 부끄러워 아니하셨습니다. 이 일을 합당하게 이루시기 위해서 주님은 고난도 죽으심도 사양치 않으셨습니다. 이를 확신하게 되었다면 형제여 이제는 우리가 그리스도의 몸 된 교회를 위하여 그리스도의 남은 고난을 우리의 육체에 채워야할(골 1:24) 차례가 아니겠습니까?

　하나님의 아들께서 우리들을 형제라 부르시기를 부끄러워 아니하시고 우리의 죄 값을 대신 갚아 주셨다면 이제 우리도 예수 그리스도를 나의 주님이라고 부르기를 자랑스럽게 여기고 "선포하고 찬송"(12) 하여야 마땅하지 않겠습니까?

28
더 좋은 언약의 중보자

히브리서 8:6-13

⁶그러나 이제 그가 더 아름다운 직분을 얻으셨으니 이는 더 좋은 약속으로 세우신 더 좋은 언약의 중보시라 ⁷저 첫 언약이 무흠하였더면 둘째 것을 요구할 일이 없었으려니와 ⁸저희를 허물하여 일렀으되 주께서 가라사대 볼지어다 날이 이르리니 내가 이스라엘 집과 유다 집으로 새 언약을 세우리라 ⁹또 주께서 가라사대 내가 저희 열조들의 손을 잡고 애굽 땅에서 인도하여 내던 날에 저희와 세운 언약과 같지 아니하도다 저희는 내 언약 안에 머물러 있지 아니하므로 내가 저희를 돌아보지 아니하였노라 ¹⁰또 주께서 가라사대 그날 후에 내가 이스라엘 집으로 세울 언약이 이것이니 내 법을 저희 생각에 두고 저희 마음에 이것을 기록하리라 나는 저희에게 하나님이 되고 저희는 내게 백성이 되리라 ¹¹또 각각 자기 나라 사람과 각각 자기 형제를 가르쳐 이르기를 주를 알라 하지 아니할 것은 저희가 작은 자로부터 큰 자까지 다 나를 앎이니라 ¹²내가 저희 불의를 긍휼히 여기고 저희 죄를 다시 기억하지 아니하리라 하셨느니라 ¹³새 언약이라 말씀하셨으매 첫것은 낡아지게 하신 것이니 낡아지고 쇠하는 것은 없어져가는 것이니라(히 8:6-13)

| 설교작성 노트 |

현대교회는 히브리서를 너무나 모르고 있다. 모르는 것이 아니라 소홀히 여기고 있다는 말이 옳을 것이다. 왜 등한히 여기고 있을까? 거기에는 현대교회가 선호하고 있는 달콤한 말씀들을 찾을 수가 없기 때문일 것이다.

> 히브리서를 모르고는 대제사장을 모르게 된다. 대속제물을 모르게 된다. 한 마디로 예수 그리스도를 모르게 될 것이다.

본문 중 요절은 6절이고 핵심은 "중보"입니다. 중보라는 말이 히브리서에 만 세 번(8:6; 9:15; 12:24) 나오는데 모두 중요하게 사용되고 있습니다. 중보란 현대적인 표현으로 하면 "중재자"를 뜻합니다. 본문은 예수 그리스도께서 "더 좋은 약속으로 세우신 더 좋은 언약의 중보시라"고 말씀합니다.

그렇다면 중보란 어떤 경우에 필요하게 되는가?

1. 중보자는 불화한 쌍방이 있을 때 필요합니다

성경은 말씀합니다. "전에 악한 행실로 멀리 떠나 마음으로 원수가 되었던 너희를"(골 1:21).

하나님 편에 문제가 있었던 것이 아닙니다. 인간이 악한 행실로 하나님을 멀리 떠나 마음으로 원수가 되었던 것입니다.

하나님과 인간 사이에 불화한 관계임을 잘 보여주고 있는 계시가 시내 산과 성막의 구조입니다. 성막의 중간은 휘장으로 막혀 있었으며 시내 산의 사면은 지경을 정하여 엄격히 통제되어 있었습니다. 저들은 모세와 대제사장이라는 중보자가 없이는 하나님께 나아갈 수가 없었습니다.

그러므로 우리에게도 중보자가 꼭 필요합니다.

2. 중보자는 쌍방을 모두 위할 수 있어야만 합니다

성경은 말씀합니다. "자녀들은 혈육에 함께 속하였으매 그도 또한 한 모양으로 혈육에 함께 속하심은…"(히 2:14), "그러므로 저가 범사에 형제들과 같이 되심이 마땅하도다 이는 하나님의 일에 자비하고 충성된 대제사장(중보)이 되어 백성의 죄를 구속하려 하심이라"(히 2:17).

예수 그리스도께서는 하나님이시면서 우리의 중보자가 되시기 위하여 사람이 되셨습니다.

3. 중재자 없이는 문제해결이 불가능할 때에 필요합니다

그 난제(難題)가 무엇일까요? 그것은 "죄"입니다.

인간 편에서는 "율법의 행위로 그의 앞에 의롭다 하심을 얻을 육체가 없고" 하나님 편에서는 죄를 묵과하시거나 그냥 용서하실 수가 없으셨습니다. 하나님의 공의가 용납지 않았던 것입니다.

하나님과 죄인 된 인간이 화해하기 위해서는 이것이 난제였던 것입니다. 이 문제는 중보자가 없이는 해결할 길이 없었던 것입니다.

4. 중보자란 그 난제를 해결할 수 있는 자여야만 합니다

성경은 말씀합니다.

"저희(나)의 죄를 저희에게 돌리지 아니하시고… 하나님이 죄를 알지도 못하신 자로 우리를 대신하여 죄를 삼으신 것은 우리로 하여금 저의(그리스도) 안에서 하나님의 의가 되게 하려 하심이니라"(고

후 5:19-21).

"그리스도께서도 한 번 죄를 위하여 죽으사 의인으로서 불의한 자를 대신하셨으니 이는 우리를 하나님 앞으로 인도하려 하심이라"(벧전 3:18). 우리의 중보자 되시는 예수 그리스도께서는 이 난제를 해결해 주셨습니다.

5. 중보자는 이 괴로운 직무를 자원해야만 합니다

성경은 말씀합니다. "그 후에 말씀하시기를 보시옵소서 내가 하나님 뜻을 행하러 왔나이다"(히 10:9).

"사람의 모양으로 나타나셨으매 자기를 낮추시고 죽기까지 복종하셨으니 곧 십자가에 죽으심이라"(빌 2:8).

6. 중보자는 화해에 대한 보증이 될 수 있어야만 합니다

왜냐하면 그의 중보로 이루어진 화해라 하여도 일시적이요 깨지기 쉬운 화해라면 별 의미가 없기 때문입니다.

성경은 말씀합니다. "예수는 영원히 계신 고로 그 제사 직분도 갈리지 아니하나니 그러므로 자기를 힘입어 하나님께 나아가는 자들을 온전히 구원하실 수 있으니 이는 그가 항상 살아서 저희를 위하여 간구하심이라"(히 7:24-25).

"이와 같이 예수는 더 좋은 언약의 보증이 되셨느니라"(히 7:22).

7. 중보자의 중보를 쌍방이 신뢰하고 받아들여야만 합니다

하나님께서는 "이는 내 사랑하는 아들이요 내 기뻐하는 자니 너희는 저의 말을 들으라"(마 17:5)고 전폭적인 지지를 나타내셨습니다. 문제는 인간 편에 있습니다.

성경은 말씀합니다. "그러나 너희가 영생을 얻기 위하여 내게 오기를 원하지 아니 하는도다"(요 5:40).

성경은 경고합니다. "하물며 하나님의 아들을 밟고 자기를 거룩하게 한 언약의 피를 부정한 것으로 여기고 은혜의 성령을 욕되게 하는 자의 당연히 받을 형벌이 얼마나 더 중하겠느냐 너희는 생각하라"(히 10:29).

8. 이러한 중보자가 우리에게는 꼭 필요합니다

성경은 말씀합니다. "이제 한 말에 중요한 것은 이러한 대제사장이 우리에게 있는 것이라"(히 8:1).

성경이 다 중요한 말씀입니다. 그런데 중요한 말씀 중에 중요한 것은 "이러한 대제사장(중보자)이 우리에게 있는 것이라"고 성경은 말씀합니다.

그렇습니다. 이것이 얼마나 중요한 일이요 중대한 사건인가를 모든 사람들이 알아야할 만큼 알도록 증거 또 증거해야만 하겠습니다.

만일 이러한 대제사장을 주시지 않으셨다면, 그리하여 이러한 대제사장을 우리가 모시지 못했다면 그것은 절망인 것입니다. 영원한 멸망입니다.

성경은 또 말씀합니다. "이러한 대제사장은 우리에게 합당하니"(히

7:26). 형제도 그렇게 인정하십니까? 이러한 대제사장은 나에게 합당하시다고 믿으십니까?

성경은 또 말씀합니다. "그러므로 우리에게 큰 대제사장이 있으니 승천하신 자 하나님의 아들 예수시라 우리의 믿는 도리를 굳게 잡을지어다"(히 4:14).

형제여 "믿는 도리를 굳게 잡읍시다" 우리의 대제사장을 굳게 붙잡읍시다.

하나님의 아들께서 형제의 중보자이십니다. 전에만 중보자가 아니라 이제도 그리고 영원히 중보자이십니다.

이 벌레 같은 나의 중보자가 되시기 위하여
낮고 천한 이 땅에 인간의 몸을 입으시고 오신 주님
나의 죄를 대신 담당하시어 십자가에 죽으신 주님
부활 승천하셔서 지금도 나를 위하여 간구하고 계시는
나의 영원한 중보자

이 땅에 사는 동안에도 이러한 대제사장을 형제가 모시고 살아가고 있다는 하나님의 말씀을 듣게 된 형제의 지금의 심정이 어떠하십니까?

형제여 우리의 중보자 되시는 예수 그리스도의 구속의 은총으로 말미암아 우리에게도 "더 아름다운 직분"(히 8:6)이 주어졌습니다. 그것은 "왕 같은 제사장" 이라는 직분입니다. 형제의 신분은 왕이요 제사장입니다.

"제사장"이란 하나님께 제사를 드리는 자입니다. 그렇다면 지금 형제가 하고 있는 모든 일이 제사장으로써 하나님께 제사를 드리는 일임을 깨닫고 믿으시기를 바랍니다.

당신이 운전 기사입니까 운전도 제사장 직무입니다. 몸으로 하나님께 산 제사를 드리고 있는 예배인 것입니다. 그대가 학생입니까 자매가 주부입니까 공부도 밥짓는 일도 제사장 직무요 이를 통해서 하나님께 영광을 돌릴 수 있게 되어야만 합니다.

복음 전파도 제사장 직무(롬 15:6) 입니다.

성경은 말씀합니다. "그러므로 형제들아 내가 하나님의 모든 자비하심으로 너희를 권하노니 너희 몸을 하나님이 기뻐하시는 거룩한 산 제사로 드리라 이는 너희의 드릴 영적 예배니라"(롬 12:1).

형제여!

형제가 성전이요 형제가 제물이요 형제가 거기서 제사를 드려야할 제사장임을 명심 명심하십시다 이는 우리의 중보자이신 우리 주 예수 그리스도로 말미암아 가능해진 것입니다.

29
히브리서에 나타난 들어감

히브리서 10:19-22

¹⁹ 그러므로 형제들아 우리가 예수의 피를 힘입어 성소에 들어갈 담력을 얻었나니 ²⁰ 그 길은 우리를 위하여 휘장 가운데로 열어 놓으신 새롭고 산 길이요 휘장은 곧 저의 육체니라 ²¹ 또 하나님의 집 다스리는 큰 제사장이 계시매 ²² 우리가 마음에 뿌림을 받아 양심의 악을 깨닫고 몸을 맑은 물로 씻었으나 참 마음과 온전한 믿음으로 하나님께 나아가자 (히 10:19-22)

| 설교작성 노트 |

욥은 "내가 어찌하면 하나님 발견할 곳을 알꼬 그리하면 그 보좌 앞에 나아가서" (욥 23:3) 그 앞에서 호소하리라고 말한다. "그런데 내가 앞으로 가도 그가 아니 계시고 뒤로 가도 보이지 아니하며 그가 왼편에서 일하시나 내가 만날 수 없고 그가 오른 편으로 돌이키시나 뵈올 수 없구나"고 탄식한다.

내가 어찌하면 하나님 보좌 앞에 들어갈 수가 있으며 어찌하면 하나님을 만날 수가 있을까? 이는 에덴에서 추방당한 아담의 후예들의 최대의 숙원이다.

히브리서는 이에 대한 해답을 제시해주고 있다. 우리는 히브리서의 가치에 대하여 너무 과소평가하고 있는 것은 아닌가? 히브리서를 너무 모르고 있는 것은 아닌가? 히브리서를 모르고는 모세 오경을 설교할 수가 없다. 히브리서에 나타난 "들어감"을 관찰해 보자. 이 주제는 성경 전체의 열쇠라 해도 과언이 아니다.

예수 그리스도께서는 "구하라 그러면 너희에게 주실 것이요 찾으라 그러면 찾을 것이요 문을 두드리라 그러면 너희에게 열릴 것이다"(마 7:7)고 말씀하셨습니다. 그런데 구해도 얻지 못하고 찾아도 만나지 못하고 문을 두드려도 열리지 않던 시대가 있었습니다. 그것이 구약시대입니다.

우리가 다 얻었다 해도, 다 찾았다 해도, 다 열렸다 해도 하나님을 얻지 못하고 하나님을 찾지 못하고 하나님께 나아가는 문이 열리지 않았다면, 내가 얻었노라 내가 찾았노라 내 앞에 문이 열렸노라 말할 수는 없는 것입니다. 주님께서 말씀하신 대로 온 천하를 얻었다 해도 내 생명을 잃고 나면 아무 유익이 없는 것입니다. 다른 것은 구하면서도 하나님은 구하지 않고 다른 것은 얻고자 하면서도 구원을 얻고자 아니하며 다른 문은 두드리면서도 영생으로 들어가는 문은 두드리지 않는다면 그것은 어리석은 일인 것입니다.

내가 구하기만 하면 당연히 주셔야만 하고 내가 문을 두드리기만 하면 당연히 열릴 것이라고 내게 그런 자격과 공로와 권리라도 있는 냥 여기고 있는 것은 아닙니까? 그것은 자신의 주제를 몰라도 너무 모르고 있기 때문에서 오는 자만입니다. 당신이 버킹검 궁을 찾는다고해서 여왕을 만날 수 있으며 문을 두드린다고 열려지리라고 생각하십니까? 그런데 성경은 누구에게 구하고 누구를 찾고 누가 계신 문을 두드리라고 말씀하고 있습니까 중요한 것은 나 같은 죄인이 구하면 하나님께서 어째서 주시는 것이며 내가 두드리면 하나님이 계신 보좌의 문이 열려지는 것이 어떻게 해서 가능하게 되었는가에 있는 것입니다.

그것은 아무리 두드려도, 그토록 오랫동안 두드리고, 그토록 많은 사람이 두드렸어도 열릴 줄을 모르고 굳게 닫혀져 있던 시대가 있었기 때문입니다.

구약시대

히브리서 9:8은 시사해 주는 바가 큽니다. "성령이" 이렇게 시작하심으로 그 무게를 느끼게 합니다. "이로써 보이신 것은" 합니다. "이로써"란 9:17에서 설명한 성막의 식양(式樣)을 말합니다. 성막은 모세가 임의로 지은 것이 아니라 시내 산에서 보이신 식양을 좇아 지은 것이었습니다. 성경은 성막을 가리켜 "하늘에 있는 것의 모형과 그림자"(히 8:5)라고 말씀합니다. 모형과 그림자라고 하신 것은 "이로써 보이시기" 위한 메시지가 계셨기 때문이라는 것입니다.

가장 중요한 핵심은 "성소에 들어가는 길이 아직 나타나지 아니한 것이라"(8)를 보여주시기 위해서였습니다. 성막은 지성소로 들어가는 길이 휘장으로 굳게 닫혀져 있었습니다. 하나님께서 시내 산에 강림하셨을 때에도 산에는 접근하지 못하도록 지경이 설정되었습니다.

그러므로 언제 하나님께 나아가는 길이 열리며 어떻게 하면 하나님께 나아갈 수 있을까 하는 것이 인류의 최대의 숙제였던 것입니다. 욥은 "내가 어찌하면 하나님 발견할 곳을 알꼬" 하고 탄식했습니다. 시편 기자는 "내가 어느 때에 나아가서 하나님 앞에 뵈올꼬"(시 42:2) 하고 갈망했습니다.

대제사장이 일년 일차씩 들어갈 수 있었던 것도 그가 자격이 있어서가 아니라 그는 참 대제사장 되시는 예수 그리스도의 예표적 인물이었기 때문입니다. 물론 그가 가지고 들어간 피도 어린 양 되시는 예수 그리스도의 보혈에 대한 그림자였던 것입니다.

구약시대 내내 그토록 많은 생축이 피를 흘렸고 그토록 많은 제사가 드려졌지만 "성령이 이로써 보이신 것은 첫 장막이 서 있을 동안에 성소에 들어가는 길이 아직 나타나지 아니한 것이라"는 시대였던 것입니다.

이 점에서 잠시 언급해야 할 점은 "성소"라는 단어 문제입니다. 이는 9:2에서 말씀하고 있는 "성소"와 혼돈해서는 아니 됩니다. 2절의 성소는 땅에 있는 모형으로 주어진 성소이고 "성소에 들어가는 길이 아직 나타나지 아니한 것이라" 하신 8절의 성소는 하늘에 있는 참 성소(9:24)를 가리킵니다.

9:12에서도 그리스도께서 "염소와 송아지의 피로 아니하고 오직 자기 피로 영원한 속죄를 이루사 단번에 성소에 들어가셨느니라"고 말씀하고 있는데 그리스도께서 단번에 들어가신 성소는 모형이 아니라 하늘에 있는 성소인 것입니다. 중요한 것은 땅에 있는 참 것의 그림자인 성소(또는 지성소)에 들어가는 것이 아니라 참 성소인 하나님의 보좌 앞에 나아가는 것이며 그 길이 아직 나타나지 않았다는데 있는 것입니다.

구약시대란 하늘에 있는 참 성소인 하나님 보좌 앞에 나아가는 길이 아직 나타나지 아니한 시대였습니다. 이것을 모형을 통하여 보여주신 것이 성소의 식양이었습니다.

그런데 히브리서는 이것만 보여주고 있는 것이 아닙니다. 이것이 전부라면 마치 문제만 있고 답은 없는 셈입니다. 히브리서는 문제를 제기하고 답을 제시해주고 있습니다.

신약시대

성경은 "아직" 나타나지 아니한 것이라고 말씀했습니다. 그것은 아직은 나타나지 아니하였으나 그 길이 열리도록 하나님께서 일하고 계심을 암시하고 있으며 미구에 열려지게 될 것을 예시하는 표현입니다.

"그러므로 형제들아 우리가 예수의 피를 힘입어 성소에 들어갈 담력을 얻었나니"(10:19) 하고 드디어 그 길이 열려졌음을 말씀합니다. "그 길은 우리를 위하여 휘장 가운데로 열어 놓으신 새롭고 산 길이요 휘장은 곧 저의 육체니라"고 말씀합니다.

굳게 닫혀져 있던 휘장이 언제 열려졌습니까?

"예수께서 다시 크게 소리 지르시고 영혼이 떠나시다 이에 성소 휘장이 위로부터 아래까지 찢어져 둘이 되고"(마 27:50,51).

아시겠습니까? 성소와 휘장은 이를 보여주시기 위해서 주어졌으며 이를 계시하시기까지만 필요했던 것입니다. 구약시대 내내 성소에 들어가는 길이 아직 나타나지 않았던 그 휘장이 단번에 열려질 수가 있었던 것은 이는 염소와 송아지의 피로 아니하고 오직 자기 피로 영원한 속죄를 이루사 단번에 성소에 들어가셨기(9:12) 때문입니다.

찢어진 휘장은 다시 꿰매어졌을지라도 중요한 것은 하나님의 보좌 앞에 나아가는 길은 다시 닫혀지지 아니하고 활짝 열려 있다는 사실입니다.

앞서 들어가신 예수

성소에 들어가는 길이 열려지자 맨 먼저 들어간 분이 누구인지 아십니까? 다시 말씀드립니다만 땅에 있는 지성소가 아닙니다. 하늘에 있는 참 성소를 말합니다. "우리가 이 소망이 있는 것은 영혼의 닻 같아서 튼튼하고 견고하여 휘장 안에 들어가나니 그리로 앞서 가신 예수께서 멜기세덱의 반차를 좇아 영원히 대제사장이 되어 우리를 위하여 들어가셨느니라"(6:19-20)고 말씀합니다.

예수 그리스도께서 제 1차로 "앞서" 들어가셨습니다. 그리고 하나님 우편에 앉으셨습니다.

히브리서에는 세 번의 "나타나심"이 있는데 첫 번째 나타나심은 "이제 자기를 단번에 제사로 드려 죄를 없게 하시려고 세상 끝에 나타나셨느니라"(9:26)한 나타나심입니다. 이는 영광을 떠나 이 땅에 내려오신 자기 비하 즉, 초림을 의미합니다.

두 번째 나타나심은 "그리스도께서는 참 것의 그림자인 손으로 만든 성소에 들어가지 아니하시고 오직 참 하늘에 들어가사 이제 우리를 위하여 하나님 앞에 나타나시고"(9:24)한 나타나심입니다. 이는 하나님 우편 재위 즉 승귀를 의미합니다. 죽으시고 장사지낸바 되었다가 부활하시고 승천하심으로 맨 먼저 들어가셔서 하나님 앞에 나타나셨습니다.

세 번째 나타나심은 "자기를 바라는 자들에게 두 번째 나타나시리라"(9:28)한 재림입니다. 그래서 두 번째라고 말씀하고 있는 것입니다.

큰 대제사장

휘장 뒤에 있는 지성소에는 일년 일차 대제사장만이 들어갈 수가 있었는데 피 없이는 아니하였다고 말씀합니다. 그런데 이제 우리가 예수의 피를 힘입어 휘장 가운데로 열어 놓으신 새롭고 산길을 따라 하나님의 보좌 앞에 나아갈 수 있게 되었다면 우리의 신분이 제사장입니까 대제사장인 셈입니까?

그래서 4:14은 "그러므로 우리에게 큰 대제사장이 있으니 승천하신 자 곧 하나님의 아들 예수시라"고 말씀하는 것입니다. 예수 그리스도는 "대제사장" 중에 "큰 대제사장"이십니다. "왕 중 왕"이란 표현과 같은 표현입니다.

우리가 휘장 안에 들어 갈 수 있게 된 것은 앞서 들어가신 큰 대제사장 되시는 예수 그리스도의 그 자취를 따라 들어가기 때문에 가능해진 것입니다.

"그러므로 우리가 긍휼하심을 받고 때를 따라 돕는 은혜를 얻기 위하여 은혜의 보좌 앞에 담대히 나아갈 것이니라"(4:16)고 말씀합니다. 은혜의 보좌 앞에 그것도 '담대히' 나아가라고 말씀합니다. 엡 3:12에서는 "우리가 그 안에서 그를 믿음으로 말미암아 담대함과 하나님께 당당히 나아감을 얻느니라"고 "담대함"에 "당당함"을 더하고 있음을 봅니다.

감히 이것이 어떻게 가능해진 것입니까? 본문 10:19에서는 "그러므로 형제들아 우리가 예수의 피를 힘입어 성소에 들어갈 담력을 얻었다"고 말씀합니다. 오직 예수의 피를 힘입어서 뿐입니다.

"오직 예수의 피를 힘입는다"는 것이 무엇을 의미하는지 좀 더 부연할 필요가 있습니다. 성경은 "피 흘림이 없은 즉 사함이 없느니라"(9:22)고 말씀합니다. 첫째가 죄사함입니다. 또 있습니다. 로마서 5:9에서는 "그러면 이제 우리가 그 피를 인하여 의롭다 하심을 얻었은 즉" 하고 말씀하고 있기 때문입니다.

"예수의 피를 힘입어"라는 말씀 속에는 이 두 가지 즉 죄 사함과 의롭다 하심이 다 들어있는 것입니다. 주님께서 내 죄를 담당하시고 주님의 의를 나에게 덧입혀 주심으로 말미암아 그 의를 힘입어 은혜의 보좌 앞에 담대함과 당당히 나아갈 수가 있게 된 것입니다.

한 곳만 더 인용하겠습니다. "그리스도께서도 한 번 죄를 위하여 죽으사 의인으로써 불의한 자를 대신하셨으니 이는 우리를 하나님 앞으로 인도하려 하심이라"(벧전 3:18). 이를 위하여 주님은 오셨고 이를 다 이루셨을 때에 휘장은 열렸습니다.

이것은 자기 아들을 통하여 하나님께서 해주신 일입니다.

우리가 해야 할 것은 "참마음과 온전한 믿음으로 하나님께 나아가는"(10:22) 일입니다.

참 마음과 온전한 믿음으로.

그리스도와의 만남

히브리서의 논리는 분명합니다. "성소에 들어가는 길이 아직 나타나지 아니했었는데 이제는 예수님의 대속의 피로 말미암아 휘장 가운데로 열어 놓으신 새롭고 산 길이 열렸으니 그 피를 힘입어 하나님의 보좌 앞에 담대히 나아가자"고 문제와 해답을 제시해 주고 있습니다.

"이제 한 말에 중요한 것은 이러한 대제사장이 우리에게 있는 것이라"(8:1)고 말씀합니다. 성경 말씀은 모두가 중요합니다. 그런 중에서도 "이러한 대제사장"을 하나님께서 우리에게 주셨고 그래서 이러한 대제사장을 우리가 모시고 있다는 것은 "중요한 것 중의 중요한 것이다"고 말씀합니다. "이러한 대제사장이 우리에게 있다"는 사실이 얼마나 행복한 일인가를 모든 그리스도인들이 알아야할 만큼 알 수만 있다면

"그러므로 자기를 힘입어 하나님께 나아가는 자들을 온전히 구원하실 수 있으니 이는 그가 항상 살아서 저희를 위하여 간구하심이니라"(7:25).

우리에게 있는 대제사장의 사역은 끝이 난 것이 아닙니다. 지금도 "항상" 우리를 위하여 "간구"하고 계시는 것입니다. 이로 보건대 형제가 하나님의 나라에 가게 될 때에 제일 먼저 예수 그리스도의 영접을 받게 될 것입니다.

그렇다면 우리를 위하여 휘장 가운데로 열어 놓으신 새롭고 산 길을 따라 지성소에 들어가면 거기서 무슨 일이 일어난다는 것입니까? "거기서 내가 너와 만나고 네게 명할 모든 일을 네게 이르리라"(출 25:22)고 말씀합니다.

하나님과의 만남과 말씀을 받는 즉, 하나님과의 교제가 회복되게 된 것입니다. 이것이 이 땅에 사는 동안에는 예배를 통하여 이루어집니다. 기도를 통하여 이루어집니다. 그러나 주님께서 다시 오시는 날 우리의 낮은 몸도 그리스도의 영광스러운 몸과 같이 변화되어 친히 그리고 영원한 "들어감"과 만남이 이루어질 것입니다.

30
의의 후사가 된 노아

히브리서 11:7

⁷믿음으로 노아는 아직 보지 못하는 일에 경고하심을 받아 경외함으로 방주를 예비하여 그 집을 구원하였으니 이로 말미암아 세상을 정죄하고 믿음을 좇는 의의 후사가 되었느니라(히 11:7)

> **| 설교작성 노트 |**
>
> 노아 하면 홍수를 연상하게되고 홍수하면 방주를 생각하게 되고 방주하면 순종을 연상하게 되는 것이 우리의 성경 지식이다. 이렇게 된 것은 성경을 교훈적인 관점에서만 접근했기 때문이다. 구속사의 맥락에서 접근하게 되면 어떻게 다른가?
> 　본문은 이를 조명하고 해석해 주는 말씀이다. "이로 말미암아 세상을 정죄하고 믿음을 좇는 의의 후사가 되었느니라"고 말씀하고 있다. 이는 굉장한 의미를 내포하고 있는 말씀이다. 하나님께서 노아 즉, "의의 후사"를 남겨 두시지 않으셨다면 오늘의 나 자신의 구원도 불가능했을 것이라는 뜻이 내포되어 있다. "세상을 정죄"한다는 말과 "의의 후사"가 되었다는 말이 상반되게 사용하고 있음을 주목해야만 한다. 그렇다면 그 굉장한 구속사적 의미가 무엇인가?

　성경의 대 주제는 "하나님 나라 건설"입니다. 그러므로 본문도 하나님 나라 건설이라는 관점에서 바라보아야만 하는 것입니다. 본문은 홍수심판으로부터 노아의 가정을 어떻게 구원하셨는가하는 한 가정의 "구원사"가 아닙니다.

성경이란 하나님께서 인류를 구원하시기로 계획하시고 이를 추진해 오신 "구속의 역사"(歷史)인 것입니다. 역사에는 단절이 있을 수가 없습니다. 그러므로 노아 홍수사건이 이 구속의 역사에 있어서 어떻게 연결고리 역할을 하고 있는가 여기에 중요한 의미가 있는 것입니다.

홍수심판의 배경

그렇다면 홍수심판이 왜 불가피하게 된 것일까요? "사람이 땅 위에 번성하기 시작할 때에 그들에게서 딸들이 나니 하나님의 아들들이 사람의 딸들의 아름다움을 보고 자기들의 좋아하는 모든 자로 아내를 삼는지라"(창 6:1-2) 하고 이에 대한 빛을 비춰줍니다. 하나님은 "여자의 후손"을 보내셔서 인류를 구원하시려는 원대한 계획을 갖고 계시며 그 계획을 추진해 나가고 계시는 중입니다.

그런데 노아 당시에는 두 부류(여자의 후손과 뱀의 후손)가 하나로 합쳐지고 있는 심각한 상태에 이른 것입니다. 이는 한마디로 여자의 후손 즉, 메시아의 태어남을 저지하려는 사탄의 궤계입니다. 하나님은 묵과하실 수가 없으셨습니다. 이 궤계를 분쇄하셔야만 했습니다. 이것이 홍수심판으로 나타난 것입니다.

그의 집과 세상

노아가 방주를 예비하여 "그 집"을 구원하였다는 말씀을 대할 때에 노아 개인의 가정을 구원한 양 국한시켜서는 아니 됩니다. 우리가 그렇게 생각하고 보게 되는 까닭은 "먼저 그 나라와 그의 의"는 생각지 아니하고 자기중심(自己中心)적인 신앙에 깊이 빠져 있기 때문입니다. 또한 성경을 보는 눈이 교훈이나 축복이라는 점(點)으로 보고 구속사 라는 선(線)으로 보는 눈이 열려 있지 않기 때문입니다.

하나님은 노아의 개인적인 가정을 구원하시려고 일을 하고 계시는 하나님이 아니시며 홍수로 심판하신 것도 아닙니다.

그때 당시에 "노아의 집"은 지상에 남아 있는 유일한 "여자의 후손" 즉, 하나님의 교회였던 것입니다. 이 점을 신약성경은 설명하여 주기를 "방주에서 물로 말미암아 구원을 얻은 자가 몇 명뿐이니 겨우 여덟 명이라"(벧전 3:20) 아셨습니까? "겨우 여덟 명"이라는 표현에서 당시의 위급한 상황을 단적으로 말해 주고 있습니다. 홍수심판이 조금만 더뎠어도 그루터기도 남지 못할 상황이었던 것입니다.

그러므로 노아의 집 여덟 식구는 노아 개인의 가족이기 이전에 하나님의 백성이며 하나님의 교회였던 것입니다. 성경은 노아의 "그 집"은 구원 얻었으나 "세상"은 정죄 받았음을 말씀하고 있습니다.

노아의 "그 집" 대 "세상", "구원"과 "정죄"가 대비되어 있음을 주목하십시오 이는 주께서 인자의 임함은 노아의 때와 같다하신 대로 역사적인 종말에 가서 교회는 구원되고 세상은 심판받게 될 명백한 예표였던 것입니다. 노아는 세상에 살고 있었으나 세상에 속하여 있지 않았습니다.

의의 후사

성경 본문은 노아가 이로써 "믿음을 좇는 의의 후사"가 되었느니라고 끝맺고 있습니다. 홍수심판을 통하여 노아에게 주어진 축복이 "의의 후사"라는 말씀입니다. 후사(後嗣)란 사전에 의하면 대(代)를 잇는 자식이라고 풀이하고 있습니다. 그런데 그냥 대를 잇는 자식이 아니라 "의의 후사" 즉, 의의 대를 잇는 자식이 되었다는 것입니다.

뜻은 명백합니다. 뱀의 후손도 대를 이어가고 있습니다. 그리고 여자의 후손도 대를 이어 가고 있는 것입니다. 그런데 뱀의 후손은 잡초의 무성함 같이 번성합니다. 그러나 성경 역사를 보면 여자의 후손은 끊어질 듯 이어지고 있는 것을 봅니다. "상한 갈대, 꺼져 가는 등불"로 묘사되어 있습니다. 노아 당시도 그러했습니다. "겨우 여덟 명"이라 얼마나 빈약한 숫자입니까?

후사란 대를 잇는 자식이라고 했는데 그렇다면 의의 계보가 노아가 처음은 아니라는 뜻이 됩니다. 다만 노아 때 와서 대가 끊어지지 아니하고 이어지게 되었다는 말씀이니 노아 전에는 어떻게 이어져 내려왔을까요? 그것을 보여주는 것이 창세기 5장입니다.

5장은 아담자손의 계보는 이러하니라 하고 시작이 됩니다. 그런 후에 아담 - 셋 - 에노스 - 게난 - 마할랄렐 - 야렛 - 에녹 - 므두셀라 - 라멕 - 노아(창 5:3-29)로 이어져 내려오는 것을 봅니다. 그러면서 그 대가 끊어짐이 없이 이어져 내려간다는 것이 얼마나 고달팠으면 "이름을 노아라하여 가로되 이 아들이 안위하리라 하였더라"(창 5:29)고 했겠습니까? 그리고 이 족보는 누가복음 3장에 수록되어 있는 예수 그리스도의 족보와 정확하게 일치하고 있습니다(눅 3:36-38).

우리는 좀 더 나아가야만 합니다. 그렇지 아니하면 진짜 귀중한 것을 놓치게 될 것입니다. 다름이 아니라 성경은 어찌하여 노아를 가리켜 "여자의 후사"라 말하지 않고 "의의 후사"라고 말씀하고 있느냐는 것입니다. "의의 후사"라는 말씀 속에는 여자의 후손의 대가 끊어지지 아니하고 이어져 내려가게 되었음을 의미합니다. 그러나 그것이 전부가 아닙니다.

"의의 후사"라는 묘사는 단순히 대를 잇는다는 뜻만이 아니라 "의의 대를 잇는 자"라는 의미인 것입니다. 그렇다고 "의의 후사"란 의로운 대(자기 행위로)라는 말과는 구별이 되어야만 합니다. 이 점에서 다른 번역들을 참고로 하는 것이 도움이 될 것입니다. 현대인의 성경은 "믿음에 의한 의의 상속자가 되었습니다"고 번역하고 새번역은 "믿음으로 얻는 의를 상속받는 자가 되었습니다"고 번역하고 있습니다.

노아는 믿음으로 의를 상속받는 자가 된 것입니다. 그렇다면 "의의 후사"란 칭의를 물려받은 자손을 의미하는 것이 분명합니다. 형제는 지금 놀라움과 감탄을 맛보고 있지 아니합니까 그렇지 않다면 형제는 칭의가 얼마나 중요하다는 것과 만일 하나님 앞에 의롭다 함을 얻지 못한다면 영원한 분리만이 있게 된다는 것과 그것을 얻는 것이 인간의 행위로는 불가능하다는 설망삼을 모르고 있기 때문일 것입니다.

노아는 하나님께로부터 의롭다 함을 얻은 자가 되었고 그 칭의의 대가 끊어지지 않고 후대에 이어줄 후사가 되었다는 말씀입니다. 그렇다면 노아 전에는 칭의의 대가 누구를 통하여 어떻게 이어져 내려왔으며 후에는 누구들을 통하여 칭의가 이어져 내려가게 되었는가?

성경에 기록된 최초의 사람은 아벨입니다. "믿음으로 아벨은 가인보다 더 나은 제사를 하나님께 드림으로 의로운 자라 하시는 증거를 얻었으니"(히 11:4) 하고 말씀합니다.

노아 후로는 아브라함과 라합과(약 2:23-25) 다윗 등이 칭의를 얻은 자로 성경에 기록되어 있습니다. 그렇다고 이들만이 구원을 얻었다고 말할 수는 없을 것입니다. 다만 그들은 그 시대에도 의롭다 함을 얻는 길이 있었음을 보여주는 대표자격으로 기록되었다고 보아야만 할 것입니다. "의의 후사"는 이와 같이 이어져 내려왔습니다.

그런데 우리가 명심해야 할 점은 이들 모두가 "믿음"으로 의를 얻었다는 점입니다. 행위로 얻은 것이 아닙니다. 그렇다면 누구를 믿음으로 의롭다 함을 얻었을까요? 형제가 대답해 보십시오. 오직 예수 그리스도입니다. 아벨은 "양의 첫 새끼"를 통하여 세상죄를 지고 가는 하나님의 어린 양을 멀리서 바라보았던 것입니다. 그것은 불가능하다고 생각이 되거든 자비하신 하나님께서 그렇게 "여겨주셨다"고 믿으십시오. 라합도 주의 군사를 영접한 것을 주를 영접한 것으로 여겨주셨습니다. "천하 인간에 구원을 얻을 만한 다른 이름을 우리에게 주신 일이" 없습니다. 신약시대만이 아니라 구약시대에도 없습니다. 만일 의롭게 되는 다른 길이 구약시대에 있었다면 예수 그리스도께서는 헛되이 죽으신 것이 됩니다(갈 2:21).

그리스도와의 만남

형제여 신구약을 막론하고 사람이 의롭다 함을 얻을 수 있는 길은 오직 예수 그리스도의 대속으로 말미암아서 뿐입니다. 이를 알았기에 노아는 방주에서 나오자 "여호와를 위하여 단을 쌓고 모든 정결한 짐승 중에서와 모든 정결한 새 중에서 취하여 번제로 단에 드렸던"(창 8:20) 것입니다. 구약의 모든 제물과 흘린 피는 어린 양 되시는 예수 그리스도의 그림자로써만이 의미가 있는 것입니다.

노아가 "의의 후사"가 되었다는 것은 창세기 3:15에서 비롯된 복음이 노아 홍수 때에도 끊어지거나 중단됨이 없이 이어져 내려왔음을 말씀해 주는 대목인 것입니다. 이로 보건대 예수 그리스도께서는 창세로 부터 죽임을 당하신 셈입니다(참고, 계 13:8).

뱀의 후손의 계보에 있어서 그 조상은 말 그대로 뱀 즉, 사탄입니다(요 8:44). 여자의 후손의 계보에 있어서 그 조상은 그리스도요 대표자도 예수 그리스도이십니다. 그러므로 "아담 안에서 모든 사람이 죽은 것같이" 여자의 후손의 반열에 참여함을 얻은 자들은 "그리스도 예수 안에서" 모두 다 의롭다 함을 얻은 자들이 된 것입니다.

하나님께서는 의의 후사를 창세기부터 이어져 내려와 형제에게까지 이르게 하셨습니다. 이 시대에 있어서 교회란 방주와도 같습니다. 교회가 물려주어야할 최대의 유산은 "의의 후사"임을 명심하십시다. 이제 우리들도 이 복음을 전파하여 번성케 하고 확장하여 다음 세대에 이 영광스러운 칭의를 물려주어야 할 "의의 후사"들인 것입니다.

31
이루었도다 나는 처음과 나중이라

요한계시록 21:1-8

¹ 또 내가 새 하늘과 새 땅을 보니 처음 하늘과 처음 땅이 없어졌고 바다도 다시 있지 않더라 ² 또 내가 보매 거룩한 성 새 예루살렘이 하나님께로부터 하늘에서 내려오니 그 예비한 것이 신부가 남편을 위하여 단장한 것 같더라 ³ 내가 들으니 보좌에서 큰 음성이 나서 가로되 보라 하나님의 장막이 사람들과 함께 있으매 하나님이 저희와 함께 거하시리니 저희는 하나님의 백성이 되고 하나님은 친히 저희와 함께 계셔서 ⁴ 모든 눈물을 그 눈에서 씻기시매 다시 사망이 없고 애통하는 것이나 곡하는 것이나 아픈 것이 다시 있지 아니하리니 처음 것들이 다 지나갔음이러라 ⁵ 보좌에 앉으신 이가 가라사대 보라 내가 만물을 새롭게 하노라 하시고 또 가라사대 이 말은 신실하고 참되니 기록하라 하시고 ⁶ 또 내게 말씀하시되 이루었도다 나는 알파와 오메가요 처음과 나중이라 내가 생명수 샘물로 목마른 자에게 값 없이 주리니 ⁷ 이기는 자는 이것들을 유업으로 얻으리라 나는 저의 하나님이 되고 그는 내 아들이 되리라(계 21:1-7)

| 설교작성 노트 |

계시록 하면 최우선적으로 떠오르는 것이 무엇인가? "난해하다"는 것이다. 그러나 그렇게 생각하게 되는 것은 접근이 잘못되었기 때문이다. 계시록의 "줄기"는 보지 못하고 "지엽"만 보기 때문이다. 나무만 보고 숲은 보지 못하기 때문에 미로에 빠

> 지게 된다. 계시록은 "예수 그리스도"(1:1)로 시작한다. 그리고 중심은 "하나님이 그에게 주사"(1:1) 하신 하나님이시다. 계시록 마지막 부분에서는 "이루었도다. 나는 알파와 오메가요. 처음과 나중이라"(21:6)고 말씀한다.
>
> 그러므로 계시록의 핵심은 하나님께서 예수 그리스도를 통하여 이루시는 구속사역(하나님의 나라)의 완성에 있다. 계시록 하면 최우선적으로 이 주제를 생각하고 용기와 안위를 얻을 수 있어야 마땅하다.

하나님의 나라 회복

성경의 전체 주제가 무엇이라고 생각하십니까? "하나님의 나라"라고 말씀드릴 수가 있습니다. 하나님께서는 태초에 하나님의 나라를 건설하셨습니다(창 1-2장). 그러나 한 사람으로 말미암아 죄가 침입하게 되었습니다. 죄의 종이 된 인류의 시조는 빛 앞에서 어두움이 쫓겨나듯 의로우신 하나님 존전에서 추방당했습니다.

하나님의 나라는 손상을 입게 되었습니다. 하나님은 자기 백성을 잃어버리신 것입니다(눅 19:10). 이는 백성을 잃어버린 것만이 아니라 "거룩한 이름이 더럽힘"(겔 36:20)을 받은 셈입니다. 하나님께서는 자기 명예를 위하여 하나님의 나라를 회복하시는 일(구속사역)을 시작하셨습니다.

그러므로 하나님의 나라 회복운동은 "여호와의 전쟁"인 것입니다.

"내 아버지께서 이제 까지 일하시니 나도 일한다"(요 5:17)하심이 이를 뜻합니다. 예수 그리스도의 제1성은 "때가 찼고 하나님 나라가 가까왔으니 회개하고 복음을 믿으라"(막 1:15)는 "하나님 나라"였습니다.

하나님의 나라가 회복된다는 것은 우주를 다시 만드시는 그런 것이 아닙니다. 잃어버렸던 하나님의 백성들을 찾으셔서 하나님께서 그들과 "함께 거하심"에 있습니다. 이를 가능케 하기 위하여 어떠한 일이 먼저 해결되어야만 합니까?

구약시대에도 하나님께서 "내가 그들 중에 거할 성소를…나를 위해 짓되"(출 25:8) 하고 사람 가운데 거처를 두신 때가 있으셨습니다. 그러나 하나님의 임재를 상징하는 지성소가 휘장으로 가로막혀 있는 구조였습니다.

이는 하나님께서 우리와 "함께 거하심"이 아직 가능해지지 아니함을 나타내고 있습니다. 성막은 훗날 성전으로 발전하였고 성막과 성전은 하나님께서 인간의 몸을 입고 이 땅에 오신 임마누엘 사건으로 성취되었던 것입니다. 이로 보건대 하나님이 우리와 함께 거하시는 "하나님의 나라" 회복은 임마누엘 사건으로만이 가능해짐을 알 수가 있습니다.

인자가 온 것은

그렇다면 "임마누엘"은 왜 필요한가?

주님은 말씀하십니다. "인자의 온 것은 잃어버린 자를 찾아 구원하려 함이니라"(눅 19:10).

또 말씀하십니다. "인자가 온 것은…자기 목숨을 많은 사람의 대속물로 주려함이니라"(마 20:28).

오신 목적을 친히 천명하신 두 곳 말씀을 종합하면 인류의 죄 값을 대신 지불하여 잃어버린 하나님의 백성을 찾아 구원하시기 위하여 오셨다는 말씀이 됩니다. 참으로 우리들은 "이 내 아들은 죽었다가 살았으며 내가 잃었다가 다시 얻었노라"(눅 15:32)의 처지인 것입니다.

하나님 나라의 회복을 위해서는 이 죄 문제가 먼저 해결되어야만 했던 것입니다. 우리 주님께서는 이를 해결하시기 위하여 이 땅에 오셨으며 십자가에 달려 죽으셔야만 했습니다.

이사야서의 두 주제

이와 같은 대속의 방법으로 잃어버린 자기 백성을 찾으실 것을 계획하신 분은 하나님이셨습니다. 그리고 대속제물이 되실 것을 자원하신 분은 예수 그리스도이셨습니다.

그러므로 하나님의 절대 주권을 나타내는 "하나님의 보좌"와 대속제물인 "어린 양" 이는 구속사역을 완성하시는 계시록의 주제입니다. 메시아 예언으로 유명한 이사야서에도 이 두 주제가 선명하게 나타나 있습니다. 먼저 6장에 "웃시야 왕의 죽던 해에 내가 본즉 주께서 높이 들린 보좌에 앉으셨는데"① 하고 "높이 들린 보좌"가 계시되어 있습니다.

또한 53장에 보면 "그가 곤욕을 당하여 괴로울 때에도 그 입을 열지 아니하였음이며 마치 도수장으로 끌려가는 어린 양과 털 깎는 자 앞에 잠잠한 양같이 그 입을 열지 아니 하였도다. 그가 곤욕과 심문을 당하고 끌려갔으니 그 세대 중에 누가 생각하기를 그가 산 자의 땅에서 끊어짐은 마땅히 형벌 받을 내 백성의 허물을 인함이라 하였으리요"(7-8) 하고 하나님의 어린 양이 등장합니다.

하나님의 보좌와 어린 양, 이 두 주제가 계시록에서 만나고 있음을 대하게 된다는 것은 감격스러운 일입니다.

보좌에 앉으신 이와 어린 양

그러므로 계시록의 중심점은 "보좌에 앉으신 하나님"과 "일찍 죽임을 당하신 어린 양"에 있습니다. "보좌와 어린 양" 이 두 주제는 성경 전체의 주제라 하여도 과언이 아닙니다. 이 점을 완성의 책인 계시록에서는 유별나게 강조하고 있습니다. "보좌"가 44회 "어린 양"이 29회나 등장하는 것만 보아도 알 수가 있습니다. 이처럼 중요하게 계시된 중심적인 주제는 소홀히 여긴 체 지엽적인 것에 매달리다 가는 길을 잃게 됩니다.

계시록을 바르게 접근하기 위해서는 1:1을 유의해 보아야만 합니다.

"예수 그리스도의 계시라 이는 하나님이 그에게 주사 반드시 속히 될 일" 이것이 계시록의 내용입니다. "하나님이 그에게 주사" 즉, "하나님"이 "예수 그리스도"를 통하여 이루시는 역사가 계시록의 내용인 것입니다.

5:1에서 "내가 보매 보좌에 앉으신 이의 오른손에 책이 있으니" 합니다. 그런데 7절에서 "어린 양이 나와서 보좌에 앉으신 이의 오른 손에서 책을" 취하십니다. 그리고 "그 인봉을 떼기에 합당하시도다"(9) 합니다. 이렇게 해서 최후의 심판은 펼쳐지는 것입니다.

모든 만물이 "보좌에 앉으신 이와 어린 양에게 찬송과 존귀와 영광과 능력을 세세토록 돌릴지어다"(5:13) 하고 찬양을 드립니다.

반면 "땅의 임금들과 왕족들과 장군들과 부자들과 강한 자들과 각종과 자주자가 굴과 산 바위틈에 숨어 산과 바위에게 이르되 우리 위에 떨어져 보좌에 앉으신 이의 낯에서와 어린 양의 진노에서 우리를 가리우라. 그들의 진노의 큰 날이 이르렀으니 누가 능히 서리요"

(6:15-17) 하고 부르짖는 소리가 들립니다.

어찌하여 "어린 양"이라고 말씀하고 있을까요 이는 구약시대에 번제와 속죄제물 또는 화목 제물로 드려진 "어린 양"이 예수 그리스도의 대속적인 죽으심을 예표하고 있음을 나타내기 위해서인 것입니다.

그러므로 계시록에는 <어린 양의 죽음과 피>가 강조되어 있습니다. "우리를 사랑하사 그의 피로 우리 죄에서 우리를 해방하시고"(1:5) 합니다. 주님은 말씀합니다. "곧 산 자라 내가 전에 죽었었노라" (1:18) "일찍 죽임을 당하사 각 족속과 방언과 백성과 나라 가운데서 사람들을 피로 사서 하나님께 드리시고"(5:9) 합니다.

하나님의 어린 양은 죄 값에 팔린 하나님의 백성들을 피로 사셔서 하나님께 드리시기(회복) 위하여 십자가를 자원하셨습니다. "일찍 죽임을 당하사" 합니다. 일찍 죽임을 당했다면 언제부터였을까요? "죽임을 당한 어린 양의 생명책에 창세 이후로"(13:8) 그렇습니다.

구속사의 맥락에서 보면 하나님의 어린 양은 실로 창세 이후로부터 죽임을 당하신 셈입니다. 아벨이 "양의 첫 새끼"를 제물로 드렸을 때에 그것이 어린 양 되시는 예수 그리스도의 예표가 아니었다면 하나님께서 어찌 그 제물을 열납하셨으며 어떻게 아벨이 "의롭다 함"을 얻을 수가 있었겠습니까?

아브라함이 "수양을 가져다가 아들을 대신하여 번제로 드린" 것도 여호와 이레로 친히 준비해 놓으신 어린 양 되시는 예수 그리스도의 예표였기에 그 의미가 있는 것입니다.

그렇습니다. 일찍 죽임을 당하신 하나님의 어린 양 되시는 예수 그리스도께서는 우리를 피로사서 "나라와 제사장"(5:10)을 삼아주셨습니다. <나라와 제사장>을 삼으셨다는 말씀을 유념하시기를 바랍니다. 1:6절에서도 "그 아버지 하나님을 위하여 우리를 나라와 제사장으로 삼으신 그에게 영광과 능력이 세세토록 있기를 원하노라 아멘" 합니다.

이것입니다. 잃었다가 피로 사서 다시 찾으신 하나님의 백성들이 하나님의 "거룩한 나라"인 것입니다. 그들은 모든 피조물을 대표해서 하나님을 섬길 "제사장"들인 것입니다(1:6; 5:10). 여기에 하나님의 나라의 회복이 있습니다.

하나님의 나라 완성

성경의 중심은 예수 그리스도시요. 예수 그리스도의 중심은 "하나님의 나라"에 있습니다.

주님께서는 "내가 하나님의 성령을 힘입어 귀신을 쫓아내는 것이면 하나님의 나라가 이미 너희에게 임하였느니라"(마 12:28)고 말씀하셨습니다.

그러니까 하나님의 나라는 이미 임하였고 "밭에 갖다 심은 겨자씨 한 알 같아서"(마 13:31) 교회를 통하여 점점 확장되어 나가고 있는 것입니다.

그 하나님의 나라가 계시록에 와서 완성되는 것을 봅니다. "보라 하나님의 장막이 사람들과 함께 있으매 하나님이 저희와 함께 거하시리니 너희는 하나님의 백성이 되고 하나님은 친히 저희와 함께 계셔서 모든 눈물을 그 눈에서 씻기시매 다시 사망이 없고 애통하는 것이나 곡하는 것이나 아픈 것이 다시 있지 아니하리니 처음 것들이 다 지나갔음이러라"(계 21:3-4)고 말씀하고 있습니다.

"보좌에 앉으신 이가 가라사대 보라 내가 만물을 새롭게 하노라 하시고 또 가라사대 이 말은 신실하고 참되니 기록하라 하시고 또 내게 말씀하시되 이루었도다 나는 알파와 오메가요 처음과 나중이라…나는 저의 하나님이 되고 그는 내 아들이 되리라"(21:5-7)고 말씀합니다.

이는 분명 이제까지 일하시고 성취해 오신 하나님의 나라가 완성되었음을 나타내 줍니다. 그러하기 때문에 계시록에서는 "나는 알파와 오메가요 처음과 나중이요 시작과 끝"이라는 말씀이 강조(1:8, 17; 2:8; 21:6; 22:13)되어 있음을 보게 됩니다.

이는 성경의 마지막을 장식하고 있는 계시록에 합당한 표현입니다. 계시록은 오메가요 나중이요 끝에 해당되는 말씀이기 때문입니다. 예수 그리스도는 "나는 알파와 오메가라 이제도 있고 전에도 있었고 장차 올 자"(1:8)라 말씀합니다.

"보라 내가 속히 오리니 내가 줄 상이 내게 있어 각 사람에게 그의 일한 대로 갚아주리라. 나는 알파와 오메가요. 처음과 나중이요 시작과 끝이라"(22:12-13) 하십니다.

창세기에서 시작하신 하나님의 나라 회복운동은 계시록에서 "이루었도다" 하고 완성이 되는 것입니다. "내가 속히 오리니" 하십니다.

주님에게 죽으심만 있고 부활하심이 없다면, 초림만 있고 재림하심이 없다면 그것은 처음은 되시나 나중은 되시지 못할 것이요, 시작은 있으나 끝이 없는 것이 되고 말 것입니다. 그런 의미에서 계시록의 마지막 세 장(20-22)은 성경 처음 세 장(창 1-3장)과 밀접한 관련이 있습니다. 처음에 잃었던 것을 회복하시고 완성하시는 것을 나타내 주고 있습니다.

창세기에서 뱀의 머리를 상하게 하리니(창 3:15)하신 하나님 나라의 파괴자 사탄에 대한 완전한 승리를 계시록에서 대하게 됩니다. "용을 잡으니 곧 옛 뱀이요. 마귀요 사탄이라 잡아 일 천년 동안 결박하여"(20:2) "또 저희를 미혹하는 마귀가 불과 유황불에 던지우니 거기는 그 짐승과 거짓 선지자도 있어 세세토록 밤낮 괴로움을 받으리라"(29:10)고 최후 승리를 하게 됩니다.

그리스도와의 만남

계시록을 주신 목적은 해석상 어려움을 주시기 위함이 아닙니다. 환란과 시련 중에 있는 하나님의 자녀들에게 용기와 위로를 주시기 위해서 주어진 것입니다. "이제도 있고 전에도 있었고 장차 올 자요 전능한 자라"(1:8) 주님은 "이제도" 형제와 같이 계십니다. "오른 손을 내게 얹고 가라사대 두려워 말라. 나는 처음이요 나중이니 곧 산 자라 내가 전에 죽었었노라 볼지어다 이제 세세토록 살아있어 사망과 음부의 열쇠를 가졌노니"(1:17-18)

"오른 손을 내게 얹고" 그렇습니다. 형제가 선한 싸움을 싸우다가 피곤하고 낙망될 때에 주님께서는 형제에게 "오른손을 내게 얹고" 말씀하십니다. "두려워 말라" 이보다 더 용기를 주는 말씀이란 달리 없습니다.

"이는 보좌 가운데 계신 어린 양이 저희의 목자가 되사 생명수 샘으로 인도하시고 하나님께서 저희 눈에서 모든 눈물을 씻어주실 것임이러라"(7:17) 이보다 더한 위로를 주는 말씀이 무엇이 있겠습니까?

그래도 "두려워" 한다면 "이 말은 신실하고 참되니"(21:5) 하신 최후 승리를 선포하고 있는 계시록의 신실하고 참되신 말씀을 믿지 못하는 불신앙의 사람일 것입니다. 그러므로 둘째 사망에 참여하게 되는 자의 목록 중에서 첫째가 "두려워하는 자"(21:8)임을 주목해야 할 것입니다.

또한 계시록은 축복의 말씀이기도 합니다. "이 예언의 말씀을 읽는 자와 듣는 자들과 그 가운데 기록한 것을 지키는 자들이 복이 있나니 때가 가까움이라"(1:3) 하십니다.

"아멘 주 예수여 오시옵소서" 주 예수의 은혜가 형제에게 있으시기를 기원합니다.

32
성경의 축(軸)

출애굽기 6:1-9 · 요한계시록 21:1-7

너희를 구속하여 (출)⁷ 너희로 내 백성을 삼고 나는 너희 하나님이 되리니 나는 애굽 사람의 무거운 짐 밑에서 너희를 빼어낸 너희 하나님 여호와인줄 너희가 알지라 (계)⁷ 이기는 자는 이것들을 유업으로 얻으리라 나는 저의 하나님이 되고 그는 내 아들이 되리라(출 6:7; 계 21:7)

| 설교작성 노트 |

앙드레지드는 "실락원"과 "복락원"이라는 책을 썼다. 성경의 처음 세 장(창세기 1-3장)과 마지막 세 장(계시록 20-22장)을 대조해 보라. 실락원과 복락원을 보게 되리라. 그리고 성경의 진실성에 놀라게 될 것이다.
　여기에 창세기부터 계시록까지 관통하고 있는 축이 있는 것이다.

출애굽기 6:7과 요한계시록 21:7을 보겠습니다.
본문에는 성경의 축(軸)과도 같은 중심적인 말씀이 있습니다.

"너희로 내 백성을 삼고 나는 너희 하나님이 되리라"(출 6:7).

"나는 저의 하나님이 되고 그는 내 아들이 되리라"(계 21:7).

어찌 보면 무심히 보아 넘길 수도 있는 이 말씀이 창세기에서 계시록까지를 꿰뚫고 있는 성경의 축과도 같은 말씀입니다. "너희로 내 백성을 삼겠다"고 말씀하십니다. 이는 이미 창세기에서 아브라함에게 "나는 그들의 하나님이 되리라"(창 17:8)고 언약한 바 있는 약속입니다.

우리가 하나님의 백성이라면 하나님은 우리를 다스리시는 "왕"이 되시는 것입니다. 우리가 하나님의 백성이요 하나님께서 우리를 다스리시는 왕이시라면 바로 그곳이 "하나님의 나라"인 것입니다. 이것을 성취하는 것이 구속의 역사요 성경은 이를 어떻게 이루어 나오셨는가의 기록입니다.

레위기 11:45은 "나는 너희 하나님이 되려고 너희를 애굽 땅에서 인도하여 낸 여호와라"고 이스라엘 민족을 애굽에서 인도하여 내신 목적을 밝혀주고 있습니다.

여기 우리가 주목해야 할 점이 있습니다. 그것은 "나는 너희 하나님이 되려고…"라는 묘사입니다. 그렇다면 하나님은 이제까지 우리들의 하나님 곧 우리들의 왕이 아니셨다는 말입니까? 그렇습니다.

인류의 시조가 하나님을 거역<하나님이 왕 되심을 거부>하여 에덴에서 추방당함으로 하나님이 우리의 왕이 되시고 우리가 그의 백성 됨의 관계가 파괴되고 말았던 것입니다.

출애굽기 6:5을 보면 하나님께서 자기 백성을 삼으신 과정이 묘사되어 있습니다. 그들이 본래는 "이스라엘의 자손" 즉 야곱의 자손이었습니다. 그런데 "애굽 사람이 종을 삼은" 종이 되었다고 말씀합니다.

그렇다면 바로의 노예가 된 그들이 어떻게 해서 하나님의 백성이 되는 것이 가능한지 여기에 구원 계획의 핵심이 있는 것입니다.

"너희로 내 백성을 삼고 나는 너희 하나님이 되리라"는 것이 말씀만으로 되어지는 것은 아닙니다. 거기에는 "구속"이 있어야만 합니다.

왜냐하면 노예의 신분에서 자유하기 위해서는 누군가가 값을 지불하고 해방시켜 주어야만 하기 때문입니다.

그러므로 "너희를 구속하여 너희로 내 백성을 삼고"(출 6:6-7) 이렇게 말씀하고 있는 것입니다. 그들은 유월절 어린 양의 피로 구속을 받아 애굽에서 해방되어 하나님의 백성이 될 수가 있었습니다.

그런데 이 출애굽 사건은 영적 출애굽에 대한 그림자로 예시된 것이었습니다. 성경은 말씀합니다. "너희가 알거니와 너희 조상의 유전한 망령된 행실에서 구속된 것은 은이나 금같이 없어질 것으로 한 것이 아니요 오직 흠 없고 점 없는 어린 양 같은 그리스도의 보배로운 피로 한 것이라"(벧전 1:18-19).

"그가 우리를 대신하여 자신을 주심은 모든 불법에서 우리를 구속하시고 우리를 깨끗하게 하사 선한 일에 열심하는 친 백성이 되게 하려 하심이니라"(딛 2:14).

"구속함"을 통해서만이 자유할 수가 있고 하나님의 백성이 될 수가 있다는 것은 신구약을 막론하고 만고불변의 진리입니다.

우리는 한 걸음 더 나아가야만 합니다.

"너희로 내 백성을 삼고 나는 너희 하나님이 되리라" 만으로는 온전하지 못하기 때문입니다. 출애굽기 29:46에 "그들은 내가 그들의 하나님 여호와로서 그들 중에 거하려고 그들을 애굽 땅에서 인도하여 낸 줄을 알리라 나는 그들의 하나님 여호와니라."

<그들 중에 거하려고> 이것이 중요합니다. 하나님이 우리 하나님이시라면 그의 백성인 "그들 중에 거하심"은 너무나 당연한 것입니다. 창세기에서 "날이 서늘할 때에 동산에 거니시는 여호와 하나님"(창 3:8)을 대할 수가 있습니다.

하나님은 말씀하십니다. "내가 그들 중에 거할 성소를 그들을 시켜

나를 위하여 짓되 무릇 내가 네게 보이는 대로 장막의 식양과 그 기구의 식양을 따라 지을지니라"(출 25:8-9).

이리하여 하나님이 보여주신 "식양"대로 하나님이 그들 중에 거하실 성막은 세워졌습니다. 하나님께서 전에는 시내 산에서 말씀하셨지만 이제부터(레위기에서)는 "여호와께서 회막에서 모세를 부르시고 그에게 일러 가라사대"(레 1:1) 하고 그들 가운데 거하시는 성막에서 말씀하고 계심을 봅니다.

그런데 이것이 웬일입니까? 그들 중에 거할 성소는 하나님의 계심을 상징하는 지성소가 휘장으로 막혀있는 것이 아닙니까?

이렇게 된 것은 하나님의 명에 의해서 되어진 것입니다. 이는 가로막힌 휘장을 통하여 계시하시고자 하는 바가 있으시다는 것입니다.

휘장은 하나님과 백성 사이가 가로막혀 있음을 단적으로 보여주고 있습니다. 하나님께서는 이 휘장이 왜 가로막히게 되었으며 언제 누구에 의하여 제거되게 되는 가를 보여주시기 위하여 이러한 식양으로 짓게 하신 것입니다.

성경은 말씀합니다. "오직 너희 죄악이 너희와 너희 하나님 사이를 내었고 너희 죄가 그 얼굴을 가리워서 너희를 듣지 않으시게 함이니"(사 59:2). 그리고 명심할 것은 가로막힌 휘장은 구약시대 내내 열리지 않았다는 점입니다. 이점에 대하여 성경은 말씀합니다. "성령이 이로써 보이신 것은 첫 장막이 서 있을 동안에 성소에 들어가는 길이 아직 나타나지 아니한 것이라"(히 9:8).

구약시대 내내 가로막혀 있던 휘장은 예수 그리스도께서 십자가상에서 "다 이루었다"고 선언하셨을 때에야 찢어지고 열려졌던 것입니다.

이점에 대하여 성경은 말씀합니다. "그러므로 형제들아 우리가 예수의 피를 힘입어 성소에 들어갈 담력을 얻었나니 그 길은 우리를 위하여 휘장 가운데로 열어 놓으신 새롭고 산 길이요 휘장은 곧 저의 육체니라"(히 10:19-20).

여기가 끝은 아닙니다. 예수 그리스도의 구속으로 말미암아 "너희가 하나님의 성전인 것과 하나님의 성령이 너희 안에 거하시는 것을 알지 못하느뇨"(고전 3:16)가 가능해진 것입니다. 성경은 한 걸음 더 나아가고 있습니다. "너희 몸은 너희가 하나님께로부터 받은 바 너희 가운데 계신 성령의 전인 줄을 알지 못하느냐" 하나님께서는 이를 얼마나 원하셨던가요. 영원토록 우리와 함께 계실뿐만 아니라 "또 너희 속에 계시겠음이라"(요 14:17). 이 얼마나 경이로운 일입니까?

모형으로 주어졌던 성막은 임마누엘 실체로 오셨고, 임마누엘의 구속으로 말미암아 하나님께서 내 안에 거하심이 가능하여진 것입니다.

"너의 하나님 여호와가 너의 가운데 계시니 그는 구원을 베푸실 전능자시라 그가 너로 인하여 기쁨을 이기지 못하여 하시며 너를 잠잠히 사랑하시며 너로 인하여 즐거이 부르며 기뻐하시리라."

하나님께서 나의 하나님이 되실 뿐만 아니라 내 안에 거하신다는 말씀을 접하게 되었을 때에 형제의 심정은 어떠하십니까? 하나님께서는 형제의 몸을 성전으로 삼으시고 형제 안에 거하시기를 원하시고 또한 기뻐하십니다.

하나님을 모신 남편과 아내 그리고 자녀들이 모인 가정에 거하십니다. 나아가 그러한 가정들이 모인 사랑의 공동체인 교회 중에 거하십니다.

그러나 구속의 역사는 완성된 것은 아닙니다.

"보라 하나님의 장막이 사람들과 함께 있으매 하나님이 저희와 함께 거하시리니 저희는 하나님의 백성이 되고 하나님은 친히 저희와 함께 계셔서 모든 눈물을 그 눈에서 씻기시매 다시 사망이 없고 애통하는 것이나 곡하는 것이나 아픈 것이 다시 있지 아니하리니 처음 것들이 다 지나갔음이러라 보좌에 앉으신 이가 가라사대 보라 내가 만물을 새롭게 하노라 하시고 또 가라사대 이 말은 신실하고 참되니 기록하라 하시고 또 내게 말씀하시되 이루었도다 나는 알파와 오메가요 처음과 나중이라…"(계 21:3-6).

이때에 가서야 "이루었도다" 하고 완성이 되는 것입니다. 이처럼 구속의 역사는 창세기에서 시작하여 계시록에서 완성되는 것입니다. "여호와의 열심이 이를 이루시리라"(사 9:7).

"너희 하나님이 되려고" "그들 중에 거하려고" 이것이 창세기에서 요한계시록까지를 관통하고 있는 성경의 축과도 같은 말씀입니다.

이를 알았다면
1. 나로 인하여 하나님 아버지의 이름이 거룩히 여기심을 받으시는 삶을 살아야만 하겠습니다.
2. 한 하나님의 백성이요 자녀 된 형제들과 서로 사랑하며 살아야만 하겠습니다.
3. 하나님의 나라가 임하도록 먼저 그의 나라와 그의 의를 구하여야만 하겠습니다.